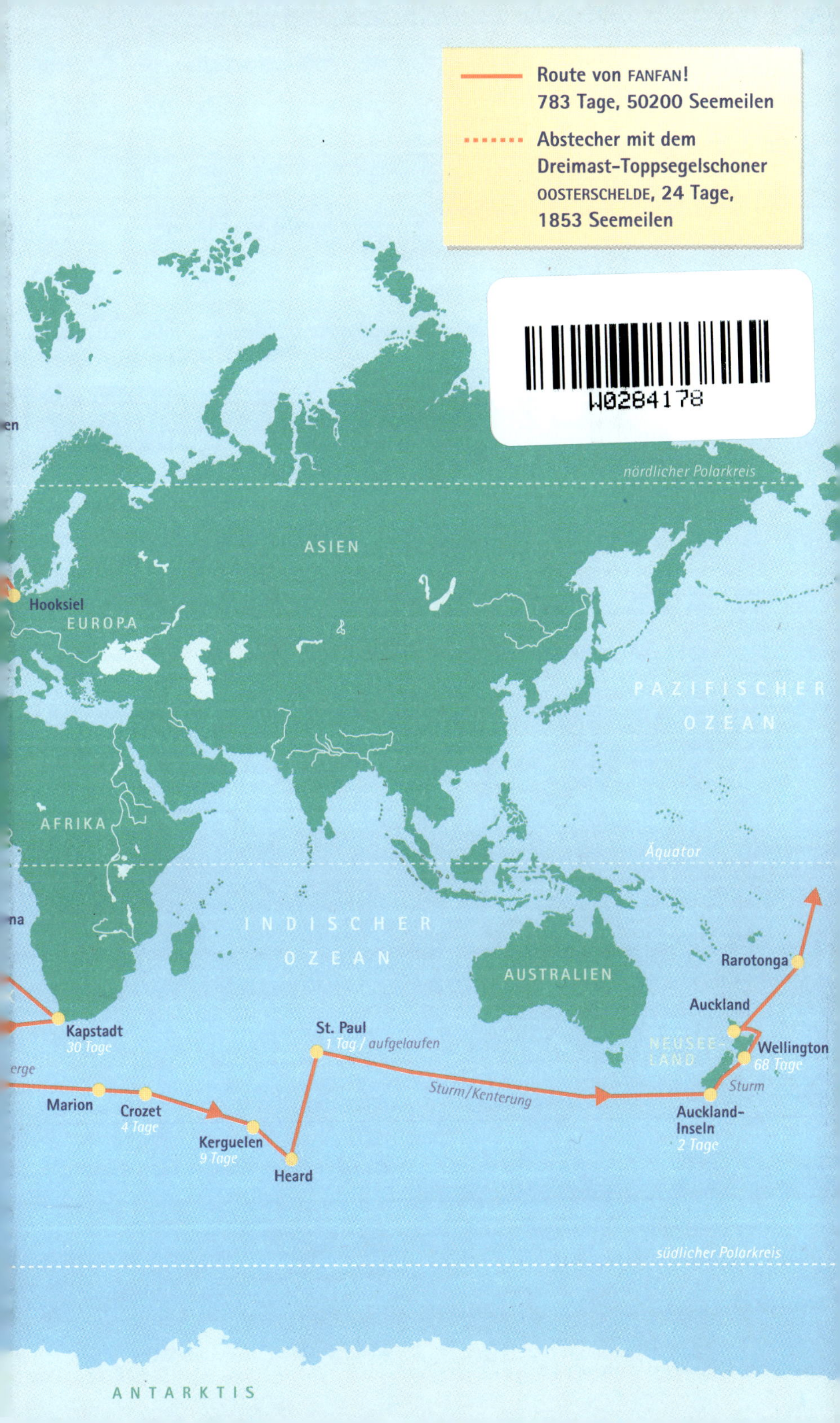

Route von FANFAN!
783 Tage, 50200 Seemeilen
Abstecher mit dem Dreimast-Toppsegelschoner OOSTERSCHELDE, 24 Tage, 1853 Seemeilen
nördlicher Polarkreis
ASIEN
Hooksiel
EUROPA
PAZIFISCHER OZEAN
AFRIKA
Äquator
INDISCHER OZEAN
AUSTRALIEN
Rarotonga
Auckland
NEUSEELAND
Wellington
68 Tage
Sturm
Kapstadt
30 Tage
St. Paul
1 Tag / aufgelaufen
Sturm/Kenterung
Marion
Crozet
4 Tage
Kerguelen
9 Tage
Heard
Auckland-Inseln
2 Tage
südlicher Polarkreis
ANTARKTIS

W0284178

DELIUS KLASING

Uwe Röttgering

DIE SEE GEHÖRT MIR

Allein ans Ende der Welt

Delius Klasing Verlag

Bibliografische Information Der Deutschen Bibliothek
Die Deutsche Bibliothek verzeichnet diese Publikation in der Deutschen Nationalbibliografie; detaillierte bibliografische Daten sind im Internet über »http://dnb.ddb«.de abrufbar.

2. Auflage
ISBN 3-7688-1575-7
© by Delius, Klasing & Co. KG, Bielefeld

Titelfoto: Uwe Röttgering
Fotos und Abbildungen: Uwe Röttgering
Karten: INCH 3, Bielefeld
Seitenansicht: Dick Zaal Yachtdesign / Uwe Röttgering
Schutzumschlaggestaltung: Buchholz/Hinsch/Hensinger, Hamburg
Druck: GGP Media GmbH, Pößneck
Printed in Germany 2005

Alle Rechte vorbehalten! Ohne ausdrückliche Erlaubnis des Verlages darf das Werk, auch nicht Teile daraus, weder reproduziert, übertragen noch kopiert werden, wie z. B. manuell oder mithilfe elektronischer und mechanischer Systeme inklusive Fotokopieren, Bandaufzeichnung und Datenspeicherung.

Delius Klasing Verlag, Siekerwall 21, D - 33602 Bielefeld
Tel.: 0521/559-0, Fax: 0521/559-115
E-Mail: info@delius-klasing.de
www.delius-klasing.de

Inhalt

Den Seglern, in deren
Kielwasser ich gesegelt bin.

Kurs Nordmeer

Seit zwanzig Stunden habe ich nicht geschlafen, die Augen sind rot von Wind und Müdigkeit und noch unvorstellbare 50 000 Seemeilen liegen vor mir. Ich atme tief durch und ziehe meinen Kopf ein, als eine Gischtfontäne über das Boot fliegt und der Rumpf hart in ein Wellental einsetzt. Hier auf der Nordsee ist Einhandsegeln mehr Tortur als Vergnügen, da Bohrinseln und der dichte Schiffsverkehr ständige Aufmerksamkeit erfordern.

Hinter mir liegen zwar erst 200 Meilen, dafür aber auch vorerst meine Zukunft – zumindest eine Zukunft, die man als bürgerlich bezeichnen könnte. Wenn ich es wirklich gewollt hätte, würde ich jetzt in einem warmen Büro sitzen, gutes Geld verdienen und ein nach herkömmlichen Maßstäben angenehmes Leben führen. Ich habe aber nicht gewollt. So habe ich jetzt weder einen gut bezahlten Bürojob, noch kann ich behaupten, dass es in Zukunft besonders komfortabel und angenehm in meinem Leben zugehen wird. Ich möchte nämlich die Welt umsegeln. Alleine und auf einer Route, die mir und meinem Boot einiges, wenn nicht gar alles abverlangen wird. Was den meisten als ziemlich elend erscheinen würde, ist für mich die Erfüllung eines großen Traumes, auf dessen Verwirklichung ich lange hingelebt habe und der seit gut 60 Stunden in die Realisierungsphase übergegangen ist.

Rückblende: Ich kann mich noch gut erinnern, wie ich als kleiner Junge auf dem Teppich in meinem Kinderzimmer lag und auf meinem Schallplattenspieler Hörspielplatten wie »Die Schatzinsel«, »Robinson Crusoe« oder »Moby Dick« gehört habe. Ob dies die Sehnsucht nach der Ferne und dem Meer geweckt hat? Auf jeden Fall war es spannender, mit den Helden dieser Geschichten zu fiebern, als den Alltag eines Knirpses zu erleben, der dadurch bestimmt war, seinen Teller leer zu essen und in Schreibschrift große und kleine A's, B's und C's in sein Schulheft zu malen.

Die eigentliche Vorgeschichte dieser Reise nahm vor gut 15 Jahren ihren Anfang. Seit ich zum ersten Mal etwas von Einhandseglern gehört hatte, habe ich in der Stadtbibliothek alles zu diesem Thema regelrecht verschlungen. Die Zutaten dieser Bücher waren und sind immer die gleichen: Ein Mann, ein Boot und die große weite Welt. Statt mit dem Kampf gegen das Böse hatten sich meine Idole mit Stürmen, Riffen, technischen Pannen und vereinzelt mit unfreundlichen Zeitgenossen herumzuschlagen. Die Ingredienzien dieser Reiseträume sind zugegebenermaßen von einiger Schlichtheit, aber dies dürfte sie von den meisten anderen Träumen nicht unterscheiden.

Was mich so begeisterte, war die zwar langsame, aber scheinbar grenzenlose Mobilität, die ein Segelboot bietet, und die Möglichkeit, für Monate eine vom Rest der Welt völlig autarke Existenz zu führen. Zudem schien es mir, dass meine Helden weder besonders stark noch besonders intelligent sein mussten, um ihre Bewährungsproben zu bestehen. Ideale Voraussetzungen also, um mir als Identifikationsfiguren zu dienen.

Wenngleich ich mit dem Segelboot meines Vaters einige Törns machen konnte, war an eine Segelreise, die über die in einem Urlaub zu bewältigende Distanz hinausgeht, aber zunächst nicht zu denken. Dies änderte sich erst durch eine Anzeige, die mir beim Blättern in einer Segelzeitschrift während einer besonders langweiligen Vorlesung in der Uni ins Auge sprang. In dieser Anzeige wurden noch Crewmitglieder für die Überführung eines 22 Meter langen Gaffelkutters von Kiel in die Südsee gesucht. Für die auf neun Monate angesetzte Reise sollte es ein Taschengeld von 300 DM pro Monat und das Rückflugticket geben. Meine Bewerbung war erfolgreich, und im August 1991 traf sich die komplette Mannschaft, bestehend aus vier Amateurseglern und zwei Berufsnautikern, an Bord der BREUM in Kiel.

Zu unserer Verabschiedung hatten sich der Eigner, eine Schulklasse, Presse, Fernsehen, eine Blaskapelle und einige Verwandte versammelt. Ungefähr zehn Sekunden, nachdem wir die Leinen losgeworfen hatten, ging der Stern auf, unter dem das ganze Unternehmen von nun an stehen sollte: Pleiten, Pech und Pannen. Die Propellerwelle brach, rutschte nach achtern aus dem Lager und blockierte das Ruder. So ließen wir schon hundert Meter nach unserem offiziellen Abschied in der Kieler Förde den Anker fallen, um uns später von einem Hafenschlepper zur nächsten Werft schleppen zu lassen. Drei Wochen danach brachen wir zum zweiten Mal auf. Aber schon im Nord-Ostsee-Kanal schlug das Schicksal erneut zu. Ruderversagen konnte diesmal im Logbuch vermerkt werden. Zehn Minuten trieben wir manövrierunfähig im Kanal, bis endlich der Schaden an der Hydraulik behoben war. Kurz darauf platzte ein Kühlwasserschlauch und wir mussten feststellen, dass sich die beiden elektrischen Toiletten, die in der dreiwöchigen Werftzeit nicht benutzt worden waren, festgefressen hatten und nun nicht mehr funktionierten.

Bei unserem nächsten Etappenziel, Plymouth an der englischen Südküste, verließ uns auch schon das erste Crewmitglied, da es zwischen ihm und dem Kapitän keine Einigung über die Höhe der täglichen Bierrationen gab. Angekommen in Lissabon, konnte dann auch der Schiffsführer, ein ehemaliger Fregattenkapitän, seine Sachen packen, da er wegen Meinungsverschiedenheiten mit dem Eigner von diesem im Handstreich abgesetzt wurde.

Die Reise führte weiter nach Gran Canaria, wo dann der seit Reiseanfang defekte Trinkwassererzeuger, der zweite Kapitän und zwei Crewmitglieder zur Auswechslung anstanden. Crewwechsel, chronisch defekte Toiletten und ein kaputter Anlassermotor für die Hauptmaschine hielten uns sieben Wochen im öligen Hafenwasser von Las Palmas fest, bis wir dann endlich nach St. Lucia über den Atlantik aufbrechen konnten. Schon am ersten Tag hatten wir massiven Wassereinbruch im Schiff, da der Schlauch eines nicht mit einem Seeventil gesicherten Auslasses gebrochen war.

Auch die nächsten Tage und Wochen waren nicht erfreulicher: Eine elektrische Rollfock, der Dieselgenerator, der elektrische Verstellpropeller, die elektrische Kupplung und der Autopilot verwandelten sich in Schrott. Zusätzlich kam es an Bord zu Unstimmigkeiten mit dem neuen Skipper, weil er den gesamten Müll einschließlich des Altöls über Bord warf. Um dem Ganzen noch einen draufzusetzen, wehte auch noch kaum Wind, sodass unsere 3000 Liter Diesel schon 700 Meilen vor St. Lucia aufgebraucht waren. Die Rettung in der Not kam von dem deutschen Großsegler THOR HEYERDAHL, der uns mitten auf dem Atlantik mit Diesel aus der Klemme half. Nach 25 Tagen kamen wir endlich in St. Lucia an. Hier verließen zwei Crewmitglieder in Anbetracht der katastrophalen technischen Verhältnisse quasi fluchtartig das Schiff. Somit war ich der einzige »Überlebende« der Kieler Originalcrew. Auch meine Stimmung war total im Keller, und nur der Gedanke an mein trostloses Studentenleben in Deutschland hielt mich noch auf dem Schiff.

Die folgenden fünf Wochen verbrachten wir damit, die halbe Karibik auf der Suche nach Ersatzteilen und qualifizierten Technikern abzuklappern, um die nötigen Reparaturen durchzuführen. Dass wir dabei wegen der schlechten Manövrierbarkeit durch den defekten Verstellpropeller und die kaputte Kupplung einen vor Anker liegenden Katamaran rammten und uns seine Ankerkette um die Schraube wickelten, waren weitere unerfreuliche Begleiterscheinungen wie auch der Überfall am Strand von St. Lucia, durch den ich einen Gutteil meiner Barschaft verlor.

Da das Schiff durch die langen Liegezeiten schon stark bewachsen war, sollte es auf der zu den Niederländischen Antillen gehörenden Insel Curaçao aus dem Wasser kommen. Auf dem Weg dorthin verloren wir nachts unser nachgeschlepptes Dingi samt 30-PS-Außenborder. Angekommen in Curaçao wurde umgehend der Mechaniker auf die Pier gesetzt, da er seine Finger nicht von unserer Köchin lassen wollte.

Auf dem Gelände des Curaçao Drydocks stand nun das Schiff bei 30 Grad und konstant 20 Knoten Wind zwei Wochen auf dem Trockenen, da einige verfaulte Stellen am Unterwasserschiff auszubessern waren. Dies hatte zur Folge, dass die Planken des Rumpfes durch Austrocknung so weit schrumpften, dass man aus dem Maschinenraum durch die entstandenen Spalten nach draußen schauen konnte. So wäre der Gaffelkutter auch nach dem ersten Zuwasserlassen unweigerlich gesunken, hätte man den Versuch unternommen, ihn frei schwimmen zu lassen. Bereits 30 Sekunden, nachdem das Schiff vollständig im Wasser war, stand der Maschinenraum knietief unter Wasser, was zur Folge hatte, dass das Schiff eine Minute später wieder an Land gesetzt wurde, da die bordeigenen Lenzpumpen der Lage nicht Herr werden konnten. Zwei Tage später machten wir erneut den Versuch, das Schiff seinem Element zu übergeben, diesmal allerdings mit fünf pressluftbetriebenen Pumpen, von denen jede eine Kapazität von 10 000 Litern pro Stunde hatte. Auch wenn drei der fünf Pumpen schon nach einigen Minuten den Dienst wegen Altersschwäche aufgaben, konnten sie die BREUM wenigstens daran hindern zu sinken. Geschlagene drei Tage waren die Pumpen, untermalt vom infernalischen Lärm des Pressluftkompressors, in Betrieb, bevor die Planken so weit gequollen waren, dass der Wassereinbruch von den elektrischen Lenzpumpen bewältigt werden konnte. Das war der Punkt, an dem ich endgültig die Nase voll hatte.

Die Bilanz sah wirklich traurig aus: Wir hatten in einem halben Jahr nur 6000 Meilen zurückgelegt, von denen 5000 motort wurden. Drei Monate davon bestanden aus Werftzeit oder dem Warten auf Ersatzteile. Zudem war die Reise menschlich ein einzigartiges Desaster. Sieht man von einer angedrohten Tracht Prügel ab, wurde ich von den Streitigkeiten wohl nur deshalb weitgehend verschont, weil ich der Moses, also der Jüngste an Bord war und ich manches einfach geschluckt habe ohne aufzumucken. Dies erschien mir immer noch besser, als in Deutschland weiter zu studieren. Aber auch meine Leidensbereitschaft war nicht grenzenlos und so entschloss ich mich, als letzter der Originalcrew von Bord zu gehen, um auf einer anderen Yacht Richtung Südsee weiterzusegeln.

Ich heuerte bei einem Ehepaar auf einem betagten 15 Meter langen Zweimaster Hand gegen Koje an. Unser Ziel war das für Piraterie berüchtigte Kolumbien. Eine Winchester, eine doppelläufige Schrotflinte, ein halbautomatisches Kleinkalibergewehr und eine Pistole lagen griffbereit im Cockpit, wann immer sich uns ein auch nur im entferntesten verdächtiges Schiff näherte. Mein Skipper hatte einen ziemlich detaillierten Schlachtplan ausgearbeitet und selbst den schlimmsten Fall mit in seine Erwägungen einbezogen. »Die letzte Kugel ist für dich!«, bekam seine Frau zu hören, als wir auf das Szenario zu sprechen kamen, in dem Blackbeards Nachfahren unser Schiff entern würden. Aber auch abgesehen von unserer Piratenpanik waren auf meinem neuen Schiff die Verhältnisse nicht gerade paradiesisch. Die Kost war spärlich, und mein Skipper hielt mich von morgens bis abends mit Arbeit auf Trab. Dazu kamen eine gute Portion Heimweh und die Erkenntnis, dass eine Reise auf der Passat- oder Barfußroute zumindest unter seglerischen Gesichtspunkten nicht das Abenteuer ist, als das sie verkauft wird. So trat ich nach Passieren des Panamakanals per Flugzeug den Heimweg an.

Fast ein Jahr hat mein Ausbruch aus dem Studentenleben gedauert, und für mich stand fest, so schnell wie möglich wieder die Segel zu setzen. Diesmal aber unter eigener Regie. Das Problem bis dahin war nur, dass ich weder eine abgeschlossene Berufsausbildung noch das Geld für eine Yacht hatte. Meine Zwischenziele waren daher folgende: Das Studium beenden, Geld sparen und nebenher so viel wie möglich segeln.

Die große Freiheit auf dem Meer vor Augen konnte ich mein Jurastudium in vergleichsweise kurzer Zeit abschließen und nebenher noch gut 15 000 Meilen auf verschiedenen Booten segeln. Auch die finanzielle Seite ließ sich nicht schlecht an. Um Geld zu sparen, zog ich wieder zu meinen Eltern, und konnte zusätzlich durch das Schreiben von Computerprogrammen einiges verdienen. Aber leider hätte es auf dieser Basis noch geraume Zeit gedauert, bis das nötige Geld zusammengekommen wäre. Also hatte ich mein Geld in meiner Meinung nach erfolgversprechende Aktien investiert, deren Kursentwicklung mich dann auch tatsächlich nicht enttäuscht hat.

An dem Tag, an dem ich mein Examen bestanden hatte, gab es für mich nur noch eine Frage: Wo bekomme ich jetzt ein Boot her? In den Niederlanden fand ich schließlich mein Traumschiff, eine 13 Jahre alte und 12 Meter lange Aluminium-Yacht, die für einen niederländischen Einhandsegler gebaut worden war. Nur Augenblicke nachdem ich die Yacht zum ersten Mal am Steg liegen sah, war mir klar, dass dies genau das Schiff war, das ich gesucht habe. Alles perfekt – sogar der Preis. Einziger Wermutstropfen: Das Boot hatte in großen Buchstaben den Namen FAKFAK auf beiden Rumpfseiten und dem Großsegelcover stehen. Wenngleich Fakfak eine sicher ehrbare Stadt in Indonesien ist, erschien mir der Name für europäische Ohren zu ungewöhnlich, um nicht missverstanden zu werden. Hintergrund des Namens FAKFAK ist, dass der Verkäufer, der Bergsteiger Bart Vos, in Indonesien einen nach eben dieser Stadt benannten Einbaum besessen hat. Bart Vos gilt als der erste Niederländer, der den Mount Everest bestiegen hat. Allerdings ist diese Leistung in Bergsteigerkreisen genauso umstritten wie die einige Jahre später von ihm reklamierte Erstbegehung eines anderen Berges im Alleingang. Kann man einem Mann, der sein Boot FAKFAK nennt, glauben?

Dass ich beim ersten Versuch genau das Boot gefunden hatte, das ich mir vorgestellt hatte, erschien mir wie ein gutes Omen für meine zukünftigen Pläne, die ich dann auch sofort in Angriff nahm. Kurz nach dem Bootskauf und der Umbenennung des Bootes in FANFAN! (es war am preiswertesten, die K's gegen N's auszutauschen) unternahm ich eine über 10 000 Seemeilen lange, weitgehend einhand gesegelte Reise rund um den Nordatlantik, um mich und das Boot für die geplante »große Reise« auf Herz und Nieren zu prüfen. Ergebnis des Tests: Schiff optimal, Skipper brauchbar.

Zurück in Deutschland war mir FANFAN! fast zwei Jahre lang Sommer wie Winter ein Zuhause, während ich an Land einer normalen Berufstätigkeit nachging, bis ich dann endlich Anzug und gebügeltes Hemd bis auf weiteres in den Schrank hängen konnte.

Zu meiner hier beschriebenen großen Reise hatte ich kurzzeitig eine Alternative erwogen: So war ich im Sommer vor meiner Abfahrt mit einem erfahrenen deutschen Langfahrtsegler zu einigen Testschlägen auf der Nordsee unterwegs. Sinn des Ganzen war festzustellen, ob ich geeignet bin, mit ihm und seiner 50-Fuß-Stahlyacht nonstop um die Welt zu segeln. Im Winter wohlgemerkt. Dies wäre auf den ersten Blick eigentlich ein Unternehmen ganz nach meinem Geschmack gewesen,

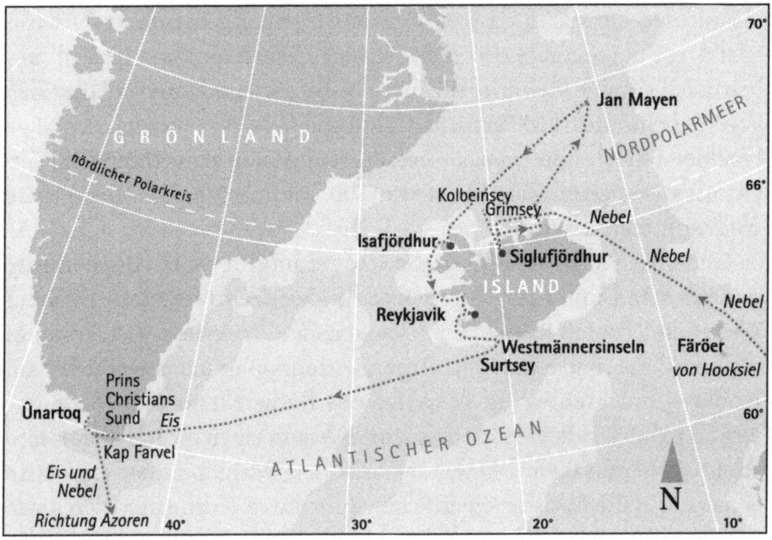

doch musste ich feststellen, dass das Band der Sympathie zwischen uns nicht jene Dicke hat, die nötig ist, um sieben Monate zusammen eine solche Strapaze auf sich zu nehmen. Eine solche Reise zu zweit anzugehen, bedeutet zwar unter handwerklichen Gesichtspunkten in manchen Situationen sicherlich eine Erleichterung, psychologisch ist es aber wohl schwieriger. Ich weiß nicht, ob ich das durchgehalten hätte. Nicht umsonst gibt es weit mehr Nonstop-Weltumsegelungen, die solo als solche, die zu zweit durchgeführt wurden.

Wenngleich meine jetzigen Reisepläne unter sportlichen Gesichtspunkten nicht so spektakulär sind wie eine Nonstop-Weltumsegelung im Winter, so haben sie doch einen entscheidenden Vorteil: Es ist *meine* Reise, mit *meinem* eigenen Boot, auf dem ich *mein* eigener Herr bin.

Die Eieruhr klingelt – Zeit für einen Rundumblick. Zwei Fischer und ein Frachter ziehen um mich herum ihre Bahnen. Wenngleich gerade mal eine Hand voll Leute wissen, was ich genau vorhabe, wäre es mehr als peinlich, wenn meine Reise schon in der Nordsee an der Bordwand eines anderen Schiffes ihr Ende finden würde. Ganz abgesehen davon, dass dies dann auch vielleicht mein Ende wäre.

Das erste Etappenziel ist ein Inselchen namens Grimsey, ganz im Norden von Island. Was mich an dieser Insel reizt? Eigentlich nicht viel bis auf den Umstand, dass diese Insel der einzige bewohnte Teil von Island ist, der jenseits des nördlichen Polarkreises liegt und ich ein besonderes Faible für entlegene Inseln habe. Zwischen mir und Grimsey liegen noch rund 1000 Seemeilen, Dutzende von Bohrinseln, unzählige Frachter, Fischer und ein paar Tiefdruckgebiete. In zehn Tagen kann ich Grimsey erreichen. Zehn Tage von 800, die ich mir für meine Reise vorgenommen habe.

Wenn das Wetter dem Wetterbericht gehorchen würde, dann müsste sich der Wind innerhalb der nächsten 12 Stunden von Nordwest 6 auf West 4 ändern. Ich habe meinen Glauben an Wetterberichte allerdings verloren. Während eines fünftägigen Zeitraums vor meiner Abfahrt von Hooksiel brachten es die Wetterfrösche fertig, für meinen Abfahrtstermin nahezu jede Windrichtung und Windstärken zwischen eins und sechs vorherzusagen. Manchmal habe ich den Verdacht, dass man genauso gut die Insassen eines Primatenhauses auf die Anfertigung von Seewetterberichten dressieren könnte, ohne dass dadurch die Vorhersagequalität merklich sinken würde.

Jetzt, am dritten Tag meiner Reise, bin ich mit der Moral schon einigermaßen unten. Ich komme nicht recht voran, da sich FANFAN!, in die ich rund eine Tonne Ausrüstung und Proviant gestopft habe, wie eine bleierne Quietscheente durchs Wasser quält. Die Reisevorbereitungen stecken mir in den Knochen, dazu diese Übermüdung und eigentlich müsste ich etwas essen. Doch ich kann mich nicht einmal dazu aufraffen, mir eine Dose aufzumachen. Schließlich muss ich auch noch kreuzen, da der Wind brav von dort weht, wo ich hinwill – aus Nordwesten. Irgendwie habe ich mir alles anders vorgestellt. Mist, Mist, Mist! Für einen Moment überlege ich, erst mal in Norwegen einen Stopp zu machen und zur Ruhe zu kommen. Nach drei Tagen schon die Schnauze voll – bei meinen hochfliegenden Reiseplänen ist das schon eine schwache Vorstellung, die ich mir da selber gebe. Aber bevor die norwegische Küste auch nur in Sichtweite kommt, dreht der Wind und die Sonne lässt sich blicken. Jetzt die Zähne zusammenbeißen und weiter!

Als sich am vierten Tag so langsam eine gewisse Bordroutine einstellt, öffne ich die Briefe, die mir meine Freundin und meine Eltern zum Abschied mitgegeben haben. Freundin L. versichert mir, dass sie zwei Jahre auf mich warten will, womit sie sich erfreulich von einer ihrer Vorgängerinnen abheben würde, der schon meine erste Atlantiküberquerung vor gut 10 Jahren Grund genug war, sich in die Arme einer

Landratte zu flüchten. Beim Lesen der Briefe meiner Mutter und meines Vaters bekomme ich einen dicken Kloß im Hals. Manchmal ist es wohl einfacher wegzufahren, als verlassen zu werden.

Endlich, nachdem ich mich bei 30 Knoten Wind am fünften Tag durch die von Regenvorhängen verborgenen Bohrinselfelder geschlängelt habe, ist die Kaltfront durchgezogen und ich habe den offenen Atlantik vor mir. Mein Radarwarner, ein Gerät, das einen durchdringenden Piepton von sich gibt, wenn ich von einem anderen Schiffsradar erfasst werde, gibt nur noch ab und zu Laut. Ein sicheres Indiz dafür, dass der Schiffsverkehr nach Norden hin immer dünner wird. Mit dem Barometer steigt auch meine Stimmung weiter und ich genehmige mir auf dem Fußboden erst einmal eine Mütze voll Schlaf. Als ich wieder aufwache, zieht am Horizont die erste Yacht seit Verlassen der deutschen Küste entlang. Sonst gehört mir das Meer bis zum Horizont alleine. Schön.

Wenngleich mich noch gut fünf Breitengrade vom Polarkreis trennen, bleibt es bei mir an Bord auch noch um Mitternacht so hell, dass ich ohne Licht ein Buch lesen kann und die an Bord installierten Solarzellen sogar die ganze Nacht hindurch etwas Strom produzieren. Was die Solarzellen nicht an Strom liefern, erzeugt mein Schleppgenerator. Statt wie die meisten Segler die Lichtmaschine zum Aufladen der Batterien zu nutzen, werfe ich einen an einer 30 Meter langen Leine befestigten Propeller über Bord, der durch die Fahrt des Bootes in Drehung versetzt wird und einen am Heckkorb angebrachten Dynamo antreibt. Dies ist sehr effektiv, fast lautlos und kostet keinen Sprit.

Bei 5 bis 6 Windstärken muss ich hoch an den Wind gehen, um den Kurs Island halten zu können. Das Thermometer zeigt 9 Grad an. Der Radarwarner schweigt, woraus ich schließe, dass kein anderes Schiff in der Nähe ist. Während FANFAN! wie ein Geisterschiff durch den Nebel bolzt, verschwinde ich für sieben Stunden dorthin, wo ich mich schon seit Tagen hinsehne: in die Koje.

Zwanzig Seemeilen vor der Nordspitze der Färöer verlässt mich der Wind, während sich der kalte Nebel noch dichter um das Boot legt. Herbstwetter. Über UKW-Funk frage ich bei Tórshavn Radio einen Wetterbericht an. Für die nächsten 24 Stunden soll es so bleiben wie es ist: nass, kalt, nebelig und kaum Wind.

Um das Boot herum hat sich eine schnatternde Schar Eissturmvögel versammelt, während FANFAN! nur unter Großsegel unter einem kaum spürbaren Wind mit einem Knoten nach Nordwesten dümpelt. Ich habe den Eindruck, dass sich meine Begleiter über mich lustig machen und starte erst einmal eine wüste Beschimpfungsaktion, um mir Respekt zu verschaffen. Doch selbst der Einsatz übelster Gossensprache bringt die spottende Meute nicht zum Schweigen. Das Schnattern und Keifen geht munter weiter, als wollten sie mir sagen: »Entspann dich, du Trottel, bist halt selbst Schuld, dass du hier oben rumsegelst.«

Dem Stakkato des Radaralarms nach zu urteilen, muss gerade eine Reihe von Schiffen um mich herum sein. Fischer, die mir schon ausweichen werden, sobald sie mir zu nahe kommen. Hoffe ich zumindest. Ich schmeiße meinen Dieselofen für ein paar Stunden an und mache es mir unter Deck, so weit es die Umstände zulassen, gemütlich.

Das Barometer steigt und steigt, aber die Flaute hält sich mit einer Hartnäckigkeit, wie ich sie in diesen Breiten nie vermutet hätte. Gerade einmal 7 Meilen in 12 Stunden habe ich zurückgelegt. »Nur gut, dass kaum Dünung steht und das Leben an Bord nicht zum Affentanz wird!«, denke ich mir und höre mir das zum wiederholten Mal an diesem Tag auf der Deutschen Welle, dem deutschen Auslandssender, ausgestrahlte »Wort zum Sonntag« an. Erst ganz früh am Morgen setzt eine leichte Brise ein, die mich vier Tage lang platt vor dem Wind Richtung Island segeln lässt, wobei dichter Nebel weiterhin mein ständiger Begleiter ist.

Am elften Tag taucht zum dritten Mal in meinem Seglerleben Island vor mir auf. Doch statt einer eindrucksvollen Bergkulisse ist Island diesmal nur eine Ansammlung von Pixeln auf meinem Radar, da mich der Nebel immer noch nicht verlassen hat.

Das erste Mal bin ich 1993 mit einem Freund von Travemünde aus nonstop in 12 1/2 Tagen mit dem von meinem Vater »entführten« 10-Meter-Segelboot zu den der Südküste vorgelagerten Westmännerinseln gesegelt. Nach kaum 48 Stunden an Land traten wir über die Färöer und Shetlandinseln wieder den Rückweg an. Ein Rückweg, der es in sich hatte: Im Skagerrak sind wir nachts bei achterlichem und recht stürmischem Wind quergeschlagen. Wasser im Schiff, ein beschädigtes Ruder, eine teilweise ausgefallene Elektrik und zwei ziemlich erschrocken dreinschauende Segler waren das Ergebnis.

Das zweite Mal ging es 1999 mit FANFAN! und Freundin L. von Stralsund aus in Etappen an Islands Ostküste. Dort angekommen hatten ich und das miese Wetter meiner Freundin das Segeln dermaßen verleidet, dass sie es vorzog, die Koje bei mir an Bord gegen einen Flugzeugsessel einzutauschen. Dies hatte zur Folge, dass ich nach einem Abstecher zur Nordmeerinsel Jan Mayen den Heimweg bis zum norwegischen Stavanger alleine antreten konnte. Dort kam L. dann wieder an Bord und zusammen segelten wir zurück nach Deutschland.

Wie bei meinen vorangegangenen Reisen nach Island frage ich mich, wie in vergangenen Jahrhunderten ohne Radar, GPS und Hilfsmotorisierung von Kontinentaleuropa aus ein Schiffsverkehr zu dieser Insel möglich war, bei dem nicht jedes zweite Schiff verloren ging. Aber bei allem Respekt vor den seemännischen Leistungen unserer Vorfahren darf man nicht vergessen, dass die Seefahrt vor Funknavigation, Radar und Hilfsmotor ein verdammt gefährliches Unterfangen war. So habe ich – kurioserweise in dem fast 100 Jahre alten Buch »Die Frau und der Sozialismus« von August Bebel – folgende Zahlen gefunden: Von 1882 bis Anfang 1907 gingen 2848 deutsche Seeschiffe verloren, wobei 6188 Menschen (darunter 1275 Passagiere) ihr Leben verloren.

Entlang der Nordküste geht es bei Temperaturen um 5 °C Richtung Westen. Endlich reißt der Nebel auf und gibt einen schemenhaften Blick auf die Küste frei. Was für ein Land! Kurz nach Überqueren des Polarkreises will ich mir noch ein Mütze voll Schlaf gönnen, was sich allerdings schwieriger als erwartet darstellt. Ein Haufen Fischtrawlerkapitäne ist der Ansicht, dass es ausgerechnet bei mir in der Nähe den meisten Fisch zu fangen gibt.

Islands Norden

Endlich tauchen genau voraus die wolkenverhangenen Felsen von Grimsey auf. Die Insel sieht alles andere als einladend aus, und ich frage mich, warum ich mir wieder so einen kahlen Felsen als Ziel ausgesucht habe. Da der Wind zum hundertneunundsechzigsten Mal seit Fahrtbeginn beschlossen hat einzuschlafen, genehmige ich mir für die letzten 5 Meilen einen Motoreinsatz.

Nach Festmachen und Aufklaren des Bootes schreite ich zur großen Preisverleihung. Zuerst verleihe ich mir den flügelamputierten Papageientaucher in Silber für die mit 3,8 Knoten Durchschnittsgeschwindigkeit langsamste Reise, die je von Hooksiel nach Grimsey unternommen wurde. Danach überreiche ich mir feierlich in Gedanken den abgebrochenen Zündschlüssel in Bronze dafür, dass ich so tapfer weitgehend auf den Einsatz des Hilfsmotors verzichtet habe. Zwei tolle Preise an einem Tag – ein schöner Erfolg.

Zum ersten Mal seit Reisebeginn vor zwölf Tagen komme ich aus meinen Klamotten heraus, was, wie ein Geruchstest an Unterhose und Socken zeigt, durchaus schon eine Woche eher hätte passieren können.

Die Insel ist von Tausenden oder gar Hunderttausenden von Seeschwalben okkupiert, die jeden vermeintlichen und tatsächlichen Störenfried mit heiserem Gekrächze in Kamikaze-Manier attackieren. Von allen Seiten stürzen die Viecher auf mich herab, während ich versuche, mich aus der Schusslinie zu bringen. »Hello!«, ruft es da aus einem der umstehenden Häuser. Eine Frau winkt mich zu sich und reicht mir ein langes, dünnes Kunststoffrohr. »For you!« Wie ich erfahre, müssen die Einwohner von Grimsey stets zwei Monate im Jahr mit ihren aggressiven Saisongästen leben, die auf diese wenig feine Art versuchen, ihre Gelege zu schützen. Ein über dem Kopf geschwungener Stock hat sich da als probates Flugabwehrmittel erwiesen.

Mit zwei Fotoapparaten und einer Videokamera um den Hals sowie einem Stativ in der Hand geht es im Laufschritt über die Insel. Dabei schwinge ich meinen Plastikstab über dem Kopf, und wenn an diesem Tag der Inseldepp gewählt würde, dann würde ich diesen Preis aufgrund meines Erscheinungsbildes sicher ebenfalls gewinnen. Der Aufwand lohnt sich aber. Bis auf wenige Meter komme ich an die Nester von Möwen und Papageientauchern heran. Verbotsschilder und bärtige Ökofreaks, die einen auf Distanz zu den Tieren halten sollen, sucht man hier vergebens. Im Gegenteil. Was mir nur Fotomotiv ist, ist den Isländern eine willkommene Bereicherung des Speiseplans. Die Gründlichkeit, mit der ein guter Deutscher seine Naturliebe zu dokumentieren sucht, hat man auf Grimsey noch nicht entdeckt. Im Hafen wabert ein glitzernder Ölfilm vor sich hin, die Abfälle des kleinen Fischverarbeitungsbetriebes werden direkt am Molenkopf ins Meer geleitet und rostiger Schrott findet sich allenthalben auf der Insel. Zudem scheint keine Strecke zu kurz, als dass sie sich nicht perfekt dazu eignen würde, mit dem eigenen Monster-Geländewagen zurückgelegt zu werden.

Wieder im Hafen schaue ich den Fischern beim Entladen ihrer mit Dorsch randvollen Kisten zu. Meine scheinheilig gestellte Frage, ob der isländische Fisch wirklich so gut ist, wie man sagt, beantwortet mir einer der Fischer, indem er mir kurzerhand einen Dorsch zum Testen schenkt. Pro forma ziere ich mich ein bisschen, bevor ich dem Fisch hinter die Kiemen greife und mich Richtung Bratpfanne davonmache. Und in der Tat: Besseren Fisch als frisch vom isländischen Kutter wird man kaum finden. Aber das wusste ich ja schon vorher.

Nach zwei Tagen auf Grimsey verhole ich mich 32 Meilen Richtung Süden auf Islands Hauptinsel. Mein Ziel hört auf den Namen Siglufjördhur und war bis zu dem Tag, an dem die Heringe beschlossen einen größeren Bogen um die Gegend zu machen, ein Zentrum der Heringsfischerei. Eingerahmt von schneebedeckten Bergen liege ich in Sichtweite eines Rettungskreuzers, der aus Beständen der Deutschen Gesellschaft zur Rettung Schiffbrüchiger kommt und hier noch Dienst tut. Der Ortswechsel macht sich erfreulich an den Temperaturen bemerkbar. Statt auf 3 °C wie auf Grimsey, fällt das Thermometer nachts nur noch auf 9 °C. Wer allerdings auf den Geruch von Fisch allergisch reagiert, wird weder hier noch in den meisten anderen Häfen Islands glücklich werden, sorgen die fischverarbeitenden Betriebe doch dafür, dass man schon am Eingang des Fjordes riecht, wovon die Leute hier leben.

Zum ersten Mal bringe ich jetzt etwas Zeit mit, um Island zu entdecken. Gut sechs Wochen habe ich eingeplant, um die Nord- und Westküste Islands kennen zu lernen. Aber leider hat dieser Plan einen Haken: Mein chronisches Seefieber macht es mir fast schon zur Qual, länger als drei Tage im Hafen zu liegen. Was tun? Um zu meinem nächsten Ziel, der Südspitze Grönlands, zu fahren, ist es mir aufgrund der Eissituation noch etwas zu früh im Jahr. So kommt mir der Gedanke, einen Abstecher nach Kolbeinsey und dann nach Jan Mayen zu machen. Kolbeinsey ist ein unbewohnter Felsen, der laut Seehandbuch die Abmessungen 30 bis 60 Meter Breite mal 70 Meter Länge hat und der rund 60 Meilen nördlich von Island jenseits des Polarkreises liegt. Wie ich von einem Einheimischen erfahre, wird das Inselchen Jahr für Jahr kleiner, und es ist wohl nur noch eine Frage der Zeit, bis die vor 400 Jahren angeblich noch 700 Meter lange Insel vom Meer und dem winterlichen Treibeis ganz zermahlen ist, da selbst der Versuch, die Insel durch Beton zu stabilisieren, gescheitert ist. Warum also nicht die Chance nutzen und den Felsen vor seinem Verschwinden einmal aus der Nähe anschauen. Die Insel Jan Mayen liegt 350 Meilen im Nordosten und wird vom Beerenberg, dem nördlichsten aktiven Vulkan der Welt, beherrscht. Wenngleich ich mich mit FANFAN! schon einmal dort habe blicken lassen, spricht nichts dagegen, dort noch einmal aufzukreuzen und diesmal vielleicht sogar einen Fuß auf die Insel zu setzen.

Nachts um drei klopft es laut an der Bordwand. Urheber dieses Krachs ist ein leicht angetrunkener Isländer, der in einem Kajak unterwegs ist. Wir kommen schnell ins Gespräch und kurz darauf bin ich bei ihm zu Hause. Er ist 31, heißt Asgeir Magnusson und arbeitet seit seinem 18. Lebensjahr auf einem der großen Krabben-Trawler, die in Siglufjördhur stationiert sind. Er hat Frau, Tochter und Sohn, zwei Häuser, zwei Autos, ein Motorboot, ein Sommerhaus, einen Hund und eine Menge Land.

»Du bist ein reicher Mann!«

»Nein, du bist reich, du kannst mit deinem Segelboot hinsegeln, wo du willst!«, bekomme ich zur Antwort.

Er zeigt mir seinen Trawler, der nur 50 Meter von FANFAN! an der Pier liegt. Das Schiff hat sechs Mann Crew und ist gerade von einer sechstägigen Fangtour zurück. Im Laderaum stapeln sich 27 Tonnen Krabben, die darauf warten in der nahegelegenen Fabrik, in die wir ebenfalls einen Blick werfen, verarbeitet zu werden. Um diese 27 Tonnen zu fangen, hat der Trawler 26 Tonnen Diesel verfahren, und bis die Krabben beim Konsumenten auf dem Teller liegen, ist wahrscheinlich noch einmal diese Menge an Diesel verbraucht worden. Ein Kilo Krabben auf zwei Liter Sprit – der ganz normale Wahnsinn eben.

Fangsaison ist 365 Tage im Jahr und im Winter kann es ganz hart zur Sache gehen. Die schlimmsten Bedingungen, die er erlebt hat? Windstärke 11 bis 12 und über 30 Meter hohe Wellen.

»Wirklich mehr als 30 Meter?«

»Ja!«, versichert er mir und erzählt, dass in der Zeitung 20 Menschensymbole übereinander abgebildet waren, um den Lesern ein Vorstellung von der Wellenhöhe dieses Sturms zu verschaffen. Mit voller Kraft voraus sei der Trawler bei diesen Bedingungen gegen Wind und See angedampft, freilich ohne dabei groß vorwärts zu kommen. Damit nicht genug. Vor einigen Jahren hat ein Brecher drei Fenster auf der in immerhin 10 Meter Höhe liegenden Brücke zerschlagen und einen Großteil der Navigationselektronik außer Betrieb gesetzt. Ich bin sprachlos und staune.

Ebenfalls erstaunt mich, dass Asgeir sogar einige Brocken Deutsch spricht. Sein Vokabular ist allerdings etwas eingeschränkt und denkbar einseitig, da er seine Sprachkenntnisse aus Pornofilmen deutscher Herkunft hat, die sich in der Bordvideothek seines Trawlers befinden. »Komm ich will dich, du kleine Sau!« Asgeir grinst mich breit an und ich lobe ihn brav für seine perfekte Aussprache. Zum Schluss unserer Begegnung lässt Asgeir durchblicken, dass er für sein Leben gerne mal auf einer Yacht segeln würde. Dies passt mir ganz gut, da ich so jemanden hätte, der mit FANFAN! seine Runden dreht, während ich mit dem Dingi auf der Insel Kolbeinsey anlande.

Am nächsten Tag schifft sich Asgeir bei mir ein und los geht es. Kaum aus dem Fjord heraus, wirft er die Angel aus und innerhalb von zwei Minuten hat er drei Dorsche gefangen, von denen einer in der Pfanne landet und die beiden anderen im Meer noch etwas wachsen dürfen.

Schon zu Anfang der Fahrt stellt sich heraus, dass mein Gast Kettenraucher ist und seinen Kalorienbedarf im Wesentlichen mit Bier deckt. Asgeir ist zudem Jäger und befördert alles in die ewigen Jagdgründe, was entweder essbar ist oder von ihm als Schädling angesehen wird. So kann es denn auch mal passieren, dass eine Robbe oder ein Delfin die Begegnung mit Asgeir nicht überlebt. Nicht gerade meine Idealvorstellung von einem Crewmitglied, aber irgendwie ist er doch ein netter Kerl.

Am nächsten Tag kommt Kolbeinsey in Sicht. Die Insel ist einiges kleiner als im Seehandbuch beschrieben, vielleicht 20 mal 20 Meter und statt 8 Meter ist sie auch nur noch 4 Meter hoch. Mit dem Schlauchboot und eingepackt in einen Überlebensanzug nähere ich mich bis auf wenige Meter, während Asgeir in sicherer Entfernung mit FANFAN! seine Runden dreht. Obwohl das Wetter ruhig ist, verhindert hoher Schwell, dass ich anlanden kann. Dies vereitelt einen Plan, der unter Umständen zu einigem Wirbel geführt hätte. Wenngleich meine Kenntnisse des Völkerrechts minimal sind, so bin ich dennoch der Ansicht, dass Kolbeinsey von den Isländern aufgegeben wurde, als sie die Insel der Zerstörung durch Meer und Eis preisgegeben haben. Insofern dürfte die Insel herrenlos sein. Mein Plan war es daher, die deutsche Flagge zu hissen und das »Protektorat Kolbeinsey« auszurufen. Asgeir sollte den Vorgang von Bord aus fotografieren, und bei unserer Rückkehr hätte ich mich dann vor lokalen Pressevertretern zum Generalgouverneur von Kolbeinsey ernannt. – Nun, es sollte nicht sein, und so treten wir den Rückweg nach Island an, dessen Berge sich in über 60 Seemeilen Entfernung deutlich im Süden abzeichnen. Nach 73 Zigaretten und ungezählten Dosen Bier erreichen wir 35 Stunden später wieder den Hafen. »Eine tolle Erfahrung, beim Segeln lernst du, was es heißt, Geduld zu haben«, ist daher auch Asgeirs Fazit unseres gemeinsamen Ausfluges.

Für den Abend lädt Asgeir mich zu sich nach Hause zu einem Abschiedsessen ein. Es gibt Fleisch und zum Nachtisch eine Art Chips aus getrocknetem Fisch. Diese »Spezialität« hat in vergangenen Jahrhunderten die Isländer über den Winter gebracht und wird mir von Asgeir als absolute Delikatesse angepriesen. Nachdem ich die Haut von dem Fisch abgezogen habe, schiebe ich mir ein Stück in den Mund. Der Fisch fühlt sich an wie staubtrockene, grobfaserige Pappe und schmeckt wie eine offen in der Sonne stehen gelassene Fischkonserve. Asgeirs Frau ist gnädig und reicht mir eine Serviette, in die ich die »Delikatesse« entsorgen kann. Zum Schluss werden Geschenke ausgetauscht. Erst reicht Asgeir mir ein 50-Kronen-Stück. Dann nimmt er mir die 50 Kronen wieder ab und überreicht mir ein Fischmesser.

»Isländer verschenken keine Messer. Daher hast du es mir gerade für 50 Kronen abgekauft. Würdest du es mir nicht abkaufen, würde das Messer sonst das Band der Freundschaft zwischen uns durchschneiden«, erklärt mir mein Gastgeber.

Anschließend überreicht Asgeir mir einen Stapel mit Heften. Die leicht bekleideten Frauen auf den Titelbildern lassen erahnen, dass es sich hier nicht um das Mitteilungsblatt der örtlichen Kirchengemeinde handelt.

»Das wirst du brauchen, wenn du so lange alleine bist.«

Ich zögere etwas, und Asgeirs Frau wirft mir einen Blick zu, der wohl bedeuten soll: »Stell dich nicht so an, wir sind doch alle nur Menschen.«

Schließlich nehme ich die Hefte an, selbstverständlich aber nur aus Höflichkeit und um zu verhindern, dass sie eines Tages gar Minderjährigen in die Hände fallen. Ich revanchiere mich mit zwei weißen Poloshirts, in die der Schiffsname FANFAN! eingestickt ist und von denen ich als neuzeitliches Glasperlenäquivalent einen Packen mitführe.

Am nächsten Tag geht es Richtung Ostküste, und da die Wettervorhersage mit Windstärke neun für das Seegebiet östlich von Island alles andere als günstig ist, beschließe ich noch einen Stopp einzulegen, bevor es weiter nach Jan Mayen geht. Mein Ziel ist das Städtchen Husavik, das sich selbst etwas großspurig zur »Whalewatching Hauptstadt« Europas erklärt hat. Wie bereits gewohnt habe ich entweder Flaute oder Gegenwind, weswegen ich für die 44 Meilen auch gut 24 Stunden brauche, von denen ich 8 Stunden bei spiegelglatter See in Sichtweite der Stadt treibe.

Der Ort ist für isländische Verhältnisse regelrecht bewaldet, und es gibt sogar eine Grünanlage, die fast schon den Namen »Stadtpark« verdienen würde. Wenngleich der Ort schon nach einem Tag seine Attraktionen preisgegeben hat, dämpfen 7 °C Außentemperatur, Regen und Starkwind mein Seefieber so weit, dass ich beschließe, einen weiteren Tag im Hafen zu bleiben.

Nachts um zwölf werde ich von einem infernalischen Rumsen geweckt, das vor meinem inneren Auge für kurze Zeit die Zeitungsüberschrift »Möchtegern-Weltumsegler im Hafen entmastet!« erscheinen lässt. Doch wie ich schnell feststelle, ist nicht der Mast von oben gekommen, sondern ein Isländer, der mir mit einem beherzten Sprung an Deck zu verstehen geben wollte, dass er meine Bekanntschaft zu machen wünscht. In Deutschland hätte ein solches Verhalten zu einem umgehenden Platzverweis geführt, doch hier lasse ich mal fünfe gerade sein. Wie sich herausstellt, ist mein neuer Freund der örtliche Hauswirtschaftslehrer und ein gastfreundlicher Mensch, der mich sofort zu sich nach Hause zu Tee und Gebäck einlädt.

Zum nördlichsten Vulkan

Am nächsten Tag setze ich die Segel. 350 Meilen sind es bis Jan Mayen. Wie nicht anders zu erwarten, kommt der Wind genau daher, wo ich hinmöchte. Je weiter ich hoch am Wind nach Norden bolze, desto kälter wird es, und 150 Meilen vor Jan Mayen zeigt das Thermometer nur noch 2 °C an. Unter Deck sind es ein paar Grad mehr, aber das Segeln unter diesen Bedingungen ist alles andere als erfreulich.

An diesem Tag ist mein Geburtstag. Der vierte, den ich auf FANFAN! erlebe und der x-te, den ich auf einem Boot verbringe. Eigentlich hatte ich vor, mir einen Kuchen zu backen, doch bockt FANFAN! wie ein wildes Pferd in der See, sodass ich es vorziehe, die meiste Zeit in der Koje zu liegen und still vor mich hin zu frieren. Ein toller Geburtstag.

Für den nächsten Tag, Freitag den 13., rechne ich mit Mast- und Schotbruch, doch ich bleibe vom Pech verschont, wenngleich es ja schon Pech genug ist, bei Temperaturen zwischen 8 und 2 °C durch das Nordmeer gegen 20 Knoten Wind kreuzen zu müssen. Erst der Samstag verheißt Besserung. Als ich aufwache, segelt FANFAN! brav Richtung Süden, da ich einen Winddreher verschlafen habe und die Windselbststeueranlage, wie es ihre Aufgabe ist, dem Wind gefolgt ist. Bevor ich mich so recht über die verschenkten Meilen ärgern kann, entdecke ich im Nordwesten den Beerenberg, das 2277 Meter hohe Wahrzeichen von Jan Mayen. Was für ein Anblick! Und das aus 70 Seemeilen Entfernung! Diesmal will ich meinen Fuß auf die gut 54 Kilometer lange Insel, auf der nur einige Funker und Meteorologen stationiert sind, setzen. Bei meinem ersten Besuch habe ich dies nicht gewagt.

Bei dem jetzt herrschenden Nordwind habe ich mir die Rekvedbukt in der Mitte von Jan Mayens Südküste ausgesucht, um dort zu ankern und dann an Land zu gehen. Einzig beunruhigend ist die lange Dünung, die von Osten heranrollt. Langsam taste ich mich an die Küste heran, der Wind bläst mit guten 25 Knoten und ich bekomme Zweifel, ob ich an Land gehen kann, als ich lange Gischtstreifen den schwarzen Vulkanstrand heraufrollen sehe. Auf 10 Metern Wassertiefe fällt der Anker. Banges Warten. FANFAN! rollt ordentlich in der Dünung, aber der Anker

Tatsächlich ist es mir möglich, ein paar wenige Minuten am Strand von Jan Mayen zu verbringen, und ich bin froh, diesen Baumstämmen nicht auf See begegnet zu sein.

hält. Dann schnell das Dingi aufgeblasen, damit ich beim letzten Sonnenstrahl noch anlanden kann. Rein in den Überlebensanzug, die Kameras wasserdicht verstaut und los! Der Wind ist so stark, dass ich wahrscheinlich nicht dagegen anrudern könnte, wenn der Außenborder streiken würde. Trotzdem wage ich mich in Lee von FANFAN!, um einige Bilder zu machen. Wohl ist mir dabei nicht. Dann taste ich mich langsam Richtung Land. Eiskalte Gischt spritzt mir ins Gesicht. Was von See aus schlecht auszumachen ist, klärt sich erst wenige Meter vor dem Strand: Die Brandung ist harmlos, und mit einem Sprung bin ich im knietiefen Wasser und ziehe das Schlauchboot den schwarzen Sand hoch. Bis weit in das Hinterland ist alles übersät mit Treibholz, und in einigen hundert Metern Entfernung steht sogar eine Hütte. Ich beschränke mich darauf einige Bilder zu machen, und nach einigen Minuten bin ich wieder auf dem Rückweg.

An Bord kann ich endlich meinen Dieselofen, der auf See bei viel Schräglage nicht funktioniert, anschmeißen. Drei Grad zeigt das Thermometer und der schneidende Wind hat mich zum Eiszapfen werden lassen. Wenngleich eine Nacht auf See angenehmer wäre als an diesem Ankerplatz, beschließe ich zu bleiben, um am nächsten Tag noch einmal an Land zu gehen.

Am folgenden Morgen hat der Wind zwar nachgelassen, dafür aber auch leicht gedreht, sodass ich damit rechne, bald ankerauf gehen zu müssen. Das Wetter ist trübe und vom Beerenberg nichts mehr zu sehen. Schade. Trotzdem will ich noch einmal kurz anlanden.

Diesmal erkunde ich auch die Hütte am Strand. Das Ding ist fensterlos, und den Spuren am Fundament nach zu urteilen, hat das Meer schon versucht, diesen Fremdkörper am Strand wieder auszugraben. Die Tür ist unverschlossen und zu meiner Überraschung gibt es sowohl elektrisches Licht, eine kleine Küche mit Lebensmitteln als auch eine Heizung, die auf Volldampf läuft. Dem »Gästebuch« nach zu urteilen, war vor 10 Tagen zum letzten Mal jemand von der einige Kilometer weit entfernten Station da, um nach dem Rechten zu schauen. Ob die Hütte den Stationsleuten als Unterkunft bei Exkursionen dient oder ob sie für Schiffbrüchige errichtet wurde, bekomme ich aber nicht heraus. In der Seekarte ist die Hütte jedenfalls nicht verzeichnet.

Weiter ins Hinterland wage ich mich nicht, will ich doch immer in Sichtweite von FANFAN! bleiben, um im Fall der Fälle schnell am Boot zu sein. Nach gut einer Stunde an Land geht es wieder an Bord, und da der Wind weiter gedreht hat und FANFAN! nun ungeschützt vor der Küste liegt, beschließe ich wieder die Segel zu setzen. Kaum sind Fock und Großsegel oben, ist Jan Mayen auch schon hinter einem Vorhang aus Nieselregen verschwunden.

Wie nicht anders zu erwarten, kommt der Wind aus Richtung Island, weswegen ich gerade einmal Südkurs laufen kann. Was das Wetter mit mir macht, ist wirklich nicht fair! Dazu bin ich noch vom Hand über Hand aufgeholten Anker klatschnass geschwitzt, was mich nun erbärmlich frieren lässt. So verordnet dann auch der Bordarzt »ab in die Koje, bevor du dir noch eine Lungenentzündung holst.« Als braver Patient füge ich mich wiederstandslos.

Der Rückweg gestaltet sich seglerisch ähnlich elend, wie ich es seit Reisebeginn gewohnt bin. Ich muss ständig kreuzen und der Wind ändert dauernd Stärke und Richtung, was ein ständiges Nachjustieren der Selbststeueranlage erforderlich macht. Wieder verschlafe ich einen Winddreher, der mich munter vom Ziel wegsegeln lässt. Schnelle Winddreher kann ich im einhandseglertypischen Dämmerschlaf in der Koje an den Schiffsbewegungen erkennen, da der Seegang etwas braucht, um dem Wind zu folgen. Dreht der Wind aber langsam, so bleibt dies von mir oft unbemerkt.

Der routinemäßige Check der Bilge bringt eine unschöne Überraschung in Form von 15 Litern Wasser. Dies dürfte nicht sein und den Rest des Tages kann ich mich mit dem äußerst erbaulichen und bei Skippern in aller Welt beliebten Spiel »Finde ich das Leck?« beschäftigen. Nach fünf Stunden kann ich mich zum Gewinner erklären, als ich einen 2 Millimeter langen Riss in einem meiner beiden flexiblen 150-Liter-Wassertanks finde. Mit 20 Zentimetern Klebeband wird dieser Riss wohl ein für alle Mal geschlossen sein, aber wann reißt der Tank an einer anderen Stelle?

Einhundert Seemeilen nördlich von Island sind die ersten Fischtrawler zu erkennen und immer wieder begleiten Weißschnauzendelfine das Boot. Ein achterlicher Wind mit Stärke 6 treibt mich mit Geschwindigkeiten zwischen 5 und 7 Knoten in Richtung der Nordwestküste Islands, wo ich die Fjordlandschaft erkunden will.

Die Küste taucht erst in einer Entfernung von 2 Seemeilen aus dem Dunst auf, und an Backbord lasse ich ein Kap, das auf den Namen Horn getauft ist. Die letzten Meilen prügele ich FANFAN! förmlich zu meinem Ziel, dem Hafen Isafjördhur. Das Boot macht gut sieben Knoten hoch am Wind, und die Fußreling zieht durch das Wasser, während im Dämmerlicht die schneebedeckten Berge des Fjordes an mir vorbeiziehen. Toll!

Die Bilanz meines Abstechers sieht so aus, dass ich acht Tage gesegelt bin, um insgesamt gerade mal 80 Minuten auf Jan Mayen herumzulaufen. Das Wetter war derart mies, dass ich freiwillig kaum eine Stunde im Cockpit oder an Deck verbracht habe. Trotzdem hat es sich gelohnt.

Zurück an Islands Küsten

Als Erstes statte ich dem öffentlichen Schwimmbad von Isafjördhur einen Besuch ab, was zwei Wochen nach meiner letzten Dusche auch mehr als nötig ist. Im Bad ist man auf internationales Publikum eingestellt, und so fragt mich ein mehrsprachiges Schild zwischen Waschräumen und Schwimmbecken: »Haben Sie Dich gewascht?«

Im Hafen liegt die norwegische Yacht QUEST, der ich einen Besuch abstatte. Die Crew wartet auf bessere Eisbedingungen an der Ostküste Grönlands, da sie zum Scoresbysund wollen. Der Skipper ist ein alter Salzbuckel mit über 30 Jahren Eiserfahrung. Fotos an den Schottwänden zeugen von seinen Reisen, die ihn bei Spitzbergen bis 81° Nord und an der Westküste Grönlands noch nördlicher als Thule geführt haben. Als ich ihm erzähle, dass ich einhand nach Grönland segeln will, erklärt er mich für verrückt.

»Das würde ich nie machen!«, kommentiert er meinen Plan und zieht dabei das Wort »never« so lang, dass mehr als deutlich wird, wie ernst er es meint. Nun werde ich regelmäßig das Opfer von Leuten, deren Sendungsbewusstsein in seglerischen Fragen in krassem Missverhältnis zu ihrer praktischen Erfahrung steht. Diese meist älteren Herren haben auch auf ungestellte Fragen die passende Antwort und selbstverständlich schon jede Menge Stürme (»Mindestens 11-12!«) erlebt. So dankbar wie ich für jeden Tipp bin, so sehr kann ich auf Schulmeistereien verzichten. Hier liegt der Fall aber anders, da mein Gegenüber weiß, wovon er spricht. Viel besser als ich zumindest. Hinzu kommt, dass ich in der Vergangenheit auch von zwei deutschen Seglern, die die Gewässer um Grönland kennen, vor Kap Farvel mehr als gewarnt worden bin. Noch habe ich drei Wochen Zeit mir zu überlegen, wo es nach Island hingeht. Schließlich gibt der Norweger noch die Geschichte zum besten, wie er vor einigen Jahren südwestlich von Island in einen schweren Sturm geraten ist, der seine Yacht hat kentern lassen. Der Mast blieb stehen, doch waren die Schäden am Boot so groß, dass er einen Nothafen anlaufen musste. Insgesamt bringt diese Begegnung meine Moral hinsichtlich meiner Grönlandpläne so ziemlich auf den Nullpunkt. Da ist der Beutel Krabben, den mir der Skipper zum Abschied schenkt, nur ein schwacher Trost.

Für den nächsten Tag habe ich mir zwei Punkte aufs Programm gesetzt. Erstens möchte ich Aufnahmen des Bootes unter Segeln machen und zweitens möchte ich eine ehemalige Walkocherei anschauen, die verlassen in einem Fjord 20 Meilen von Isafjördhur liegt. Punkt eins ist ein für Einhandsegler sehr undankbarer Job, weswegen ich bei den Norwegern nachfrage, ob einer von ihnen Lust hat, mit mir rauszusegeln. »Leider nein«, bekomme ich zur Antwort. Stattdessen brüten sie über einem Berg von Papier, den ihr Wetterfax ausgespuckt hat, und hoffen, dass sich aus diesem Wust von Informationen das Startsignal nach Grönland herauslesen lässt. Nun gut, dann mache ich die Bilder eben alleine. Der Wind ist zum Glück nicht besonders stark, und während FANFAN! unter Autopilot den Fjord entlang segelt, mache ich im Schlauchboot meine Runden und fotografiere. Solange der Außenborder funktioniert, ist das kein Problem. Aber wenn mich die Kiste im Stich lassen würde, würde FANFAN! in drei Meilen ein rasantes Bremsmanöver am Fuße eines Berges hinlegen. Alles geht gut und einen Adrenalinkick gibt es kostenlos dazu.

Einige Stunden später fällt der Anker vor der verfallenen Walkocherei im Hesteyrarfjördhur. Es nieselt und der Wind pfeift mit 20 Knoten im Rigg, weswegen ich meinen Landgang auf den nächsten Tag verschiebe. Der Karte nach zu urteilen sind Islands Nordwestfjorde unberührte Natur pur, da dieser Landesteil straßenmäßig nicht erschlossen ist. Dies ist aber nur zum Teil richtig, da in den Fjorden viele Sommerhäuser liegen, die von Isafjördhur aus mit kleinen Motorbooten erreichbar sind. Warum die Isländer ausgerechnet dort Ferien machen, wo es noch öder aussieht als in den übrigen Landesteilen, bleibt mir allerdings rätselhaft.

Um halb fünf Morgens erwache ich aus meinem Einhandsegler-Dämmerschlaf. Irgendetwas hat sich verändert. Es ist auf einmal ganz ruhig an Bord. Ich stehe auf und schaue durch die Plexiglaskuppel zum Masttopp. Der Wind kommt genau von der Seite und ein zweiter Blick ans Ufer verrät: FANFAN! treibt! Ich hechte auf das Vorschiff, um nach dem Anker zu sehen, doch dort, wo ich die Ankerleine auf einer Vorschiffsklampe belegt habe, ist nichts mehr. Die Ankerleine ist weg und mit ihr der Anker samt Kette! Ich bin wie vor den Kopf geschlagen, gibt es doch für den Verlust nur eine Erklärung: Uwe Supersegler hat die Leine nicht richtig auf der Klampe belegt.

Zurück im Cockpit gibt auch der Ankeralarm des GPS-Navigators, den ich auf eine Abweichung von ca. 100 Meter eingestellt habe, mit einem Piepsen zu verstehen, dass etwas nicht stimmt. »Ich war schneller, du Trottel!«, denke ich mir und bringe FANFAN! ohne Segel vor den Wind und lasse sie unter Autopilot Richtung Fjordausgang gleiten. Ich könnte mich treten. Hundertmal dafür, dass ich die Leine nicht richtig belegt habe, zwanzigmal dafür, dass ich meine eigens für diese Reise angeschaffte Ankerboje nicht benutzt habe, und zehnmal dafür, dass ich einen kleinen Wurfanker vor Reisebeginn von der Einkaufsliste gestrichen habe, mit dem ich den verlorenen Anker vielleicht bergen könnte. Anker verliert man im Kampf mit den Elementen, bei Windstärke neun vor einer gefährlichen Küste, aber doch nicht aus Doofheit. So eine Geschichte kann man doch niemandem erzählen! Zudem gibt es niemanden, dem ich die Schuld für den Verlust in die Schuhe schieben kann. Es gibt kein Crewmitglied, das ich für sein Versagen mit Nichtbeachtung strafen und dem ich den Anker auf die Rechnung setzen kann. Einhandsegeln ist manchmal ganz schön hart.

Ein Rettungsplan ist schnell gemacht. Ich werde zurück nach Isafjördhur segeln und dort nach einem Taucher fragen. Sollte sich diesbezüglich nichts ergeben, werde ich einen Wurfanker kaufen oder irgendwie improvisieren, um zu versuchen, den Anker vom Beiboot aus durch Absuchen des Grundes zu finden. Zum Glück habe ich die Ankerposition bis auf die hundertstel Minute genau im Logbuch verzeichnet, weswegen sich der Ankerplatz wohl ohne Probleme wiederfinden lassen wird. Sollte dies alles nichts bringen, werde ich mein 450 Euro teures Ankergeschirr halt abschreiben. Immerhin habe ich noch 10 Meter Kette und zwei Ersatzanker an Bord, die aber leider nicht in die Bughalterung passen und deshalb umständlich zu handhaben sind.

Vier Stunden später bin ich wieder in Isafjördhur. Es ist noch nicht Mittag, da habe ich schon einen Taucher gefunden, der bereit ist, mir in zwei Tagen den Anker für 200 Euro wieder ans Tageslicht zu holen. Ich schlage ein.

Zum verabredeten Termin erscheint mein Taucher, um mir mitzuteilen, dass er den Tauchgang noch einen Tag verschieben muss, da ihm etwas Wichtiges dazwischen gekommen ist. Als ob ich es geahnt hätte, habe ich mir vorsorglich für 40 Euro einen kleinen Anker besorgt, mit dem die Fischer Leinen ihres Fanggeschirrs aus dem Wasser aufnehmen.

Mit dem Dingi und dem GPS-Handgerät fahre ich im Zickzack meinen ehemaligen Ankerplatz ab, wobei ich meinen Suchanker an einer 30 Meter langen Leine im Schlepptau habe. Immer wieder verhakt sich der Anker, doch meinem Ankergeschirr komme ich nicht auf die Spur. Aufgeben? Noch nicht. Als ich den Suchanker zum x-ten Mal aufhole, schimmert mir meine Ankerleine aus dem klaren Wasser entgegen. Die Freude ist groß und wenig später habe ich Anker samt Kette und Leine im Dingi. Abgesehen davon, dass ich so eine Menge Geld für den Taucher gespart habe, ist es ein gutes Gefühl, das Problem ohne fremde Hilfe gelöst zu haben.

Weiter geht es die Westküste entlang Richtung Süden. Wieder einmal dümpelt FANFAN! in einer Flaute, während um mich herum Fischtrawler die Küste auf- und abziehen und den Meeresgrund mit ihren schweren Schleppgeschirren geradezu umpflügen. Hatte der Wetterbericht nicht etwas von Windstärke 7 bis 8 gesagt? Drei Stunden nachdem ich mir diese Frage gestellt habe, wird das Boot nur unter zweifach gerefftem Großsegel von 35 Knoten Wind nach Süden getrieben. Eigentlich wollte ich noch einen Stopp an der Nordwestküste einlegen, doch könnte ich meinen Zielhafen nur durch stundenlanges Kreuzen erreichen, weswegen ich beschließe, die Nacht durchzusegeln. Den westlichsten Punkt Islands, Látrabjarg, lasse ich querab, und als ich aus der Landabdeckung herauskomme, wird der Seegang konfus und legt noch einiges zu. Da vor mir jetzt ein Streifen offenes Wasser liegt, haue ich mich in die Koje, um etwas Schlaf zu finden. Kaum habe ich die Augen zu, da ändern sich die Bewegungen des Bootes schlagartig. Wieder im Cockpit muss ich feststellen, dass der Wind innerhalb von Minuten um 15 Knoten abgenommen und seine Richtung um 100 Grad geändert hat. Ich wende, doch ist an Segeln nicht zu denken, da noch eine unheimlich konfuse See steht, die das Boot wie volltrunken herumtorkeln lässt. Erst eine Stunde später geht es wieder einigermaßen voran.

Nach über 2500 Seemeilen beschert mir das Schicksal den ersten rundherum schönen Segeltag. Kein Gegenwind, keine Flaute, kein Nebel und keine sibirischen Temperaturen verleiden mir die Fahrt. Stattdessen habe ich 20 Knoten achterlichen Wind, strahlenden Sonnenschein und angenehme 15 °C. Ab und zu schaut ein Papageientaucher aus dem türkisfarbenen Wasser, und Delfine begleiten das Boot. Zwar hat die Wettervorhersage nur 10 Knoten Wind angekündigt, aber das kann mich heute nicht aufregen. Während des Schlages nach Akranes, einem Ort 10 Seemeilen nördlich von Islands Hauptstadt Reykjavik, lese ich ein Buch von 1954 mit dem Titel »Wie werden wir leben?« So manchen Lacher kann ich mir da nicht verkneifen. Nachdem der Autor zum Beispiel die Wichtigkeit von Fischkulturen für die zukünftige Ernährung der Menschheit herausgestellt hat, schreibt er: »*Es ist nicht ausgeschlossen, auch Wale derart als Haustiere zu halten und sogar Milch von ihnen zu gewinnen.*«

An anderer Stelle prophezeit er, dass, sobald erst einmal Satelliten um die Erde kreisen und Wetterbilder liefern würden, Meteorologen in der Lage seien »*das Wetter auf der Erde auf Monate im Voraus exakt anzugeben*«. Doch leider befinden sich Meteorologen nach meiner Erfahrung auch 50 Jahre nach dieser Prognose qualitativ nur geringfügig oberhalb des Niveaus von Astrologen und Kaffeesatzlesern.

Die Schlepperbesatzung, an deren Schiff ich in Akranes längsseits gehe, bittet mich am nächsten Morgen, FANFAN! zu verholen, da sie um 12 Uhr auslaufen wollen. Grund ist eine Schwimmveranstaltung, bei der Mitglieder des örtlichen Schwimmvereins in einer Stafette 10 Seemeilen von Reykjavik in ihren Heimatort Akranes schwimmen wollen, und bei der der Schlepper das Begleitboot sein soll. Ich lege mein Boot etwas entfernt an einen Schwimmsteg und heuere kurzerhand auf dem Schlepper an.

Zuerst fahren wir mit dem Schlepper nach Reykjavik, wo das Ereignis unter den Augen von Presse und Fernsehen im trüben Hafenwasser seinen Anfang nimmt. Die nächsten sieben Stunden kann ich den in Surfanzüge verpackten Schwimmern dabei zuschauen, wie sie Meter um Meter durch das kalte Nordatlantikwasser Richtung Heimat zurückschwimmen, was alles andere als spannend ist. Zum Glück werde ich von zwei Müttern an Bord mit Sandwiches und Kakao versorgt, doch zu meinem Bedauern wird mir ein solches Maß an Aufmerksamkeit von ihren weitaus attraktiveren Töchtern nicht zuteil.

Am folgenden Tag geht es auf eigenem Kiel nach Reykjavik, wobei ich mangels Wind nur unwesentlich schneller bin als die Schwimmer am Vortag. Unter Segeln lege ich ein vorbildliches Anlegemanöver hin, das eigentlich tosenden Applaus verdient hätte, doch ist leider niemand da, der klatschen könnte.

In Sichtweite liegen vier wieder zum Schwimmen gebrachte ehemalige Walfangschiffe, die vor Jahren von einem übereifrigen Umweltaktivisten versenkt worden sind. Unmittelbar daneben kann man einmal täglich an Bord eines großen Katamarans gehen, der einem die Wale zu Gesicht bringen soll, die von den Walfängern übrig gelassen wurden. Kurz nach meiner Ankunft hält auch schon der Zoll mit quietschenden Bremsen vor dem Steg. Ohne Probleme werde ich einklariert, obwohl ich ja schon seit Wochen im Lande bin, aber Gesetz ist Gesetz.

Der Skipper der tschechischen Yacht POLARKA, ein bärtiger Sechzigjähriger mit wettergegerbtem Kauzgesicht, stattet mir einen Besuch ab und lobt FANFAN! in höchsten Tönen, was ihn mir gleich sehr sympathisch macht. Als er in meinem Alter war, ist er in einem 7 Meter langen Sperrholzboot ohne Motor nach Island und Grönland gesegelt. Spitzbergen, Antarktis – überall wo nur die geringste Aussicht darauf bestand zu frieren, ist er schon gewesen. Als ich mich gerade anschicke, ihm verbal dafür den nötigen Respekt zu zollen, winkt er ab nach dem Motto »Lass schon gut sein Kleiner, das waren doch alles Kleinigkeiten für einen wie mich.«

Wie ich an einem Internetterminal in der Stadtbibliothek erfahre, hat der deutsche Segler Wilfried Erdmann in 343 Tagen einhand und nonstop die Welt von Cuxhaven nach Cuxhaven entgegen der vorherrschenden Windrichtungen umrundet. Eine Leistung, die mich schwer beeindruckt. Was für ein Wille muss einen Menschen treiben, solche Strapazen auf sich zu nehmen? Ein Vertreter des Deutschen Segler-Verbandes kommentiert die Reise kritisch und faselt etwas davon, dass Einhandsegler ständig »Gott versuchen« würden. Es wäre ja auch gelacht, wenn von diesen Leuten, die vom Blauwassersegeln wenig und vom Einhandsegeln gar keine Ahnung haben, etwas anderes gekommen wäre. Was diese Verbandsmenschen wahrscheinlich am meisten stört, ist, dass sich Einhandsegler – anders als medaillenhungrige Jollensegler – nicht in ein Schema F pressen lassen. So bin ich weder in einem Segelverein noch fühle ich mich zu irgendeiner Seglerszene zugehörig. Mich interessiert auch nicht, was die Herren vom Seglerverband für »gute Seemannschaft« halten und welche Flaggenführung sie zu welchem Anlass als angemessen betrachten. Vielmehr wurschtele ich so vor mich hin, was mir das ermöglicht, was ich haben möchte: meine Unabhängigkeit.

Eine regelrechte Hitzewelle, die das Thermometer auf sagenhafte 18 °C hoch treibt, lässt meine lange Unterhose in einem Schapp verschwinden. Ich backe mir einen verspäteten Geburtstagskuchen, schaue mir die Stadt an und genehmige mir eine heiße Dusche im örtlichen Schwimmbad. Dort versuche ich, dem Wahrheitsgehalt der mir mehrfach von Isländern mit vielsagenden Blicken versicherten Behauptung, dass ihre weiblichen Landsleute in alkoholisiertem Zustand zu nahezu allem bereit seien, auf die Spur zu kommen. Leider geben meine zaghaften Versuche mit (allerdings nüchternen) Isländerinnen im Whirlpool in Kontakt zu treten, keinen Hinweis darauf, dass dies stimmen könnte. Aber selbst wenn es den Tatsachen entsprechen sollte, dürfte es bei regulären Bierpreisen um 6 Euro pro Glas ein überaus teures Vergnügen sein, eine Isländerin in Beischlafbereitschaft zu versetzen.

Für Isländer, die nicht in der Hauptstadt wohnen, scheint Reykjavik ein gigantischer Moloch zu sein, den es nach Möglichkeit zu meiden gilt. »Reykjavik? Niemals!«, habe ich oft gehört, wenn ich danach gefragt habe, ob es nicht attraktiver ist, in der Hauptstadt zu wohnen, statt in einem nach Fischmehl stinkendem 300-Seelen-Fischerdorf an Islands kalter Nordküste. Dies könnte ich ja verstehen, wenn in der Hauptstadt Millionen Menschen dichtgedrängt auf einen Haufen wohnen würden, von denen täglich Tausende Opfer eines Verbrechens würden und die Kinder Crack statt Schokolade naschten. Reykjavik hat aber gerade mal 110 000 Einwohner und ist für meine Begriffe eine beschauliche Kleinstadt, in der die Welt noch einigermaßen in Ordnung ist.

Ich nutze das gute Wetter und segele weiter zu den Westmännerinseln an Islands Südküste. In Heimaey, der Hauptinsel des Archipels, gehe ich an einem Fischkutter längsseits. Kurze Zeit später lerne ich den ehemaligen Eigentümer des Kutters kennen, der mir nicht nur eine Inselrundfahrt in seinem Wagen spendiert, sondern mich auch zum Abendessen zu sich nach Hause einlädt. Die Ankündigung, dass es geräucherten Papageientaucher geben soll, lässt mich für einen Moment zusammenzucken, habe ich mit Spezialitäten dieser Art bei vergangenen Reisen eher schlechte Erfahrungen gemacht. Wie ich während des Auftischens erfahre, beherbergen die Westmännerinseln eine der größten Papageientaucherkolonien der Welt. Die putzigen Tiere werden beim Anflug auf ihre Nester mit großen Keschern abgefangen. Strenge Fangbeschränkungen sollen die Bestände schützen. Meine Befürchtungen bestätigen sich allerdings nicht. Der Vogel schmeckt ungefähr wie Kassler, und auch die zum Nachtisch gereichte Lammkeule mit kandierten Kartoffeln schmeckt super. Erst als mein Gastgeber mir ein Stück Fleisch von einem

Delfin, der ihm irrtümlich ins Netz gegangen ist, geben will, winke ich dankend ab.

Der Fischer hat noch lebhafte Erinnerungen an das Jahr 1963, wo in Sichtweite der Hauptinsel als Folge eines unterseeischen Vulkanausbruchs eine neue Insel, Surtsey, entstanden ist. »Durch den Vulkanausbruch ist das Wasser in der Umgebung der Insel so warm geworden, dass es dort unheimlich viel zu fischen gab«, erinnert er sich. Noch einschneidender war das Jahr 1973, wo ein Vulkanausbruch Teile von Heimaey in Schutt und Asche gelegt hat. Alles kam ganz überraschend, und mein Gastgeber hat seine Frau, seine drei kleinen Kinder und die halbe Nachbarschaft auf seinen Kutter gepackt und an der Küste Islands in Sicherheit gebracht. Zum Abschluss bekomme ich noch ein selbst gedrehtes Video gezeigt, auf dem ein ganz besonderer Fang der örtlichen Fischer zu sehen ist. Es handelt sich um ein gut 33 Meter langes Rumpfstück des spektakulären Rennkatamarans TEAM PHILLIPS, der bei Irland in einem Sturm verloren gegangen ist. Das Design des Bootes galt als revolutionär, da das Boot mit seinen torpedoförmigen Rümpfen die Wellen durchstoßen sollte, statt über sie hinwegzureiten. Leider war der Katamaran den dabei auftretenden Belastungen nicht gewachsen und brach auseinander. Die Crew konnte gerettet werden, doch das Boot galt so lange als verschollen, bis das Rumpfteil bei den Westmännerinseln treibend entdeckt wurde. Während ein Teil des Rumpfes per Container den Weg nach England angetreten hat, wurde der Rest mit der Motorsäge in kleine Teile zerlegt und auf der örtlichen Mülldeponie abgeladen, wo ich mir später einige Splitter als Souvenir sichere.

Nachts werde ich Zeuge eines ganz besonderen Schauspiels. Da es mittlerweile schon einige Stunden am Tag dunkel wird, ist die Stadt hell erleuchtet. Die jungen Papageientaucher, die im August von den umliegenden Klippen zu ihrem Erstflug starten, nehmen daher zum Teil Kurs auf den Ort statt auf das offene Meer. Dort krabbeln sie einigermaßen hilflos auf Straßen und Plätzen herum. Kinder streifen in Gruppen oder in Begleitung ihrer Eltern dann nachts durch den Ort und sammeln die Vögel auf, die die Katzen übrig gelassen haben. Die Vögel werden in Pappkartons verwahrt und am nächsten Tag an den Klippen mit einem kräftigen Wurf einem ihrer Elemente übergeben. Meist endet dies mit einer recht brauchbaren Landung auf dem Wasser, doch einige Kandidaten haben noch Koordinationsprobleme und purzeln auf bemitleidenswerte Art die Felsen herunter. Allerdings scheinen die Vögel von außerordentlicher Robustheit zu sein und es sieht so aus, als ob die Tiere auch mehrfachen Felskontakt unbeschadet überstehen können.

In der Bibliothek besorge ich mir aus dem Internet eine Eiskarte von der Südspitze Grönlands. Das Packeis ist anscheinend fast vollständig verschwunden. Nur in Küstennähe treiben noch einige Eisberge herum. Der Karte nach zu urteilen, kann ich die ersten 600 der 700 Meilen ohne Eiskontakt befürchten zu müssen, durchsegeln.

Trotzdem ist mir ganz mulmig bei dem Gedanken, nach Grönland aufzubrechen, doch lasse ich mir bei meinem telefonischen Report an die Heimatfront über meine weiteren Reisepläne nichts davon anmerken. Es langt, wenn *ich* ein flaues Gefühl in der Magengegend habe.

Von Heimaey aus laufe ich zuerst in Richtung der 1963 neu entstandenen Insel Surtsey. Auf dem Weg nehme ich Kurs auf eine enge Passage zwische zwei kleineren Inseln der Westmännergruppe, auf denen Tausende von Tölpeln brüten. Genau zwischen den Inseln stoßen Hunderte von ihnen raketengleich ins Wasser, um Beute zu machen. Inmitten des Getümmels mache ich die Rückenflossen einer Gruppe von Schwertwalen aus. Während die Tölpel das Weite suchen, als ich näher komme, lassen sich die Schwertwale überhaupt nicht stören. Als ich nur noch eine Bootslänge von den Tieren entfernt bin, erkenne ich, dass zwei der sechs Tiere Junge sind. Immer wieder klatschen die beiden mit ihren Schwanzflossen spielerisch auf das Wasser. Was, wenn die Eltern ihre Kinder durch FANFAN! bedroht fühlen? Nichts passiert.

Kurz darauf passiere ich die unter Naturschutz stehende Insel Surtsey, auf der ein Anlanden streng verboten ist. Die Insel hat einen Durchmesser von gut 2 Seemeilen und weist erst an einigen Stellen schon Spuren von Vegetation auf. Der größte Teil der Insel ist aber noch von Vulkanasche bedeckt, und den einzigen Farbklecks bildet das rote Dach der Schutzhütte für Schiffbrüchige, die an der Südostseite der Insel steht.

Kein Sex auf der größten Insel der Welt

Ich hole die isländische Gastlandflagge ein und setze Kurs West ab. Vor mir liegen jetzt gut 700 Seemeilen bis zur grönländischen Küste. Nach 250 Meilen erwischt mich ein Tief, das das Barometer im nahezu freien Fall auf 984 hPa stürzen lässt. Da ich mich anscheinend auf seiner Nordseite befinde, bleibt es mit Windstärke 8 noch einigermaßen erträglich. Ich baume die Fock aus und lasse FANFAN! genau vor dem Wind nach Westen laufen. Die Windselbststeueranlage macht einen tollen Job und lässt sich auch von vereinzelten kleinen Brechern nicht aus dem Takt bringen.

»Besuch!«, sage ich zu mir selbst, als mich seltsame Quietschtöne aus der Koje holen. Hinter und neben dem Boot zieht eine Gruppe von Pilotwalen durch das Wasser, deren Laute deutlich unter Deck zu hören sind. Ihnen scheint das Wetter – anders als mir – Spaß zu machen. Übermütig lassen sie sich in Gruppen die Vorderhänge der Wellen heruntergleiten.

Sechzig Meilen vor der grönländischen Küste kann ich am Horizont eine Reihe von Bergspitzen ausmachen, und ich bilde mir ein, auch schon Land riechen zu können. Als es dunkel wird, berge ich die Segel und lasse FANFAN! einfach treiben, da ich ab jetzt auf der Hut vor Eis sein muss. Eisberge kann ich zwar auf dem Radar ausmachen, doch die Eisbergtrümmer, Growler genannt, treiben so dicht unter der Wasseroberfläche, dass sie vom Radar nicht erfasst werden.

Mitten in der Nacht weckt mich das Heulen des Windes. Der Windmesser zeigt 30 Knoten an, das Thermometer 7 °C und die Barographenkurve weist in Richtung Erdmittelpunkt. Ausgerechnet jetzt!

Ich warte bis zum ersten Morgengrauen ab und setze die Fock. Jetzt kann ich nicht wie gewohnt von unter Deck Wache schieben, sondern muss im Cockpit sitzen, um eine bessere Übersicht zu haben.

Zum Glück nimmt der Wind in den nächsten Stunden ab und nach und nach kann ich alles setzen, was ich habe. Zehn Meilen vor der Küste tauchen die ersten Eisberge auf, die im Abstand von mehreren Meilen um mich herum treiben. Vereinzelt blitzen Growler aus den Fluten. Ein phantastisches Schauspiel, aber wer hier in schweres oder unsichtiges

Wetter kommt, hat wahrlich nichts zu lachen. Langsam kommt die Sonne durch und der erste Eindruck ist, dass die Bezeichnung Grünland eine maßlose Übertreibung ihres Entdeckers Erich des Roten ist, um vor tausend Jahren Siedlungswillige dorthin zu locken. Nur ein Hauch von Grün liegt auf den Felsen, sonst ist alles vereist.

Ich steuere den kleinen Hafen der Wetterstation am Prins Christians Sund an. Zu meiner Überraschung liegt dort die Rennyacht WOLFIE'S TOY des deutschen Einhandseglers Wolfgang Quix, der mit Crew gerade von einer Reise in die kanadische Hudson Bay zurückkommt. Wolfgang kennt FANFAN! noch aus den Zeiten, als sie OLLE P hieß. Damals ist er mit seiner Yacht in der Twostar Transatlantikregatta gegen den ersten Eigner meines Bootes angetreten. Mit gespielter Lässigkeit lässt er mich wissen, dass er mein Boot bei dem Rennen locker abgehängt hat. Kurz nach meiner Ankunft brechen er und seine Crew auf, um weiter zu den Färöer zu segeln.

Ein Mitarbeiter der Station empfängt mich freundlich und lädt mich gleich ein, mit ihm und den anderen Stationsmitarbeitern den Tag mit Aal und Aquavit zu beschließen. Dankend lehne ich ab, da mir schwant, dass das Verhältnis von Aal zu Aquavit bei diesem Ereignis 1 zu 100 betragen wird und ich den Tag volltrunken unter dem Tisch beenden würde.

Bei einem Rundgang werde ich kurz darüber ins Bild gesetzt, wo ich gelandet bin. Wie ich erfahre, war der Sund, der die Südspitze Grönlands auf einer Länge von 60 Meilen durchschneidet, bis Anfang Juli noch völlig dicht. Auf der Wetter- und Funkstation leben fünf Dänen, vier Hunde und eine kleine Hühnerschar samt Hahn. Die Hühner machen einen recht bemitleidenswerten Eindruck, da der Hahn seinen Trieben in offensichtlich völlig ungehemmter Weise nachgeht, was zur Folge hat, dass die Hennen kaum noch Federn auf dem Rücken haben.

Dass die dunkelrot gestrichenen Stationsgebäude, die durch Holzstege miteinander verbunden sind, zusätzlich mit Stahlseilen in den Felsen verankert wurden, um bei den verheerenden Winterorkanen nicht von den Klippen geblasen zu werden, lässt mich erahnen, was hier los sein kann.

Zum Schluss des Rundgangs bekomme ich voller Stolz noch Grönlands größtes Leuchtfeuer präsentiert. Dabei handelt es sich um ein 3 bis 4 Meter hohes Türmchen, das die Ansteuerung zum Sund markiert und – wie ich selbst leidvoll erfahren musste – von See aus bei Tag kaum auszumachen ist. Zum Abschluss frage ich meinen Führer, den Stationsmechaniker, was ihn veranlasst hat, sich einen Job hier in der Abgeschiedenheit zu suchen. »Die Liebe zur Natur«, bekomme ich zur Antwort, während neben uns einer der zahlreichen Müllhaufen, die die Landschaft zieren, vor sind hin brennt.

Todmüde falle ich in die Koje. Doch statt in einen erholsamen Tiefschlaf zu fallen, werde ich von einem Alptraum heimgesucht. In meinem Traum kommen die fünf Männer, die seit Monaten hier alleine auf der Station sind, volltrunken zu mir an Bord und machen Sachen mit mir, die selbst die Stationshennen erschauern lassen würden. Ein Rumpeln schreckt mich aus dem Schlaf. Oh Gott, sie kommen! Puh – alles nur ein Traum, aber das Rumpeln bleibt. Urheber ist ein Eisblock, der sich zwischen Bordwand und Pier geschoben hat und den ich mit dem Bootshaken beiseite schieben muss.

Der nächste Tag entschädigt mich voll für die Anstrengungen meiner Überfahrt. Die Landschaft bietet ein überwältigendes Panorama, das sich durch das vorbeitreibende Eis von Stunde zu Stunde ändert. Meine Gastgeber sind über die Maßen freundlich, doch als mir einer von ihnen erzählt, dass er manchmal aus Langeweile und zum Spaß Robben (»davon gibt's zu viele!«) und Raben (»die machen morgens immer so viel Krach!«) erschießt, haben nur noch vier der fünf Stationsleute ihre Sympathiepunkte bei mir im Plus. Auf der Station fehlt es an nichts. Fernsehen, Internet, frisches Obst und ein Sarg für alle Fälle – alles wird mit einem riesigen Aufwand per Schiff und Hubschrauber herangeschafft.

Leider liegt FANFAN! in dem kleinen Hafen nicht gerade sicher. Einmal kann ich nur in letzter Sekunde mit dem Bootshaken verhindern, dass ein großer Eisblock das Hilfsruder der Windselbststeueranlage beschädigt. Ein anderes Mal kommt plötzlich Schwell auf und drückt das Heck des Bootes mit voller Wucht gegen einen aus der Pier herausstehenden Bolzen. Die Folge ist ein tiefer Kratzer in der Aluminiumaußenhaut. Besäße ich ein Kunststoffboot, würde ich jetzt wohl ein Loch im Rumpf haben.

Beim Abendessen wird mir unter Verzicht auf alle politischen Korrektheiten mitgeteilt, was von den Einheimischen zu halten sei. Statt edler Wilde, die in Harmonie von und mit der Natur leben, seien die Grönländer schießwütige und asoziale Penner, die von dänischem Geld lebten und zu 98,9 % an der Flasche hingen. Dass nach meiner Ansicht all diese Attribute auf den entschiedensten Vertreter dieser Meinung aus der Runde wie die Faust auf das Auge passen, behalte ich lieber für mich.

Am folgenden Tag nehme ich die erste Etappe des Prins Christians Sundes in Angriff. Drei Mitarbeiter der Station begleiten mich noch ein Stück mit ihrem Schlauchboot, was ich nutze, um einige Aufnahmen von FANFAN! zu machen, während einer meiner Begleiter wie ein Bescheuerter mit dem Gewehr in der Gegend herumballert. Zum Glück trifft er nichts.

Der Sund dürfte zu einer der bizarrsten und schönsten Landschaften gehören, die dieser Planet zu bieten hat. Über 1500 Meter hohe Berge säumen das Ufer, und Gletscher gebären unaufhörlich kleine Eisberge, die den Sund entlangtreiben.

Mit dem letzten Tageslicht laufe ich in dem kleinen Dorf Augpilagtog ein. Hilfreiche Hände nehmen die Leinen entgegen, während eine Schar Kinder gleich das ganze Deck in Beschlag nimmt. Für den nächsten Tag verspreche ich der versammelten Mannschaft eine Bootsbesichtigung und verschwinde in der Koje.

Nach dem Frühstück erfahre ich bei einem Rundgang durch den 100-Seelen-Ort von einem Dänen, dass während des gestrigen Tages im Sund ein ca. 10 Meter langer Wal gefangen und unter den Dorfbewohnern aufgeteilt wurde. So liegen auch vor den meisten Häusern dicke Brocken dunklen Walfleisches, um die nötige Reife zu bekommen. Wie ich weiter erfahre, ist die kleine Fischfabrik im Ort seit Jahren geschlossen, da sich der Dorsch aus den umliegenden Gewässern zurückgezogen hat und so die Arbeitslosigkeit das größte Problem der kleinen Gemeinde ist.

Tiere spielen hier eine große Rolle. Daher ist es nicht verwunderlich, dass auch meine erste Eisbärenbegegnung nicht lange auf sich warten lässt. Zum Glück hat der Bär schon das Zeitliche gesegnet: Lediglich sein Pelz hängt zum Trocknen auf der Wäscheleine. Eisbären dürfen in Grönland nur geschossen werden, wenn sie angreifen. Augenzwinkernd erzählt mir ein Däne, dass die Eisbären hier grundsätzlich angreifen.

Da meine Helfer vom Vortag anscheinend noch im Bett liegen, kann ich meine versprochene Bootsbesichtigung nicht abhalten und setze meine Fahrt durch den Sund weiter fort. Die Landschaft bleibt bizarr und atemberaubend, aber so langsam gewöhne ich mich an das Panorama.

Liebe auf den ersten Kuss: Der mir von einem Fischer geschenkte, tot geglaubte Krebs erwachte später in der Spüle wieder zum Leben ...

An Steuerbord entdecke ich den Ort Frederiksdal. Dort fanden am 13. Juni 1870 die 14 Besatzungsmitglieder des deutschen Forschungsschiffes HANSA, 237 Tage nachdem ihr Schiff untergegangen war, Rettung. Die HANSA ist am 23. Oktober 1869 an der Ostküste Grönlands auf 70° 50' N und 021° W vom Eis zerdrückt worden und gesunken. Die Besatzung unter Kapitän Hegemann verbrachte den Winter unter den denkbar härtesten Bedingungen auf einer großen Eisscholle, mit der sie nach Süden in Richtung Kap Farvel trieben. Am 7. Mai, sie standen auf 61°12' N und 042° W, stiegen die Männer in die drei von ihnen geretteten Beiboote, um sich zur nächsten Ansiedlung an der Westküste durchzuschlagen. Nach unsäglichen Strapazen erreichten sie schließlich Frederiksdal, wo sie von Missionaren versorgt wurden.

Einige Stunden später erreiche ich den etwas weiter nördlich gelegenen Ort Nanortalik. Der einheimische Skipper des Krebsfischers, an dem ich längsseits gehe, versorgt mich gleich mit einem Krebs, der ausgebreitet einen Durchmesser von 50 Zentimetern hat. Als ich das Tier bei mir in der Spüle in Seewasser tauche, um es frisch zu halten, erwacht dieses Monster wider Erwarten zum Leben, woraufhin mir gründlich der Appetit vergeht.

Mein Bootsnachbar hat schon ordentlich einen im Kahn, und seine Einladung mitzutrinken kann ich mit der Entschuldigung, dass ich weder trinke noch rauche, um 100 Jahre alt zu werden, abwimmeln. Leicht lallend erzählt er mir, dass einer seiner Vorfahren um 1900 ein deutscher Missionar gewesen sei und er deshalb auf den Namen Hans Chemnitz hören würde. Ob es stimmt? Wenn ja, dann wäre dies ein schöner Beweis dafür, wie man das Bibelwort »Liebe deinen Nächsten wie dich selbst« in die Tat umsetzen kann.

Schließlich versucht er noch, mich zu einem Gang in den Ort zu motivieren, wo angeblich haufenweise Frauen darauf aus seien, mit ihm und mir Sex zu haben. Ein Hinweis darauf, dass ich selbstverständlich auch auf Sex verzichten würde, um die 100 auch tatsächlich zu erreichen, lässt diesen Kelch ebenfalls an mir vorübergehen.

Der nächste Tag bringt strömenden Regen und Starkwind, weswegen ich beschließe einen Hafentag einzulegen. Mit großem Hallo kommt die deutsche Yacht PAGAN längsseits, die ich schon in Island getroffen habe. Skipper Reinhard , eine sympathische Frohnatur aus dem Rheinland, ist mit Gästen unterwegs. Beim gemeinsamen Abendessen lässt mich einer aus der Crew wissen, dass er sich nichts mehr wünscht, als mal einen ordentlichen Sturm zu erleben. Gerne würde ich diesem Tropf jeden Tag, an dem das Schicksal mehr als Windstärke 6 für mich vorgesehen hat, schenken.

Am folgenden Vormittag spendiere ich drei kleinen Mädchen, die sich neugierig an der Pier herumdrücken, eine Bootsbesichtigung. Wir albern herum und die Mädchen befingern alles, was nicht niet- und nagelfest ist. Plötzlich haben es die drei Kaugummi schmatzenden Damen ganz eilig, von Bord zu kommen, und ich ahne auch, warum. Ich setze dem Trupp hinterher, was ein Crewmitglied der PAGAN zum Anlass nimmt, eines der Mädchen am Schlafittchen zu fassen, während ich mir ein anderes Kind schnappe. Erst wird noch geleugnet, doch dann kommt die Filmdose, in der ich mein dänisches Geld aufbewahre, zum Vorschein. Ich bin von diesem Verhalten ziemlich enttäuscht und so wütend, dass ich der Kleinen am liebsten mit voller Wucht eine langen würde. Aber da dies das kleine Luder auch nicht auf den Pfad der Tugend zurückbringen würde, lasse ich Gnade walten.

Den Rest des Tages schaue ich mir den Ort und das Museum an, das viele interessante Gebrauchsgegenstände der Eskimokultur zeigt. Auf der einen Seite kann man den Entwicklungsstand der damaligen Bevölkerung nicht als besonders hochstehend bezeichnen, aber auf der anderen Seite ist es sehr bewundernswert, wie es den Eskimos gelungen ist, mit dem Wenigen, was dieses Land zu bieten hat, ihr Überleben zu sichern. Etwas, was den Wikingern, die einen Teil der Westküste bis ins 14. Jahrhundert besiedelt hatten, nicht gelungen ist. Sie sind regelrecht ausgestorben, und es scheint noch nicht geklärt zu sein, warum dies genau geschah. Auf einem Freigelände sind einige traditionelle Behausungen nachgebaut. Die Ureinwohner haben nicht etwa in Iglus gewohnt, sondern in Zelten aus Robbenleder oder einer niedrigen, aus Steinen und Grasplacken gebauten Kreuzung aus Haus und Erdloch. Kaum vorstellbar, wie in einer solchen Behausung eine vielköpfige Sippe die monatelange Polarnacht verbracht hat.

Heute ist das Überleben für die Grönländer kein Problem, sorgt der dänische Staat doch für alles Notwendige, was manchem Dänen offensichtlich bitter aufstößt. Außer an Arbeitsplätzen scheint es an nichts zu fehlen, und selbst drei Taxen finden in Nanortalik, einem Ort, dessen Straßennetz in 10 Minuten zu Fuß abgelaufen ist, erstaunlicherweise ihr Auskommen.

Von der ursprünglichen Kultur ist nicht mehr viel übrig, und die meisten Grönländer, die ich sehe, scheinen das Produkt zumindest kurzzeitiger Völkerfreundschaft zwischen Europäern und Grönländerinnen zu sein. Darüber, wie solche Völkerfreundschaft ausgesehen haben kann, finde ich in einem Buch namens »Satan Ozean« Auskunft, in dem der Autor die Begegnung der Mannschaft seines Walfängers mit kanadischen Ureinwohnern in den 20er-Jahren des letzten Jahrhunderts beschreibt:

»*Und als sie einige Tage an Bord sind, machen sich ihre Waihinis, die Frauen, sehr rasch beliebt. Denn für ein Pfund Tabak oder eine neue Pfeife kredenzen sie geschlechtlich ausgehungerten Männern das Füllhorn der Polarvenus. Der Kult dieser pelzumhüllten, tranduftenden Göttin ist primitiv, die Waihinis sind hässlich und fettig, aber man bindet ihnen eine Segeltuchmaske, wie wir sie bei kaltem Wetter zum Schutze gegen das Erfrieren der Nase tragen, vor die grinsenden Züge und versinkt. Die Seele löst sich und vereint sich mit einer weißen, duftenden Frau.*«

Auch in Nanortalik haben die Grönländer einen Wal gefangen, dessen Fleisch in kleinen Booten im Hafen angelandet wird. Das Einzige, was ich von der Jagd noch zu sehen bekomme, sind die vor der Hafeneinfahrt treibenden Eingeweide des Wals, als es zusammen mit der PAGAN zu der gut 30 Meilen entfernten Insel Ûnartoq geht, wo eine heiße Quelle zum Baden einlädt. Wir ankern an der Westseite der Insel und schleunigst geht es in den knietiefen, dampfenden Teich, der einen Durchmesser von vielleicht 10 Metern hat und in dem sich bereits ein älteres Grönländerpaar tummelt. Das Wasser ist einfach herrlich, draußen im Fjord treiben die Eisberge vorbei und nur ein gelegentliches Krachen eines kalbenden Eisbergs unterbricht die Stille. Die Nacht ist absolut windstill und ein Polarlicht schimmert schwach am Himmel. Hier könnte ich ewig bleiben!

Am folgenden Morgen heißt es Abschied nehmen. Die Crew der PAGAN will noch etwas weiter noch Norden, während ich beschlossen habe, den Rückweg anzutreten. Der Absprung aus Grönland bereitet mir nämlich einiges an Kopfzerbrechen. Je später es im Jahr wird, desto weniger Eis ist vorhanden, aber gleichzeitig bleibt es immer länger dunkel und die Sturmhäufigkeit bei Kap Farvel steigt bis zum Oktober auf beängstigende 20 % an. In den ersten Septembertagen soll es daher weiter Richtung Süden gehen.

Ich segele zurück nach Nanortalik, wo mich Niels Tækker Jepsen, der ein kleines Touristenbüro betreibt, mit Wetter- und Eiskarten versorgt. Den Karten nach zu urteilen, müsste ich innerhalb einer Tageslichtphase aus dem Eis herauskommen können. Der Abschied fällt mir nicht sehr schwer. Es regnet in Strömen, nachts sinkt das Thermometer auf 2 °C, und der Hafenmeister hat mir einen völlig ungeschützten Liegeplatz zugewiesen, weil ich angeblich die Fischer an ihrem Liegeplatz behindert habe.

Mit den Grönländern bin ich während meiner neun Tage in Grönland nicht so recht warm geworden, was sicher auch daran liegt, dass ich weder Dänisch noch Grönländisch spreche und die Einheimischen meist kaum ein Wort Englisch. Die Sprache der Grönländer zu lernen, scheint mir für einen eher unterdurchschnittlich sprachbegabten Menschen wie mich ein Ding der Unmöglichkeit zu sein. Kaum ein Wort ist kürzer als 30 Buchstaben und als würde das nicht reichen, scheint Grönländisch außerdem zu mindestens 50 % aus Selbstlauten zu bestehen. Vielleicht ist es sogar für einen Westeuropäer unmöglich, diese Sprache zu sprechen, ohne betrunken zu sein.

Dem Sommer hinterher

Die Wettervorhersage liegt gründlich daneben, und so motore ich bei Flaute und Dauerregen 18 sm zu der Bucht, in der sich die alte norwegische Siedlung Sand befand. Weder die Seekarte noch mein Arctic Pilot, das englische Seehandbuch für diese Gegend, erwähnen diesen geschützten Ankerplatz (59° 59,9' N, 044° 47' W), wo mein Anker auf 7 Metern Tiefe fällt.

Von der Siedlung ist nichts mehr zu sehen und mich wundert, warum dieser Platz völlig aufgegeben wurde, erscheint er mir als Lebensraum geradezu ideal.

So finde ich in einem Buch über historische Seereisen folgende Segelanweisung aus Wikingerzeiten für den Weg von Norwegen nach Grönland:

»... *Von Hernum* (das heutige Bergen in Norwegen) *soll man segeln immer nach Westen nach Hvarf* (das heutige Kap Farvel*) in Grönland ... und es wird dann gesegelt nördlich von Shetland so weit, dass es eben gut auf der Kimm zu sehen ist. Und südlich der Färöer so, dass die Kimm läuft in Mitte Berghang, und südlich rund um Island, dass man die Seevögel und Wale sehen kann. Dann kommt man zu dem hohen Land auf Grönland, welches Hvarf heißt. Am Tag davor wird ein anderer Berg sichtbar, der Hvidserk heißt, und bei diesen Bergen liegt Herjulfsnes. Nahe dabei befindet sich ein Hafen, der Sand genannt wird. Das ist der allgemeine Hafen für Norweger und Kaufleute ...*«

Ja, ja – so einfach kann Segeln sein. Hätte ich nur einen Wikinger in meiner Ahnenreihe, könnte ich meine Seekarten eigentlich über Bord werfen. Ich schmeiße den Dieselofen an, mache es mir an Bord gemütlich und warte auf besseres Wetter für den Absprung Richtung Süden.

Am folgenden Tag reißt der Himmel auf und es geht ankerauf. Mein GPS zeigt den ersten Wegpunkt – die Azoreninsel Flores – in 1336 Seemeilen Entfernung an. Die Wettervorhersage war selbstredend auch für diesen Tag völlig falsch, und so komme ich nur sehr langsam voran. Zudem hüllen immer wieder Nebelbänke alles um mich herum in Watte, was mich ständig zwischen Radar und Ausguck an Deck hin- und herspringen lässt. Während man im Sommer südlich von Kap Farvel mehr mit Flauten und Nebel zu kämpfen hat, wird es zum Winter hin immer ungemütlicher. Im Februar verdienen die Wetterverhältnisse in diesem Seegebiet nur noch das Attribut »höllisch«. Rund 15 % der Zeit weht es zwischen 10 und 12 Windstärken und 52 % der Zeit zwischen 6 und 9 Beaufort. Das Seehandbuch spricht vom »wahrscheinlich orkanreichsten Gebiet der Erde«. Auf 59° 20' N komme ich noch an einem Eisberg vorbei, der von einem großen Trümmerfeld umgeben ist, in dem ab und zu eine Robbe aus dem Wasser äugt.

Laut meiner Eiskarte dürfte es hier schon kein Eis mehr geben. Es wird dunkel. Weitersegeln? Ich lasse es auf einen Versuch ankommen. Doch mit Hereinbrechen der Nacht verwandelt sich jeder Gischtstreifen im Dämmerlicht in einen Growler, was auf Dauer die Nerven blank liegen lässt. So berge ich die Segel bis auf das gereffte Groß und lasse FANFAN! mit 1,5 Knoten weiterlaufen. Eisberge wird mir das Radar anzeigen und bei dieser Geschwindigkeit dürfte die Kollision mit einem Growler wohl noch zu keinem Leck im Boot führen. Trotzdem liegt mein Schlauchboot an Deck bereit, um im Fall der Fälle nicht warten zu müssen, bis sich die Rettungsinsel aufgeblasen hat.

In den ersten 24 Stunden schaffe ich so gerade einmal 76 Meilen. Im Morgengrauen legt sich erneut ein dichter Nebelschleier um das Boot, obwohl ein steifer Ostwind FANFAN! mit 7 Knoten unter Vollzeug nach Süden preschen lässt. Eis gibt es hier keines mehr – hoffe ich zumindest.

Aber mit den Sorgen ist es nicht vorbei. Statt Eis bringen nun die ständig von Westen heranziehenden Tiefdruckgebiete Anspannung. Am gefährlichsten sind dabei die Überbleibsel der aus der Karibik herüberschwenkenden Wirbelstürme. Mit meinem Kurzwellenempfänger, den ich an den Laptop angeschlossen habe, versuche ich daher ab und zu eine Wetterkarte des Nordatlantiks zu empfangen, um wenigstens gewarnt zu sein. Einem Sturm aus dem Weg zu gehen, dürfte bei der langsamen Geschwindigkeit meines Boots schwierig sein, aber vielleicht lässt sich ja im Fall der Fälle durch eine geeignete Kurswahl das Schlimmste verhindern.

Nebel. Der Radarwarner gibt laut. Nach dem zehnten »all ships«-Ruf über UKW meldet sich ein Fischtrawler von den Färöer. Der angefragte Wetterbericht stellt mir 35 Knoten Wind in Aussicht. Mist. Einige Stunden später zieht FANFAN! unter Großsegel und Fock hoch am Wind die Fußreling durch das Wasser. Binnen kurzer Zeit baut sich ein Seegang auf, der das Boot alle paar Minuten mit einem Krachen in die Wellen fallen lässt, dass einem die Ohren wehtun. Eigentlich müsste ich reffen, aber das würde mich wertvolle Meilen nach Süden kosten. Das Leben unter Deck wird zur Qual. Sich auf den Beinen zu halten, ist fast unmöglich. Selbst beim Lesen in der Koje verliere ich immer wieder die Zeile, wenn das Boot in eine Welle kracht. FANFAN! ist für solches Segeln gebaut, ich anscheinend aber nicht. Nach einem halben Tag gebe ich auf und nehme das Großsegel ganz herunter. Leider hat die Abdichtung des durchgesteckten Mastes irgendwo ein Leck bekommen. Ein Teil des Wassers rinnt die Spiere herunter, der Rest läuft die Decke entlang und tropft in meine Koje und auf den Navitisch. Bei diesen Bedingungen ist an eine Lecksuche gar nicht zu denken, und so behelfe ich mir mit kunstvoll fixierten Tupperboxen, die das Wasser auffangen.

Einen Tag später macht mich der Radarwarner wieder auf ein Schiff aufmerksam. Es ist der Frachter CAST PROGRESS, der auf dem Weg nach Kanada ist. Ich bitte den Wachhabenden über Funk, eine E-Mail zu mir nach Hause zu schicken. Bin mal gespannt, ob es klappt. Um Kontakt mit Deutschland aufnehmen zu können, hätte ich auch wie die meisten Langfahrtsegler ein Kurzwellenfunkgerät oder ein Satelliten-E-Mail-System mitnehmen können. Neben der Kostenfrage habe ich dies aus zwei Gründen nicht getan: Erstens hätte ich unter dem Druck gestanden, mich ständig zu melden und zweitens wären in dem Fall, in dem die empfindliche Technik den Geist aufgegeben und ich mich nicht mehr gemeldet hätte, daheim die Sorgen um mich nur noch größer geworden. So habe ich bewusst auf ein Kommunikationsmittel verzichtet, das weiter als mein UKW-Funk trägt (ca. 30 sm). Es ist sicher kein schlechteres Segeln, wenn man an jedem Winkel der Welt online ist. Aber ein anderes Segeln ist es bestimmt, würde ich doch mit dem »Draht« zum Land wieder etwas von dem mit an Bord nehmen, was ich eigentlich hinter mir lassen wollte.

Wieder Starkwind. Eine See, die mich unter Deck fast von den Beinen haut, geht über das Vorschiff, hinterlässt einen Riss in der Fock und reißt fast das Schothorn ab. Wenngleich das Segel schon recht altersschwach ist, hatte ich gehofft, dass es noch für ein paar tausend Meilen gut ist. Nun muss ich bei nächster Gelegenheit die nagelneue Ersatzfock aus dem hintersten Winkel der Backskiste holen. Erst einmal geht es nur unter zweifach gerefftem Groß gegen die See an.

Als ob der Tag nicht schon unerfreulich genug ist, entdecke ich auf der Wetterkarte ein Gebilde namens »Erin«, das Richtung Bermudas zieht und in dessen Umgebung Windgeschwindigkeiten zwischen 65 und 80 Knoten herrschen sollen. Eine Begegnung mit »Erin« wäre für mich unangenehm bis tödlich und ich muss die Lage im Auge behalten, da Wirbelstürme dieser Art manchmal die unangenehme Eigenschaft haben, Kurs auf die Azoren zu nehmen.

Das Elend mit dem Wetter will einfach kein Ende nehmen. Zwei Tage später muss alles ganz, ganz schnell gehen. Ich segele unter Fock und Großsegel, als der Wind plötzlich dreht und praktisch aus dem Nichts auf Sturmstärke auffrischt. Ich bekomme gerade noch alle Segel herunter, da ist das Wasser um mich herum auch schon weiß vor Gischt. Auf allen Vieren krieche ich über Deck, setze die Backstagen und sichere das Rollsegel gegen ein ungewolltes Ausrollen. Dann bringe ich FANFAN! mit blankem Mast, also ganz ohne Segel, vor den Wind. Zwischen 5 und 6,5 Knoten zeigt die Logge an. Ich bin klatschnass von Gischt und Regen, denn in mein Ölzeug bin ich in der Hektik gar nicht reingekommen. Was geht hier ab? Nach einer gewöhnlichen Regenböe sieht es jedenfalls nicht aus. Das Barometer ist in einer Stunde um 4 hPa gefallen und im Nu baut sich eine beeindruckende See auf. Ich steige ins Ölzeug, lege meinen Sicherheitsgurt an und bringe mich im Cockpit in Warteposition, um das Ruder übernehmen zu können, wenn es die Selbststeueranlage nicht mehr schaffen sollte. Vier Stunden später segele ich unter Vollzeug, das Barometer hat seinen alten Stand wieder erreicht, und nur noch eine kabbelige See erinnert daran, dass es eben noch ordentlich geblasen hat. Das Wetter macht mich noch verrückt!

Wirbelsturm »Erin« hat auf über 100 Knoten Windgeschwindigkeit zugelegt. Zum Glück zieht der Wirbel laut Wetterkarte aber zunächst weiter nach Nordwesten und ich vermute, dass er über Neufundland gehen wird, statt auf die Azoren zuzuhalten. Ich bleibe aber wachsam.

Mein durchschnittliches Etmal seit Reisebeginn, das heißt die täglich gesegelte Strecke, beträgt gerade einmal 100 Seemeilen. Und dies auch nur knapp. Vor 50 Jahren, als ein Boot gleicher Länge noch das Doppelte wog, ging das in Ordnung, aber für ein als Blauwasser-Regattayacht gebautes Aluboot ist das ziemlich jämmerlich. Nachts erscheint mir im Traum ein fetter Typ mit Bart, der mich wissen lässt, dass ich lieber die neue Fock setzen soll, statt mit dem alten Fetzen weiterzusegeln und mich dann noch über mein langsames Vorwärtskommen zu beklagen. Als ich ihn bitte, doch schon mal 80 Liter H-Milch, 100 Liter Apfelsaft, 40 Liter Petroleum, 20 Liter Diesel, die Fender und 200 Meter Tauwerk aus der Backskiste zu räumen, damit ich an die neue Fock herankomme, verschwindet er allerdings ganz schnell wieder.

Der 11. September soll der Tag sein, der die Welt verändert. Dies meldet zumindest die Deutsche Welle. Von Terroristen entführte Passagierflugzeuge sind in das World Trade Center in New York geflogen, eines in das US-Verteidigungsministerium und ein weiteres ist so zum Absturz gebracht worden. Man rechnet mit Tausenden von Toten. Sondersendung jagt Sondersendung, doch irgendwie lassen mich die Ereignisse kalt. Alles ist so unwirklich und der nächste Fernseher, der mich mit Bildern schocken könnte, ist Hunderte von Meilen entfernt. Mir scheint, dass das, was die Welt erschüttert, nicht die Tatsache ist, dass hier viele Menschen ums Leben gekommen sind. Schließlich werden jeden Tag Hunderte oder gar Tausende Opfer von Gewalt, Terror und der ungerechten Verteilung des Reichtums. Was die Welt in Aufruhr versetzt, ist der Umstand, dass es welche von »uns« erwischt hat. Diesmal also Tote erster, statt zweiter und dritter Klasse.

Am 14. Tag seit meinem Aufbruch aus Grönland kommen die Azoreninseln Corvo und Flores in Sicht. Für Minuten sind sie schemenhaft zwischen Regenwolken auszumachen. Der Wind weht aus Süd und ich muss wieder einmal kreuzen. Ich möchte so nahe wie möglich an die Insel Flores heran, da ich die Hoffnung habe, dass ich dort mit dem Mobiltelefon Geburtstagsgrüße an meine Mutter absetzen kann. Die ständigen Regenböen machen die Kreuzerei zu einem anstrengenden Unterfangen, und ich bin heilfroh, als ich in der Passage zwischen beiden Inseln endlich Empfang habe.

Beide Eltern sind am Telefon und die Freude ist groß. »Warum legst du denn nicht an, gehst erst mal was ordentliches Essen und schaust dir Land und Leute an?«, fragt mich mein Vater.

»Weil ich keine Lust habe«, gebe ich kurz und bündig zur Antwort, während ich versuche mich auf dem Kajütdach, auf das ich wegen eines besseren Empfangs gestiegen bin, auf den Beinen zu halten.

Betretenes Schweigen am anderen Ende der Leitung und ich kann mir lebhaft vorstellen, wie meine Eltern sich in diesem Moment gegenseitig einen Blick mit der Bedeutung »Von *mir* hat er das nicht!« zuwerfen.

Hurrikan Felix macht Probleme

Der Deutsche Wetterdienst meldet, dass neben dem Hurrikan »Erin« jetzt auch noch »Felix« und »Gabriele« den mittleren Nordatlantik unsicher machen. »Felix« hat es schon auf 130 Knoten gebracht und liegt genau auf der Bahn, die andere Hurrikane bis zu den Azoren fortgesetzt haben.

Am nächsten Tag bestätigt sich meine Befürchtung. »Felix« zieht mit einer Geschwindigkeit von 300 Seemeilen pro Tag auf die Azoren zu! Morgen ist er von meiner Position noch rund 600 Meilen, also zwei Tage, entfernt. Es wäre unverantwortlich, jetzt weiter nach Süden zu laufen und zu hoffen, dass wir uns irgendwie verpassen. Ich ändere den Kurs und laufe zurück Richtung Flores.

Auf meiner Seekarte ist Flores gerade einmal 1,8 Zentimeter lang, was das Finden eines Hafens nicht gerade einfacher macht. In einem Buch mit dem Titel »Azoren – preiswert reisen« finde ich eine etwas größere Karte, in der allerdings mehr auf die akkurate Wiedergabe von Straßen und Wanderwegen als auf Häfen und Untiefen geachtet wurde. An einem Ort mit dem Namen Lajes ist der Vermerk »neuer Hafen« angebracht, was mir Anlass genug ist, mich unter Maschine vorsichtig an Lajes heranzutasten. Aus der Ferne sehe ich einen riesigen Wellenbrecher, der mich hoffen lässt, dort einen Hafen zu finden, in dem ich sicher wie in Abrahams Schoß liegen kann. Doch leider Fehlanzeige. Wie sich herausstellt, ist der Hafen nach Osten völlig offen, mehr Falle als Schutz. Was jetzt?

Ich gehe erst einmal an der Pier längsseits, wo ein mächtiger Schwell an den Leinen reißt, dass ich manchmal Angst um die Klampen habe. Und das bei 3 Windstärken!

Im Hafen liegt noch eine Yacht, die einen ziemlich heruntergekommen Eindruck macht. Etwas später lerne ich den französischen Skipper kennen, der folgende Geschichte zum Besten gibt: Er habe die Yacht treibend mitten auf dem Atlantik gefunden, als er mit einem anderen Boot als Crewmitglied unterwegs war. Kurzerhand sei er auf das menschenleere Boot übergestiegen und habe seine Freunde mit der anderen Yacht weitersegeln lassen.

Nun ist er auf Flores gelandet und versucht, die örtlichen Behörden von der Wahrheit seiner Geschichte zu überzeugen, was nicht einfach ist, da er weder Geld noch Papiere hat und auch keine Zeugen für seine Geschichte benennen kann. Claudé, so der Name des Skippers, bietet mir einige Ausrüstungsgegenstände zum Kauf an, doch bevor wir ins Geschäft kommen, beschlagnahmt die Polizei das Boot und quartiert den Franzosen in einem Hotel ein. Claudé bittet mich, ihm etwas Geld zu »leihen« und ich gebe ihm 10 US$, die ich in der Rubrik »jeden Tag eine gute Tat« als Verlust abbuche. Irgendwie nehme ich ihm die Geschichte vom gefundenen Boot auch nicht ab.

Kurz darauf lerne ich einen Deutschen kennen, der seit Jahren auf seiner an Land aufgebockten und fast schrottreifen Yacht haust. Wir machen uns nicht bekannt, weswegen ich ihm den internen Namen Hafenratte verpasse, was auch viel besser als jeder normale Name zu ihm passt. Er ist jenseits der 60, wenngleich ihn Alkohol und Zigaretten gut 10 Jahre älter aussehen lassen. Die Hafenratte ist einer jener unangenehmen Menschen, die alles wissen, alles schon erlebt und alles im Griff haben und deshalb größte Befriedigung darin finden, Leute wie mich mit Weisheiten jeder Art zu versorgen. Wirbelstürme, segeln im Südatlantik, Brasilien, segeln im Sturm, in der Karibik und so weiter und so fort – er weiß und kennt alles. Natürlich hätte er auch keine Bedenken durch »Felix« hindurchzusegeln. Warum auch – schließlich sei alles nur eine Frage der richtigen Besegelung.

»Wenn du alles so toll im Griff hast, warum haust du dann hier wie ein Penner?«, möchte ich ihn fragen, halte aber dann doch die Klappe.

Ich bin einfach nur kaputt von fast 30 Stunden ohne Schlaf und ohne etwas Richtiges gegessen zu haben. Mein Kopf tut weh und mein rechter Zeigefinger, in den ich mich vor ein paar Tagen geschnitten habe, pocht heftig und braucht eigentlich Ruhe, damit er sich nicht noch entzündet. Jetzt in das 130 Meilen entfernte Horta segeln, wo der Hafen viel besser geschützt ist, und dabei riskieren, in die Zugbahn des Hurrikans zu kommen, oder in diesem ungeschützten Hafen ausharren, bis es nicht mehr geht, und dann den Rest auf See oder in Lee der Insel durchstehen? Für Flores spricht, dass die Insel – soweit vorhersehbar – am weitesten weg von der Zugbahn des Hurrikans liegt. Mit entsprechend weniger Wind ist zu rechnen.

Wie ein hypnotisiertes Kaninchen hocke ich vor meinem Wetterfax und beobachte, wie sich die Bilder Zeile für Zeile aufbauen, während es »dringdringdringtuteltut« aus dem Lautsprecher des Kurzwellenempfängers tönt.

Die Windgeschwindigkeit soll von 100 auf 80 Knoten abnehmen. Aber genauso, wie es egal ist, ob man sich gleichzeitig erschießt und erhängt oder nur erhängt, macht es keinen Unterschied, ob es mit Windstärke 14, 15 oder 17 weht. Inzwischen haben es die Überreste von »Erin« bis hinauf nach Kap Farvel gebracht und sorgen dort noch für 11 Windstärken. Gut, dass ich nicht einen Tag länger in Grönland geblieben bin. Eis, Kälte, Dunkelheit und »Erin« – das wäre etwas zu viel des Guten für mich.

Um Haaresbreite wäre ich in den Hurrikan »Felix« hineingeraten. Ohne die Information durch das Wetterfax wäre ich schön weiter nach Süden gesegelt, und hätte bei durchschnittlichem Vorwärtskommen das Zentrum des Hurrikans auf 35° N und 30° W geschnitten. So sieht es zumindest auf der Karte aus, wenn ich »Felix« und meine Route verlängere. Ich weiß nicht, ob ich von dieser Begegnung noch hätte berichten können. Aber vielleicht hätte ich auch nur die »gute«, die nordwestliche Seite von »Felix« erwischt, wäre ab 40 Knoten mit dem dann herrschenden Nordostwind abgelaufen, ohne weiter zum Zentrum zu gelangen, und hätte einen ordentlichen Streifen nach Süden gut gemacht. Hat mir das Wetterfax nun das Leben gerettet oder verhindert, dass ich für den Rest meines Lebens arglose Segler mit der Geschichte nerven kann, wie ich »einen der schlimmsten Hurrikane der letzten Jahre« auf See ohne mit der Wimper zu zucken abgeritten habe?

Die einheimischen Fischer sind unheimlich hilfsbereit und versorgen mich mit Tipps, die nur meist den Nachteil haben, genau das Gegenteil des jeweils letzten Tipps zum Inhalt zu haben. So viel also zu dem oft gelesenen Ratschlag, sich bei »ortskundigen Fischern mit wertvollen Informationen« zu versorgen. Leider kann ich es den Fischern, die ihre Boote einfach an Land holen, nicht gleich tun, da FANFAN! nicht einfach einen Slip hochgezogen werden kann, sondern einen Lagerbock und ein spezielles Krangeschirr braucht.

Ich beschließe, erst einmal die Nacht im Hafen zu bleiben und die weitere Entwicklung abzuwarten. Ich könnte noch ein halbes Dutzend Leinen ausbringen und mich mit dem Anker von der Pier abhalten. Könnte, könnte, könnte. Wie soll ich mich dann aber aus dem ganzen Gewirr befreien, wenn jede Minute zählt und ich hier weg muss?

Die am Abend empfangene Wetterkarte legt »Felix« für Montag

Unter Vollzeug und im Sonnenschein: Seefieber!

360 Meilen südlich von Flores. Ich schätze anhand der Isobaren, dass ich dann 30 Knoten Ostwind haben werde. Dies steht allerdings im Gegensatz zu der Prognose, die mir ein Portugiese unter die Nase hält und die für Montag für die Westgruppe der Azoren, also Flores und Corvo, Nordostwind mit 50 Knoten prognostiziert.

Ich überlege bis Montag abzuwarten, bis der Hafen zu unsicher wird, und mich dann an die Rückseite des Hurrikans zu hängen, um mit dem dort herrschenden Südwind meine Reise fortzusetzen. Mal sehen.

Die Bilanz der Nacht weist zwei geplatzte Fender und eine verbogene Ankerhalterung aus, nachdem FANFAN! von einer Serie von Rollern schräg gegen die Pier gedrückt worden war. Mist! Ein Fischer hilft mir am Morgen mit zwei großen Ballonfendern aus und »trimmt« meine Festmacher neu. Nach einer Viertelstunde liegt FANFAN! einiges besser und elastischer an der Pier. Die Schäden der Nacht habe ich demnach meinen mangelnden Festmacherkünsten zu verdanken. Aber wann liegt man schon unter solchen Bedingungen?

Ich bereite alles für ein Auslaufen vor. Die neue Fock wird angeschlagen, die Steuerleinen der Selbststeueranlage erneuert, die Batterien mit dem Benzingenerator vollgeladen und alles soweit wie möglich sicher verstaut.

Die Hafenratte macht derweil an der Pier die Runde und zeigt jedem Fotos, die er während eines »Sturms« bei sich an Bord aufgenommen hat, dem annähernd die halbe Welthandelsflotte zum Opfer gefallen sei, während er da ganz locker durchgekommen ist. Dass auf den Bildern nicht ein einziges Fitzelchen Gischt zu sehen ist, stört ihn dabei anscheinend nicht besonders. »Loco! – Verrückt!«, flüstert mir ein Fischer verschwörerisch zu und ich nicke zustimmend.

Schließlich hole ich mir noch Wetterinformationen vom Kapitän eines Passagierschiffes, das im Hafen liegt. Danach sollen Wind und See genau in den Hafen stehen. Der Kapitän drückt mir die Daumen. Kurz darauf nimmt er Kurs auf die Insel Faial, wo er das Passieren von »Felix« abwarten will.

Die letzten Boote werden aus dem Wasser geholt. Ein Señor Augusto bietet mir seine nun freie Festmachertonne an, die mit drei Tonnen Beton im Hafen verankert ist. Ich lehne dankend ab, denn wenn irgendetwas brechen sollte, sind es nur 30 Meter bis zum Kai. Ich beschließe mein Heil in der Flucht zu suchen, werfe die Leinen los und motore aus dem Hafen. Knapp 32 Stunden hat mein Intermezzo auf Flores gedauert.

Als die Mole hinter mir liegt und Segel gesetzt sind, fühle ich mich wie von Fesseln befreit. Die Dünung geht hoch, doch weht es gerade mal mit vier Windstärken. Allerdings scheinen einige der besonders hohen Wellen nur auf etwas Wind zu warten, um sich in Brecher verwandeln zu können. Manchmal ist es eine Weile ganz ruhig, dann kommen wieder vier, fünf Dinger an, die es mir ganz flau im Magen werden lassen.

Vor der portugiesischen Küste habe ich vor einigen Jahren ähnliches erlebt. Dort war die See von schweren Frühjahrsstürmen so aufgewühlt, dass es nur verhältnismäßig wenig Windes bedurfte, um die See so steil werden zu lassen, dass das Kurshalten zur Schwerstarbeit wurde. Dies gelang mir nicht immer und so ist FANFAN! auch quergeschlagen – eine Erfahrung, die nicht nach einer Wiederholung schreit.

Ich lasse mein Schiff die Nacht über ohne Segel treiben und versuche dabei, so gut es geht im Windschatten von Flores zu bleiben. Als es den nächsten Tag über mit maximal 25 Knoten weht, setzte ich gegen Abend die Fock und nehme Kurs Südwest, um mich langsam an die Rückseite des Hurrikans heranzutasten. Es steht eine gewaltige, lange Dünung, die erahnen lässt, was im Zentrum von »Felix« los sein muss. Wenigstens hat man ihn jetzt von »Hurricane« auf »Tropical Storm« zurückgestuft, was ein Zeichen dafür sein sollte, dass er sich langsam ausgetobt hat. Hoffentlich entschließt er sich nicht, noch den Rückweg anzutreten!

Das Wetterfax vom 18.9. bestätigt meine schlimmsten Befürchtungen: Statt weiter nach Nordosten zu ziehen, hat sich Felix entschlossen, nach Süd-Südwest zu wandern. Mir genau vor den Bug! Davon haben die Meteorologen-Trottel gestern noch nichts vorhergesagt! Erst das Text-Fax, in dem noch einige Zusatzinformationen zur aktuellen Wirbelsturmlage gegeben werden, gibt vorerst Entwarnung. Danach wird »Felix« – obwohl noch als »Tropical Storm« geführt – auf 25 bis 35 Knoten abflauen. Zu gerne wüsste ich, ob so ein Sturm nicht auch wieder zulegen kann, oder ob er mit 25 Knoten ein für alle Mal erledigt ist. In meinen schlauen Büchern steht nichts dazu. Sicherheitshalber nehme ich den Klüver weg und bringe FANFAN! annähernd auf Parallelkurs zu »Felix«, um nicht zu dicht an das Zentrum zu kommen.

Erst als aus »Felix« in der Wetterkarte »Ex-Felix« geworden ist, kann ich den Alarmzustand an Bord aufheben und wieder alle Segel setzen. Gut drei Tage, einige Nerven und zwei Fender hat mich »Felix« gekostet. Äquator, ich komme!

Was habe ich von »Felix« gelernt? Dass Wettervorhersagen während eines Blauwassertörns nicht so überflüssig sind, wie ich bislang dachte. Allerdings halte ich die Beschäftigung mit dem Wetter von morgen weiterhin in den allermeisten Fällen für vertane Zeit. Denn um Nutzen von einer Wettervorhersage zu haben, müssen drei Dinge zusammenkommen: Die Vorhersage muss richtig sein, sie muss in Bezug auf die geplanten Aktivitäten das Attribut »schlecht« haben und schließlich muss man noch in der Lage sein, seine Pläne an das bevorstehende Wetter anzupassen. Alles drei zusammen ist, wie die Erfahrung lehrt, äußerst selten.

Heilige Felsen mitten im Atlantik

Mein nächster Wegpunkt sind die 2300 Meilen entfernten St. Peter & St. Paul-Felsen. Anlanden wird dort für mich nicht möglich sein, doch wollte ich diese entlegenen Felsen, die fast auf dem Äquator im Atlantik liegen, immer schon einmal aus der Nähe sehen.

Mit jedem Tag, den ich nach Süden segele, steigt die Temperatur um fast ein Grad Celsius. Mit den steigenden Temperaturen wird nicht nur meine geliebte Nuss-Nougatcreme endlich streichfähig, sondern meine Lebensgeister erwachen regelrecht neu. So wird mir schmerzlich bewusst, dass meine Lage in sexueller Hinsicht äußerst defizitär ist. Dass mir diese Erkenntnis kommen wird, haben wohl auch zwei Freunde von mir geahnt, die mir einige Poster von Bikinimädchen zum Abschied mit auf den Weg gegeben haben. Ich krame eines davon unter dem Kartentisch hervor und klebe das Mädchen mit Tesafilm von außen an die Toilettentür. Doch statt dass ihr Anblick beruhigende Wirkung auf mich hat, bringt mich ihr glänzendes Fleisch ständig auf Gedanken, die meiner Reisemotivation eher abträglich sind, weswegen ich sie nach drei Tagen wieder abhänge und unter einem Stapel Seekarten verschwinden lasse. Ciao Bella!

Auf 33° 53' N habe ich den ersten Fliegenden Fisch an Deck. Ein kleiner Bursche von vielleicht 5 cm Länge, festgeklebt auf meinem Antirutschbelag. »Segel, wo die Fische fliegen«, hat mir mal eine amerikanische Seglerin mit auf den Weg gegeben. Da hat sie sicher nicht unrecht, denn um das Segeln in den hohen nördlichen und südlichen Breiten, wo es keine Fliegenden Fische gibt, wirklich schön zu finden, muss man schon eine gewisse Leidensbereitschaft haben.

Über drei Monate bin ich nun seit Deutschland unterwegs, die Etmale der letzten Tage liegen bei 129, 128, 132, 88 und 168 Seemeilen. Das Wasser ist tiefblau, das Wetter beständig und nachts funkeln die Sterne, während ich halbnackt im Cockpit stehe, mir den warmen Wind um die Ohren wehen lasse und mich des Lebens freue.

Statt mich alle halbe Stunde von einem Wecker aus dem Schlaf holen zu lassen, versuche ich, einen einigermaßen normalen Rhythmus einzuhalten. Wenn möglich, gehe ich nach dem Dunkelwerden in die Koje. Nachts holt mich ein unbestimmtes Gefühl dann ein paarmal für einige Minuten aus dem Schlaf und ich schaue nach dem Rechten, trimme die Segel oder die Selbststeueranlage. Das Meer gibt mir Sicherheit, und ich würde wohl einiges schlechter schlafen, wenn ich meine Nächte in einem Zelt irgendwo in der Wildnis oder auf einem Campingplatz am Mittelmeer verbringen würde. Sicher wird die Kollisionsgefahr durch solche Schlafgewohnheiten nicht geringer. Aber bei dem geringen Schiffsverkehr auf den Ozeanen (die letzten 3000 Meilen habe ich gerade mal eine Hand voll Schiffe zu Gesicht bekommen) vermute ich, dass ich mir unter dem Strich keinen Gefallen tun würde, wenn ich einen 30-Minuten-Schlafrhythmus hätte.

Auf 28° N passiert mich einige riesige Motoryacht mit Westkurs. Ich funke sie an und bitte den Wachhabenden, eine »SY FANFAN is okay«-E-Mail nach Hause zu schicken. Ich erzähle ihm kurz von meiner Reise, was er damit kommentiert, dass das Leben bei mir an Bord wohl sehr verschieden von dem sei, was bei ihnen an Bord geführt werde. »Yes«, ist meine kurze Antwort. Ich beneide auf dem anderen Schiff niemanden. Was sind schon Swimmingpool, Klimaanlage, Koch, unbegrenzte Mengen an Strom und Frischwasser sowie ewiger Sonnenschein, wenn man tagaus, tagein für einen reichen Schnösel der Lakai sein muss. Und für den Menschen, der dieses Schiff besitzt, ist es wahrscheinlich nur ein Lebensaccessoire wie Villen, dicke Autos oder Rennpferde, um der Welt zu zeigen, dass man es geschafft hat. Sozialneid? Nein. Aber vielleicht war das Schicksal auch nur so gnädig, meine Wünsche den Realitäten anzupassen, um mir ein einigermaßen zufriedenes Dasein zu ermöglichen.

Auch auf dem 25. Breitengrad habe ich den Nordostpassat noch nicht erwischt. Stattdessen weht es aus Südwest. Erst mäßig, dann schwach, dann geht fast gar nichts mehr. FANFAN! dümpelt mit einem halben Knoten Richtung Süden, die Sonne brennt über mir und das Innenthermometer zeigt 33 °C an. Ich bringe eine Sicherheitsleine aus und bade ein Runde. Unter mir mehr als 5000 Meter nichts als Wasser. Ich halte mich an der Badeleiter fest und schaue durch meine Taucherbrille in die blaue Tiefe. Wie lange es wohl dauern würde, bis FANFAN! den Grund erreicht? Das Unterwasserschiff sieht mit seinem langen Kiel und dem weißen Anstrich aus wie ein riesiger Raubfisch, der auf Beute lauert. Hoffentlich denken dies auch eventuell in der Gegend herumstreunende

Haie. An einigen Stellen am Rumpf haben sich schon ganz kleine Entenmuscheln festgesetzt. Noch ist es nicht so schlimm, dass es die Fahrt mindert, aber in absehbarer Zeit werde ich ihnen wohl mit einem Schaber zu Leibe rücken müssen.

Die Tage kommen und gehen und ich finde die Ruhe, über meine Fahrt nachzudenken. Während sich kein Fußballer dafür rechtfertigen muss, warum er Freude daran hat, mit 19 anderen Spielern einem Lederball hinterherzurennen, wird die Frage nach dem Warum ständig an mich herangetragen. Warum Einhandsegeln? Warum gleich um die Welt? Ist das nicht langweilig? Lebensgefährlich? Und hinterher? Arbeitslos? Warum lässt du deine Freundin zurück und vergibst die Chance, in deinem erlernten Beruf so etwas wie eine Karriere zu machen? Warum wählst du ein denkbar unkomfortables und vielleicht bisweilen sogar gefährliches Leben, statt die Annehmlichkeiten und die Sicherheit zu genießen, die dir ein Leben in Deutschland bieten würden? Berechtigte Fragen. Aber auch Fragen von chronischen Bedenkenträgern, deren Biographien verraten, dass sie sich im Leben selbst zu viele Fragen gestellt haben.

Vor allem treiben mich natürlich der Wunsch, etwas von der Welt zu sehen, die Begeisterung für das Segeln, die Sehnsucht nach dem Meer und Abenteuerlust. Denn nur wer etwas wagt, spürt, dass er lebt. Insofern bewegt mich also auch das, was Tausende von Wohlstandskindern durch die Welt ziehen lässt: raus aus der saturierten Langeweile!

Auch der Wunsch nach einer Freiheit weit weg vom Werbeklischee hat mich die Segel setzen lassen. Das Meer ist ein zwar nicht herrschaftsfreies, aber zumindest von jeder Autorität nur schwer kontrollierbares Gebiet und vielleicht das letzte Refugium für jene, die nicht schon durch das Tragen einer Regenjacke aus atmungsaktivem Material und durch das Fahren eines Geländewagens in einen Abenteuerrausch verfallen. Alleine auf dem Meer wird mein Leben nur von Notwendigkeiten bestimmt, die sich, da unmittelbar einsichtig, leicht ertragen lassen. Was darüber hinausgeht, kann ich nach Lust und Laune gestalten. Während das Leben an Land von einer Unzahl formeller und informeller Zwänge geprägt ist und ich meine Umwelt in ihrer Komplexität nur bruchstückhaft erfassen kann, geht es bei mir an Bord in dieser Beziehung einfach zu. Ich kenne meine kleine Welt von Bug zu Heck und von der Mastspitze bis zur Kielsohle und kann Monate völlig autark ein ungebundenes Vagabundenleben führen.

Soziale Konflikte sind beim Einhandsegeln der Natur der Sache entsprechend auf See nicht zu erwarten. Und wenn mir die Leute irgendwo nicht passen, dann setze ich halt die Segel und bin weg. Aber auch ganz banale Dinge geben mir ein Stück Lebensqualität: Ich kann essen, wann und was ich will. Ich muss kein schlechtes Gewissen gegenüber Mitseglern haben, wenn ich mir eine Süßwasserdusche im Cockpit spendiere oder das letzte Stück Schokolade aufesse. Alleine an Bord kann ich die Musik in voller Lautstärke aufdrehen und mich dann so aufführen, wie es allenfalls einem Insassen der geschlossenen Psychiatrie zugestanden wird. Dass das Segeln mit Crew über längere Zeiträume oft problematisch ist, weiß jeder, der schon einmal längere Törns gesegelt ist. Einen nicht untypischen Verlauf einer Langfahrt hat die englische Seglerlegende H.W.Tilman in folgendem Satz zusammengefasst: »*Unterdessen hatte sich die Crew völlig zerstritten und das einzige, was sie noch einte, war ihr Hass auf mich.*«

Und mit einer Partnerin zu segeln? Wäre das nicht denkbar? Selbst wenn ich es gewollt hätte, wäre es wohl unmöglich gewesen, eine Frau zu finden, die sich gleichermaßen für diese Art des Reisens wie für mich begeistern kann.

Meine Reise soll mir Abstand von der Hektik eines Alltags geben, in der die Fragen nach dem Woher, Warum und Wohin unbeantwortet bleiben, ja gar nicht erst gestellt werden. Ich möchte mir aber auch eine Auszeit von einer Gesellschaft nehmen, wo der tägliche Werbeterror uns weismachen will, welches Produkt uns zum großen Lebensglück fehlt. Wo wir in Vorschriften und Gesetzen ersticken. Wo das Wort Kollege ein Synonym für Rivale ist und der Wert eines Menschen nach seinem Verdienst bemessen wird. Ich möchte Pause machen von einer total durchkommerzialisierten Gesellschaft, in der der Begriff Individualismus vornehmlich dazu dient, den Menschen einzureden, sich immer neue Dinge kaufen zu müssen, um ihr nicht wirklich existierendes Anderssein nach außen hin zu dokumentieren. Wo wir uns haben einreden lassen, Dinge nur so lange zu benutzen, wie sie neu und modern sind, um sie dann weit vor Ende ihrer eigentlichen Lebensdauer wegzuwerfen. Schnell zugreifen! Alles neu! Konsum als Lebenszweck. Lieber reich sterben als reich leben. So ist also auch eine Prise Eskapismus mein Reisemotiv. Aber leider leuchtet mein Heiligenschein nicht so hell, wie ich dies vielleicht gerne hätte. Ich bin nämlich nicht nur ein eifriger Mitspieler, sondern auch ein Profiteuer eben jenes Systems. Ein Widerspruch, den ich nicht auflösen kann. Auch ist mir ist klar, dass ich damit Probleme habe, um die mich Milliarden von Menschen auf dieser Welt beneiden würden – Jammern auf hohem Niveau eben.

Natürlich würde ich auch gerne mir und dem Rest der Welt beweisen, was für ein toller und mutiger Kerl ich bin. Konnte man dies früher erreichen, indem man einen Löwen mit bloßen Händen erwürgt oder ein paar Feinden den Schädel perforiert hat, so muss man sich zu diesem Zweck heute weniger handfester Methoden bedienen. Allerdings sind Einhandsegelreisen nichts, mit dem man außerhalb einer kleinen Seglergemeinde Aufsehen erregen kann. Und selbst unter Seglern gibt es viele, die solche Törns nur als selbstmörderische Idiotie abtun. Aber zumindest halte ich meine geplante Reise für ein geeignetes Mittel mir selber zu zeigen, dass mehr in mir steckt, als bis zur Rente hinter einem Schreibtisch zu hocken und beschriebenes Papier zu produzieren.

Wenngleich mich der Gedanke, etwas Sportliches auf die Beine zu stellen, reizt, bin ich weit von irgendwelchen Rekordambitionen entfernt. Denn anders lautendem Medienrummel zum Trotz sind die Pioniertage des Fahrtensegelns längst vorbei. Die authentischen Erstleistungen sind seit Ende der 70er-Jahre vollbracht und jeder später Geborene muss sich damit begnügen, dass er bereits gegangene Wege geht. Die, die sich damit nicht abfinden können, lassen sich in zwei Meter langen Nussschalen über den Pazifik treiben oder überqueren den Atlantik mit einem Surfbrett – Zirkusnummern ohne Wert. Alternativ kann man noch mit einiger Aufmerksamkeit rechnen, wenn man weiblich und/oder behindert ist. Wer etwas wirklich Spektakuläres machen will, dem bleibt nur die Rennsegelei, die aber so teuer ist, dass sie nur mit Sponsorenhilfe zu betreiben ist. Zudem bedeutet Rennsegeln ja auch, die Mechanismen der Landgesellschaft eins zu eins auf das Wasser zu übertragen. Dies hieße aber »Freiheit ade!« – Nichts für mich also.

Was mich bei meiner Motivforschung erstaunt, ist, dass die stärkste aller menschlichen Antriebskräfte, die Sexualität, augenscheinlich kein Motor ist, der (fast ausschließlich) Männer alleine auf See hinaustreibt. Sind auch in unserer sich hoch zivilisiert gebenden Gesellschaft die meisten männlichen Lebensäußerungen letztendlich darauf zurückzuführen, beim anderen Geschlecht erfolgreich zu sein, wirkt die Einhandsegelei diesbezüglich geradezu kontraproduktiv. Weder in fremden Häfen noch in der Heimat reißen sich Frauen verzückt die Kleider vom Leib, wenn sie erfahren, dass sie es mit einem Einhandsegler zu tun haben. Und doch entscheiden sich nicht wenige Segler für ihr Boot, wenn sie von einer Frau vor die Wahl »Ich oder die Yacht!« gestellt werden. Ob es daran liegt, dass Boote nicht nörgeln können?

Das Meer scheint über weite Strecken fast tot zu sein. Seit den Azoren habe ich keine Delfine mehr gesehen und nur selten lässt sich noch ein Vogel blicken. Auch das letzte Schiff ist bereits vor einer Woche aufgetaucht. Als Einziges huscht ein Fliegender Fisch über das Wasser. Seit 19° N habe ich einen einigermaßen beständigen E-NE Wind, den man für den Passat halten könnte. Die Etmale sind mit 163, 173 und 170 Seemeilen entsprechend gut. Aber auch diese Etmale können meinen Schnitt nur langsam nach oben bringen. 105 Meilen ist der aktuelle Stand.

Ich hatte gehofft, meinem Hattrick noch einige gute Etmale hinzufügen zu können, doch wird der Wind bei 11° N zusehends schwächer. Um mich herum springen Schwärme von Fliegenden Fischen aus dem Wasser. Voraus mache ich die Rückenflosse eines Hais aus, der sich nicht im geringsten von FANFAN! stören lässt, als ich ihn in wenigen Metern Entfernung passiere. Gespannt schaue ich die Leine des Schleppgenerators entlang. Hoffentlich kommt er nicht auf die Idee, mir die Turbine abzubeißen. Nicht nur, dass der Verlust für mich schmerzlich wäre, auch er würde seinen Entschluss bitter bereuen, dürfte ihn die schnell rotierende, mehrere Kilo schwere Stahlturbine wohl auch eine Menge Zähne kosten. Aber nichts passiert.

Wegen der drückenden Hitze esse ich kaum noch etwas. Stattdessen kippe ich literweise abgekühlten Pfefferminztee in mich hinein, der fast augenblicklich wieder aus allen Poren herauszulaufen scheint. Gegen Abend bekomme ich Besuch von einer Schwalbe. Die arme ist ganz erschöpft und lässt sich so in die Hand nehmen. Aber außer ihr einige Tropfen Wasser zu geben, kann ich nichts für sie tun. Wir sind 400 Meilen von den Kapverden entfernt und ich kann mir nicht vorstellen, dass sie den Weg zurückfinden wird. Ich setze sie in ein Seitenfach in meinem Cockpit, das kurioserweise in der Seglersprache Schwalbennest heißt, und lasse sie in Ruhe. Kurze Zeit später ist mein Besucher tot. Es waren nur ein paar Gramm Leben, und doch berührt mich das Ableben des Vogels.

Vollmond. FANFAN! zieht unter voller Besegelung mit 6 Knoten durch das Meer. Ich stehe nackt auf dem Vorschiff, halte mich am Babystag fest und lebe. Mit niemandem würde ich im Moment tauschen wollen. Ich könnte ewig so weitersegeln. Kein Tag ist wie der andere, und doch hat sich eine gewisse Routine eingestellt.

Langeweile oder Einsamkeit? Für mich kein Thema, was sicher einen Grund darin hat, dass ich ein selbstgenügsamer Mensch bin. Und wenn meine Selbstgenügsamkeit einmal nicht ausreicht, dann weiß ich mich schon abzulenken. Mein Unterhaltungsprogramm sieht wie folgt aus: rund 100 Bücher, 15 Musiktapes (bespielt mit einer Rockmusikvariante, die Millionen von Eltern auf der Welt an der Intelligenz ihrer Kinder zweifeln lässt), 30 auf Video aufgezeichnete Folgen der Zeichentrickserie »Die Simpsons«, die ich mir auf meinem Camcorder anschauen kann sowie der Kurzwellenempfänger, mit dem ich die Deutsche Welle empfange.

Um mich herum riesige Wolkengebirge, oben weiß und unten dunkel, die Regen und Wind bringen. Dann wieder Flaute bis zum nächsten Wolkenturm. Seit 8° N stecke ich in den Doldrums, jenem aus der Zeit der Segelschifffahrt berüchtigtem Flautengebiet. Die ständig wechselnden Winde machen ein andauerndes Justieren von Segeln und Autopilot nötig. Segeln wird wieder zur Arbeit.

Nach elf Tagen ohne jede Schiffssichtung läuft ein Schiff ein paar hundert Meter mit Kurs Nordwest vor mir durch, das wie eine Mischung aus Motoryacht und Hochseeschlepper aussieht. Diese Begegnung reißt mich regelrecht aus meinem Einhandsegler-Frieden und ich bin froh, als die dröhnende Maschine wieder hinter dem Horizont verschwunden ist.

Kurz darauf erwacht das Meer zum Leben. Um FANFAN! herum tummeln sich ungefähr 30 Delfine, von denen einige die tollsten Sprünge machen. Zusätzlich haben sich zwei große Doraden eingefunden, die um das Boot herumhuschen. Schnell packe ich die Videokamera in das Unterwassergehäuse, werfe meine 30 Meter lange Sicherheitsleine über Bord und springe ins Wasser. Doch anders als in meiner durch eine einschlägige Fernsehserie genährten Vorstellung, nach der alle Delfine angeschwommen kommen werden, um mit mir zu spielen, scheint mein Auf- bzw. Untertauchen Signal für die Truppe zu sein, zum Rückzug zu blasen. Nur die beiden Doraden bleiben noch beim Boot. Majestätisch schimmern die beiden über einen Meter langen Fische metallisch im tiefblauen Meer, während sie mich aus einigen Metern kritisch beäugen, wobei sie ihre hohen, flachen Körper zu mir hinneigen. Was sie wohl von mir denken? Ich könnte ihnen mit der Angel einen Köder vor die Nase hängen, aber nachdem ich die beiden so aus der Nähe gesehen habe, würde ich es nicht übers Herz bringen, eine von ihnen zu töten, zumal ich mangels Kühlmöglichkeit ja nur ein kleines Stück von dem Fisch essen könnte. Kaum bin ich wieder im Cockpit und habe mich abgetrocknet, da sind die Delfine wieder da. Saubande!

Endlich, auf 4° N, bin ich aus dem Flautengürtel heraus. Mit einigen kräftigen Böen verabschieden sich die Doldrums und ein Südostwind mit Stärke 4-5 setzt ein. Leider weht er nicht so weit aus Osten, dass ich direkt auf die St. Peter & St. Paul-Felsen zusteuern kann, aber wenigstens weht es jetzt so beständig, dass ich nicht dauernd an Segeln und Autopilot herumtrimmen muss, um überhaupt vorwärts zu kommen.

In sieben Meilen Entfernung kann ich die ersten Spitzen der ersehnten Felsen am Horizont ausmachen. Eine Seekarte dieser Inseln war nicht aufzutreiben. Lediglich die handgezeichnete Karte eines Funkamateurs habe ich im Internet gefunden und als Ausdruck mit an Bord. Danach kann ich mich ganz nah an die Gruppe heranwagen, ohne befürchten zu müssen, auf einen Unterwasserfelsen zu laufen. Im Reisebericht des englischen Kapitäns Sir James Clark Ross von 1839 findet sich folgende Beschreibung seines Besuchs der Felsen:

»Die Nähe der St. Paulsfelsen, auf die wir zusteuerten, verriet sich durch das Erscheinen von Seevögeln. Wir landeten auf der Insel früh am nächsten Morgen mit einiger Schwierigkeit wegen der Brandung und der hohen See, welche durch die verschiedenen Kanäle in das mittlere Bassin strömte.

Diese merkwürdigen Felsen, welche unter 0° 56' N und 29° 20' W liegen, scheinen vulkanischen Ursprungs zu sein. Sie erheben sich nirgends mehr als 21 Meter über die Meeresfläche und bilden zusammen einen länglichen Krater, dessen Längsachse von Nordost nach Südwest geht.

Als einer unserer Leute einen Versuch machte, durch einen Kanal zu waten, hob ihn eine sehr große Welle vom Boden, sodass er längere Zeit in großer Gefahr war. Mehr als einmal erreichte er den Rand des Ufers und versuchte festen Fuß zu fassen, aber ebenso oft riss ihn die zurückweichende Welle wieder los. Außerstande ihm Beistand zu leisten, konnten wir, erfüllt von der großen Sorge, einer der zahlreichen Haie, die sich in der Bucht befanden, könnte ihn wegfangen, von der anderen Seite des Ufers seinem Kampf nur zusehen. Zuletzt gelang es ihm jedoch, die Felsen hinaufzuklettern. Er war zwar von der langen Anstrengung höchst ermattet, aber zum Glück hatte er bis auf ein paar Beulen keinen weiteren Schaden davongetragen.«

Über 160 Jahre sind seitdem vergangen, was mich nicht daran hindert, mich ebenfalls wie ein kleiner Entdecker zu fühlen, als die Inselchen vor mir auftauchen.

Allerdings kündigt sich bei mir die Nähe der Felsen nicht durch Seevögel an und auch sonst erlebe ich eine schöne Überraschung. Nach meinen Informationen steht auf den Felsen ein verfallener Leuchtturm aus den 30er-Jahren des letzten Jahrhunderts. Sonst soll es außer Felsen, Vögeln und Guano nichts geben. Was ich aber zu Gesicht bekomme, ist ein Leuchtturm, der alles andere als verfallen aussieht und an dessen Fuß ein Haus steht, über dem die brasilianische Flagge weht. Zudem ankert in Lee der Felsen ein Schiff, das in der Passatdünung mächtig an seiner Kette zerrt. Auf Kanal 16 meldet sich sofort jemand von der Inselbesatzung, und als ich frage, ob er englisch spricht, höre ich im Hintergrund nur ein vielstimmiges Lachen. Da kann man nichts machen und ich verabschiede mich, noch bevor wir richtig ins Gespräch gekommen sind. Wie es aussieht, hat die Insel eine ständige Besatzung und ich vermute, dass all dieser Aufwand nur getrieben wird, um den Gebietsanspruch der Brasilianer auf die Felsen und damit auch auf das umgebende Meer zu unterstreichen.

FANFAN! ebenfalls vor Anker zu legen und der Insel einen Besuch abzustatten, erscheint mir unmöglich und so mache ich nur einige Bilder und setze wieder die Segel. Alleine der Anblick dieser brandungsumfluteten Felsen auf der Grenze vom Nord- zum Südatlantik war den Besuch wert.

1 *FANFAN! im Prins Christians Sund an der Südspitze Grönlands. Dieser Sund ist lediglich in den kurzen Sommermonaten schiffbar.*

2 Die »Blaue Lagune« in Island: Thermalkraftwerk und Badeanstalt zugleich.

3 Erster Eiskontakt in Grönland.

4 Tagebuchnotizen auf dem Laptop.

5/6 Andere Völker, andere Sitten: Waschtag in Augpilagtog, dem südlichsten Dorf der größten Insel der Welt (Grönland).

2

3

4

5

6

7 Immer gern gesehen: Besuch eines Tölpels.

8 Rostige Tranfässer kennzeichnen die aufgegebene Walfangstation Port Jeanne d'Arc auf den Kerguelen.

9 Boot, Pinguine, See-Elefanten: So wenig kann so viel sein.

10 Paradiesisches Segeln.

7

8

9

10

11

12

11 *Mount Ross, mit 1850 Metern der höchste Berg der Kerguelen.*

12 *»Wem gehört die Straße?« – Kerguelen.*

13 *Immer wieder ein Erlebnis: Wanderalbatrosse auf der Île de la Possession.*

14 *Nervenprobe im Südpolarmeer: Tafeleisberge von gewaltigen Ausmaßen kreuzen meinen Kurs.*

15 *Kaum bekannt, noch weniger besucht: die St. Peter & St. Paul-Felsen im Atlantik.*

Fernando de Noronha

Das Meer ist voller Fliegender Fische, die in Schwärmen aus dem Wasser schießen und nach einem beeindruckenden Synchronflug von 20 bis 100 Metern ebenso schnell wieder in den Fluten verschwinden, wie sie gekommen sind. Dicht über der Wasseroberfläche zieht ein Vogel seine Bahnen, der laut meinem englischen Bestimmungsbuch auf den Namen Brown Booby hört und der Familie der Tölpel zuzurechnen ist. Anders als die Sturzflugtechnik seiner gelb-weißen Verwandten im Norden sieht seine Art der Jagd alles andere als elegant aus, jedoch lässt sich augenscheinlich auch so Beute machen. Ich vermute, dass ihm seine Mutter folgende Jagdtaktik mit auf den Weg gegeben hat: »Wenn du Hunger hast, dann hör einfach auf zu fliegen und fall wie tot vom Himmel, mit etwas Glück landest du auf einem Fisch.«

Ich setze einen Wegpunkt auf die 335 Seemeilen entfernte Insel Fernando de Noronha ab. Da mir das Schicksal keine Chance vorenthält mich zu steigern, kann ich diesmal versuchen, eine mir völlig unbekannte Insel anzulaufen, die auf meiner Seekarte ganze 5 Millimeter lang ist. Etwas genauer ist dagegen mein 10 Euro teurer Supermarktatlas, aus dem ich die Position abgreife und nach dem der Hauptinsel im Nordosten noch drei kleinere Inseln vorgelagert sind. In meinem Lexikon steht, dass auf Fernando de Noronha 1300 Menschen leben, weswegen ich hoffe, dass es dort einen Hafen oder einen geschützten Ankerplatz gibt. Eigentlich hatte ich gar nicht vor, diese Insel anzulaufen und wollte in einem Rutsch zu der weiter südlich gelegenen Insel Tristan da Cunha segeln. Aber die Neugierde, wie es wohl auf Fernando de Noronha aussieht, ist dann doch größer als der sportliche Ehrgeiz, in einem Schlag von den Azoren bis 37° S durchzusegeln.

Meine Kurslinie führt über ein Riff, das mit »E.D.«, dem englischen Kürzel für »Existenz zweifelhaft«, versehen ist. Stunden später passiere ich die angebliche Position des Riffs, ohne dass ich etwas Verdächtiges bemerkt hätte.

Mit sieben Knoten zieht FANFAN! durch die warme Nacht. Vor Wochen ist der Nordstern in meinem Kielwasser versunken und jetzt steht das Kreuz des Südens vor mir. Kurz nach Mitternacht deutscher Zeit überquere ich den Äquator. Aber in Anbetracht der vielen Meilen, die noch vor mir liegen, will so recht keine feierliche Stimmung aufkommen. Gefeiert wird nur die Ankunft. Alles andere kann das Schicksal nur gegen mich einnehmen.

Knapp 50 Stunden nach meinem Besuch bei den St. Peter & St. Paul-Felsen sichte ich eine bizarre Felsspitze, die den höchsten Punkt der Insel Fernando de Noronha markiert. Jetzt wird es spannend. Langsam taste ich mich an die Nordwestseite der Insel heran, und siehe da, einige Yachten und Fischerboote ankern vor einem Wellenbrecher, hinter dem ich einen Hafen vermute. Mit zwei Knoten Fahrt und immer einem bangen Blick zum Echolot geht es weiter. Als ich mich dem Hafen nähere, winken mir einige Leute in einer Weise zu, die für mich nur den Schluss zulässt, dass ich einen Fehler mache, wenn ich jetzt weiterfahre. Ein Blick zum Echolot verrät, dass es langsam knapp wird. Ich drehe ab und werfe zwischen zwei anderen Yachten in Sichtweite des Wellenbrechers den Anker auf 03° 50' S, 032° 24' W.

Die Inspektion des Unterwasserschiffes ergibt, dass die Entenmuschelpopulation munter wächst und gedeiht. Und zu meiner Überraschung klebt vor dem Kiel auch noch ein unterarmlanger Schiffshalter (eine Barschart, die eine Saugvorrichtung am Kopf hat), der sich weiß ich wie viele Meilen schon von FANFAN! mitschleppen lässt. Ich frage mich nur, warum ich Antifoulingfarbe, die so teuer war, dass man meinen könnte, sie wäre mit Gold und Diamantenstaub versetzt, gekauft habe, wenn es am Rumpf aussieht wie im Garten Eden. Haben Entenmuscheln denn keine natürlichen Feinde? Hätten sie keine Feinde, dann bräuchten sie ja wohl kein Muschelgehäuse und würden sich nicht bei Berührung zusammenziehen. Hier am Ankerplatz scheine ich aber ihr einziger natürlicher Feind zu sein, denn die Fische, die um FANFAN! herumschwimmen, verschmähen die Muscheln, die ich zu Hunderten einzeln vom Rumpf abpflücke.

Ich mache klar Schiff und verschiebe meinen ersten Landgang auf den nächsten Tag. Jetzt muss ich erst mal tief durchatmen. Schließlich war ich, sieht man von dem 32-Stunden-Stopp auf den Azoren ab, 41 Tage von Grönland bis hier die ganze Zeit unterwegs. Meinen letzten Ankerplatz bei Sand habe ich noch mit einer Hand voll Eisbergen geteilt und jetzt liege ich jenseits des Äquators und lasse mir die Sonne auf den Pelz brennen.

Am nächsten Morgen mache ich das Dingi fertig. Doch als ich den

Benzinhahn des Außenborders aufmache, läuft massenhaft Kraftstoff aus dem Motor aus. So ein Mist! Und dabei habe ich mir extra einen neuen Motor für die Reise gekauft und meinen alten Quirl in Zahlung gegeben, da ich eines auf keinen Fall wollte: Probleme mit dem Außenborder. Die Ursache muss irgendwo im Vergaser liegen, doch um an den heranzukommen, muss ich die Motorverkleidung komplett entfernen. Diese ist aber leider in der Fabrik offensichtlich von einem Gorilla montiert worden, und so ruiniere ich zwei Schraubendreher, bis ich endlich an der Vergaser herankomme. Das Problem ist schnell behoben und ich verleihe mir für diese fachmännische Reparatur den silbernen Kolbenring am Band.

Nicht oft besucht wird die im Südatlantik gelegene Insel Fernando de Noronha.

Zunächst besuche ich die neben mit liegende Yacht aus den USA, um mich mit den wichtigsten Informationen über die Insel zu versorgen. Trinkwasser gibt es außer flaschenweise im Supermarkt leider keines, dafür muss man hier aber nicht einklarieren. Dies kommt mir mehr als gelegen, habe ich auf Papierkram und Uniformträger nun wirklich keine Lust.

Kaum habe ich das Dingi den Strand am Hafen hochgezogen, da laufen mir drei knapp bekleidete Brasilianerinnen über den Weg, gegen die mein wieder unter dem Kartentisch verschwundenes Bikinimädchen ziemlich alt aussieht. »Wow! Uwe, jetzt ganz ruhig bleiben, nach über einem Monat auf See ist es ganz normal, dass jede Frau zur Beauty Queen wird«, sage ich mir und versuche mich damit zu trösten, dass ich, wenn ich eine dieser Schönheiten heiraten würde, in spätestens zehn Jahren 90 Kilo Lebendgewicht durchzufüttern hätte.

Die nächsten Tage möchte ich mir etwas von der Insel anschauen. Pro Tag bleiben dafür nur ein paar Stunden. Zwölf Stunden lang herrscht die tropische Nacht und über Mittag ist es wegen der Hitze, die nur durch den Passat gemildert wird, kaum auszuhalten. Bleiben also nur die Vormittage und Abende.

Aus meinem Azoren-Reiseführer habe ich mir einige portugiesische Sätze eingetrichtert, um die Post, einen Supermarkt und einen Ort zum Geldwechseln zu finden. Der Haken ist nur, dass das, was ich für Portugiesisch halte, hier von niemandem verstanden wird. Englisch wird leider kaum gesprochen, aber mit einem freundlichen Lächeln (meinen deutschen Griesgram-Gesichtsausdruck habe ich zu Hause gelassen) lässt sich alles regeln.

Auf meiner Liste der anhalterfreundlichsten Flecken landet Fernando de Noronha ganz oben. Nicht ein Auto fährt an mir vorbei, wenn ich den Daumen herausstrecke, und sogar ein Taxifahrer nimmt mich kostenlos mit. Er hat wohl Mitleid mit einem Nordeuropäer, der unter Missachtung aller Gepflogenheiten in den Tropen wie ein schwitzender Ochse zur besten Mittagszeit in der Gegend herumrennt.

In meinem Lexikon steht zu Fernando de Noronha Folgendes: *»Zu den wenigen wirtschaftlich nutzbaren Rohstoffen des Gebiets zählen Guano und Salz. Die Insel wurde Anfang des 16. Jahrhunderts von den Portugiesen entdeckt und sowohl von Portugal als auch Brasilien als Strafkolonie genutzt.«*

Die Einheimischen machen einen lebensfrohen und freundlichen Eindruck, wodurch sie sich erfreulich von den eher zurückgenommenen

Grönländern unterscheiden. Besonders auffällig wird der Mentalitätsunterschied, wenn man das Radioprogramm von Nanortalik mit jenem von Fernando de Noronha vergleicht. Während in Brasilien schnelle Rocknummern sowie Reggae das Programm bestimmen und aufgedrehte Moderatoren wie wild herumschreien, klang das Programm in Grönland wie von einer Selbsthilfegruppe Suizidgefährdeter veranstaltet – alles ganz langsam und ganz ruhig.

In meiner »Things to do«-Liste stehen rund 30 kleine Posten, die ich in den nächsten Tagen abarbeiten will. Ich hätte die Arbeiten durchaus auf See erledigen können, doch braucht jeder Handgriff auf dem schaukelnden Boot die doppelte bis dreifache Energie, als wenn FANFAN! ruhig vor Anker liegt.

Im Großsegel flicke ich zwei kleine Löcher und erneuere einige Nähte. Einen Preis kann ich mir dafür allerdings nicht verleihen. Jedem Segelmacher würden die Tränen kommen, wenn er sehen würde, was ich mir da zusammengestochen habe. Meinen Plan, mich mit ein paar frischen Lebensmitteln zu versorgen, kann ich leider nicht in die Tat umsetzen. Im Supermercado, der vielleicht auf das »Super« in seinem Namen verzichten sollte, ist an frischen Sachen fast nichts zu finden. Und dabei hatte ich gehofft, mir ein großes Netz Orangen kaufen zu können. In Grönland wäre das kein Problem gewesen.

An tropischen Ankerplätzen wie hier kann man Wochen und Monate verbringen und weiß hinterher nicht, womit man eigentlich die Zeit verbracht hat. Man lebt einfach so vor sich hin. Da dies nicht ganz so meine Art ist, muss es bald weitergehen. Aber wie? Ende März des nächsten Jahres will ich auf der anderen Seite der Erde in Neuseeland sein. Bis dahin liegen noch gut 14 000 Seemeilen vor mir, für die ich vier Monate Zeit habe. Ein Gutteil des Weges soll mich dabei durch Gegenden führen, die auf so wenig verheißungsvolle Namen wie »Roaring Forties« und »Screaming Fifties« (Brüllende Vierziger bzw. Schreiende Fünfziger, entsprechend den jeweiligen Breitengraden) hören. Nicht ein einziger Hafen liegt auf dem Weg, und nur einige wenige Buchten der auf der Route liegenden Inseln verdienen den Namen Ankerplatz.

Im Südatlantik

Am 17. Oktober geht es ankerauf. Als ob das Schicksal mir ein Zeichen zum Aufbruch geben wollte, hat die Dünung aus dem Norden seit meiner Ankunft einiges zugelegt und lässt FANFAN! ordentlich schaukeln. Während das Wasser bei meiner Ankunft noch klar war, ist es nun durch die Wasserbewegung ganz trübe. Sechs Tage habe ich bei Fernando de Noronha verbracht. Ich kann mich nach 25 000 Meilen mit FANFAN! nicht erinnern, außer im jeweiligen Heimathafen je länger an einem Ort gewesen zu sein. Seefieber eben. Manche nennen dies etwas abfällig »Meilenfresserei«. Dabei nennt man jemanden, der lieber wandert als in Rasthäusern alle Viere von sich zu strecken, ja auch nicht »Kilometerfresser«.

Als ich aus dem Windschatten der Insel heraus bin, gehe ich unter Fock und Groß hoch an den Wind. Über 1000 Meilen sind es bis zu meinem nächsten Ziel, den brasilianischen Inseln Trindade und Martin Vaz, das ich eben am Kompass anliegen lassen kann.

Beim Blättern in dem Buch »Gesundheitsschutz an Bord – Leitfaden für Kapitäne und Schiffsoffiziere« stoße ich auf das Kapitel über tropische Wurmerkrankungen. Besonders unsympathisch sind mir dabei jene Würmer, die sich durch die Fußsohle bohren und dann blutsaugend im Darm einnisten. Sofort nehme ich meine Fußsohlen unter die Lupe und halte Ausschau nach roten Flecken und Knötchen, die die Stellen kennzeichnen sollen, an denen sich die Würmer ins Fleisch gegraben haben. Es ist wie bei der Suche nach Land am Horizont: Je länger ich schaue, desto mehr verdächtige Stellen glaube ich auszumachen. Wäre ich in Fernando de Noronha bloß nicht barfuß am Strand gelaufen! Plötzlich habe ich so ein komisches Jucken in den Fußsohlen. Oh, nein – jetzt wuseln Hunderte von Würmern in mir herum und saugen mich aus! Aber vielleicht sind die roten Flecken auch die Gänge der Krätzemilbe, wie es auf Seite 365 beschrieben ist.

Beim Blättern bleibe ich schließlich bei dem Kapitel mit den Hautkrankheiten hängen. Hat sich mein Muttermal am Hals nicht verändert? Es fühlt sich so komisch an. Hautkrebs? Bloß weg mit diesem Buch, das Ding macht mich noch ganz krank!

Am 20. Oktober segele ich bei frischem Südostpassat auf 11° S praktisch unter der Sonne durch. Von jetzt an wird sie mittags nicht mehr im Süden von mir stehen, sondern im Norden, wenngleich es auch die nächsten Tage noch so scheinen wird, als ob sie zur mittagszeit senkrecht über mir ist. Was wohl die ersten Seefahrer gedacht haben, die dieses Phänomen beobachtet haben? Überhaupt muss es ein großes Wagnis gewesen sein, immer weiter nach Süden zu segeln. Schließlich wurde es von Europa oder Nordafrika kommend nicht nur immer heißer, sondern man traf ja in Äquatornähe auch auf immer weniger Wind. Was liegt da näher als zu glauben, dass man sich dem Ende der Welt nähert, wo alles von der Sonne verbrannt wird.

Der Südatlantik meint es gut mit mir. Seit Überschreiten des Äquators haben meinen Etmale einen Schnitt von 158 sm. Und weil es so schön ist, habe ich auch noch die letzten sieben Etmale zusammengezählt und bin auf 1119 Seemeilen gekommen (6,66 Knoten). Dies ist ein neuer FANFAN!-Rekord. Die besten Segelbedingungen, die ich je hatte. Geschenkte Meilen, für die ich in den stürmischen Breiten weiter im Süden hoffentlich nicht noch den Preis zu zahlen habe.

Gegen Mittag des 23. Oktobers sind es noch rund 50 Meilen bis zu meinem Wegpunkt. Als Erstes möchte ich einen Blick auf die Martin Vaz-Inseln werfen, die rund 30 Meilen östlich der Insel Trindade liegen. Mein Problem ist nur – man glaubt es kaum –, dass ich keine Seekarte von Martin Vaz habe. Allerdings konnte ich bei dem amerikanischen Segler in Fernando de Noronha einen Blick in seine Karte werfen und mir daraus die wichtigsten Angaben für Martin Vaz und Trindade notieren. Martin Vaz scheint nur ein großer, von Riffen umgebener Felsen zu sein, während die See um Trindade rein ist. Zudem waren auf der Karte bei Trindade zwei Ankerplätze ausgewiesen. Vielleicht kann ich dort ankern und der kleinen Ansiedlung einen Besuch abstatten.

Am nächsten Morgen liegen die Martin Vaz-Felsen (20° 29' S, 028° 50' W) vor mir. Ich segele langsam von Osten an die Gruppe heran und dann zwischen der Haupt- und der Südinsel hindurch. In der Seekarte war genau in der Passage eine Warnung eingedruckt, dass man wegen unvollständiger Vermessungen alle Vorsicht walten lassen sollte, was ich dann auch tue. »Da, ein Unterwasserfelsen!« Bruchteile von Sekunden später verwandelt sich mein Felsen in einen Delfin, dem kurz darauf noch seine ganze Sippe folgt. »Kuscht euch! Ihr stört!«, rufe ich ihnen zu, doch hört von der Truppe keiner auf mich.

Auf den Felsen liegt ein leichter Schimmer von Grün, sonst sieht alles tot aus. Gerade mal ein paar Vögel schwirren herum. Ich habe immer einen bangen Blick zum Echolot, doch flacher als 20 Meter wird es nicht. Es sieht so aus, als ob man an der Westseite der Insel ankern könnte, wenngleich auch dort noch ordentlicher Schwell steht. Mir langt es aber, die Inseln einmal aus der Nähe gesehen zu haben. Am Horizont in 25 Meilen Entfernung ist schon die Insel Trindade auszumachen, die ich mir ebenfalls aus möglichst geringer Entfernung anschauen will.

Am späten Nachmittag erreiche ich Trindade, die manchmal noch als Trinidad oder Southern Trinidad in Veröffentlichungen zu finden ist. Die Ostseite der Insel liegt bereits im Schatten, und von der Ansiedlung kann ich an der flach abfallenden Küste durchs Fernglas nur schemenhaft etwas erkennen. Da sowohl der Wind aus Osten weht als auch eine hohe Dünung aus dieser Richtung kommt, beschließe ich, mir den Ankerplatz an der Südwestspitze der Insel anzusehen.

Es geht vorbei an bizarren Felsformationen, die steil aus dem Meer emporsteigen. Wie Martin Vaz ist auch diese Insel nur mit einem zarten Grünschleier bedeckt, doch fangen sich an den Bergspitzen Wolken, die einigen Bäumchen auf den Kämmen das Leben ermöglichen. Durch das Fernglas kann ich auf einem Berg zwei Menschen ausmachen, die mir zuwinken. Ich winke zurück und schalte das Funkgerät ein, doch es meldet sich niemand.

Der Ankerplatz macht einen recht geschützten Eindruck. Der nahe Strand lässt auf guten Grund schließen und würde ein Anlanden erleichtern. Ich segele aber erst einmal langsam unter Land weiter, weil ich hoffe, am Fuß einer der wolkenverhangenen Berge einen Bach zu finden, aus dem ich meinen Trinkwasservorrat ergänzen kann. Schon bald werde ich fündig. Eine kleine Kaskade rieselt einen Felsen Richtung Meer hinab. Ich bereite alles zum Ankern vor und nähere mich vorsichtig unter Maschine dem Ufer. Doch selbst dicht unter Land ist das Wasser noch 25 Meter tief. Näher an das mit großen Felsen gespickte Ufer will ich aber auf keinen Fall. Was nun? In kaum einer Stunde wird es dunkel, was heißt, dass ich erst am Morgen zum Bach käme. So dicht unter Land die Nacht zu verbringen, kommt für mich nicht in Frage. Um zum Ankerplatz an der Südwestspitze zurückzufahren, ist es auch schon zu spät. So dringend brauche ich kein Wasser, als dass es sich lohnen würde, für ein paar Liter irgendein Risiko einzugehen.

Ich drehe ab, setze die Segel und bringe FANFAN! auf Kurs in Richtung auf die 1330 sm entfernte Insel Tristan da Cunha. Kurz darauf wird Trindade von der tropischen Nacht verschluckt. Nicht ein Licht sehe ich auf der Insel brennen.

Am nächsten Tag ist es schwach windig und es regnet ordentlich, weswegen ich unter dem Lümmelbeschlag des Großbaums 60 Liter Wasser auffangen kann. Wenngleich das Wasser nicht so sauber ist, wie man annehmen könnte, da der Dreck vom Segel mit heruntergewaschen wird, ist es sicher besser als das Wasser, das ich auf Trindade hätte bekommen können. Wer weiß schon, für wie viele Vögel das Wasser dort bereits Klo und Badewanne zugleich war.

Vielleicht ist es töricht, weiter in den Süden zu segeln, wo das Vorwärtskommen so beschwerlich oder gar lebensgefährlich ist. Aber die Inseln dort locken. Ich habe zwar nur von einer Hand voll Yachten gehört, die dort verloren gegangen sind, aber niemand hat jene gezählt, die hops gegangen sind und die es so gemacht haben wie ich. Von meiner Reise habe ich nur einem kleinen Häuflein Leute erzählt, und wenn ich verschütt gehe, dann wird es der Rest der Seglerwelt wahrscheinlich nur durch Zufall erfahren.

Die Nacht über regnet es weiter in Strömen und da es pechschwarz um mich herum ist, segele ich trotz mäßigen Windes nur mit Fock und Groß. Man kann ja nie wissen, was für ein Wind unter einem dieser dunklen Wolkenungetüme schlummert.

Als es dämmert, weckt mich das Schlagen der Fock. Ich hechte aufs Vorschiff und berge das Segel, dessen Kopf vom Drahtvorliek abgerissen ist. Ich setzte die Sturmfock, was für den Wind Anlass ist, ordentlich zuzulegen. Der Windmesser zeigt ständig über 30 Knoten und tippt manchmal an die 40-Knoten-Marke. Und das in einer Gegend, in der keine Stürme vorkommen sollen! Ich muss hoch am Wind segeln, und da Windsee und Dünung nicht aus der gleichen Richtung kommen, gleicht das Vorwärtskommen einem munteren Bockspringen.

Da ich auf meine Fock nicht verzichten will, möchte ich versuchen, aus dem Blech von Getränkedosen eine Art Kopfbrett zu basteln, an dem ich das Segel dann wieder setzen kann. Als ich ein Bodenbrett anhebe, unter dem Konserven- und Mineralwasserdosen gestaut sind, schlägt mir ein Gestank entgegen, als ob ich eine tote Ratte in der Bilge hätte. Nur mühsam kann ich meinen Mageninhalt davon abhalten ans Tageslicht zu kommen. Die Ursache des Gestanks habe ich annähernd erraten. Übeltäter sind zwei auf geheimnisvolle Weise leckgeschlagene

Dosen mit Gulaschsuppe, deren Inhalt auf dem Rumpfboden wabert. Luft anhalten und raus mit dem ganzen Mist, heißt die Devise.

Die Nacht über geht es bei 6 bis 7 Beaufort hoch am Wind nach Südosten. Die See ist voller Schlaglöcher, sodass ich mich kaum in der Koje halten kann, während FANFAN! mit 6 , zeitweise auch 7 Knoten dahinreitet. Der Seegang passt besser auf die Unterelbe, wenn Strom gegen Wind steht, aber nicht so recht mitten auf den Südatlantik. Manchmal zieht die Yacht den Bug hoch, verweilt dann für einen kurzen Moment in Bewegungslosigkeit und kracht anschließend mit voller Wucht in die See. Ich bin immer wieder erstaunt, dass dies dem Boot nichts auszumachen scheint. Kein Ächzen, Knarren oder Vibrieren – es rummst gewaltig, eine Gischtfontäne fliegt über das Boot und weiter geht es. Gerne würde ich das Boot von außen sehen, wie es unter Groß und Sturmfock die Welle hochsegelt, bis zur Kielwurzel austaucht und dann ins Wellental kracht. Ich glaube, dass jeder, der dies von außerhalb sieht, nur Mitleid mit den Insassen eines derartig bockenden Segelbootes haben kann.

Der Mond ist von einem Halo, einer ringförmigen Lichterscheinung, umgeben, welcher gut ein Viertel des Himmels einnimmt. Ich habe keine Ahnung, ob oder was dies bedeutet. Im Lexikon kann ich dazu nichts finden.

Am zwölften Tag nachdem ich Fernando de Noronha verlassen habe, stehe ich auf 27° S und 025° W. Endlich ist es so ruhig, dass ich einige wichtige Jobs von meiner Liste erledigen kann. Zunächst wechsele ich meine Rollgenua, die schon leichte Anzeichen von Altersschwäche hat, gegen einen Klüver aus. Dieses Segel ist nicht nur etwas kleiner als die Genua, sondern auch kaum gebraucht und daher praktisch wie neu. Das Segel ist aus einem exotischen Material, hat einen exotischen Schnitt und demzufolge wohl den ersten Eigner, der mit diesem Segel Regatten gewinnen wollte, auch eine Stange Geld gekostet. Dann baue ich einen Aktivkohlefilter in die Trinkwasserleitung ein, damit endlich dieser lästige Plastikgeschmack aus dem Trinkwasser verschwindet. Eine Plexiglaskuppel bekommt an der Verschraubung mit dem Aufbau ordentlich Dichtmasse verpasst, da es dort eine kleine Leckage gibt, und schließlich muss ich noch drei Winschen zerlegen. Eine Winsch hat sich so festgesetzt, dass ich sie nur mit Mühe auseinander bekomme. Eine Mischung aus Salz, altem Fett und Oxydkrümeln hat Lager und Zahnräder blockiert. Und dies, obwohl ich die Winsch vor einem Jahr komplett gesäubert habe. Als nächstes nehme ich die Fock in Angriff. Meinen Plan, ein Kopfbrett zu bauen, habe ich aufgegeben. Stattdessen habe ich vor, ein dickes Gurtband anzunähen. Da ich mit der Nadel nicht durch das mehrlagige Segeltuch komme, bohre ich mit dem Akkubohrer kleine Löcher vor, durch die ich dann die Nadel ziehe. Dies ist eine recht langwierige Sache, und auch die Vorstellung, dass jeder Stich direkt in das Fleisch des unfähigen Segelmachers geht, motiviert mich nicht, die Sache an einem Stück zu Ende zu bringen. Ich vertage den Job.

Am 31. Oktober sichte ich den ersten Albatros auf dieser Reise. Auf 27° 44' S, 022° 22' W zieht ein Gelbschnabelalbatros in meinem Kielwasser seine Bahnen. Wenngleich er mit zwei Metern Spannweite zu den kleinen Albatrossen gehört, ist er ein sehr eleganter Flieger. Wie habe ich mich auf meinen ersten Albatros gefreut, den König der Lüfte, Symbol von Freiheit und Eleganz. Von nun an – so hoffe ich – werden Albatrosse zu meinen ständigen Begleitern gehören. Viele halten ja den Pfau für den schönsten aller Vögel. Ich nicht. Der Pfau sieht aus wie ein Geck, weil er Sex will. Dafür hat er die Freiheit, die ihm seine Flügel hätten geben können, aufgegeben. Der Albatros dagegen ist eine Flugmaschine, geschaffen dafür, über die endlosen Weiten der südlichen Ozeane zu streifen. Nüchtern betrachtet ist der Albatros wahrscheinlich, genau wie der Pfau, nur ein reflexgesteuertes Nervenbündel. Aber als Projektionsfläche der eigenen Gedankenwelt beflügelt er seit Generationen buchstäblich die Gedanken der Seeleute.

Etwas später sichte ich ein Containerschiff, das ich über UKW in der Hoffnung anfunke, dass man dort für mich eine »FANFAN! is okay«-E-Mail nach Hause absetzen kann. Nachdem ich erst dem Wachhabenden, dann dem 1. Offizier und schließlich dem Kapitän mein Anliegen erklärt habe, sieht es so aus, als ob man meinen Wunsch erfüllen kann. Zumindest meldet der Kapitän einige Minuten nach unserem ersten Gespräch, dass er eine E-Mail für mich abgeschickt hat. Wie ich erfahre, ist das Schiff auf dem Weg von Santos/Brasilien nach Kapstadt – ich muss also mit weiteren Frachtern, die von und nach dem Kap der Guten Hoffnung unterwegs sind, rechnen.

»So eine Scheiße!«, rutscht es mir raus, als ich die halbe Dirk an der Großbaumnock durch das Wasser schleifen sehe. Die Leine ist einfach an der Umlenkrolle im Masttop durchgescheuert. Sicher eine Nachlässigkeit von mir, denn wäre ich in den letzten Wochen in den Mast gestiegen, wäre mir dies wahrscheinlich aufgefallen und ich hätte die Leine ausgewechselt. Aber der letzte Ort, wo FANFAN! einigermaßen ruhig lag, war in Grönland – und das ist inzwischen über zwei Monate her. Jetzt wird der Großbaum immer an Deck fallen, wenn ich das Segel berge oder reffe. So lange, bis ich es schaffe, zum Masttopp in 16 Metern Höhe zu klettern, eine Pilotleine einzufädeln, diese Leine irgendwie mit einem Draht wieder unten aus dem Mast zu ziehen und eine neue Dirk einzuscheren. Eine Arbeit, die ich nur bei ganz ruhiger See oder an einem geschützten Ankerplatz machen möchte. Bedingungen also, mit denen ich in absehbarer Zeit eigentlich nicht rechne.

Am 5. November stehe ich 200 Meilen vor Tristan da Cunha, genau auf der Höhe von Kap Agulhas, dem südlichsten Punkt Afrikas. Neunzehn Tage bin ich auf See. Interessant, wie sich die Maßstäbe verschieben. Vor einigen Jahren hielt ich 1000 Seemeilen für eine recht lange Strecke. Heute sind es 5000 und bald vielleicht 10 000 Meilen.

Der Himmel ist verhangen und ab und zu ist es so diesig, dass die Sicht bis auf ein paar hundert Meter schrumpft. Ich habe zwei Pullover übereinander angezogen und so recht will bei der Vorstellung, dass ich bald wieder bei Temperaturen zwischen 0 und 10 Grad segeln werde, keine Freude aufkommen.

Leider kann ich die Deutsche Welle in letzter Zeit nur noch schlecht empfangen. Mir gefällt das Programm, werde ich doch mit Informationen, vor denen es daheim kein Entrinnen gibt (wer heiratet / schlägt sich / schläft / streitet sich mit wem) verschont. Stattdessen höre ich das Afrikaprogramm der BBC auf 15.400 kHz. Auch gut, aber halt in englisch.

Beim Wechseln der Gasflasche muss ich feststellen, dass die Gaskartuschen, die ich für meinen Campingkocher mitgenommen habe, alle durchgerostet und ausgelaufen sind. Auch die vier Gasflaschen für den Herd haben schon ordentlich Rost angesetzt. Was jetzt? Ich schmiere die Flaschen dick mit wasserbeständigem Fett ein. Eine Idee, auf die ich eigentlich schon viel eher hätte kommen können.

Tristan da Cunha, die entlegenste besiedelte Insel, die es auf der Erde gibt. Für mich der Inbegriff von Insel. Ein über 2000 Meter aus dem Meer ragender Vulkankegel, 1509 entdeckt, Heimat von fast 300 Einwohnern mit britischem Pass. Die Fischer, so heißt es, können nur an fünf Tagen im Monat mit ihren kleinen Booten zum Langustenfang heraus. Den Rest der Zeit ist das Wetter zu schlecht. So wurde die Insel am 21. Mai dieses Jahres von einem schweren Orkan heimgesucht. Häuser wurden abgedeckt, Stromleitungen zerstört, die Kartoffelfelder verwüstet und Vieh getötet. Sechs Tage lang war die Siedlung ohne Strom.

Einen Hafen im eigentlichen Sinne gibt es nicht. Nur eine durch eine Mole geschützte Stelle, an der die Fischer ihre Boote zu Wasser lassen können. In meiner Seekarte ist zwar ein Ankerplatz vor der einzigen Siedlung ausgewiesen, aber wenn man mit dem Begriff Ankerplatz so etwas wie »geschützt« verbindet, dann liegt man hier falsch. Es handelt sich eher um eine Stelle im Südatlantik, an der das Wasser flach genug ist, um zu ankern.

An Bord habe ich ein Buch mit dem Titel »Kreuzfahrten des Grauens«. Es ist nicht, wie man vielleicht erwarten könnte, von einem meiner ehemaligen Mitsegler geschrieben worden, sondern von einem Norweger namens Erling Tambs. Es ist ein Vorkriesgsdruck, in altdeutschen Buchstaben gesetzt, und dem Zeitgeist entsprechend geht es schneidig und nationalgesinnt zu. Über 60 Tage ist er mit seiner Yacht SANDEFJORD bei Tristan da Cunha und den Nachbarinseln gekreuzt, wo er norwegische Wissenschaftler von Insel zu Insel gebracht hat. Die Bedingungen, die er angetroffen hat, waren dermaßen übel, dass er es nicht ein einziges Mal gewagt hat, sein Boot zu verlassen und an einer der Inseln an Land zu gehen.

Die einzigen Verbindungen von Tristan zur Außenwelt bestehen über ein Satellitentelefon, Funk und das ein paar Mal im Jahr aus Kapstadt kommende Versorgungsschiff. Die Bewohner sollen eine ziemlich geschlossene Gesellschaft bilden, zu der das letzte frische Blut vor über 100 Jahren geflossen ist. Selbst wenn ich an Land gehen kann, glaube ich nicht, dass ich diesen Missstand beseitigen könnte. Denn das Boot für mehr als fünf Minuten aus den Augen zu lassen – und etwas länger würde ich für eine Blutauffrischung schon brauchen –, kommt für mich nicht in Frage.

Irgendwann in der Nacht zum 6. November habe ich meine 10 000ste Meile auf dieser Fahrt geloggt. Noch 800 Meilen mehr und der halbe Erdumfang liegt meilenmäßig hinter mir. Unter dem Strich steht die Reise bislang unter einem guten Stern. Ich hatte nie mehr als 8 Windstärken, und die technischen Probleme haben sich bislang alle meistern lassen. Auch der Skipper kann nicht klagen. Ich habe die Dinge hinter mir gelassen, die mir vor meiner Abfahrt quer im Magen lagen. Jetzt heißt es nur noch Segeln pur. In den vergangenen viereinhalb Monaten habe ich mich von einer blassen Schreibtischexistenz in einen Menschen zurückverwandelt. Ich habe eine gesunde Farbe bekommen, mein Streber-Haarschnitt hat sich ausgewachsen und ein paar Muckies habe ich auch zugelegt. Ich bin zufrieden mit mir und der Welt.

Zwanzig Meilen vor Tristan da Cunha kann ich schemenhaft die Konturen des Inselsockels ausmachen. Endlich da! Kurz darauf gibt mein Radarwarner regelmäßig Laut, was nur bedeuten kann, dass ein Schiff in der Nähe ist. Ich gehe auf UKW Kanal 16 und siehe da, der Kapitän des Versorgers AGULHAS plauscht mit einem Insulaner über Gott und die Welt. Als die beiden mit den Fußballergebnissen fertig sind, quetsche ich mich dazwischen. Ob es möglich ist, bei dem herrschenden Nordwind auf der nun völlig ungeschützten Reede zu ankern und anzulanden, will ich wissen. Der Kapitän ist skeptisch und bietet mir an, mich am Heck seines Schiffes mit einer langen Leine festzumachen. Super Idee, denke ich mir, denn wie ich feststellen muss, ist es bei dem herrschenden Schwell für mich unmöglich zu ankern. Ich gehe unter Maschine unter das Heck des roten, über 100 Meter langen Schiffes. Schon fliegt eine Affenfaust mit einer Pilotleine bei mir an Deck, mit der ich ein dickes Tau zu mir herüberziehe, das ich mit einem Palstek am Mast belege – für meine Vorschiffsklampen ist das Seil eine Nummer zu dick.

»Geniale Aktion! Hier liegst du sicher«, denke ich mir, wenngleich FANFAN! bockt wie wild. Von dem Versorger wird ein Schlauchboot an einem Kran herabgelassen, und zwei in rote Overalls und mit Sturzhelmen ausgerüstete Crewmitglieder kommen zu mir herüber. Als die beiden bei mir sind, werde ich in fließendem Deutsch begrüßt: »Mein Name ist Sven.« Ich bin baff. Wie sich herausstellt, ist Sven Offizier an Bord und deutscher Abstammung. Im Schlauchboot geht es zurück zur AGULHAS, wo wir samt Boot die Bordwand hoch gekrant werden. Von der AGULHAS sieht es richtig unheimlich aus, wie FANFAN! in der Dünung rollt. Dabei taucht das Unterwasserschiff so weit aus dem Wasser aus, dass ich mich davon überzeugen kann, dass von dem dichten Entenmuschelbewuchs nicht mehr viel da ist. Vielleicht habe ich der Herstellerfirma meines Antifoulings Unrecht getan, als ich so über sie geschimpft habe, denn lange haben es die Viecher ja anscheinend nicht am Rumpf ausgehalten.

Dann bin ich auch schon auf der Brücke, schüttele dem Kapitän die

Blitzbesuch beim Kapitän auf der Brücke des Versorgers AGULHAS.

Hand und überreiche ihm eine mit »FANFAN!« bestickte Baseballkappe. Doch bevor wir so recht ins Gespräch kommen, gibt es auf dem Achterdeck ein großes Geschrei. »Ach du Scheiße!« FANFAN! hat – für mich entgegen alle Naturgesetze – den Weg unter das Heck der AGULHAS angetreten. Der Kapitän gibt einen Stoß Vorausfahrt, was ruck, zuck geht, da auf diesem Ankerplatz die Maschine die ganze Zeit auf Stand-by ist. Das war schnell, aber leider zu spät, um zu verhindern, dass es kracht. Das in dem enormen Schwell auf und ab stampfende Heck der AGULHAS hat den oberen Bogen meines Bugkorbes 30 Zentimeter nach unten gebogen und, was ich erst später sehe, den aus zwei armdicken Alurohren bestehenden Bugspriet angebrochen. Zudem ist das Vorstag gegen die Heckplattform geschlagen, wovon rote Farbspuren am Segel zeugen. Wenn jetzt noch die Rollsegelanlage einen Knacks wegbekommen hat, dann ist die Reise erst mal in Kapstadt beendet, denke ich mir. Da sich die Sache nicht mehr ändern lässt, bleibe ich aber erst mal auf der AGULHAS, während Sven mit einem Bootsmann im Schlauchboot zu FANFAN! fährt, um eine weitere Kollision zu verhindern. Der Kapitän des Versorgers spendiert mir erst einmal eine Dusche. Wir plaudern noch ein bisschen, doch dann will ich zurück zum Boot, erst mal den Schreck verdauen. Den ursprünglichen Plan, über Nacht an der AGULHAS vertäut zu bleiben, habe ich aufgegeben. Stattdessen will ich nun unter kleiner Besegelung vor der Insel bleiben und dann bei Tagesanbruch zurück vor die Siedlung segeln, um irgendwie auf die Insel zu kommen.

Kaum habe ich den Festmacher losgeworfen, lassen ein paar Crewmitglieder der AGULHAS an einer Leine einen Karton herunter, den mir Sven im Schlauchboot bringt. Inhalt: ein fürstliches Abendessen auf Porzellangeschirr. Ich fasse es nicht. Über Funk sende ich noch ein dickes Dankeschön auf die Brücke der AGULHAS und dann es geht unter Klüver in die hereinbrechende Nacht, während die Lichter der Siedlung langsam hinter mir verschwinden.

Jetzt muss ich dringend zur Ruhe kommen. Das war eine Menge Action auf einmal. Die Sache mit dem Bugkorb und dem Bugspriet ist ärgerlich und wohl auch ein paar Tausend Euro teuer, aber es ist kein Schaden, der die Fahrt gefährdet, da die Rollsegelanlage dem ersten Eindruck nach unbeschädigt geblieben ist. Gut, dass ich nicht Kasko-versichert bin. Sonst müsste ich mich wohl mit der Versicherung darüber streiten, ob das Festmachen am Heck eines 100 Meter langen Berufsschiffes grob fahrlässig war oder nicht.

Wenigstens ist die Sache eine gute Grundlage für die Seemannsgarngeschichte »Wie ich im Südatlantik mit einem Schiff kollidierte«, mit der ich eventuelle Enkelkinder terrorisieren werde. Vielleicht ist der verbogene Bugkorb auch gar nicht so übel. Er ist nämlich so verbogen, dass es nicht nach Unfall, sondern fast nach Absicht aussieht. Ähnliches habe ich schon bei anderen Yachten gesehen, die den Bugkorb so konstruiert hatten, dass man den Spibaum darin ablegen kann, ohne dass er ins Wasser rutscht. Naja, so recht trösten kann mich das nicht.

Leider gibt es am nächsten Tag keine Wetterbesserung – Nieselregen und 20 Knoten Wind aus Nord. Das Wetter kann doch nicht ewig so bleiben! Ich beschließe, noch einen Tag beigedreht in Sichtweite der Insel zu bleiben, es hetzt mich ja keiner. So gut es geht versuche ich es mir gemütlich zu machen. Niedergang zu, Petroleumlampe an und rein in den Schlafsack. Ab und zu werfe ich einen Blick in die Karte, um meine Drift zu kontrollieren – im übrigen heißt es abwarten und Tee trinken.

Auch der dritte Tag bringt keine Besserung. Ich bin die ganze Zeit über empfangsbereit auf Kanal 16, der hier nicht nur der Anruf-, sondern auch der Arbeitskanal ist. Gegen Nachmittag werde ich auf deutsch über

Funk gerufen. Es ist der Administrator der Insel, der sein Deutsch, wie ich erfahre, in Österreich gelernt hat. Er versichert mir, dass er alles unternehmen werde, damit ich wenigstens einmal meinen Fuß auf die Insel setzen kann. Liebe Worte, die leider das Wetter auch nicht beruhigen können. Während FANFAN! den Tag über in einem Kreis von einer Meile Durchmesser hin- und herdriftet, geht es in der Nacht – wie sollte es anders sein – zügig Richtung Land. Ich lege das Boot auf den anderen Bug und wir treiben nach Südosten, wo keine Gefahr herrscht. An etwas, was die Bezeichnung Schlaf rechtfertigt, ist aber nicht zu denken. Am Morgen bin ich ganz gerädert und muss erst einmal eine Kopfschmerztablette schlucken.

Sven von der AGULHAS ruft mich über Funk an und erzählt, dass sie ihren Ankerplatz vor der Siedlung verlassen haben, weil es auch für sie zu holperig wurde und dass sie mit dem Versorger an der Leeseite der Insel treiben. »Gute Idee, da will ich auch hin«, denke ich mir, aber wo ist die verdammte Insel? Obwohl ich laut GPS nur drei Meilen entfernt bin, kann ich nichts von ihr sehen. Mit dem Radar finde ich schließlich die AGULHAS östlich vom Noisy Beach. Plötzlich reißt die Wolkendecke auf. Und die Insel, an deren Fuß der schillerndste Regenbogen schimmert, den ich je gesehen habe, wird bis kurz unter den Gipfel sichtbar. Was für ein Anblick! Auch wenn der Wind hinter der Insel fast bis auf null abflaut, bleibt dieser elende Schwell. An ein Ankern ist auch hier nicht zu denken. Ich werfe den Motor an, wobei ich aufpassen muss, nicht durch eines der vereinzelten Kelpfelder zu fahren. Dieser Seetang, der in langen Strängen vom Meeresboden heraufwächst, ist derartig zäh, dass er meinen Motor lahm legen kann, wenn er sich um die Propellerwelle wickelt. Sven setzt mit zwei anderen Crewmitgliedern im Schlauchboot von der AGULHAS über. Es sprudelt nur so aus mir heraus. Endlich mal eine normale Unterhaltung. Netterweise bekomme ich eine Seekarte der Insel Marion geschenkt, nach der ich mir in Deutschland die Hacken wund gerannt habe, die aber einfach nicht aufzutreiben war. Ich mag gar nicht daran denken, dass es bis Marion noch über 2200 Meilen sind. Sven und seine Crewkameraden sind merklich davon beeindruckt, dass es Idioten gibt, die nicht nur 6000 Meilen segeln, um Tristan aus der Nähe zu sehen, sondern auch noch tagelang mit ihrem Segelboot bei Schweinewetter herumtreiben, nur um eine Möglichkeit zum Anlanden abzuwarten. Als von Süden eine dichte Wolkenbank auf uns zu kommt, verlassen mich meine Gäste wieder. Schade.

Eine Nacht noch will ich durchhalten. Dann bin ich so weichgekocht, dass ich auf meinen Landgang ohne Bedauern verzichten kann. In der Zeit der Segelschifffahrt war es nichts Ungewöhnliches, tage- oder gar wochenlang auf Warteposition zu liegen, um auf gutes Wetter zu lauern. Ein schwacher Trost. Das Warten ist ziemlich zermürbend. Hätte ich die Insel heute nicht mal wenigstens deutlich zu Gesicht bekommen, hätte ich wohl schon jetzt das Handtuch geworfen.

Ab und zu steckt ein Pinguin den Kopf aus dem Wasser und gibt einen Laut von sich, der entfernt an Kindergeschrei erinnert. Mit dem Fernglas versuche ich irgendwo in den Steilhängen der Insel brütende Albatrosse zu entdecken, doch ich bin zu weit weg, um etwas ausmachen zu können.

Nach der vierten Nacht gebe ich auf. Wenn man gutes Wetter kaufen könnte, würde ich viel Geld dafür bezahlen, aber es ist nichts zu machen. Der Wind hat zwar etwas abgenommen, aber er weht immer noch aus Nord-Nordwest und die Dünung geht hoch. Über Funk melde ich mich bei der AGULHAS, die die Nacht ebenfalls in Lee von Tristan verbracht hat, ab und setze Segel Richtung Gough Island. Rund 220 Meilen sind es bis dort hin. An dieser Insel anzulanden, sei so gut wie unmöglich, und die Besatzung der kleinen Wetterstation wird vom Versorgungsschiff aus mit dem Hubschrauber versorgt, habe ich von Sven erfahren. Mir egal. Wenn die Sonne scheint und ich ein Foto machen kann, bin ich schon zufrieden.

Tröstlich ist, dass es vielfach auch den Entdeckern dieser Inseln nicht gelungen ist, an Land zu kommen. In den Annalen der Inseln liest sich regelmäßig »*was unable to land for ten days*«, »*state of the weather prevented any attempt at landing*« oder »*no landing was made*«. Schließlich verrät der Name einer weiteren Nachbarinsel von Tristan, wie die Chancen dort anzulanden stehen: Sie heißt schlicht und einfach »Inaccessible Island« – unzugängliche Insel.

Der Klang der Vierziger

Mit achterlichem Wind geht es unter ausgebaumter Fock und ausgebaumten Klüver nach Südosten. Der Nordwestwind hat die Temperaturen etwas steigen lassen, und ich kann im Cockpit mit freiem Oberkörper noch einmal ein paar Sonnenstrahlen tanken. Am nächsten Morgen ist der Himmel grau, verhangen und es regnet. Erst habe ich eine Flaute, dann fängt es aus südlichen Richtungen an zu wehen. Innerhalb einer Stunde habe ich 30 Knoten Wind auf der Anzeige. Aus Sorge, dass es noch zulegen wird, lasse ich das Boot ohne Segel mit festgesetzter Pinne treiben, was sich als keine gute Idee erweist, weil FANFAN! in der See hin- und hertorkelt, da der Winddruck nicht groß genug ist, um die Schwimmlage zu stabilisieren. Ich setze die Sturmfock und ein paar Stunden später hat es so weit abgeflaut, dass ich den Klüver wieder ausrollen kann. Noch 80 Meilen bis nach Gough, aber leider weht es genau daher, wo ich hinwill. So ein Mist. Für die nächsten 5000 Meilen hätte ich gerne 15 Knoten Wind aus Nordwest. Nicht weniger und bestimmt nicht mehr.

Am 11. November überquere ich den 40. Breitengrad. Nun bin ich in den »Brüllenden Vierzigern«. Bei mir an Bord habe ich zehn Reiseberichte von Einhandseglern, die Reisen im Südmeer unternommen haben. Drei verloren ihren Mast und einer ist auf dem Heimweg bei den Azoren gesunken. Eine Quote, die nicht gerade Mut macht. Fast alle sind mit ihren Booten wenigstens einmal quergeschlagen. Richtig Spaß hat es wohl keinem gemacht. Ich glaube, erst zwei deutsche Einhandsegler haben die Welt auf der Südmeerroute umsegelt: Neben Wilfried Erdmann ist meines Wissens Horst Timmreck der bislang zweite deutsche Einhandsegler, der eine nennenswerte Strecke im Südpolarmeer gesegelt ist. Timmreck segelte 1979/80 mit seiner 9 Meter langen Stahlyacht BRIGITTE 18 000 sm nonstop von Kapstadt nach Kapstadt.

Es wird schon seine Gründe haben, warum es nicht mehr waren.

Eines ist mir klar: In den hohen Breiten, Nord wie Süd, muss man sich jede Meile doppelt und dreifach verdienen – kein Vergleich zu der gemütlichen Tropensegelei.

Das Segeln hier unten macht mir schon etwas Angst. Hier kann mir keiner helfen, wenn etwas passiert. Aber dies darf ich als jemand, der zum »Vergnügen« hier ist, auch nicht erwarten. Meine Rettungsinsel und die Seenotfunkboje sind hier unten so gut wie wertlos. Eine reguläre Schifffahrt, die mich aufnehmen könnte, gibt es nicht und kein Hubschrauber hätte die Reichweite, um zu mir zu gelangen. Im Notfall bliebe nur die Hoffnung, eine der Stationen auf den Inseln zu erreichen, die auf meinem Weg liegen. Alleine und ohne jede Kommunikationsmöglichkeit kann einem hier unten wirklich schon ganz anders werden.

Am Morgen des 12. Novembers taucht Gough Island vor mir auf. Die fast 1000 Meter hohe und rund sieben Meilen lange Insel könnte man mir auch für eine der Färöer verkaufen, wenn es über und im Wasser nicht so vor Leben wimmeln würde: Kleine Tümmler, Pinguine und Robben schauen allenthalben aus dem Wasser, während Wander- und Rußkopfalbatrosse sowie verschiedene Sturmvögel um mich herumschwirren. Ab und zu schaut auch eine Raubmöwe ganz nah vorbei, um zu sehen, ob ich mir schon ohne Gegenwehr das Fleisch von den Knochen picken lasse. Während es auf Tristan noch einige Bäume gab, ist Gough, soweit erkennbar, nur mit Gräsern und Moosen bewachsen.

Über Funk rufe ich die Station an, doch zu meiner Überraschung meldet sich der Langustenfischer EDINBURGH. Der Kapitän gibt mir die Positionen von ein paar Ankerplätzen durch, was eine sehr nette Geste, aber sonst einigermaßen wertlos ist. Was soll ich an einem Ankerplatz mit 50 Metern Wassertiefe? In der Hoffnung irgendwo den Anker werfen zu können, motore ich die Leeseite der Insel entlang. Wie auch bei Tristan heißt hier Leeseite weder, dass kein Wind weht, noch dass das Wasser ruhig ist. Aus Westen rollt eine hohe Dünung heran, die sich donnernd am Ufer bricht. Ankern unmöglich. Mit dem Fernglas suche ich einen kleinen Streifen Strand in der Einbuchtung ab, die auf den verheißungsvollen Namen »Sea Elephant Bay« hört. Drei See-Elefanten glaube ich ausmachen zu können. Oder sind es Felsen? Wenn sich die Viecher bloß mal bewegen würden. Mittlerweile ist auch die EDINBURGH in Sicht gekommen, die anscheinend damit beschäftigt ist, Langustenfallen auszulegen. Sie erinnert mehr an ein Kümo als an einen Hochseefischer, und so seetüchtig wie die isländischen Trawler sieht sie nicht gerade aus. Was für ein Job, fast 1400 Meilen vom nächsten Hafen entfernt bei diesem Wetter Langusten zu fischen! Wie ich erfahre, sind im vergangenen Jahr zwei Besatzungsmitglieder der EDINBURGH ums

Leben gekommen, als sie mit einem der Tochterboote des Fischers beim Auslegen von Lobsterfallen waren. Das Tochterboot kenterte in einer Sturmbö und nur drei der fünf Besatzungsmitglieder konnten an Land schwimmen. Von der Stelle aus, an der sie an Land kamen, konnten sie weder die Wetterstation erreichen, noch konnten sie von der EDINBURGH abgeborgen werden. Das Wetter war zu schlecht. Erst zehn Tage später wurden die drei Fischer von einem Helikopter, der sich an Bord eines herbeigerufenen südafrikanischen Marineschiffes befand, gerettet.

Der Kapitän der EDINBURGH meldet mich über Funk bei der Wetterstation, da ich noch im Funkschatten der Berge liege und keinen direkten Kontakt aufnehmen kann. Langsam zieht FANFAN! die Küste entlang. Vielleicht komme ich ja in der Einbuchtung mit dem Namen »Snug Harbour« (gemütlicher Hafen) unter. Kurz darauf stehe ich vor »Snug Harbour«. Weiß der Teufel, was die Namensgeber zu dieser Namenswahl veranlasst hat, gemütlich sieht es dort mit Sicherheit nicht aus. Überall geht die Brandung die Felsen so hoch, dass einem schon beim Zuschauen ganz anders wird. Als ich am Südende der Insel stehe, fängt es an in Strömen zu regnen und es weht mit 25 bis 30 Knoten.

Über Funk kann ich jetzt direkt mit der Station sprechen. Am anderen Ende sitzt Chris de Beer, 28 Jahre alt und so eine Art Teamführer, Krankenschwester und Vogelbeobachter in Personalunion. Auf jeden Fall ein sehr symphatischer Typ, der mir nicht nur anbietet, eine E-Mail nach Deutschland zu schicken, sondern auch ein Digitalfoto von FANFAN! dranzuhängen. Dazu muss ich nur zum Fuß der an der Südostseite der Insel gelegenen Station kommen, damit er das Bild machen kann. Also Wende! Der Wind hat weiter zugelegt, und unter Sturmfock und zweifach gerefftem Groß gehe ich so dicht wie möglich an die Steilklippen, auf denen die Stationsgebäude thronen, heran. Hoffentlich sieht jemand meine englische Gastlandflagge, denke ich mir, als ich den Union Jack und die südafrikanische Flagge über der Station wehen sehe. Chris kann ich nur als kleinen, in blaue Regenkleidung gehüllten Punkt ausmachen. Wieder Wende. Wie ich im Anschluss über Funk erfahre, befinden sich sechs Leute auf der Station. Davon drei Meteorologen und ein Dieselmechaniker für die beiden Stromgeneratoren. Chris zitiert aus einem Stationshandbuch, in dem das Anlanden auf der Insel bei gutem Wetter als schwierig und bei schlechten Wetter als unmöglich beschrieben wird. Das glaube ich sofort. Nach dem Wetterbericht frage ich erst gar nicht, hier muss ich es ja doch nehmen wie es kommt. Gut eine

Stunde verquasseln wir am Funkgerät, doch dann heißt es Abschied nehmen. Schade, dass meine Begegnungen in letzter Zeit immer so kurz dauern. Aber vielleicht ist das auch gut so, denn Zeit, sich unsympathisch zu finden, bleibt da keine.

Als das Gespräch mit Chris zu Ende ist, meldet sich noch einmal der Kapitän der EDINBURGH und drückt mir die Daumen. Danke, das kann ich gebrauchen! Als ich nach draußen blicke, ist Gough schon wieder im Regen verschwunden. FANFAN! bolzt gegen einen steifen Nordostwind an, das Thermometer steht auf 10 °C und mein nächster Wegpunkt, die Insel Marion, liegt in 117 Grad – genau 2074 Seemeilen entfernt.

Es regnet und weht, dass nicht einmal ich auf die Idee kommen würde, den Hafen zu verlassen, wenn ich denn in einem liegen würde. Mit Sturmfock und dem zweiten Reff im Groß trägt mein Schiff etwas zu wenig Tuch, aber dafür habe ich die Hoffnung, in der Nacht nicht an Deck zu müssen, um zu reffen. Die See geht nicht besonders hoch, was vielleicht daran liegt, dass der Nordostwind keine in seine Richtung laufende Dünung hat, auf die er seine Windsee setzen kann. Aus meinen Plexiglaskuppeln schaue ich nach draußen in ein trostloses Grau in Grau, wie es die winterliche Nordsee nicht schäbiger präsentieren könnte. Dabei fällt mir auf, dass das Lee-Unterwant durchhängt, wenn FANFAN! in ein Wellental kracht. Ich kann mich nicht erinnern, dass dies bislang auch der Fall war, zumal die übrigen Leewanten kein bisschen Lose zeigen. Ich werde die Angelegenheit im Auge behalten.

Der Niedergang ist zu und ich habe die Petroleumlampe angemacht. Dieses antiquiert erscheinende Stück Technik sorgt nicht nur für etwas Licht und zwei, drei Grad mehr Wärme unter Deck, der Anblick einer Flamme hat etwas sehr Beruhigendes für mich. Vielleicht ein Ur-Instinkt: So lange ein Feuer brennt, ist alles in Ordnung ... Für gut 1200 Stunden habe ich noch Petroleum an Bord. Genug hoffentlich, bis ich aus dieser Tristesse heraus bin.

Ich fühle mich im Moment etwas ausgelaugt. Seit ich Island Mitte August verlassen habe, hatte ich keine wirklich ruhige Nacht mehr. An den paar Liegeplätzen, die ich seitdem besuchte, haben mir Eis oder Schwell keine echte Ruhe gelassen, ganz davon abgesehen, dass ich vor Anker auch fast immer mit einem Ohr wach bin. Der nächste Ort auf meiner Route, wo es wenigstens geschützte Ankerplätze gibt, sind die Kerguelen. Eine Inselgruppe 3500 Meilen östlich von meiner jetzigen Position, die ich vielleicht bis Jahresende erreicht haben werde.

Die Deutsche Welle bringt einen Kurzbericht über die zweite Etappe des Volvo Ocean Race, einer Regatta um die Welt, die gerade von Kapstadt aus Richtung Südmeer gestartet ist. An Bord eines von einem deutschen Unternehmer finanzierten Bootes ist es zu einem Wassereinbruch gekommen. Jedes der acht teilnehmenden Boote soll für dieses Rennen insgesamt 10 Millionen Euro ausgegeben haben. Das sind rund eine Million pro Crewmitglied. Und dies alles nur, um die Namen irgendwelcher Firmen bekannt zu machen. Sollte ich FANFAN! heil nach Hause bringen, bin ich mit einem Bruchteil des Geldes ausgekommen.

Mit Anfang 20 hatte ich mich etwas leichtfertig für einen so genannten Talentsichtungswettbewerb beworben, der auf lange Sicht eine Crew für die Teilnahme an dieser Regatta aus mehr oder weniger hoffnungsvollen Nachwuchsseglern herausfiltern sollte. Mein Tagebuch von damals vermerkt dazu:

»Berlin Müggelsee. Schüchtern stelle ich mich in eine Runde anderer Möchtegern-Talente. Was dort geredet wird, lässt mir den kalten Schweiß den Rücken herunterlaufen. »Hab' bei der WM nur den Zweiten gemacht.« – »Ja, schade, nach meinem fünften deutschen Meister klappt es auch nicht mehr so gut.«

Das letzte Mal, dass ich eine Regatta gesegelt bin, war auf dem münsteraner Aasee in einem Optimisten und ich überlege fieberhaft, ob es nicht das Beste wäre, unter einem Vorwand wieder das Weite zu suchen und einem der 140 anderen Segler eine Chance zu geben, die bei der Vorauswahl unter den Tisch gefallen sind. Doch die vage Hoffung, dass mein Talent die nichtvorhandene Erfahrung wettmachen kann, siegt, und ich beschließe, da zu bleiben.

Als Trainer hat der Veranstalter Aerosail den Goldmedalliengewinner Jochen Schümann engagiert – für die anderen ein Segelidol, für mich jemand, dessen Namen ich zum ersten Mal höre. (Als Mitglied eines Teams aus der Schweiz gewann Schümann 2003 den America´s Cup.)

Tröstlich für mich ist, dass ich zu den wenigen mit Dickschifferfahrung gehöre, während die meisten anderen bislang nur mit der Jolle gesegelt sind.

Ich bekomme den Posten als Großschottrimmer und bin für die Backstagen zuständig, ein Job, den ich mir gerade noch zutraue. Wir segeln 10 Meter lange One Design-Boote, die auf einem Dreieckskurs gegeneinander antreten. Der Ton bei uns an Bord ist rau, da unser Skipper, ein leicht gestörter DDR-Kadersegler, meint, seine Crew mit »Trottel« und

»dummer Hund« zu Höchstleistungen anspornen zu können. Nur gut, dass ich mich von uns fünfen an Bord nur am zweitdümmsten anstelle und sich die übelsten Beschimpfungen auf unseren Underdog ergießen.

Neben dem reinen Segelprogramm haben sich unsere Trainer ein Sportprogramm ausgedacht, das uns in der segelfreien Zeit auf Trab hält und mich an den Rand des körperlichen Zusammenbruchs bringt, während die anderen Talente lustig durch die Gegend rennen und Dehnungsübungen machen.

Abends hält der Geschäftsführer des von Daimler-Benz finanzierten Projekts einen Vortrag und spricht von Imagetransfer, den man sich vom sauberen, umweltfreundlichen Segelsport auf die Marke Daimler-Benz verspricht. Ein Teilnehmer bemerkt, dass von sauberem Segelsport keine Rede sein könne, schließlich würde unser Sportgerät einige Tonnen zukünftigen Sondermülls darstellen. So richtig die Bemerkung ist, so konsequent wird sie übergangen.

Jochen Schümann kündigt einen schriftlichen Test an, bei dem wir unsere Kenntnisse der Internationalen Wettsegelbestimmungen zum Besten geben sollen. Das Einzige, was ich von den IWB weiß, ist, dass es sie gibt. Doch ein regelfester Nachbar und ein gelenkiger Hals bewahren mich davor, einen leeren Zettel abgeben zu müssen. Der abendliche Ausdauerlauf auf dem Sportplatz gibt mir den Rest. Während ich von den sportkompaniegestählten Seglern zum x-ten Mal überrundet werde, läuft ein kleiner Junge neben mir her und feuert mich an »Halt' durch, du Schlappschwanz!«

Auch der nächste Tag hält keine Erfolgserlebnisse für mich bereit und lediglich bei einem Geschicklichkeitstest, bei dem wir auf Zeit eine Reihe von Tätigkeiten an Bord inklusive einer Mastbesteigung erledigen müssen, schneide ich recht ordentlich ab. Nach vier Tagen steht für mich fest, dass ich wohl auf der falschen Hochzeit gelandet bin, was sich ungefähr zu 100% mit Jochen Schümanns Einschätzung von mir deckt. Eine interessante Erfahrung war es trotzdem.«

Nachzutragen bleibt, dass dem Projekt nach einigen Jahren finanziell die Puste ausgegangen ist und sich zudem so recht keine sportlichen Erfolge einstellen wollten.

Eine Inspektion des Riggs ergibt, dass der Beschlag, an dem die Baumstütze am Großbaum befestigt ist, nur noch an einem dünnen Stück Alublech hängt und über kurz oder lang abbrechen wird. Ich niete den Beschlag neu an einer anderen Stelle an, doch ist jetzt der Angriffswinkel der Baumstütze so ungünstig, dass nicht mit einer langen Lebensdauer gerechnet werden kann. Anschließend baue ich die 50-Watt-Solarzelle vom Heck ab und verstaue sie in der Hundekoje. Einen Brecher von achtern würde sie wohl nicht überstehen, und außerdem komme ich so besser an die Selbststeueranlage heran, falls es mit ihr Probleme geben sollte. Da ich seit Überschreiten des 40. Breitengrades nachts kein Licht mehr führe, ist mein Stromverbrauch drastisch gesunken und es langt, wenn ich alle paar Tage den Schleppgenerator in Betrieb nehme, um die Batterien zu laden.

Am 15. November überquere ich den Längengrad von Greenwich auf 44° 15' S. Fünf Tage bin ich nun in den »Brüllenden Vierzigern«, doch zu meiner Erleichterung war bislang nicht einmal ein leichtes Fauchen zu hören. Bis auf den Umstand, dass ich seit Gough Island nur einen einzigen Albatros bei mir hatte, gibt es also keinen Grund zu klagen. Freuen sollte ich mich allerdings auch nicht. Zumindest nicht laut. Denn das Schicksal hat gute Ohren und wird jeden abstrafen, der meint ungeschoren davonzukommen.

Mein 30ster Tag auf See. Gut 600 Meilen südlich von meiner Position befindet sich die Insel Bouvet, das entlegenste Stück Land, das unsere Erde zu bieten hat. Ich habe erst von zwei Yachten gehört, die in der Nähe dieser von Norwegen beanspruchten Insel waren. Bis vor hundert Jahren wusste man noch nicht einmal, wo diese Insel genau liegt und ob es sich vielleicht um eine Inselgruppe handelt, da es verschiedene Positionsangaben von Inselsichtungen in der fraglichen Gegend gab. Dort mit einem Boot an Land zu gehen, gilt als nahezu unmöglich. Im Winter reicht das antarktische Packeis bis fast an die Insel heran und im Sommer wimmelt es dort nur so von Eisbergen. Ich habe eine Detailkarte dieser Insel an Bord, die ich mir extra bei einem Besuch im norwegischen Stavanger beim nationalen Seekarteninstitut besorgt habe. Doch jetzt nach Süden abzudrehen, dazu fehlt mir der Mut. Oder vielleicht bin ich auch einfach zu vernünftig dafür.

Unter ausgebaumtem Klüver laufe ich bei 20 Knoten Westwind und strahlendem Sonnenschein meinem Ziel entgegen, während Sturmvögel um FANFAN! herumtanzen. Kann segeln schöner sein?

Am 19. November stehe ich auf 45° S und 012° E, rund 600 Meilen südwestlich von Südafrika. Nachts ist das Thermometer auf 4 Grad gefallen und das Barometer steht bei 1030 hPa, was ich nicht glauben würde, wenn ich es nicht mit dem Barometer der Wetterstation von

Gough Island abgeglichen hätte. FANFAN! dümpelt in einer Flaute. Ich habe mir in Deutschland Reprints der Segelhandbücher der Kaiserlichen Marine von vor über 100 Jahren besorgt. Dort steht zum Thema Stürme im Westwindgebiet:

»Es kommt häufig vor, dass der Wind die Stärke 8 oder mehr der Beaufort-Skala erreicht. Wirklich schwere Stürme von solcher Heftigkeit, dass die Schiffe bei günstiger Windrichtung zum Beidrehen genötigt werden, sind indessen vergleichsweise selten, und manche Reisen werden auch gemacht, ohne dass man stürmische Winde antrifft. (…) Überhaupt scheinen auf den höheren Breiten des Nordatlantischen Ozeans, wenn dort auch die durchschnittliche Windstärke bedeutend geringer ist als hier im Süden, doch die schweren Stürme häufiger zu sein.«

Dies bestärkt mich in der Hoffnung, hier einigermaßen ungeschoren davonkommen zu können. Ich nutze die Flaute, um einen Teil meines Verpackungsmülls zu verbrennen, den ich bislang immer an Land entsorgen konnte. Zu diesem Zweck habe ich mir einen Papierkorb aus Edelstahl gekauft, der aus einem mit Hunderten von Löchern versehenen Blech gemacht ist. Mit einem Schuss Benzin als Starter gibt es ein schönes Feuerchen, doch leider brennt mein Müll besser als gedacht. Der Papierkorb wird dermaßen heiß, dass er mir ein Loch in den rutschfesten Belag in meinem Cockpit brennt. Das nächste Mal werde ich den Papierkorb an der Reling aufhängen.

Da der Motor seit über einer Woche nicht mehr lief, genehmige ich mir und den Batterien 45 Minuten Motorlaufzeit. An einer der Einspritzdüsen tritt etwas Qualm bzw. Diesel aus, was schon seit Jahren so ist und nie zu Problemen geführt hat. Aber war es schon immer so viel? Irgendwie ist da auch so ein metallischer Unterton im Motorgeräusch. Sollte mich der Motor im Stich lassen, würde ich wohl in einem Rutsch bis nach Australien oder Neuseeland durchsegeln. Denn es den Robbenfängern aus dem 19. Jahrhundert gleichzutun, die nur unter Segeln die subantarktischen Inseln auf der Suche nach Fellen und Fett abgeklappert haben, erscheint mit etwas zu haarsträubend.

Auch mein Rigg macht mir etwas Sorge. An Deck habe ich eine Mutter gefunden, die ich keinem Teil an Bord zuordnen kann. Vielleicht ist mir die Mutter auch nur irgendwann aus der Hosentasche, in der ich ständig eine halbe Werkzeugkiste mit mir herumschleppe, gerutscht.

Nicht ganz so auf die leichte Schulter kann ich den Umstand nehmen, dass mein Rollsegel zum ersten Mal beim Aufrollen klemmt. Ich berge das Rollsegel (wobei es ins Wasser rutscht und FANFAN! fast zum Stillstand bringt – super, Uwe!) und nehme den Toppwirbel der Anlage unter die Lupe. Einen Schaden kann ich nicht entdecken und nach dem erneuten Setzen des Segels funktioniert auch wieder alles einwandfrei. Ein unsicheres Gefühl bleibt – zu Recht. Bei genauerem Nachdenken stoße ich nämlich ein paar Tage später auf die Ursache: Ich hatte das Segel schlicht zu tief angeschlagen. Kurz: Ich war selbst Schuld an dem Problem und zudem noch zu doof, es gleich zu durchschauen. Dennoch bemerke ich darüberhinaus, dass ich so langsam zum Boots-Hypochonder werde. Überall glaube ich die Vorboten technischer Probleme ausmachen zu können. Aber es ist wie mit den Würmern in meinen Füßen: Je länger ich hinschaue, desto besorgniserregender werden meine Entdeckungen. Auf all dies kann ich gut verzichten, schließlich bin ich kein Berufsabenteurer, der darauf angewiesen ist, möglichst viele haarsträubende Beinahekatastrophen zu durch- und überleben, um dies seiner Kundschaft später spektakulär verkaufen zu können.

Mit Überschreiten des 20. östlichen Längengrades wechsele ich vom Südatlantik in den Indischen Ozean. Die Südspitze Afrikas liegt 670 Meilen nördlich von mir. Mein nächster Übersegler reicht schon bis zur Westküste von Australien. Leider hat der Indische Ozean eine alles andere als erfreuliche Überraschung für mich auf Lager: Als ich kurz nach dem Aufstehen einen verschlafenen Blick nach draußen werfe, muss ich zweimal hinschauen, bevor ich es glauben kann. Ein Eisberg! In einer tausendstel Sekunde ändert sich mein Zustand von verschlafen in hellwach. Ich wusste schon, dass hier mit Eis zu rechnen ist, da aber keiner der Segler, von denen ich die Berichte an Bord habe, südlich von Afrika Eis gesichtet hat (wenngleich die meisten weiter nördlich gesegelt sind als ich), war ich recht sicher, dass es mir nicht anders ergehen würde. Pustekuchen. Dreihundert mal dreihundert Meter massives Eis auf 45° 53' S, 020° 06' E – ein schaurig-schöner Anblick. Auf dem Radar ist er in einer Entfernung von vier Seemeilen gut auszumachen und ich beschließe, die nächsten Nächte mit eingeschaltetem Radar zu fahren. Was bleibt, ist die Hoffnung, dass es sich um einen Ausreißer handelt, denn wochenlang um Eisberge herumzukurven ist nun alles andere als ein Vergnügen. »Wenigstens schwimmen hier keine Growler herum«, versuche ich mich zu beruhigen. Leider auch dies ein Irrtum. Eineinhalb Stunden nach meiner Eisbergsichtung passiere ich in ein paar Hundert Metern Entfernung ein halbes Dutzend dicke Eisbrocken, von denen der größte vielleicht 20 Quadratmeter misst. Auf dem Radar ist davon nichts zu sehen. Hier sind sie noch schlechter auszumachen als in Grönland, weil die Dünung auch bei wenig Wind recht hoch ist. Wer weiß, woran ich die vergangene Nacht schon vorbeigesegelt bin.

Leider erfüllt sich die Hoffnung, dass der Eisberg ein Ausreißer war, ebenfalls nicht. Gegen Mittag taucht ein weitaus größerer Berg aus dem Dunst an Steuerbord auf. Über 30 Growler kann ich in seinem Lee mit bloßem Auge ausmachen. Aber FANFAN! manövriert auch hier souverän am Eis vorbei, ohne dass ich ans Ruder muss. Gut zu wissen, dass mein Boot so schlau wie Lassie, Black Beauty und Flipper zusammen ist, wenn es darauf ankommt. Verlassen will ich mich darauf aber dennoch lieber nicht.

Ein Blick in den Antarctic Pilot zeigt, dass in der Nähe meiner Position die »Linie des durchschnittlichen Eisbergabstandes von 45 Seemeilen« verläuft. Und zwar so weit nördlich, wie in keinem anderen Seegebiet um die Antarktis. Ab 030° E macht die Linie dann wieder einen Bogen nach Süden. An einer anderen Stelle ist zu lesen, dass im Südatlantik die mittlere maximale Eisberggrenze bei 46° Süd, also fast genau auf meinem Breitengrad liegt.

Ich überlege, in Zukunft mit dem Kopf zum Bug zu schlafen, was den Vorteil hätte, dass mir im Falle einer Kollision das Genick gebrochen wird, wenn ich gegen das Vorschiffsschott fliege. Dies wäre allemal angenehmer, als in der Rettungsinsel zugrunde zu gehen.

Die Nacht verbringe ich nicht ganz so sorglos wie die vergangenen Nächte. Das Radar springt alle fünf Minuten automatisch von Stand-by auf Senden und sucht die Umgebung in einem tortenförmigen Stück voraus nach Echos ab. Ohne meinen Schleppgenerator könnte ich dies aufgrund des hohen Stromverbrauchs des Radars über längere Zeit nicht durchhalten. Ab und zu schaue ich nach draußen, aber hier erlebe ich dasselbe Spiel wie in Grönland: Im Dämmerlicht wird aus jedem Gischtfitzel ein Growler. Da die Growler bei den beiden bislang gesichteten Eisbergen immer östlich der Berge aufgetaucht sind, gehe ich davon aus, dass ich erst auf einen Eisberg stoßen werde, bevor ich mit Growlern zu rechnen habe. So zumindest meine Theorie.

Am folgenden Tag, ich stehe auf 46° 34' S und 024° 50' E, sichte ich noch zwei Berge, die ich Oschi und Scholli taufe. Oschi verdankt seinem Namen dem Umstand, dass er schon auf zwölf Meilen Entfernung gut auf dem Radar zu sehen ist. Scholli hingegen ist auf dem Radar überhaupt nicht zu sehen, da er – nomen est omen – mehr Riesenscholle als Berg ist und nur wenige Meter aus dem Wasser herausschaut.

Rund 650 Meilen entfernt von mir befindet sich auf meiner Seekarte auf der Position 56° 05' S, 023° 40' E eine Insel mit dem Vermerk »1929 ED« eingezeichnet. Ich weiß, dass diese Insel ein Phantom – wahrscheinlich ein für Land gehaltener Eisberg – ist, und mich wundert, dass sie noch nicht aus den Karten verschwunden ist. In diesen Breiten ist es bis in jüngste Zeit zu Inselsichtungen gekommen. So berichtete die US-amerikanische Yacht AWAHNEE II 1971 auf der Position 61° S, 159° W von drei Inseln, die prompt von ihren Entdeckern den Namen Awahnee Islands bekamen. Gesehen hat die Inseln seitdem allerdings niemand mehr.

Am Abend sorgt eine halbe Tüte kalifornischer Mandeln dafür, dass mir nicht langweilig wird. Kaum habe ich die letzte Mandel gegessen, beginnen meine Nase zu laufen, die Augen zu tränen und meine Lippen sich taub anzufühlen. Dazu bekomme ich Atembeschwerden. Für einen Moment überlege ich, ob ich nicht meine Todesursache noch kurz im Logbuch vermerken und meine Hinterbliebenen bitten soll, den Produzenten dieser Teufelsknabberei auf eine Fantastilliarde Dollar Schmerzensgeld zu verklagen. Auf jeden Fall reagiere ich auf irgendetwas in oder auf den Nüssen allergisch, und das nicht zu knapp. Für mich eine neue Erfahrung und deswegen umso beunruhigender. Ich schaue in meinen medizinischen Ratgeber und stoße dabei auf das Stichwort »allergischer Schock«. Sofort Adrenalin spritzen lautet der dort gegebene Ratschlag. Abgesehen davon, dass ich von einem Schock noch einiges entfernt zu sein scheine, ist das einzige Adrenalin an Bord das, was Oschi und Scholli mir ins Blut getrieben haben. Aber vielleicht habe ich ja auch nur eine Überdosis der in Mandeln natürlicherweise vorkommenden Blausäure abbekommen. Mir bleibt nichts anderes als abzuwarten.

Nach einer halben Stunde geht es mir schon wieder etwas besser. Ich schalte die Wachfunktion des Radars ein und verschwinde mit Kopfschmerzen in der Koje. Als ich am nächsten Morgen aufwache, ist mein rechtes Augenlid geschwollen, als ob ich eine Schlägerei hinter mir hätte, wobei das Schicksal gnädigerweise darauf verzichtet hat, die Schwellung blau anlaufen zu lassen. Ansonsten scheint aber wieder alles in Ordnung zu sein.

Am 38. Tag seit Fernando de Noronha stehe ich 350 Meilen vor Marion Island. Ab dieser Position wandert die Eisberggrenze laut Antarctic Pilot wieder nach Süden. Ich traue der Sache nicht und lasse zur

Sicherheit das Radar weiterhin nachts mitlaufen. Das Wetter ist grau und die Temperatur liegt bei 6 °C. An die Kälte habe ich mich einigermaßen gewöhnt, wenngleich es nicht schlecht wäre, wenn ich das Boot wenigstens zwei, drei Stunden pro Tag heizen könnte. Mit den 180 Litern Diesel, die ich an Bord habe, ist daran aber nicht zu denken. Zumindest dann nicht, wenn ich eine Notfallreserve für den Betrieb der Maschine behalten will.

Beim Lesen in den Berichten der anderen Einhandsegler stoße ich auf etwas, was ich Barometerparadoxon taufe. Bei manchen scheint das Barometer ständig im Fallen begriffen zu sein, ohne je wieder den Weg nach oben anzutreten. Nach spätestens zwei Monaten müssten die Jungs im Vakuum segeln.

Ein Süd-Südostwind treibt FANFAN! mit 6 bis 7 Konten nach Osten, und zwei Wanderalbatrosse sowie ein Haufen kleiner Sturmvögel schwirren um das Boot herum. Mein durchschnittliches Etmal seit Gough Island liegt bei 136 Meilen. Die meiste Zeit bin ich dabei unter der eher unkonventionellen Besegelung bestehend aus zweifach gerefftem Großsegel, Sturmfock und ganz ausgerolltem Klüver gesegelt. Dies hat sicherlich etwas Geschwindigkeit gekostet, jedoch auch den Vorteil, dass ich durch Einrollen des Klüvers ruck, zuck die richtige Beseglung für schweres Wetter habe. Gerade nachts ein nicht zu unterschätzender Umstand. Da die erwarteten Stürme bislang zum Glück ausgeblieben sind, habe ich kurzzeitig überlegt, wieder die normale Fock zu setzen, das Groß auszureffen und das große Solarpaneel am Heck zu installieren. Aber leider gibt es bestimmte Gesetze, die der Naturwissenschaft bislang noch nicht zugänglich sind, und eines davon lautet, dass übermütiges Ausreffen sofort mit Wind nicht unter 45 Knoten bestraft wird. Ich lasse daher alles wie es ist.

Marion Island taucht am 26.11. erst in einer Entfernung von vier Meilen schemenhaft aus dem Dunst auf. »Da wirst du empfangen wie ein König«, hat Erich Wilts, einer der wenigen, die ich in meine Reisepläne eingeweiht habe, mir prophezeit. Er muss es wissen, denn vor einigen Jahren war er mit seiner Yacht FREYDIS als erster und bislang einziger deutscher Segler zu Besuch auf dieser Insel. Gerne hätte ich diese Reise damals mitgemacht.

Es weht mit 30 Knoten aus Nord, was mir die letzten 18 Stunden einen Schnitt von über 8 Knoten gebracht hat, aber jetzt kommt mir der

Wind alles andere als gelegen. Denn bei dieser Windrichtung sind die beiden besten Ankerplätze der Insel, Ship's Cove und Transvaal Cove, nicht zu gebrauchen. Ich beschließe an der Südseite der Insel entlangzusegeln, um dort eventuell Unterschlupf zu finden. Doch meine Vorstellung, dass in Lee der Insel Wind und Seegang abnehmen würden, entpuppt sich als Trugschluss. Schon von Weitem kann ich sehen, dass das Wasser hinter den Steilklippen weiß vor Gischt ist und einzelne Böen das Wasser regelrecht in den Himmel reißen.

Kurz darauf muss ich das zweifach gereffte Großsegel bergen, da der Windmesser auf über 40 Knoten geklettert ist. Doch da macht er nicht halt. Eine halbe Stunde später pendelt er zwischen 45 und 50 Knoten. In Böen geht es bis auf 55 Knoten hoch. Nur unter Sturmfock legt sich FANFAN! bei halbem Wind hart auf die Seite und der Wind treibt die Gischt in jede Ritze meines Ölzeugs. Den größeren Sturmvögeln scheint der Sturm nichts auszumachen, doch die kleinen müssen schon kämpfen, um noch nach Luv zu kommen. So viel Wind habe ich auf See noch nicht erlebt. Die Anzeige des Windmessers ist nur bis 50 Knoten beschriftet, und wenn der Zeiger diese Marke passiert hat, dann zeigt er auf das Wort »Speed«. Passender könnte man es nicht beschreiben. Ich bin zwischen einer halben und einer Meile unter der Küste, und was sich auf dieser kurzen Strecke bei ablandigem Wind an Seegang aufbaut, ist einfach unglaublich – zumindest, wenn man so etwas zum ersten Mal erfährt. Ich mache mit der Videokamera einige Aufnahmen aus der Plexiglaskuppel heraus, doch wie sich später zeigt, sehen die Aufnahmen nicht nach 50, sondern nach 15 Knoten Wind aus. Tröstlich ist, dass ich nicht der Erste bin, der feststellen muss, dass sich solch ein Wetter nicht auf Film bannen lässt. Warum es gerade hier, in Lee einer immerhin 1000 Meter hohen Insel, so bläst, ist mir ein Rätsel.

Als ich an der Südostseite von Marion stehe, kann ich endlich Funkkontakt mit der Station aufnehmen. Wenngleich sich zu dieser Insel nur alle Jubeljahre ein Yacht verirrt, ist man von meinem Auftauchen nicht überrascht, da die Kunde von mir schon per E-Mail von Gough Island bis hierher gedrungen ist.

»Vielleicht wird das Wetter morgen besser und du kannst hier ankern«, versucht mich der Stationsleiter aufzumuntern. Aber selbst wenn der Wind augenblicklich abflauen würde, so bräuchte die See noch geraume Zeit, um zur Ruhe zu kommen. Als ich ganz aus dem »Lee« der Insel heraus bin, flaut es tatsächlich wieder ab, aber hier zu ankern scheint mir nicht möglich zu sein. Zu meiner Beunruhigung muss ich hören, dass die Stationsbesatzung vor einigen Tagen eine Reihe von Eisbergen gesichtet hat, die weiter nach Osten getrieben sind. Auch das noch! Das bedeutet, dass ich weiterhin mit Radarunterstützung segeln muss.

Wenigstens kann der Stationsleiter eine »FANFAN! is okay«-E-Mail nach Deutschland schicken. Marion ist schon wieder im Dunst verschwunden, als ich mich verabschiede. »Good bye, Marion. Ein anderes Mal vielleicht!« Das Barometer steht bei 993 hPa und die Tendenz ist weiter fallend, weswegen ich mir auf eine Wetterbesserung keine Hoffnung mache. Wenigstens konnte ich ein Foto von der Insel machen, als ein Wolkenloch kurz einige Sonnenstrahlen zur Erde gelassen hat. Zwar sind auf dem Bild nur einige wolkenverhangene Felsen zu sehen, wie ich sie auch in Island oder auf den Färöer hätte vor die Linse kriegen können, aber zumindest für mich wird es ein besonderes Bild werden.

Noch die 55 Knoten Wind vor Augen und in den Ohren segele ich nur unter Sturmfock weiter, was eigentlich zu wenig Tuch ist. FANFAN! schaukelt unangenehm durch die Gegend und wird immer wieder von Babybrechern aus der Bahn geworfen. Aber solange das Barometer weiter fällt, traue ich mich nicht, mehr Segel zu setzen. Ich habe aber auch keinen Grund zur Eile, denn immerhin habe ich in den letzten sieben Tagen 1012 Meilen zurückgelegt.

Als es dunkel wird, flaut der Wind auf zwei Windstärken ab und springt auf Südwest um. Da die Dünung weiterhin aus Norden kommt, torkelt das Schiff durch die See, dass einem ganz anders werden kann. Leider steht bei so wenig Wind kein Segel, das das Boot stabilisieren könnte. Leise prasselt der Regen an Deck und mit dem Rollen des Bootes rucken Teller, Dosen, Besteck und anderes Kleinzeug hin und her und her und hin. Schon lange habe ich aufgegeben, dem Geklapper durch kunstvolles Stauen der Sachen ein Ende zu bereiten. Die sicherste Methode ein Klappern oder Rumpeln zu beenden, ist nach der Ursache zu suchen. Leider ist der Erfolg dieser Maßnahme auf den Zeitraum der Suche beschränkt. Danach geht es wieder los. Es ist ein Kampf gegen Windmühlen.

Im Seehandbuch von 1892 finde ich folgende Beschreibung der Windverhältnisse der Inseln im südlichen Indischen Ozean:

»Die meisten der Inseln erheben sich bis zu einer bedeutenden Höhe über dem Meer, einige sogar bis zu 1200 oder 1500 m. Dadurch scheint eine

lokale Winderscheinung veranlasst zu werden, welche mehr oder weniger an allen diesen Inseln in unmittelbarer Nähe der Küste vorkommt. In boraähnlicher Weise brechen hier Windstöße von der Höhe nach der Meeresfläche herab, alles vor sich niederwerfend. Es ist dann eine schwierige Sache für die Schiffe in den Buchten, solche abzureiten, weshalb dieselben gerade für solche Fälle mit besonders schwerem Ankergeschirr versehen sein sollten.«

Ich überlege, ob ich nicht zu schnell aufgegeben habe, als ich an Marion letztendlich einfach vorbeigesegelt bin. Wäre jemand mit mehr Mumm in den Knochen an Land gekommen? Vielleicht. Auf der anderen Seite ist der Versuch, an Inseln wie Marion anzulanden, in meinen Augen das Gefährlichste an der ganzen Reise. Hier kann binnen kurzer Zeit aus einem geschützten Ankerplatz eine Falle werden. Kelp kann die Maschine lahm legen. Manöver, mit denen eine ganze Crew beschäftigt wäre, müsste ich ganz alleine machen. Der Neuseeländer Gerry Clark ist der einzige Segler, dem es meines Wissens nach gelungen ist, fast alle subantarktischen Inseln zu besuchen. Neben dem Umstand, dass er mehrfach durchgekentert ist und den Mast verloren hat, wäre seine Yacht um Haaresbreite vor Anker bei Marion Island zerstört worden. Jahre später ist er bei den Antipodeninseln ums Leben gekommen, als er versucht hat, in einer Bucht einen Sturm abzuwettern. Zumindest vermutete man dies, nachdem man Wrackteile in dieser Bucht gefunden hat. Dies zeigt mir, dass man gar nicht vorsichtig genug sein kann.

Mein nächstes Ziel ist die zu Frankreich gehörende Crozet-Inselgruppe in 500 Seemeilen Entfernung. Es wird niemanden mehr wundern, wenn es heißt, dass das Anlanden auch dort schwierig ist. Ich bleibe dem Motto »Rechne mit dem Schlimmsten und hoffe auf das Beste« treu und habe zumindest den Plan, vor der dortigen Station zu ankern und an Land zu gehen.

Wegen des Südwestwindes fällt die Temperatur in der Nacht auf 3 °C und in den Böen prasselt feiner Hagel an Deck. Nur unter Sturmfock läuft FANFAN! 6 Knoten, was mir völlig genügt, auch wenn ich durchaus noch das zweifach gereffte Großsegel setzen könnte. Gegen Mittag kann ich an Backbord in einigen Meilen Entfernung einen Eisberg ausmachen. Wenn ich, statt immer nur voraus Ausschau zu halten, den Horizont regelmäßig gründlich absuchen würde, hätte ich wahrscheinlich noch viel mehr Eissichtungen. Ich mag gar nicht daran denken, an wieviel Eis ich schon vorbeigesegelt bin, ohne es zu merken.

Mir geht es nicht gut und mit Hilfe meines medizinischen Ratgebers diagnostiziere ich eine Magenschleimhautentzündung, nachdem ich getreu der Devise »Es kann nicht sein, was nicht sein darf« ein Magengeschwür und Speiseröhrenkrebs ausgeschlossen habe.

In meiner Bordapotheke findet sich sogar eine entsprechende Medizin. Überhaupt glaube ich zunehmend Anzeichen des Verfalls an mir ausmachen zu können. Leichter Haarausfall und erste Ansätze von Verfettung erinnern mich daran, dass die Jugend nicht ewig währt und dass selbst der Konsum von Comics und rebellischer Rockmusik jenseits der 30 diesen Prozess anscheinend nicht aufzuhalten vermag. Am schlimmsten wiegt aber der Umstand, dass ich mich offensichtlich in Richtung Schwachsinn bewege. Anders kann ich es mir nicht erklären, warum ich ein Buch zwei- oder dreimal lesen kann, ohne mehr als eine nur rudimentäre Erinnerung an dessen Inhalt zu haben. Tröstlich ist alleine, dass ich auf diese Weise über kurz oder lang mit nur einem Buch an Bord auskommen werde, was gute 50 kg Gewicht einsparen dürfte. Aber ist es normal, dass man für die Rechnung 231 minus 145 einen Taschenrechner braucht?

Gegen Abend schreckt mich ein Poltern im Cockpit auf. Das darf doch nicht wahr sein! Ein Graukopfalbatros ist mit dem Rigg kollidiert und ins Cockpit gestürzt. Er macht ein ganz jämmerliches Geschrei, während er vergebens versucht, unter der Pinne und den Steuerseilen wieder hervorzukommen. Nach kurzer Zeit gibt er auf und harrt friedlich dahockend der Dinge.

Bevor ich meinem unfreiwilligen Gast zu Hilfe eile, muss er sich noch fotografieren lassen, was er tapfer erträgt. Auch wenn Albatrosse ganz friedliche Gesellen sind, können sie schon mal zuhacken, wenn ihnen etwas nicht passt. Ich ziehe mir daher dicke Handschuhe an, bevor ich ihn mir mit einem beherzten Griff packe und mit Schwung in die Luft befördere. Der Albatros sackt durch, fängt sich aber kurz über der Wasseroberfläche und fliegt davon. Mir fällt ein Stein vom Herzen, da der Vogel offensichtlich nicht verletzt ist. »Juhu! Gute Reise!«, rufe ich und winke ihm hinterher.

Ankerplatz Zoo: Îles Crozet

Am 30. November taucht im Morgengrauen die unbewohnte Insel Île aux Cochons, die Schweineinsel, in vier Meilen Entfernung aus dem Dunst auf, während ein steifer Nordwestwind FANFAN! vor sich hertreibt. Die Sicht ist so schlecht, dass von der sieben Meilen benachbarten Inselgruppe Apôtres nur für einen Augenblick ein zuckerhutförmiger Felsen zu sehen ist.

Das englische Seehandbuch vermerkt trocken, dass es auf diesen Inseln im Falle eines Schiffbruchs kein Problem sei, sich mit Nahrung in Form von Robben, Pinguinen sowie Vögeln und deren Eiern zu versorgen. Was Seeleuten vergangener Tage wohl nicht schwer gefallen ist, würde mich vor nicht unerhebliche Probleme stellen. So berichtet der mit einigen anderen Robbenfängern 1820 auf der Île de la Possession, einer der Crozet-Inseln, schiffbrüchig gewordene Seemann Charles M. Goodridge von seinen annähernd zwei Jahren auf der Insel:

»See-Elefanten gaben uns Fleisch, Unterkunft, Brennmaterial, Schuhleder und Nähmaterial. Wir wuschen uns in ihrem Blut und entfernten damit Schmutz und Fett von unserer Kleidung. Es war fast wie Seife. See-Elefantenspeck und ein Stück Seilgarn ergaben eine Lampe. Die Zähne wurden zu Pfeifenköpfen und aus einem Vogelbein das Mundstück. Wir trockneten das Inselgras und rauchten es. Unser Feuerrost war aus See-Elefantenknochen. Wir kochten ihre Herzen und Zungen. Die Gehirne wurden oft roh gegessen und sie waren süß wie Zucker. Die Flossen wurden gekocht und zu Sülze verarbeitet, welche sehr gut schmeckte, wenn Pinguineier oder Seevögel dazugegeben wurden.«

Ich runde die Nordspitze der Insel, um die bei dieser Windrichtung einzig brauchbare Landestelle in Augenschein zu nehmen. An der Nordostseite ist eine riesige Pinguinkolonie, die sich nicht nur über Kilometer am Ufer entlang erstreckt, sondern auch bis weit in die hügelige Landschaft hereinreicht. Zehntausende von Tieren müssen das sein. Wahnsinn.

Meine französische Detailkarte trägt den Titel »Mouillage de la Meurthe«, was ich zunächst mit »Ankerplatz des Todes« übersetze. Das kann ja heiter werden. Erst später fällt mir auf, dass die Ecke nach einem Schiff benannt ist und dass zwischen *Meurthe* und *morte* ein nicht unerheblicher Unterschied besteht. Als Anker- bzw. Landeplatz empfiehlt der Pilot einen Ort Namens Crique Tournyol du Clos. Auch der Neuseeländer Gerry Clark hat dort geankert und fand den Platz ganz passabel. Dieses Urteil kann ich nicht teilen. Zumindest nicht, wenn es mit 30 Knoten weht. Die kleine Bucht hat vielleicht 100 mal 100 Meter von Felskante zu Felskante und ist in der Tat vergleichsweise geschützt, was den Schwell anbetrifft. An einem kleinen Strand stehen ungefähr 100 Pinguine herum und ein paar See-Elefanten halten ein Nickerchen. Im grasbewachsenen Hinterland sind vereinzelt brütende Albatrosse zu sehen, die als weiße Farbsprengsel das Grün der Umgebung auflockern. Bis auf 30 Meter gehe ich unter Maschine an den Strand heran. Hier ankern? Das Echolot zeigt sieben Meter an, von daher gute Bedingungen. Wenn nur dieser Wind nicht wäre. Der Raum zum Schwojen ist extrem klein und die kelpbewachsenen Felsen sind näher, als mir lieb ist. Ein harter Aufsetzer mit meinem freistehenden Ruder, das 1,60 Meter tief unter dem Heck herausragt, und ich werde zum Seenotfall.

Bei diesem Wind kann man gar nicht so schnell gucken, wie es einen auf die Felsen setzen kann. Minutenlang manövriere ich auf der Stelle. »Oh Mann, du kannst doch nicht unfreiwillig zum Nonstop-Weltumsegler werden, weil du nicht den Mumm hast hier zu ankern«, flüstert mir der Teil meines Ichs zu, der weder am Leben noch am Boot besonders zu hängen scheint. Etwas weiter draußen ist es auf 15 Metern Tiefe theoretisch ebenfalls möglich zu ankern, aber dafür steht dort schon wieder ordentlicher Schwell. Von dort müsste ich ein paar hundert Meter mit meinem kleinen Schlauchboot gegen 30 Knoten Wind antuckern. Ein Blick auf das Barometer. Es fällt. Ich gebe Vollgas, um den Bug durch den Wind zu bekommen und wende FANFAN!. Mein Plan ist, den Rest des Tages beigedreht in Lee der Insel zu liegen und auf ein Abflauen des Windes zu warten.

Eine Stunde später ist die Insel wieder hinter einem Vorhang aus Dunst und Regen verschwunden, während der Windmesser immer wieder an die 35 Knoten-Marke tippt. Nach einigen Stunden gebe ich auf, da keine Wetterbesserung absehbar ist. Ich setze Kurs auf die 60 Meilen entfernte Insel Possession ab, auf der es eine französische Forschungsstation gibt. Da ich die Insel unter Segeln mitten in der Nacht erreichen würde, lasse ich FANFAN! unter nacktem Mast mit langsamer Fahrt nach Osten laufen. Dichter Regen prasselt an Deck und der Wind heult im Rigg. So macht Segeln wirklich keinen Spaß.

Wie ich in einem Buch über die subantarktischen Inseln nachlese, bin ich vor einigen Stunden an der größten Königspinguinkolonie der Welt vorbeigesegelt. Statt den von mir geschätzten Zehntausenden von Tieren sollen dort eine Million (!) Pinguine ihr Zuhause haben. Wenigstens kann mir keiner nachsagen, dass ich zu Übertreibungen neige.

Gegen Morgen steigt das Barometer wieder und der Himmel klart auf. Die Île de la Possession liegt an Steuerbord voraus und mit den ersten Sonnenstrahlen passiere ich die Nordspitze der Insel. Auch wenn es an der Nordostküste einige brauchbare Ankerplätze geben soll, will ich zu einer kleinen Bucht namens Crique du Navire, in deren Nähe sich die französische Station befindet.

In dem Reisebericht des Entdeckers Sir James Clark Ross, der hier vor gut 160 Jahren mit seinen Schiffen EREBUS und TERROR war, habe ich seine Beschreibung der Inseln gefunden. Bis auf den Umstand, dass es hier jetzt die französische Station gibt, hat sich nichts verändert und seine Schilderung von Felsformationen, Vegetation und Tierleben ist heute wohl ebenso gültig wie damals. Ross beschreibt seinen Besuch im Jahr 1840 an dieser Stelle wie folgt:

»Nachdem wir uns dem Land am nächsten Morgen wieder genähert hatten und die Amerikabucht zu Gesicht bekamen, sahen wir die Leute am Strand ihr Boot aussetzen. Mr. Hickley, ihr Anführer, kam an Bord. Er und seine Bootsmannschaft sahen mehr aus wie Eskimos als wie zivilisierte Wesen, waren aber noch schmutziger in ihrer Kleidung und Person als alle Eskimos, die ich bislang gesehen hatte. Ihre Kleider waren buchstäblich in Tran getränkt und rochen abscheulich. Sie trugen Stiefel aus Pinguinfellen mit nach innen gekehrten Federn. Sie sagten uns, das Wetter sei so stürmisch gewesen, dass sie gestern zum ersten Mal seit fünf Wochen ein Boot aussetzen konnten. Sie hatten daher erst sehr wenige See-Elefanten fangen können und waren verdrießlich, dass sie den Winter nicht zur Schweineinsel ziehen sollten. Die Schweine seien auf dieser Insel so häufig, sagten sie, dass man kaum vor ihnen ans Land kommen könne. Die ersten ließ Kapitän Distance 1834 dort, und sie haben sich in weniger als sechs Jahren in fast unglaublichem Verhältnis vermehrt, obgleich jährlich eine große Anzahl von den Robbenfängern getötet wird. Ein amerikanisches Schiff hatte vor einigen Jahren auf der Possessions-Insel einige Ziegen zurückgelassen, die bei dem langen, groben Gras, das dort viel wächst, gut gediehen, aber unter dem Schutz der Robbenfänger noch zahm geblieben waren. Die Robbenfängergruppe bestand aus elf Mann, von denen einer seit drei Jahren auf

der Insel war. Sie schienen keinen Wunsch zu hegen zum Kap der Guten Hoffnung zurückzukehren, und waren vollkommen zufrieden, da sie Überfluss an Lebensmitteln hatten. Sie essen die Zunge, die Flossen und einen Teil des Leibes des See-Elefanten und fangen eine Art Klippfisch von der Größe eines kleinen Schellfisches mit sehr großem Kopf in großer Menge und trocknen ihn auf den Felsen. Die Eier der Seevögel können in der Brutzeit ganze Boote voll gesammelt werden und sollen ein vortreffliches Essen sein, besonders die des Albatrosses, welche im Durchschnitt über ein Pfund schwer sind. Die Jungen dieses Vogels, wenn sie gerade aus dem Nest genommen sind, sind nach ihrer Aussage eine wahre Delikatesse.«

Ich empfinde es als Privileg in einer Zeit zu leben, die es einem Normalmenschen wie mir ermöglicht, aus eigener Kraft Orte zu erreichen, die für die Menschheit vor noch ein paar hundert Jahren so entfernt waren, wie für mich heute der Mond. Es wäre naiv, der »guten alten Zeit« nachzutrauern, in der es noch weiße Flecken auf der Landkarte und echte Wilde gab. Würde ich nämlich in der »guten alten Zeit« leben, wäre ich jetzt irgendein ein Bauernlümmel in Westfalen, für den eine Reise nach Münster oder Paderborn der Höhepunkt seines Lebens wäre. Und wer den Anfangsjahren des Blauwasser-Fahrtensegelns nachtrauert, sollte sich überlegen, ob Holzboote mit Baumwollsegeln und ohne Selbststeueranlage wirklich so romantisch waren.

Viele Berufsabenteurer der Gegenwart werden in einem Atemzug mit den Entdeckern genannt oder sehen sich selbst gar in deren Tradition, indem sie ihre Reisen mit dem Prädikat »Expedition« versehen. Zu Unrecht, wie ich finde. In geographischer Hinsicht gibt es nichts mehr zu entdecken, und die Expeditionen der Moderne kommen weitgehend ohne Abenteuergeist und Wagemut aus. Berufsabenteurer und Fahrtensegler, die es in entlegene Gegenden zieht, sind wohl eher eine Mischung aus Individualtourist und Sportler, was ja immer noch allemal besser ist, als ein »Abenteuer« im Reisekatalog zu buchen.

Einige Meilen später tauchen hoch auf den Hügeln die Gebäude der Station auf. Seit ich am 31. August, also genau vor drei Monaten, Grönland verlassen habe, war ich zusammengerechnet kaum 30 Stunden von Bord. Einige Stunden auf den Azoren, wobei ich nie weiter als 300 Meter vom Boot weg war, ein paar Tage je 3-5 Stunden auf Fernando de Noronha und eine halbe Stunde auf der AGULHAS. Fünf Tage lang habe ich FANFAN! bei Flores und Tristan da Cunha treiben lassen und den Rest der Zeit bin ich gesegelt – 9000 Meilen. Vor 45 Tagen habe ich zum letzten Mal Land unter den Füßen gehabt. Welche Crew würde so eine Reise mitmachen?

Der erste Eindruck von meinem anvisierten Ankerplatz ist wenig erbaulich. Im Eingang zu der kleinen Bucht bricht sich die See, dass die Gischt meterhoch spritzt. Doch je weiter ich in Richtung des mit Tausenden von Pinguinen, einigen Tanks und Hütten belegten Strandes fahre, desto ruhiger wird es. »Alles klar, hier wird geankert«, beschließe ich kurzerhand. Der Anker fällt auf 8 Metern Tiefe, und während ich auf dem Vorschiff herumhantiere, fange ich an zu heulen wie ein kleines Kind. Wie ein Stein fällt eine Last von mir ab, von der ich so recht gar nicht wusste, dass es sie gibt. Anscheinend bin ich nicht so cool, wie ich es gerne hätte. Es war eben doch ein sehr weiter Weg bis hierher. Vor zehn Jahren ist mein Finger erstmals auf der Weltkarte bei dieser Insel kleben geblieben und jetzt bin ich da. Es dauert eine Weile, bis ich mich gefangen habe. Dann mache ich das Beiboot fertig und fahre zum Strand, wo schon ein stattliches Empfangskomitee auf mich wartet. Ich schüttele fleißig jedem die Hand und werde vom Stationsleiter François in fließendem Englisch auf den Crozet-Inseln willkommen geheißen. Es ist wie im Traum. FANFAN! bei blauem Himmel und steigendem Barometer sicher vor Anker. Ich bin umgeben von Tausenden von Königspinguinen, ein paar See-Elefanten, und in den Hängen brüten Albatrosse. Dazu dieser freundliche Empfang – toll.

Ich werde sofort auf die Station, die 15 Minuten zu Fuß entfernt liegt, eingeladen, doch möchte ich das gute Licht nutzen, um Bilder zu machen. Zudem muss FANFAN! noch besser vertäut werden. Dazu bringe ich sie noch näher an den Strand heran, um dann eine 60 Meter lange Heckleine zu einer kleinen Betonpier auszubringen. Den Nachmittag über streife ich durch die Kolonie und mache Bilder. Dabei lerne ich zwei Stationsbewohner kennen, Delphine und Christophe, die aus Elsass-Lothringen kommen und gutes Deutsch sprechen. Christophe erzählt, dass die Station pro Monat rund 30 000 Liter Diesel verbraucht, was fast 30 Liter pro Mann und Tag sind. Eine ganze Menge.

Gegen Abend mache ich mich auf den Weg zu Station, auf der etwa 35 Wissenschaftler, Versorgungspersonal und Techniker leben. Ich dusche erst einmal bei einem der Generatortechniker, bevor ich mich weiter unter Leute begebe. In der Kantine ist mir zu Ehren die deutsche Fahne aufgehängt worden, und alle scheinen froh zu sein, mal ein neues Gesicht zu sehen. Schade nur, dass ich kein Französisch spreche. Zu dumm auch, dass ich in der Schule meine Lebensenergie mit Latein verschwendet habe.

Besuche gibt es hier nur ganz selten. Yachten noch viel seltener. Genau genommen weiß ich nur von vieren, die schon einmal hier waren. Der weite Weg hierher schreckt sicher viele ab, aber schon die wenigen Stunden in der Pinguinkolonie haben mich voll für die Anstrengungen der letzten Wochen entschädigt. Es ist, als ob man mitten im Zoo ankert. Die Fluchtdistanz der meisten Pinguin-, Vogel- und Robbenarten auf den subantarktischen Inseln ist eher in Zentimetern als in Metern zu messen. Die Evolution hatte nicht genug Zeit den Tieren die Information mitzugeben, dass man sich von Menschen besser fern hält. So kann man auch auf den Crozet-Inseln Robben und Vögel aus nächster Nähe beobachten. Ein unvergessliches Erlebnis.

Ich überreiche dem Stationsleiter ein Polo-Shirt mit FANFAN!-Schriftzug und halte ein kleine Ansprache. Meine Gastgeber klatschen artig und dann kann ich endlich ordentlich beim Abendessen zulangen. Die Franzosen wissen schon, wie man sich das Leben selbst am Ende der Welt angenehm macht. Der Einbruch der Dunkelheit ist für mich das Signal, zurück zum Boot zu gehen. An Bord ist alles in Ordnung, die Pinguine krächzen heiser, ab und zu grunzt ein See-Elefant und die Brandung rauscht im Hintergrund. Draußen sind es nur ein paar Grad über Null. Ich mache die Heizung an und falle wie tot in die Koje. Das war ein Tag!

Am nächsten Morgen weckt mich das beständige Klopfen der Pinguine am Rumpf. Ein solcher Fremdkörper wie FANFAN! scheint ihnen in ihrer Bucht noch nicht untergekommen zu sein und muss wohl erst mal gründlich inspiziert werden. Da das Wetter noch trocken ist und nur wenig Wind weht, nutze ich die Gelegenheit und mache ich mich daran, eine neue Dirk einzuscheren. Drei Stunden, vier Mastbesteigungen und 153 Flüche und Verwünschungen später ist das Werk vollbracht. Auf See wäre diese Arbeit nicht zu bewältigen gewesen. Wenigstens nicht hier unten. Danach nähe ich gute zwei Meter Naht im Achterliek des Großsegels nach. Bis Neuseeland soll es noch halten.

Gegen Mittag steige ich zur Station hoch, was mich nach all den Wochen relativer Bewegungslosigkeit fast an den Rand des Zusammenbruchs bringt. Trotz der üppigen Mahlzeiten auf der Station dürfte meine Energiebilanz nach einem Auf- und einem Abstieg negativ sein.

Nach dem Mittagessen fragt mich eine Frau, ob ich für sie ein paar Briefumschläge und Postkarten signieren kann. Kein Problem. Es stellt sich heraus, dass »ein paar« über 100 sind und meine Unterschrift zusammen mit den Umschlägen und Karten für Briefmarkensammler bestimmt sind, die offensichtlich ganz heiß darauf sind, Post von dieser Insel zu bekommen. Jetzt wird mir auch klar, warum mich schon mehrere Leute gefragt haben, ob ich einen Bootsstempel habe, was ich leider verneinen musste. Der hätte sich auf den Umschlägen sicher besser gemacht als meine krakelige Unterschrift.

Nachdem ich zwei staunenden Stationsbewohnern mein schwimmendes Zuhause gezeigt habe, schaue ich mich wieder bei den Pinguinen um. Das, was uns Menschen vielleicht noch bevorsteht, ist bei den Königspinguinen hier auf der Insel längst Realität geworden: Einigen von ihnen sind Mikrochips implantiert worden, mit denen eine Reihe am Strand installierter Sensoren das Kommen und Gehen der Tiere registrieren, während gleichzeitig per Videokamera ein Bild des Pinguins geschossen wird. Die nummerierten und mit Farbe angesprühten Tiere werden zudem regelmäßig gewogen und ihnen wird Blut abgenommen. Damit die Tiere das Wiegen und die Blutabnahme einigermaßen ohne Gegenwehr über sich ergehen lassen, bekommen sie eine lichtdichte Kapuze übergestülpt. Auch die Verwandtschaftsverhältnisse der Tiere werden untersucht. Das Ergebnis ist, dass sich so manch ein Vater für ein Küken abrackert und Fisch heranschafft, das gar nicht von ihm, sondern vom Nachbarn ist. Überwachung total.

Der IQ dieser Tiere scheint sich nur geringfügig über dem einer Amöbe zu befinden. So sind auf dem Gelände einige Gummiseile in 30 Zentimetern Höhe gespannt, damit die Tiere nicht überall zwischen den Gebäuden am Strand herumlaufen. Gerät ein Pinguin dennoch in das abgesperrte Gebiet und will wieder heraus, so rennt er ohne Unterlass gegen das Gummiseil an, bis er endlich irgendwie unter dem Seil durchrutscht, statt einfach auf dem Bauch darunter herzukriechen. Lern- und Kombinationsfähigkeit gleich null.

Zum Abendessen bin ich oben auf der Station, doch weil das Barometer fällt, will ich vor dem Dunkelwerden wieder auf dem Boot sein. Da es auf der Station nicht einmal ein Schlauchboot gibt, wäre FANFAN! wohl ein für alle mal weg, wenn sie aus der Bucht geblasen würde und ich nicht an Bord wäre. Schiffe, die man zur Hilfe holen könnte, gibt es hier nicht. Etwas beruhigt mich, dass das Boot an zwei Leinen hängt, die unter normalen Umständen jede für sich ausreichend wäre. Vorausgesetzt, der Wind weht immer aus dem Tal heraus.

Der Koch hat mir ein dickes Fresspaket zusammengestellt und einer der Techniker hat mir eine neue Gasflasche besorgt. Da ich die Sachen nicht nach unten tragen kann, wird extra für mich der stationseigene Traktor angeworfen, der mich zum Boot bringen soll. Ich nehme auf dem Anhänger Platz, schiebe mir ein Kissen unter den Hintern und los geht es. Leider ist der Anhänger ungefedert und der Weg so holperig, dass ich Mühe habe mich festzuhalten. Manchmal wirft es mich so herum, dass ich befürchten muss, mit gebrochener Wirbelsäule unten anzukommen. Im Scheinwerferlicht des Traktors sehe ich immer wieder Ratten vom Weg ins Gras huschen. Die Tiere sind mit den Robbenschlächtern im 19. Jahrhundert gekommen und trotz aller Bemühungen nicht mehr auszurotten.

In der Nacht geht das Barometer mit 2 hPa pro Stunde in den Sturzflug über, und gegen Morgen fängt es an in Strömen zu regnen. Zudem steht nun ordentlich Schwell in der Bucht, weswegen ich erst einmal an Bord bleibe. Schemenhaft kann ich draußen auf See die sich brechenden Seen ausmachen und ab und zu wandert ein regelrechter Wasserberg über den Horizont. Unglaublich. Bei der Vorstellung jetzt ankerauf gehen zu müssen, wird mir ganz anders. Im Extremfall würde ich die Heckleine kappen, einen Fender an das Ende der Ankerleine binden und den Anker in der Bucht lassen, um schnell weg zu kommen. Die Lage ist nicht kritisch, aber angespannt. Immer wenn ein Pinguin besonders laut an die Bordwand klopft, denke ich, dass ich schon auf den Felsen gelandet bin. Diese idiotischen Viecher scheinen regelrecht in den Rumpf hineinzupicken.

Die Dünung in der Bucht wird gegen Mittag immer stärker. FANFAN! liegt dummerweise in dem Bereich, in dem sie sich aufbaut, um als Brecher am Strand zu enden. Ohne Buganker würde mein Schiff sicher trotz des ablandigen Windes nach drei, vier solcher Wellen auf dem Strand landen. Ich gebe 30 Meter mehr Heckleine, wodurch wir aus dem Gefahrenbereich kommen und die Verbindung zum Land zudem noch etwas elastischer wird. Da ich Sorge habe, die Landleine könne an der Kante der Betonpier durchscheuern, bitte ich über Funk jemanden nach dem Rechten zu sehen, da ich vermutlich ohne ein Vollbad zu nehmen nicht mehr an Land kommen würde. Kurz darauf hebt eine in gelbe Wetterkleidung gehüllte Person den Arm – es ist also alles in Ordnung. Der Windanzeiger geht bis 45 Knoten hoch. Das Wasser der kleinen Wasserfälle, die die umgebenden Klippen herunterrieseln, wird waagerecht davongeweht. Draußen sind es 5 °C und ich bin froh, dass mein Dieselofen trotz des Sturms funktioniert. Die Wärme unter Deck gibt irgendwie etwas Sicherheit. Ich mache an und unter Deck alles zum Auslaufen fertig und harre unter Deck sprungbereit der Dinge. Bei 988 hPa macht das Barometer halt, es regnet nicht mehr. Schließlich nimmt der Wind etwas an Stärke ab, wenngleich die Böen immer noch heftig im Rigg pfeifen. Entwarnung? Die Nacht verläuft einigermaßen ruhig und am nächsten Morgen kann ich an einer geschützten Stelle am Strand an Land gehen. Wie ich erfahre, sind am Vortag auf der Station 70 Knoten Wind gemessen worden. Das entspricht Windstärke 12. Auf See wäre es bei so viel Wind für mich wohl ums nackte Überleben gegangen.

Ich esse wieder auf der Station zu Mittag. Die Freundlichkeit der Stationsbesatzung ist einfach riesig. Eine Tafel im Speisesaal ziert eine Zeichnung des Stationsarztes, die mich in Lederhosen und mit Seppelmütze zeigt, wie ich gerade von Bord komme und die am Strand wartenden Pinguine mit einem »Hallo!« begrüße, während der Arzt mit einer Zwangsjacke in der Hand versteckt am rechten Bildrand steht. Die

Nach 3 ½ Monaten freut sich Uwe, wieder menschliche Wesen zu treffen.

Bildbeschriftung dazu lautet: »Nach 3 1/2 Monaten freut sich Uwe, wieder menschliche Wesen zu treffen.«

Nachmittags bin ich wieder am Strand und kann bei der Operation eines verletzten Pinguins zuschauen. Das Leben in der Pinguinkolonie mag für Menschen etwas Drolliges haben, in Wirklichkeit ist es ein Kampf ums Überleben, wie er gnadenloser kaum sein kann. Der Boden ist übersät mit den Knochen derer, die diesen Kampf verloren haben, und man muss nicht lange suchen, um frische Kadaver von Küken oder Alttieren zu finden. Am Rand der Kolonie hocken Skuas und Riesensturmvögel, um jeden Pinguin ins Jenseits zu befördern, der auch nur das geringste Zeichen von Schwäche zeigt. Überhaupt sind Riesensturmvögel die unsympathischsten Vögel, die ich kenne. – Einem Menschen mit solch einem verschlagenen Gesichtsausdruck, wie ihn diese Viecher haben, würde ich nicht mal die Hand geben. Wie ich erfahre, kommen nur 5 bis 10% der Pinguineier so weit, dass die daraus geschlüpften Küken die Bucht schwimmend verlassen. Wenn sich die Pinguine zusammentun würden, könnten sie wohl die Skuas und Riesensturmvögel los werden, aber unter dem Strich würden sie sich damit wohl keinen Gefallen tun. Wer schwach ist, muss eben weg. Und wer dumm ist, für den gilt das Gleiche. So sehe ich einen jungen Pinguin, der trotz seines Daunenkleides ein Bad im Meer wagt. Wie auf ein geheimes Kommando fällt eine Schaar Riesensturmvögel über das Tier her und hackt dermaßen darauf ein, dass ich ihm maximal noch 10 Sekunden gebe. Immer wieder versucht der Pinguin abzutauchen, doch lässt ihn sein luftgefülltes Daunenkleid stets wie einen Korken an die Wasseroberfläche ploppen. Das Gehacke geht weiter. Schließlich kann der Pinguin doch einige Meter wegtauchen, bevor er wieder an die Oberfläche kommt. Die Sturmvögel hechten ihm hinterher und reißen erneut an dem hilflosen Tier herum. Noch zwei Mal wiederholt sich das Schauspiel, dann hat es der Pinguin zurück an den Strand geschafft. Die Sturmvögel geben auf und ich atme tief durch. Das war knapp.

Meine Ankerbucht wird regelmäßig von einem Rudel Schwertwale besucht, die es auf die See-Elefantenbabys am Strand abgesehen haben, wenn diese zum ersten Mal ins Wasser gehen. Meine Hoffnung, einen Besuch dieser Tiere mitzuerleben, erfüllt sich einige Stunden vor meiner Abfahrt wenigstens zum Teil. Ich werde aufmerksam, als plötzlich das Gehacke der Pinguine am Rumpf aufhört. Ein Blick nach draußen zeigt: Dort, wo sie sich sonst zu Hunderten tummeln, reckt nur noch eine

Hand voll ihre gelb-schwarzen Köpfe aus dem Wasser. Da! Eine hohe schwarze Flosse schneidet durchs Wasser und zieht von links nach rechts dicht am Strand vorbei. Ein Orca auf der Suche nach Beute! Heute ist der Tisch wohl nicht gedeckt und die Flosse verschwindet kurze Zeit später wieder aus der Bucht. Ich gehe ankerauf und blase dreimal in mein Signalhorn, während mir das zu meinem Abschied versammelte Komitee hinterherwinkt.

Als ich schon einige Meilen von der Île de la Possession entfernt bin, meldet sich François über Funk aus dem Speisesaal, wo sich alle zum Mittagessen versammelt haben, und wünscht mir noch einmal gute Fahrt. Genau damit habe ich gerechnet und kann Plan X in die Tat umsetzen: Über Funk spiele ich der ganzen Besatzung zum Abschied die französische Nationalhymne vor, die ich als Sounddatei bei mir auf dem Computer gefunden habe. Der Erfolg scheint durchschlagend zu sein. Auf jeden Fall höre ich am Ende meiner Übertragung tosenden Applaus im Hintergrund, und auch François scheint von meinem Einfall amüsiert zu sein. Au revoir et merci beaucoup!

Îles Kerguelen

Ich habe jetzt noch rund 6000 Meilen in diesem kalten, grauen, nassen und windigen Meer vor mir, bevor ich wieder nach Norden abbiege. Wenigstens ist mein nächster Schlag mit etwas über 700 Meilen bis zu den Kerguelen nicht besonders lang. Der Wind weht mit 35 Knoten aus Norden und FANFAN! macht nur unter Sturmfock und zweifach gerefftem Großsegel beständig über 8 Knoten Fahrt. Der Schleppgenerator ist in Betrieb, und da er keinen Laderegler hat, muss ich unter Deck die komplette Beleuchtung anschalten, um den zu viel erzeugten Strom zu verbrauchen.

Nach einem Tag auf See machen sich meine Magenbeschwerden wieder bemerkbar und ich muss eine Pille gegen Magenschleimhautreizung schlucken, da ich kaum noch einen Bissen herunterbekomme. Ob es von der Anspannung kommt, unter der ich stehe und die sich kein anderes Ventil zu schaffen weiß? Oder liegt es an meinen unregelmäßigen Mahlzeiten? Vielleicht sollte ich mir endlich eingestehen, dass 13 000 Meilen in sechs Monaten nicht mal so eben abgesegelt sind. Zumindest nicht in diesen Breiten. Dazu kommt ja noch die Vorbereitungsphase, in der ich tausend Sachen im Kopf hatte. Wie viel einfacher wäre es, wenn ich wüsste, dass meine Familie und meine Freundin hinter dieser Reise stehen würden. Für meine Freundin war ich noch kurz vor der Abfahrt ein »egoistisches Arschloch« und mein Vater hat mir unter anderem in Aussicht gestellt, dass die Sorge um mich meine Mutter ins Grab befördern wird. Es hat bittere und fruchtlose Diskussionen gegeben.

Erst in den letzten Wochen vor meiner Abfahrt haben sie sich dem augenscheinlich Unausweichlichen gebeugt. Von meiner Mutter habe ich einen kleinen Schnellkochtopf bekommen und von meinem Vater eine Packung Kondome, eine Gaspistole und eine Angel. Nur die Angel ist bislang zum Einsatz gekommen. Keine Ahnung, was ich mit den Kondomen soll. Vielleicht hofft mein Vater, dass ich nicht ganz so aus der Art geschlagen bin, wie es für ihn den Anschein hat.

Die Kerguelen sind eine Inselgruppe, bestehend aus mehr als 300 Inseln, die 1772 von einem Franzosen namens Yves Joseph de Kerguelen-

Trémarec entdeckt wurde. Die Hauptinsel hat eine sehr zerfurchte Küstenkontur, was dazu führt, dass kein Ort der ungefähr 70 mal 60 Meilen messenden Insel mehr als zwölf Seemeilen vom Meer entfernt ist und es zudem eine Reihe guter Ankerplätze gibt.

Das Wetter ist günstig und so brauche ich bis zu meinem ersten Ankerplatz auf den Kerguelen, Port Christmas, nur viereinhalb Tage. Der Antartic Pilot rät zu einem anderen Ankerplatz an der Nordostküste, doch denke ich mir, dass eine Bucht, die Entdeckern wie Sir James Clark Ross und James Cook recht war, einem kleinen Fahrtensegler aus Deutschland nur billig sein kann. Die Bewölkung ist aufgelockert und das Thermometer krabbelt so langsam von den zwei Grad, auf die es in der Nacht gerutscht ist, wieder nach oben. Die Felsformationen sehen fast genauso aus wie die Nordwestfjorde in Island, was James Cook Grund genug war, sie »Inseln der Trostlosigkeit« zu nennen.

Etwas trostlos sieht es in der Tat aus, aber an Tieren ist zu Lande, zu Wasser und in der Luft einiges unterwegs. Robben, Kormorane, Schwarzbrauenalbatrosse, Gentoopinguine und viele verschiedene Sturmvogelarten kann ich ausmachen.

Mein Anker fällt am Kopf der Bucht auf acht Metern Tiefe, doch beim Einfahren des Eisens merke ich, dass er nicht hält. Also wieder hoch das Ding. Als der Anker wieder unter dem Bugbeschlag baumelt, hängt ein ganzer Kelpwald an der Flunke, den ich mühsam mit dem Bootshaken entferne. Auch der zweite Ankerversuch ist nicht erfolgreich. Der Anker hält zwar etwas besser, slippt aber immer noch, sobald ich etwas mehr Rückwärtsfahrt gebe. Auf einen dritten Versuch will ich es nicht ankommen lassen, war das Aufholen des Ankers per Hand schon beim ersten Mal schweißtreibend genug. Ich lasse FANFAN! so liegen und beschließe, mir für die Nacht einen anderen Platz zu suchen und jetzt nur kurz an Land zu gehen. Vom Land her weht der strenge Geruch von Seelöwen herüber, und da diese Tiere durchaus aggressiv werden können, bewaffne ich mich während meines Rundganges mit einem Paddel, bereit, jedem Seelöwen, der mir zu nahe kommt, etwas auf die Nase zu hauen. Am Strand ist weit weniger los als auf der Île de la Possession. Einige See-Elefanten dösen im Hinterland, alle 40 bis 50 Meter hat ein Seelöwenmännchen sein Revier bezogen und ein paar Hundert Königspinguine stehen in kleinen Gruppen herum. An einer Stelle sind zwei Fundamente aus Holzbrettern zu erkennen, die wohl einst als Fußböden zweier Hütten dienten, und am Rand des Strandes ist ein verwitterter

Holzmast aufgestellt. »Hier hat James Cook gestanden und alles genau so gesehen wie du jetzt«, denke ich mir. Fast genau so, müsste man sagen. Denn ein großer Steintorbogen, der am Eingang der Bucht steht und auf alten Stichen noch zu sehen ist, ist mittlerweile eingestürzt.

Ich segele die Ostküste herunter. Dabei komme ich immer wieder an tennisplatz- bis fußballfeldgroßen Ansammlungen von Kelp vorbei, die ich umfahren muss, um nicht darin hängen zu bleiben. Auf einmal versperrt mir ein Kelpgürtel den Weg, dessen Länge ich auf über eine Meile schätze. Was tun? Ich beschließe an der schmalsten Stelle hindurchzusegeln. Bis auf einen halben Knoten geht die Fahrt herunter und ich habe schon Angst, ganz in diesen braunen Fangarmen hängen zu bleiben. Hier durchzufahren war eine echte Schnapsidee! Die Maschine kann ich nicht anmachen, um zu schieben, denn im Nu hätten die zähen Kelpstränge sich um die Welle gewickelt und den Motor abgewürgt. Nach bangen Minuten ist der Kelpgürtel passiert. Nur gut, dass ich keinen Kiel mit einer nach vorne über die Kielkante herausragenden Ballastbombe habe. Mit so etwas dürfte man ein für allemal sicher im Kelp verankert sein.

Die Hafenpläne, die ich an Bord habe, sind meist alte Stiche, und die Vermessungen datieren vom Anfang des 20. Jahrhunderts. Manche sind noch älter. Mein Anker fällt am Kopf einer Bucht, die auf den Namen Mouillage Bon-Abri hört. Als ich die Maschine rückwärts laufen lasse, um zu testen, ob der Anker hält, kommt ein Kelpstrang, der sich am Ruderblatt verfangen hat, in die Schraube und stoppt den Motor. So eine Scheiße! Jetzt ins eiskalte Wasser und den Propeller freischneiden – grauenvoll! Ich starte den Motor erneut und gebe beherzt volle Fahrt voraus. Es rumpelt etwas und die Propellerwelle ist wieder frei. Glück gehabt. Als die Maschine wieder abgestellt ist, wird mir ganz unheimlich zumute. Es ist auf einmal so still. Richtig still. Nur ab und zu durchbricht das Grunzen eines See-Elefanten die Ruhe. Ich kann jedes kleine Geräusch hören. Das hat es seit Grönland nicht mehr gegeben. Es weht nur ganz wenig Wind und FANFAN! liegt da wie in Beton eingegossen. Ich kann es gar nicht glauben. Jetzt schnell den Ofen an und ab ins Bett.

Am nächsten Morgen nehme ich mein Müllproblem in Angriff. Meine Idee, den Verpackungsmüll an Bord in dem Metallabfalleimer zu verbrennen, hat sich in der Praxis nicht bewährt. Selbst bei ganz ruhigem Wetter fliegt überall Asche an Bord herum und der Qualm ist kaum zu ertragen. Ich bringe meinen Müll zum Strand und grabe mit einem Spaten, den ich in Island im Straßengraben gefunden und »für alle Fälle« mitgenommen habe, ein Loch, in dem ich den Müll verbrenne. Sand drüber und fertig. Sicher nicht ganz 100%ig ökologisch korrekt. Zudem bin ich meinem Vorsatz, auf den Inseln nur meine Fußspuren zu hinterlassen, damit untreu geworden. Ich denke aber, dass dies vertretbar ist. Die Reiseberichte der meisten Segler schweigen sich zum Thema Müllentsorgung wohlweislich aus, denn viele schmeißen auf langen Schlägen einfach alles über Bord – ich habe es selbst oft genug miterleben müssen.

Danach hole ich mir noch 30 Liter Wasser aus einem nahen Bach und im Anschluss daran geht es schon wieder ankerauf. Auch hier habe ich massenhaft Kelp am Anker. Wenn ich nicht meine Großfallwinsch zum Aufholen der Ankerleine zur Hilfe nehmen würde, wäre der Anker nicht zu bergen. Eine Wahnsinns-Arbeit!

Ich segele 20 Meilen zu meinem nächsten Ziel, einer aufgegebenen Trankocherei namens Port Couvreux. Die Kerguelen waren bis in die 30er-Jahre des letzten Jahrhunderts ein wichtiger Stützpunkt von Walfängern und Robbenschlächtern. Im 19. Jahrhundert sollen hier gar Hunderte von Fangschiffen operiert haben und die Gewässer seien von Walen nur so überfüllt gewesen. Vergangenheit. Ich jedenfalls habe noch keinen gesehen. In der einschlägigen englischen Literatur heißt es, dass Robben und Wale die Inseln »verlassen« (abandoned) hätten. Ein zynischer Euphemismus dafür, dass man die Tiere alle abgeschlachtet hat. Aber wem soll man dafür einen Vorwurf machen? Wir Bewohner der Industrieländer können uns eine romantische Naturverehrung leisten. Unsere Länder sind Betonwüsten, die Bäume stehen in Reih und Glied und das Essen kommt aus dem Supermarkt. Für unsere Vorfahren und die Menschen in vielen anderen Ländern ist die Natur dagegen ein Feind, dem man sein tägliches Überleben abringen muss. Warum hätte man da Robben, Wale und Pinguine verschonen sollen?

Die Ankerbucht ist voller Kelp, und so muss ich recht weit draußen auf 20 Metern Tiefe ankern. Mit dem Schlauchboot schlängele ich mich durch den Kelp zum Strand, wo alles voller rostiger Fässer, Tranbehälter und Kochbottiche steht. Das Wrack eines ca. 10 Meter langen Holzbootes liegt hoch und trocken, und etwas weiter landeinwärts steht ein ziemlich baufälliges Holzhaus mit blassrotem Wellblechdach. Überall liegen See-Elefanten herum. Noch vor 70 Jahren hätten diese Tiere hier wohl ein schnelles Ende gefunden.

Auf einer Grasfläche, die wohl mal eine Weide war, sehe ich die Kadaver von drei toten Rentieren, deren Felle noch ganz gut erhalten sind. Man hat versucht, Rentiere auf der Insel zu züchten, und einige Herden sollen tatsächlich auch heute noch hier herumlaufen. Etwas oberhalb des Hauses befindet sich ein Grab mit einem seltsam neu aussehenden Holzkreuz, und auf einer Anhöhe steht ein weiteres, etwa mannshohes Kreuz. Sehr mysteriös. Als plötzlich ein komisches Geheul losbricht, wird mir ganz anders. »Was, wenn hier verwilderte Hunde ihr Unwesen treiben, die nach den Rentieren nun dir ans Leder wollen?«, kommt mir in den Kopf. Der Schreck legt sich erst, als ich das Geheul zwei See-Elefanten zuordnen kann, die am Strand einen kleinen Kampf veranstalten.

Ich werfe einen Blick in das Haus. Die meisten Räume sind verfallen und unbewohnbar und lediglich der Raum, in dem mal die Küche war, scheint gelegentlich von Mitarbeitern der Station in Port-aux-Français besucht zu werden. Zumindest gibt es einige Vorräte, eine Gasheizung und Kochgeschirr in dem Raum, und an einer Gaslampe klebt eine Art Inventarzettel der Station. Faszinierend und unheimlich zugleich finde ich es hier.

Für die Nacht will ich mir einen anderen Ankerplatz suchen, da mir Port Couvreux zu ungeschützt erscheint und mir der Ort auch nicht ganz geheuer ist. In meiner Fantasie wohnt hier noch ein uralter Kauz, der sich von See-Elefanten ernährt und ab und zu einem unwillkommenen Besucher bei sich hinter dem Haus beerdigt, nachdem er ihm bei lebendigem Leib das Fell über die Ohren gezogen hat. Aber solche Gedanken kann man wohl nur nachvollziehen, wenn man einmal alleine hier war.

Ich verhole mich in das einige Meilen entfernte Bassin de la Gazelle, das laut Antarctic Pilot als einer der sichersten Ankerplätze der Kerguelen gilt. Außerdem soll es dort von Tieren nur so wimmeln. Zumindest letzteres kann ich nicht bestätigen. Bis auf ein paar See-Elefanten an einem kleinen Strand und einigen Kormoranen kreucht und fleucht dort nichts. Die einzige Einschränkung besteht in der für diesen Ankerplatz seit dem Zweiten Weltkrieg bestehenden Minenwarnung, die ich aber einfach ignoriere. So lange wird schon keine Mine scharf geblieben sein.

Zum Abendessen belohne ich mich für den schönen Tag mit Hähnchenfleisch in saurer Soße mit Erbsen und Möhren. Das dürfte für fünf Sterne reichen – zumindest hier in der Gegend.

Während der Nacht und den ganzen folgenden Tag fällt das Barometer rapide und der Wind frischt auf 20 bis 30 Knoten auf. Zudem ist es diesig, weshalb ich beschließe, den Durchgang des Tiefs vor Anker abzuwarten. Mein nächster Schlag soll nämlich zur Station in Port-aux-Français gehen. Die ist Luftlinie zwar nur 20 Meilen entfernt, jedoch muss ich eine Halbinsel namens Courbet umrunden, was eine zu segelnde Strecke von mindestens 90 Meilen ausmacht. Ich kann nur hoffen, dass der Anker hält, denn nachts hier unter Maschine zu manövrieren, ist nicht ungefährlich, da der Kelp dann nicht im Wasser auszumachen ist. Zumindest steht kein Schwell im Bassin de la Gazelle, was die Gefahr einer Beschädigung, wenn FANFAN! auf die Felsen treibt, reduziert. Gegen Abend weht es in Böen bis 40 Knoten und mein Schiff schwojt 60 Grad zu jeder Seite. Strömender Regen prasselt an Deck und einige Kelpfetzen, die von vorangegangenen Ankermanövern noch auf dem Vorschiff lagen, hat der Wind achtern über das Boot verteilt. Der zweite Anker liegt vorbereitet im Cockpit und die 60 Meter lange Leine ist schon an einer Vorschiffsklampe befestigt, sodass ich das Eisen im Notfall nur noch aus dem Cockpit herausfallen lassen brauche. Zu meiner Überraschung hält der Hauptanker jedoch, ohne einen Meter zu slippen. Aber was mich jetzt einigermaßen beruhigt der Nacht entgegensehen lässt, könnte zum Problem werden, wenn es heißt, das Ganze wieder an die Oberfläche zu holen. Da die Batterien wieder leer sind, lade ich sie mit dem Benzingenerator nach, um für alle Fälle genügend Bordstrom zu haben. Obwohl es bis zum längsten Tag des Jahres, dem 21. Dezember, nur noch neun Tage sind, ist die Nacht stockfinster. Da die Heizung wegen des böigen Windes nicht funktioniert, liege ich dick eingepackt mit meiner Kaninchenfellmütze auf dem Kopf in der Koje und lese ein Buch. Der Wind heult im Rigg und es braucht nicht viel Phantasie, sich angenehmere Plätze zum Ankern vorzustellen. Die liegen allerdings wenigstens 1500 Meilen von hier entfernt. Das Barometer fällt weiter – nur gut, dass ich nicht in Port Couvreux geblieben bin.

Gegen Morgen erreicht der Luftdruck den tiefsten Stand der ganzen Reise: 979 hPa. Der Zeiger meines Barometers hat schon längst die Skala jenseits der »Stormy« Beschriftung verlassen und steht jetzt auf der darunter befindlichen Temperaturanzeige. Es ist annähernd windstill, was wohl bedeutet, dass ich mich im Kern des Tiefs befinde und es in einigen Stunden aus einer anderen Richtung anfängt zu wehen. Jedenfalls traue ich dem Braten nicht. Dennoch will ich mal die Nase nach draußen halten und gehe ankerauf. Neben dem obligatorischen Berg Kelp kommt diesmal ein dicker Klumpen Lehm mit an die Oberfläche, was bedeutet, dass ich wirklich einigermaßen sicher gelegen habe. Die Einfahrt zu meinem Ankerplatz ist voll mit abgerissenen Kelpbüscheln und es steht noch eine hohe Dünung. Als ich zum Horizont schaue, glaube ich im ersten Moment eine Reihe von Eisbergen zu sehen, aber beim zweiten Hinschauen sind dies die Gischtfontänen der sich an den der Küste vorgelagerten Untiefen brechenden Seen. Was für ein Anblick.

Als ich für eine Sekunde nicht aufpasse, steckt FANFAN! auch schon in einem Kelpfeld fest. Der schwache Wind reicht nicht aus, um das Boot einen einzigen Zentimeter weiter zu bewegen. Notgedrungen werfe ich den Motor an, der unter erbärmlichen Rumpeln Gehäckseltes produziert und das Schiff aus dem Kelp herausschiebt. Wieder Glück gehabt, denn hier gilt folgende Rechnung: Flaute + Monsterdünung + Landnähe + Motorschaden = Totalverlust. Deshalb halte ich mich so weit wie es eben geht vom Land entfernt, wenngleich ich natürlich gerne näher heran würde, um etwas von der Insel zu sehen. Bei wenig Wind segele ich über hundert Meilen um den Südostteil der Kerguelen herum. Elendes Segeln mit wenig Schlaf, mit Kälte, Regen, wechselnden Winden und immer wieder diesem verdammten Kelp – selbst Meilen von der Küste entfernt.

Gegen Morgen stehe ich in der Einfahrt zu der Großen Bucht, in der die Station Port-aux-Français liegt. Über Funk melde ich mich an und werde sofort zum Mittagessen eingeladen. Das klingt schon mal gut. Nach einigen Stunden kreuzen gegen 35 Knoten Wind sehe ich die Stationsgebäude vor mir. Endlich da! An einer Muringtonne liegt eine Art Landungsboot, eine zweite Tonne ist frei. Über Funk frage ich, ob ich statt zu ankern dort festmachen kann. »Oui!«, bekomme ich zur Antwort. Mein Festmachemanöver an der Muringtonne dauert 30 Sekunden. Eine Rekordzeit, wenn es bei der Sache nicht einen kleinen Schönheitsfehler gäbe: Es geht nur deshalb so schnell, weil ich auf ungewollt gekonnte Weise die an einem Fender befestigte Muringleine gleich doppelt um das Ruderblatt wickele, als ich versuche, das Boot möglichst nahe an die Leine zu manövrieren. Hält bombig, ist aber Scheiße. In einem Schlauchboot kommen mir die zwei Bootswarte der Station zur Hilfe, doch auch gemeinsam ist nichts zu machen. Die Leine klemmt zwischen Rumpf und der Oberkante des Ruders fest. »Kein Problem!«, heißt es, »wir tauchen heute Nachmittag und schneiden die Leine weg. Jetzt gibt es erst einmal Mittagessen.«

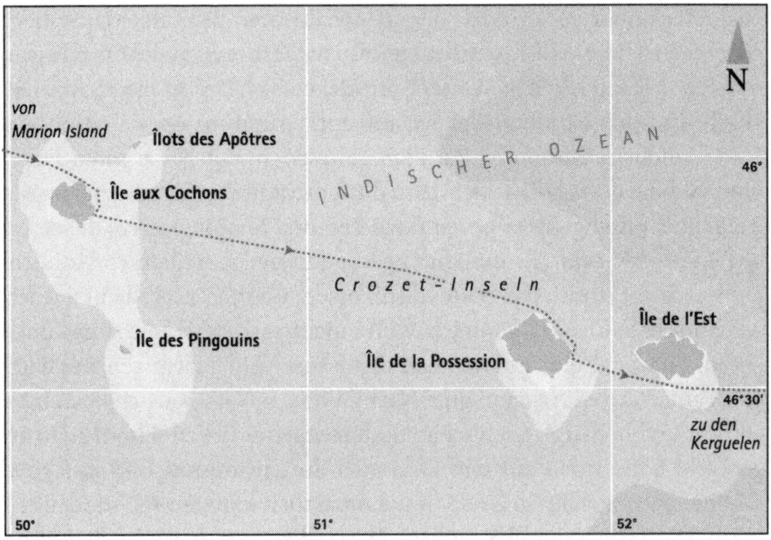

Nachdem wir eine armdicke Leine am Bug belegt haben, steige ich ins Schlauchboot der Bootsleute und ab geht es an Land. Dort werde ich freudig empfangen und kurz darauf sitze ich schon im Speisesaal der Station. Salat und ein schönes Stück Fleisch gibt es. Da die Station mit zur Zeit gut 150 Leuten viel größer als auf den Crozet-Inseln und da zudem das Versorgungsschiff vor einigen Tagen angekommen ist, bin ich hier nicht ganz so eine Sensation wie dort. Der Stationsleiter lässt sich nur kurz blicken, stempelt meinen Pass und weg ist er. Dafür nimmt sich Yves meiner an. Yves spricht gut Deutsch und sorgt erst mal dafür, dass ich duschen kann und dann zum Arzt komme. Meine Magenschmerzen sind nämlich nicht besser geworden und zudem gehen meine Pillen aus. Nach einer kurzen Untersuchung bekomme ich zwei dicke Schachteln mit Nachschub, und im Anschluss fahren wir im stationseigenen Krankenwagen zur Wasserfront, wo sich der Arzt unbedingt mit mir zusammen und FANFAN! im Hintergrund fotografieren lassen will.

In der Zwischenzeit sind die beiden Bootswarte mit Pressluftauchgerät dabei, in dem ein paar Grad kalten Wasser mein Ruder freizuschneiden. Ein hartes, ohne Atemgerät nicht zu bewerkstelligendes Stück Arbeit versichern mir die beiden später. »Merci!«, kann ich da nur sagen.

Nach dem Abendessen geht es im Stationsschlauchboot zurück in mein Aluminiumheim, das mittlerweile wie ein wildes Pferd in der See bockt. Grund ist der denkbar ungünstige Platz, an dem man die Station errichtet hat. In westlicher Richtung, also der Hauptwindrichtung, liegen mehrere Meilen offenen Wassers, auf denen sich bei 30 bis 35 Knoten Wind schon eine ordentliche See aufbaut. Grund für diese ungünstige Platzierung der Station ist der Plan gewesen, in der Nähe einen Flugplatz zu bauen, was man aber dann doch nicht in die Tat umgesetzt hat. Im Schnelldurchgang zeige ich noch den drei Stationsleuten, die mich begleiten, das Boot. Schnelldurchgang deswegen, weil einer von den Dreien damit droht, das Boot vollzukotzen, wenn er nicht bald wieder an Land ist. Verdenken kann ich es ihm nicht. FANFAN! taucht manchmal bis zur Bugspitze ein, und wenn sie vorne austaucht, klatscht sie mit dem Heck aufs Wasser. Na dann gute Nacht. Wenn mir in Deutschland einer kommt und behauptet, ich sei im Südmeer gemütlich von Insel zu Insel gesegelt, hätte mich auf den Stationen durchgefressen und mir eine schöne Zeit gemacht, sollte der nur einmal meine letzten 48 Stunden erleben. Die meisten würden wohl Geld bezahlen, um so einen Törn nicht noch einmal machen zu müssen.

Am nächsten Morgen liegt der Versorger MARION-DUFRESNE in der Bucht vor Anker, der einige Tage an der Südküste der Kerguelen unterwegs war. Das Landungsboot ist dabei den Güterverkehr abzuwickeln, während der Personenverkehr zum Teil mit dem Helikopter geregelt wird, der unentwegt über FANFAN! hinwegknattert. Im Schlauchboot geht es an Land und diesmal habe ich einen 65-Liter-Rucksack dabei, in dem ich die Wäsche der letzten Monate verstaut habe. Yves hat mir nämlich angeboten, dass ich die Waschmaschine bei ihm im Wohnblock benutzen kann. Meinen Müll auf die Station zu bringen, statt ihn zu vergraben, hätte keinen Sinn gemacht. Wie ich erfahre, landet der Stationsmüll nämlich in einem großen Loch nicht unweit des Lagers ...

Nach dem Mittagessen zeigt Yves mir ein Gebäude, von dem aus Satellitenbahnen verfolgt und Messungen des Erdmagnetfeldes gemacht werden. Auch bei den Meteorologen schauen wir vorbei und sehen zu, wie der tägliche Wetterballon steigen gelassen wird. Der Heliumballon ist mit einem GPS-Gerät, einem Sender sowie Sensoren für Druck, Temperatur und Feuchtigkeit ausgerüstet. Die von den Sensoren gemessenen Daten werden zusammen mit der GPS-Position vom Sender zurück zur Station gefunkt, wo sie ausgewertet werden. In ungefähr 25 km Höhe platzt der Ballon und die teure Technik landet irgendwo im Meer und ist futsch.

Für die Kerguelen gibt es die eindruckvollsten Wetterstatistiken, die belegen, was für eine windige Ecke dies hier ist. Viel aussagekräftiger jedoch finde ich den Umstand, dass die Anschnallgurte der Stationsautos nicht dazu dienen, die Menschen zu sichern, sondern die Türen. Dazu sind die Gurte recht einfallsreich oben am äußeren Türrahmen befestigt worden, wodurch die Türen durch eine Böe nicht mehr bis zum Anschlag gelangen können, sondern vorher vom Gurt abgefangen werden. Dies hat schon so manches Scharnier vor der Vernichtung bewahrt. Nachteil ist nur, dass man sich beim Ein- und Aussteigen unter dem Gurt hindurchschlängeln muss.

Im Funkraum der Station kann ich noch zwei E-Mails tippen, und sogar die Möglichkeit via Satellit zu telefonieren besteht – allerdings für harte Dollars. Dies ist grundsätzlich kein Problem, würde das Kartentelefon nicht auch dann Geld kosten, wenn gar keine Verbindung zustande kommt. Unter dem Strich gebe ich 20 Euro aus, um 30 Sekunden auf einen Anrufbeantworter in Deutschland zu sprechen. Meine Freundin, oder besser gesagt, die Frau, die zum Zeitpunkt meiner Abfahrt meine Freundin war und es jetzt hoffentlich noch ist, kann ich leider nicht erreichen.

So langsam fahre ich von 110% Anspannung auf das Normalmaß zurück, da ich dem Liegeplatz, so ungemütlich er auch ist, mittlerweile einigermaßen traue. Zumindest, so lange das Barometer steigt. So kann ich mich in Ruhe überall umschauen, ohne ständig nach dem Boot zu schielen. Alle Leute sind über die Maßen freundlich und die Begrüßung mit Handschlag fast schon obligatorisch. Im Anschluss versuche ich noch einmal meine Freundin anzurufen, mit der ich seit Island nicht mehr sprechen konnte. Dass es in Deutschland noch mitten in der Nacht ist, stört mich dabei wenig. Sollte sie noch meine Freundin sein, wird ihr der nächtliche Anruf nichts ausmachen. Sollte sie jedoch schon mit einem Nachfolger das Lager teilen, geschieht ihr ein Anruf zu dieser Zeit ganz recht. Ich sehe sie schon erschreckt den Hörer mit der Hand zuhalten, während sie einem verschlafenen Typen neben sich »Oh verdammt, mein Ex – er lebt noch!«, ins Ohr zischt. Die Verbindung klappt diesmal, und wie ich erfahre, hat sich noch kein Ersatz für mich gefunden. Zudem erzählt sie mir, dass die Yacht PAGAN, mit der ich einige Tage zusammen in Grönland gesegelt bin, bei Kap Farvel in einen schweren Sturm geraten und durchgekentert ist. Tote oder Verletzte habe es keine gegeben, aber sie mussten nach Grönland zurückkehren, wo die geschockte Crew die Heimreise auf dem Luftweg angetreten hat. Es würde mich nicht wundern, wenn es in Deutschland ein paar Superexperten geben würde, die in Schiff, Skipper oder Jahreszeit die Ursache für dieses Unglück sehen würden. Für mich fällt der Vorfall in die Rubrik »nur wer nichts wagt, dem kann nichts passieren«. Ironie des Schicksals ist nur, dass der Trottel, der sich gewünscht hat, einmal in seinem Leben einen richtigen Sturm zu erleben, zum Zeitpunkt der Kenterung nicht mehr an Bord war.

Beim Mittagessen fragt mich ein eher unscheinbarer Herr mit Glatze und Schnäuzer nach meinen weiteren Plänen. Ich erzähle, dass ich unter anderem nach Heard Island will, woraufhin er mich darauf hinweist, dass dafür eine Erlaubnis der Australier erforderlich ist. »Das kümmert mich nicht, ich segele da hin, wo ich möchte«, ist meine Antwort. Vielleicht hätte ich besser etwas leisere Töne anschlagen sollen, denn wie sich herausstellt, ist dieser Herr der Chef des französischen Antarktisgebietes und der angrenzenden Inseln. Ich schalte daher lieber von »Uwe the outlaw« auf moderatere Töne um, zumal ich ja noch die zu seinem Herrschaftsgebiet gehörende Insel St. Paul besuchen will. Er erzählt, dass alle eingeschleppten Säugetiere auf St. Paul jetzt ausgerottet seien, und bittet mich aufzupassen, nicht etwa eine Ratte mit auf die Insel zu bringen. Ich antworte, dass ich kaum glaube, dass eine Ratte bei den Bedingungen, unter denen ich an Bord hause, lange überleben würde. Lachen kann er über diesen Witz nicht so recht. Zu meiner Überraschung fragt er mich, ob er einen Blick auf FANFAN! werfen kann. Mir ist nicht ganz klar, ob er wirklich Interesse am Boot hat oder ob er schauen will, ob ich nicht doch käfigweise Ratten, Katzen und Kaninchen an Bord habe, um seine Renaturierungsbemühungen zunichte zu machen. Er ist natürlich an Bord willkommen und ich spendiere ich ihm eine extra ausführliche Bootsbesichtigung. Als ich ihn mit dem Schlauchboot wieder zum Ufer fahre, ist das Wasser, so weit man sehen kann, mit einem geschlossenen Dieselfilm bedeckt. Ich frage ihn, ob er der Ursache für das ausgelaufene Öl auf den Grund gehen wird. Er zuckt nur mit den Schultern. »Das ist schnell verdunstet«, antwortet er, während neben dem Schlauchboot ein Kormoran aus dem in allen Regenbogenfarben schimmerndem Wasser auftaucht.

Kaum habe ich ihn wieder an Land abgesetzt, warten schon die nächsten Kandidaten, die auch mal an Bord wollen. Kein Problem. Den beiden gebe ich einen besonders ausführlichen Eindruck von meiner Proviant-

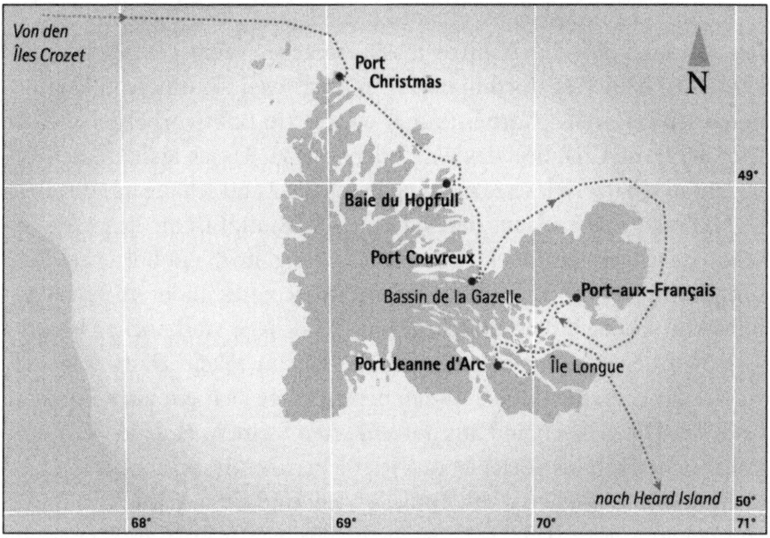

lage, die davon geprägt ist, dass es zwar noch genug gibt, aber leider nichts Frisches und vor allem keine Schokolade mehr an Bord ist. Wenngleich ich dies natürlich ohne jeden Hintergedanken tue, organisieren die beiden mir einen großen Seesack voll mit Früchten, Baguette, Schokolade und Schokopudding in Dosen. Den Dosenpudding habe ich schon auf den Crozet-Inseln kennen und schätzen gelernt. Wenn man die Dose öffnet, riecht es erst wie Hundefutter, doch der Pudding selber schmeckt super. Kurz darauf habe ich zwei weiteren Stationsmitgliedern, die das Boot sehen wollen, alles vom Bug- bis zum Heckkorb gezeigt und dann schmeiße ich die Leine los. Ich blase dreimal ins Horn, wir winken uns noch einmal zu und los geht es.

Grund für meinen Aufbruch ist das ausnahmsweise gute Wetter, bei dem ich mich an einen besseren Ankerplatz verholen will. Der ist zwar weit weg von der Station, aber in meinen Augen einiges sicherer, zumal ich erwarte, dass das Barometer, das seit einigen Tagen gestiegen ist, in Kürze wieder fallen wird. Den Platz vor der Station könnte ich bei Wind ab 35 bis 40 Knoten nicht mehr verlassen, da meine Maschine gegen solchen Wind und die damit verbundenen See nicht mehr ankommen würde. Gerne wäre ich noch etwas geblieben. Aber vielleicht ist es nicht schlecht, gerade dann zu fahren, wenn es am schönsten ist.

Ich motore elf Meilen zu einem Ankerplatz mit dem Namen Port des Îles, wo man von drei kleinen Inseln umgeben recht geschützt liegen kann. Auf dem Weg dorthin begleiten mich zwei Commerson Delfine, deren schwarzweiße Körper immer wieder am Boot vorbeiziehen. Am Ufer der Île du Chat liegt das Wrack der ALBERTA, das ich auf ein Alter von 80 Jahren schätze. Ich setze mit dem Dingi über und schaue mir das etwa 60 Meter lange Wrack aus der Nähe an. Der Rumpf ist an vielen Stellen schon durchgerostet, doch in den Davits hängt noch ein hölzernes Rettungsboot, während am Ufer die Trümmer eines anderen Rettungsbootes zu sehen sind. Überall liegen ausgeblichene Walknochen herum, zwischen denen sich vereinzelt ein See-Elefant räkelt. Dann setze ich zur Île du Cimetière über, an deren Westspitze sich ein alter Friedhof befindet. Die Gräber sind aus aufgehäuften Steinen, Holzbrettern und Walknochen gebildet. Schade, dass ich nichts über die Schicksale der hier begrabenen Menschen weiß. Auf jeden Fall sind sie verdammt weit weg von Zuhause gestorben. Auch die Geschichte der ALBERTA wäre interessant zu erfahren, aber hier gibt es niemanden mehr, den ich fragen kann.

Als ich am nächsten Morgen aufwache, ist es absolut windstill und die Sonne scheint. Das habe ich seit Monaten nicht mehr erlebt. Ich gehe ankerauf und motore zu der aufgegebenen Walfangstation Port Jeanne d'Arc. Schon von weitem sehe ich dort den Versorger MARION-DUFRESNE liegen, dessen Bordhubschrauber im Minutentakt zwischen Land und Schiff pendelt. Die Walfangstation soll nämlich so weit es geht erhalten bzw. rekonstruiert werden, wozu die entsprechenden Materialien herangeschafft werden. Welchen Sinn es macht, einen Ort, den kaum ein Tourist zu Gesicht bekommt, mit solchem Aufwand wieder herzustellen, erschließt sich mir nicht.

Ich mache an der Festmachertonne aus Walfängerzeiten fest, die mir von den Bootsleuten aus Port-aux-Français als wenig vertrauenswürdig beschrieben wurde. Da aber nur wenig Wind weht, denke ich, dass eine Tonne, die 50 oder mehr Jahre gehalten hat, auch noch einen Tag länger ihren Dienst versehen wird. Ich bin kaum an Land, da hat der Helikopter seinen letzten Flug absolviert und die MARION-DUFRESNE geht ankerauf, sodass ich Port Jeanne d'Arc für mich alleine habe. Einige Gebäude sind bereits restauriert, aber die eigentlichen Walverarbeitungsanlagen samt hölzernem Anleger und einer Reihe von Walbooten liegen komplett in Trümmern. Die Funktion der einzelnen Teile kann ich nur noch erahnen. Ich sehe die Reste von Rampen, auf denen die Walkadaver an

Land gezogen worden sind, und große, verrostete Kessel, in denen der Tran gekocht wurde. Auch die Überbleibsel einer Schienenanlage, die auf die zusammengebrochene Holzpier führt, und einige Loren sind noch vorhanden.

Die Flaute währt nicht lange und mit zunehmendem Wind sehe ich zu, dass ich wieder aufs Boot komme. Kurz nachdem ich die Leine losgeworfen habe, weht es auch schon mit 25-30 Knoten. Ich verhole mich in den einige Meilen entfernten Port Bizet an der Ostseite der Île Longue. Auf dieser Insel werden noch Schafe gehalten, und dort gibt es vor dem Wohnhaus der Schäfer eine Festmachertonne, an der ich FANFAN! vertäue. Kaum bin ich da, hat auch schon eine Hand voll weißer Vögel mein Boot in Beschlag genommen und pickt an allem herum, um es auf Essbarkeit hin zu untersuchen. Eigentlich hört dieser Vogel auf den Namen Sheathbill. Man würde ihm aber sicher nicht unrecht tun, wenn man ihn mit einem Wort benennen würde, das »Vogel, der innerhalb von zwei Stunden ein ganzes Boot mit Kot bedecken kann« bedeutet. Zudem sind die Viecher extrem dreist und lassen sich nicht einmal durch sanfte Schubser mit dem Bootshaken dazu bewegen, ihre Notdurft woanders zu verrichten.

Am folgenden Tag statte ich den beiden Schäfern auf der Insel einen Besuch ab. Die Verständigung ist leider etwas schleppend, aber mit Händen und Füßen sowie einer Portion gutem Willen klappt es ganz gut. Die beiden zeigen mir ein Foto, auf dem die Yacht eines französischen Einhandseglers abgebildet ist, der vor zwei Jahren auf den Kerguelen überwintert hat. Auf dem Bild ist sein Boot in Port Bizet zu sehen, wie es in einem Spinnennetz aus Leinen und Ankerketten zwischen den Felsen hängt.

Die Schäfer kümmern sich um eine Herde Bizet-Schafe, deren Fleisch zur Versorgung der Stationen auf Crozet, den Kerguelen und der Insel Réunion dient. Die schlachtreifen Tiere werden mit dem Landungsboot nach Port-aux-Français gebracht, dort geschlachtet und das Fleisch eingefroren. Die durchschnittliche natürliche Lebenserwartung der Schafe beträgt nur vier bis fünf Jahre, und allenthalben liegen Skelette von verendeten Tieren herum, die von Raubmöwen und Riesensturmvögeln sauber abgenagt wurden. Zusammen mit den Schafen hat man vor rund 50 Jahren eine andere Grassorte auf die Insel gebracht, die nun das angestammte Gras verdrängt hat. Eine Wiederherstellung des ursprünglichen Zustandes ist wohl nicht mehr möglich.

Ich esse mit den beiden in ihrer Hütte zu Mittag. Die Stromversorgung wird von einem Windrad und Solarzellen sichergestellt und das Wasser kommt aus einem der zahlreichen kleinen Bäche, die die Hügel herunterrieseln. Nach Feierabend sind die Beschäftigungsmöglichkeiten nicht gerade reichhaltig, aber an den Wochenenden sind die beiden in Port-aux-Français, wo alle Annehmlichkeiten der Zivilisation vorhanden sind. Einer der beiden hat sich sogar eine der Köchinnen als Freundin geangelt.

Nachdem ich ihnen das Boot gezeigt habe, nehmen sie mich mit zum Zusammentreiben der Schafe. Es herrscht tolles Fotowetter, doch werden die Bilder leider einen völlig unzutreffenden Eindruck vom Wetter hier unten vermitteln. Ich höre schon ein paar Schlaumeier sagen: »Ich weiß gar nicht, was das Gejammer über das schlechte Wetter im Südmeer soll, es hat doch immer die Sonne geschienen.« Am Ufer brüten einige Macaroni-Pinguine. Die Tiere bebrüten ein großes und ein kleines Ei. In der Regel wird nur das Küken aufgezogen, das aus dem großen Ei schlüpft, während das andere Küken zugrunde geht. Das Küken aus dem kleinen Ei hat nur eine Chance, wenn dem anderen Ei etwas zustößt.

Mit Begeisterung spiele ich den deutschen Schäferhund und eine Stunde später haben wir etwa hundert Tiere aus dem hügeligen Gelände in einem Pferch zusammengetrieben, wo sie darauf warten, geschoren zu werden. Statt aus der Wolle exklusive Kerguelen-Pullover zu machen, wird sie in einem alten Ölfass verbrannt. Die Qualität ist zu schlecht, heißt es. Von den beiden Schäfern verabschiede ich mich am nächsten Morgen mit dem Signalhorn und über Funk sende ich ein »au revoir« nach Port-aux-Français.

Der Motor klingt anders als sonst. Die Ursache ist schnell gefunden. Es kommt viel weniger Kühlwasser aus dem Auspuff als üblich. Ich stoppe die Maschine und einige Zeit später habe ich einige Stücke Kelp aus einem Winkelstück des Kühlwasserzulaufs herausgefummelt. Mistzeug! Erst weht kaum Wind, doch kaum liegt das Land hinter mir, sind Sturmfock und doppelt gerefftes Großsegel schon wieder fast zu viel Segelfläche. Heard Island, ich komme!

Heard Island – Île St. Paul

Die halbe Nacht über liege ich in einer Flaute und erst gegen Morgen kommt ein frischer Nordostwind auf, der von Regen begleitet wird. FANFAN! macht gute Fahrt, doch sollte der Wind so bleiben, dürften alle drei im Seehandbuch genannten Ankerplätze, Altlas Cove, Corinthian Bay, und Spit Bay, unbrauchbar sein. Mittlerweile habe ich den 50. Breitengrad überschritten. Jetzt befinde ich mich in den »Screaming Fifties«, den »Schreienden Fünfzigern«. Ich hoffe aber inständig, dass hier genauso wenig geschrieen wird, wie in den Vierzigern bislang gebrüllt wurde. Ich finde es nämlich auch so schon ungemütlich genug.

Der 21. Dezember ist der Tag des Sommeranfangs auf der Südhalbkugel. Zumindest kalendarisch, denn sonst ist vom Sommer nichts zu merken. Ich stehe noch 80 Meilen vor der Insel, die manchmal schon aus 50 oder 60 Meilen Entfernung zu sehen sein soll. Die Klimascheide zwischen subantarktischem und antarktischem Klima, die antarktische Konvergenz, habe ich laut Seekarte schon vor einiger Zeit überquert. Viel kälter ist es allerdings nicht geworden. Immerhin bin ich jetzt in der Antarktis. Die Kälte macht mir mittlerweile kaum noch etwas aus. Der Dieselofen war im Südmeer bislang nur auf den Crozet-Inseln und zwei Tage auf den Kerguelen im Einsatz. Ein paarmal habe ich kurz den Gasbackofen angeworfen, um meine Hände aufzutauen.

Big Ben ist mit 2745 Metern die größte Erhebung von Heard Island und gleichzeitig der höchste Berg Australiens. Das Seehandbuch verzeichnet als mittlere Windgeschwindigkeit für den Dezember 17 Knoten, also 5 Beaufort. Die stärkste Bö für denselben Monat wurde mit 105 Knoten gemessen. Eine Windgeschwindigkeit weit jenseits von Windstärke 12. Heard Island ist von den Inseln, die ich besuchen will, wohl die entlegenste. Eine Station gibt es nicht und die Besuche von Yachten dürften noch seltener als auf den anderen Inseln sein. An Bord habe ich eine Kopie des »Heard and McDonald Island Management Plan«. Ein zwanzigseitiges Machwerk, ausgetüftelt von australischen Bürokraten, die an Einfallsreichtum ihren deutschen Kollegen in nichts nachzustehen scheinen. Beim Lesen des Papiers vergehen einem die letzten Abenteuer- und Entdeckergefühle. Alles, was nicht ausdrücklich erlaubt ist, ist verboten. Und von Verboten gibt es dort eine ganze Menge. Nur gut, dass ich gar nicht erst versucht habe, eine Erlaubnis zum Betreten der Insel zu bekommen.

Mir die nur 23 Seemeilen entfernte McDonald-Inselgruppe anzuschauen, habe ich kein Bedürfnis. Es handelt sich nur um einige Felsen und davon habe ich mittlerweile schon genug gesehen. Das Anlanden per Boot soll dort fast unmöglich sein, jedenfalls sind erst 1971 zum ersten Mal Menschen auf dem Hauptfelsen gelandet. Und das mit dem Hubschrauber.

Gegen Mittag, es sind nur noch 15 Meilen bis zur Nordspitze von Heard, schrumpft die Sicht auf 100 bis 300 Meter. Was nun? Bei diesen Sichtverhältnissen möchte ich der Insel nicht zu nahe kommen. Die Seekarte datiert im Wesentlichen von 1948. Nur eine Hand voll Berichtigungen hat es seitdem gegeben. Inwieweit die dort eingetragenen Positionen mit denen des GPS-Navigators übereinstimmen, weiß ich nicht.

Immer wieder fällt ein Sonnenstrahl durch eine der Decksluken und lässt mich Hoffnung schöpfen. Die Sicht bleibt jedoch schlecht. Ich nehme den Klüver und die Fock weg, um die Fahrt zu reduzieren und Zeit zu gewinnen. Ein kleiner Wal, nach dem Orca bei Crozet der zweite, den ich im Südmeer sehe, umkreist FANFAN! mehrfach. Immer wieder tauchen Pinguine aus dem Wasser auf, um mit einem Sprung Luft zu holen. Am Nachmittag klart es etwas auf. Zwar ist Heard immer noch nicht zu sehen, aber ich will mich unter Maschine so nah wie möglich heranwagen. Der Wind weht schwach aus Nordwest, es könnte also möglich sein zu ankern. Auf dem Radar ist die Atlas Cove gut auszumachen und bis auf eine Meile gehe ich unter Maschine an die Nordspitze, Red Island, heran. Ich höre die Brandung rauschen und die See ist trotz der Flaute sehr unangenehm, was wohl an dem rasch ansteigenden Meeresgrund liegt. Das Echolot zeigt 35 Meter an. Von Heard Island ist immer noch nichts zu sehen. Eine dichte Nebelwand zieht heran, der Wind stirbt und ich drehe um. Es macht einfach keinen Sinn, bei so schlechter Sicht weiterzufahren. Kurz darauf stelle ich die Maschine ab und eine Strömung treibt FANFAN! mit 2 Knoten nach Westen. Die Sicht klart noch einmal kurz auf und für eine Minute kann ich die Konturen von Land ausmachen. Dann schließt sich der Vorhang wieder. Kein Wunder, dass die Insel erst 1833 entdeckt und 1855 zum ersten Mal betreten worden ist, denke ich mir. Das englische Seehandbuch schreibt:

»In Sichtweite der Heard und McDonald Inseln ist Nebel häufig. Der Nebel kann den Verkehr mit dem Land für mehrere Tage am Stück verhindern.« Keine guten Aussichten also. Aber das wusste ich ja schon vorher.

Am Morgen des 22. Dezembers hat der Wind auf Nord-Nordost gedreht, das Barometer fällt und der Nebel ist noch dichter als am Vortag. Bei diesem Wind sind nicht nur die Ankerplätze der Insel unbrauchbar, sondern es ist auch nicht damit zu rechnen, dass die Sicht besser wird. Der Wind aus nördlichen Richtungen ist meist wärmer als das Wasser um Heard, weswegen sich Nebel bildet. Mit Besserung ist laut Seehandbuch erst zu rechnen, wenn der Wind aus Westen oder Südwesten weht. Mich jetzt noch zwei, drei Tage hier rumzutreiben wäre natürlich möglich, aber so lange bei Nebel und Kälte unter Deck zu hocken und nichts zu tun, außer auf Wetterbesserung zu hoffen, ist ein ziemlich harter Job.

Schweren Herzens setze ich die Segel und gehe hoch an den Wind. Sechzig Grad kann ich gerade anliegen – fünfzehn müssten es sein, um direkt auf mein nächstes Ziel, die in 860 Meilen Entfernung liegende Insel St. Paul zu zusteuern. Ich tröste mich damit, dass aufgeschoben nicht aufgehoben heißt und ich noch 30 Jahre Zeit habe, um mich noch einmal auf den Weg nach Heard Island zu machen. Theoretisch zumindest. Vielleicht gehöre ich aber bis dahin zu jenen Menschen, die, fett, faul und feige, nur noch von den aufgebauschten Taten ihrer Jugend zehren.

Draußen sind es trotz des nördlichen Windes nur 2 °C und unter Deck gerade mal drei Grad mehr. Mit etwas Glück stehe ich in einer Woche auf 40 Grad Süd, also rund 13 Grad nördlicher als meine Position bei Heard. Eisberge, vor denen ich jetzt noch auf der Hut bin, dürfte es dann keine mehr geben.

Gegen Abend versuche ich, die Deutsche Welle zu empfangen. Der Empfang war die letzten Wochen über schlecht bis unmöglich, und lediglich gestern habe ich auf 15.275 kHz und danach auf 13.780 kHz für einige Zeit guten Empfang gehabt. Wenn es hoch kommt, dann konnte ich die Deutsche Welle in den letzten Wochen alles in allem gerade mal eine Stunde hören. Der Empfang ist heute zumindest mäßig und es läuft gerade einer jener Grußsendungen, bei denen Lotti Petersen aus Brunsbüttel ihren seit 30 Jahren als Missionar in Bolivien arbeitenden Bruder Herbert grüßt. Zusammen mit der Schlagermusik, die gespielt wird, für mich eigentlich ein Grund abzuschalten. Doch halt: »Wenn das nicht deine Mutter ist!«, schießt es mir in den Kopf. Hastig fummele ich am

Clarify-Regler herum, um den Empfang zu verbessern. Tatsächlich – es ist meine Mutter. Erst erzählt sie etwas über die Wohltätigkeitsorganisation, für die sie tätig ist, und dann gibt es herzliche Grüße für mich von Familie, Freunden und Verwandten. Ich bin so gerührt, dass mir die Tränen kommen. Eine riesige Überraschung mitten im Indischen Ozean auf 51° 24' S und 074° 24' E. Dazu noch dieser Zufall, dass ich das Radio nur Minuten vorher angeschaltet habe. Aber vielleicht war es auch kein Zufall. Mir erscheint das Ganze so unwirklich, dass ich sofort eine Eintragung ins Logbuch mache, um später sicher zu sein, dass ich keiner Halluzination zum Opfer gefallen bin. Auf jeden Fall werde ich nie wieder über die Grußsendungen der Deutschen Welle lästern. Toll, dass es so etwas gibt.

Am 24. Dezember stehe ich schon wieder etwas nördlich der Kerguelen. Der Nordwind hat mich weiter nach Osten kommen lassen, als mir lieb ist. Gut 500 Meilen bin ich extra gesegelt, um Heard auf dem Radarschirm zu sehen und die Brandung am Ufer der Insel rauschen zu hören. Kein gerade überwältigendes Verhältnis von Aufwand und Erlebnis. Aber vielleicht ist ja gerade dies das Erlebnis. Seit Heard war die Sicht nie besser als eine halbe Meile und das Radar läuft, dem Schleppgenerator sei Dank, ständig, weswegen ich mir eine entnervende Eiswache spare. Auch wenn auf das Radar kein 100%iger Verlass ist. Unterstellt man, dass bei Heard dasselbe Wetter herrscht, war es eine richtige Entscheidung, den Rückweg anzutreten. Es ist wie beim Bergsteigen – man muss sich damit abfinden, dass es nicht beim ersten Mal klappt.

Es ist mein drittes Weihnachten auf einem Boot, aber das erste auf See. Ein Drittel des Erdumfangs trennt mich von Daheim. Ich bin froh, dem verlogenen Kommerztrubel entgangen zu sein. Geschenke gibt es bei mir an Bord keine und ein Geschenk von mir kann an diesem Tag auch niemand auspacken. Die größte Freude, die man mir machen konnte, waren ohnehin die vor zwei Tagen auf der Deutschen Welle ausgestrahlten Grüße an mich.

Im Verlauf des 26. Dezembers überquere ich den 42. Breitengrad. Tagsüber klettert das Thermometer auf 20 °C und ich kann auf zwei meiner drei Pullover verzichten.

Weil das Barometer bei 1032 hPa steht, bin ich so mutig und installiere die große Solarzelle wieder am Heck. Bei halbem Wind macht das Boot gute Fahrt und ich rechne damit, in 40 Stunden vor der Insel St. Paul zu stehen. St. Paul ist eine Vulkanspitze, deren Kratersee durch eine kleine

FANFAN! im Krater von St. Paul. Die schmale Passage wäre mir fast zum Verhängnis geworden.

Passage mit dem Meer verbunden ist. Während es im Krater mit 40 bis 50 Metern fast schon zu tief zum Ankern ist, ist die Zufahrt in den Krater recht flach. Die Seekarte zeigt 1,4 Meter an. Der Tidenhub beträgt zwischen 1,4 und 1,7 Meter, was zusammen eine maximale Tiefe von 3,1 Meter macht. Im besten Fall also siebzig Zentimeter mehr, als der Tiefgang von FANFAN! beträgt. Es könnte spannend werden.

Aus 30 Meilen Entfernung kann ich am 28. Dezember schon die Île St. Paul ausmachen. Endlich mal eine Insel, die sich nicht vor mir versteckt. Seit Heard Island war ich zusammengerechnet nicht einmal eine Stunde damit beschäftigt, das Boot zu segeln. Über 800 Meilen auf einem Bug, meist unter Sturmfock und doppelt gerefftem Groß. Die Selbststeueranlage brauchte nur gelegentlich mal ein paar Tacken nach Back- oder Steuerbord. Wieder einmal habe ich verdammt Glück mit dem Wetter gehabt. Dennoch war auch dieser Abschnitt schön anstrengend. Kälte, Nebel, die ständige Sorge, dass etwas kaputt gehen kann, und ein Geschaukel, wie man es auf keinem Jahrmarkt besser haben könnte, zehren an Körper und Nerven. Das Strapaziöse am Einhandsegeln ist der Umstand, dass es an Bord keine Freiwache gibt. Es gibt keinen Punkt, wo ich sagen kann: »So, jetzt hat jemand anderes die Verantwortung, ich kann beruhigt abschalten.« Ich bin innerlich immer auf dem Sprung für den Fall, dass irgend etwas passiert – 24 Stunden am Tag, wochenlang, monatelang.

Kurz vor St. Paul muss ich wenden, um die Einfahrt direkt anliegen zu können. Kurz darauf schreckt mich ein Poltern aus Richtung Selbststeueranlage auf. Ich hechte zum Heck und sehe gerade noch, wie eine algenbewachsene Kiste im Kielwasser verschwindet. Die Kiste muss mit dem Pendelruder der Aries kollidiert sein. Ein Schaden ist dem ersten Anschein nach aber nicht entstanden.

An der Einfahrt zum Krater lässt sich von außen so recht keine Hochwassermarke ausmachen. So taste ich mich langsam unter Maschine an die schmale Passage heran. Zu meiner Überraschung sind die beiden Landzungen, die bis an die Einfahrt heranreichen, nicht aus Vulkanasche, sondern aus dicken Steinen. Der Grund in der Einfahrt dürfte also ebenfalls aus Fels bestehen. Auf einer der Landzungen sehe ich die französische Flagge wehen. Ist die Station besetzt? Es wäre nicht schlecht, wenn ich mich nach dem Stand der Tide erkundigen könnte, aber auf Kanal 16 meldet sich niemand. Ich beschließe, mich weiter im Schritttempo an die Einfahrt heranzutasten.

Das Echolot zeigt erst sechs, dann fünf, dann vier Meter an und schließlich macht es rums. FANFAN! sitzt fest. Die leichte Dünung gibt dem Boot noch einen Schubs und es macht noch einmal rums, und zwar diesmal so, dass das Boot bis zur Mastspitze erzittert. Au, das tut weh! Ich gebe Gas und lege hart Ruder, um FANFAN! auf der Kielsohle zu drehen und den Rückweg anzutreten. Nichts passiert. Ich gebe volle Fahrt rückwärts. Nichts passiert. Mein Boot hat mittlerweile 10 Grad Schräglage. Mir wird heiß, verdammt heiß. Was, wenn ich hier Schiffbruch erleide? Jetzt ganz langsam: Die Seekarte zeigt 1,4 Meter an. Das mittlere Hochwasser bei Nippzeit beträgt 1,4 Meter. Irgendwann muss es also möglich sein, in diesen Krater zu kommen. Fraglich nur, ob Kiel und Rumpf dann noch miteinander verbunden sind. Jetzt den Klüver ausrollen und sich mit Schräglage über die Untiefe ziehen lassen? Keine gute Idee, zumal ich den Wind fast von achtern habe. Plötzlich geht ein Ruckeln durchs Boot. Ich gebe etwas Gas Richtung Kratermitte. Bange Blicke zum Echolot. Noch ein Rucken. Ja, wir sind frei!

Kurze Zeit später habe ich mein braves Schiff an einer Festmacherboje, die vor dem Stationsgebäude an der Nordseite des Kratersees ausgelegt ist, vertäut. Im Kratersee kann ich am Ufer auch sehen, dass alles andere als Hochwasser herrscht. Gut 50 Zentimeter fehlen bis zur Hochwasserlinie, die sich dunkel an den Felsen abzeichnet. Mit dem Schlauchboot rudere ich zur Station, die unbesetzt ist. Überall liegen Seelöwen herum. Manche der aggressiv fauchenden Ungeheuer brauchen einen kleinen Schubser mit dem Paddel, bevor sie sich bequemen, mir Platz zu machen.

Auch hier gibt es eine Reihe von Ruinen und Metallschrott, aus der Zeit stammend, als hier noch munter drauflos geschlachtet wurde. In einem Betonbottich sehe ich einen völlig abgemagerten Pinguin, der dort alles andere als freiwillig sein Dasein fristet. Ohne fremde Hilfe gibt es für ihn kein Entrinnen mehr. Ich befreie ihn aus seinem Hungerturm und er humpelt unbeholfen davon. Die Raubmöwen werden sich freuen.

Die Nacht ist unruhig. Die Seelöwen machen die ganze Zeit hindurch Lärm, wobei ihr Lautrepertoire wie eine Mischung aus Schaf, Hund, Schimpanse und Mensch klingt. Besonders gruselig finde ich das menschenähnliche Geschrei der Robbenbabys. Es klingt manchmal, als würde jemand mit kochendem Wasser übergossen. Auch mein Liegeplatz beschäftigt mich. Nicht nur, dass sich der Schreck von meiner Grundberührung noch nicht gelegt hat. In der Seekarte ist in der Einfahrt das Symbol für Brandung eingezeichnet. Fragt sich nur, wann dort die Brandung steht. Nicht, dass ich noch für Wochen im Krater eingesperrt bin. Leider habe ich kein Seehandbuch, in dem die Insel beschrieben ist. Das würde jetzt sicher weiterhelfen. Meinen Plan, Neujahr auf St. Paul zu verbringen, lege ich zu den Akten. Vielmehr möchte ich das nächste Hochwasser nutzen, um weiterzusegeln. Diese Passage ist mir einfach nicht geheuer. Ich träume sogar davon, dass ein Erdbeben die Zufahrt völlig blockiert und FANFAN! ein für alle Mal gefangen ist.

Zunächst schaue ich mich aber noch mal an Land um. Der Kratersee hat einen Durchmesser von etwa einer halben Seemeile und die Kraterränder umschließen den Liegeplatz wie ein Amphitheater – nur, dass hier die Ränge zwischen 220 und 260 Metern hoch sind. Bis in 150 Meter Höhe sehe ich Rockhopperpinguine in den Hängen stehen, die dort den Wechsel ihres Federkleides abwarten. Die Tiere sind abgemagert und die in unregelmäßigen Flecken auf dem Körper verteilten Federbüschel lassen sie wie radioaktiv verstrahlt erscheinen.

Die Insel ist zu Fuß kaum zu erkunden, da die Hänge steil sind und überall das kaum durchdringbare Tussok-Gras wächst. Lediglich auf den Trampelpfaden der Pinguine kommt man einigermaßen die Hänge hoch. Leider sind die Schöpfer dieser Wege alles andere als begeistert von meiner Anwesenheit. Einmal bricht eine regelrechte Massenpanik aus, als ich auftauche. Gut fünfzig Pinguine rasen wie verrückt den Trampelpfad herunter. Es staubt richtig. Einige der ausgemergelten Tiere stürzen und purzeln den Hang hinab. Das sieht alles lustig aus, aber ich verzichte auf weitere Erkundungstouren, denn für die Tiere dürfte es bei einer solchen Stampede nichts zu lachen geben.

Zurück an Bord mache ich klar Schiff und dusche noch einmal, indem ich mir einen Teekessel warmen Wassers über den Kopf gieße. Im Kratersee gibt es eine Reihe heißer Quellen, in denen man sicher auf originellere Art sauber wird, doch ist es mir in Anbetracht der Seelöwen nicht ganz geheuer, dort ins Wasser zu gehen.

Mit dem Fernglas behalte ich die Felsen am Ufer im Auge. Wenn nur noch eine Hand breit von den grünen Algen aus dem Wasser schaut, soll es losgehen. Gegen Mittag ist es soweit. Im Schritttempo schleiche ich auf die Passage zu. Die Dünung ist höher als am Vortag, und als ich in einem Wellental bin, setzt FANFAN! mit einem sanften Rumpeln auf. Nicht schon wieder! Die nächste Welle hebt das Boot wieder an und weiter geht es. Ein paar Minuten später habe ich die Maschine ausgestellt und den Klüver ausgerollt. Ich bin wieder draußen! Erleichterung ist gar kein Ausdruck für das, was ich fühle.

Eigentlich wollte ich der 55 Meilen im Norden liegenden Insel Amsterdam noch einen Besuch abstatten. Denn immer, wenn ich ans Essen denke, kommt mir der nach Hundefutter riechende Schokopudding in den Kopf, den ich auf Crozet und den Kerguelen geschenkt bekommen habe. Ich glaube, ich bin süchtig nach dem Zeug. Die letzte Dose ist längst gegessen und es gibt nur einen Ort in Reichweite, auf dem Nachschub vorhanden sein dürfte: die französische Station auf der Insel Amsterdam. Der Ankerplatz dort ist jedoch schlecht, es weht mit 6 Windstärken aus Norden und ich frage mich, ob man tiefer sinken kann, als den Indischen Ozean auf der Suche nach Schokopudding in Dosen zu durchkreuzen. »Uwe, du musst jetzt ganz tapfer sein und weiter brav deine Nuss-Nougatcreme löffeln, bevor es in Neuseeland wieder Schokopudding gibt«, bete ich mir vor. Ich setzte Kurs auf die neuseeländischen Aucklandinseln ab. Über 3600 Seemeilen sind es bis dahin. Gut einhundert Längengrade. Mit etwas Glück bin ich in vier Wochen da.

Go East!

Mein erstes Etmal ist mit 196 sm (8,17 Knoten) ein neuer Rekord für FANFAN!. Unter Klüver und doppelt gerefftem Groß treibt ein Nordwind mit Stärke 7 bis 8 die Yacht über das Meer, dass mir manchmal Angst und Bange wird. Die See geht hoch und das Segeln gleicht einer Achterbahnfahrt. Außer mich festzuhalten kann ich unter Deck nicht viel machen. Während eines 12-Stunden-Abschnitts macht das Boot sogar über 100 Meilen gut. Wenn es weiter so weht, wird das nächste Etmal über 200 Meilen liegen. Sicher wäre es am vernünftigsten zu reffen, aber die Aussicht, die magischen 200 zu überschreiten, lässt mich noch abwarten. Über achtzehn Meilen mache ich in den nächsten zwei Stunden. Immer wieder stehen 12, 13 Knoten auf der Anzeige. Erst als das Boot aus dem Ruder läuft und mit killenden Segeln quer zum Wind liegen bleibt, ist klar, dass die Aries an ihre Grenzen gekommen ist. Ich rolle den Klüver ein und setze die Sturmfock.

Nachts beleuchtet der Vollmond die an FANFAN! vorbeiziehenden Wellenberge. Fasziniert beobachte ich die Szenerie von meiner Plexiglaskuppel aus. Ist es nicht fantastisch, in einer Welt, in der auch der unwirtlichste Flecken Land von Menschen besiedelt ist, Tausende von Kilometern und über Wochen hinweg kein Zeichen anderen menschlichen Lebens zu sehen? Das geht nur auf dem Meer.

Der Jahreswechsel findet bei mir ganz unspektakulär statt. Kein Feuerwerk, kein Sekt und statt Temperaturen unter Null wie in Deutschland, ist es bei mir mit 14 °C ganz angenehm warm. Auf der Deutschen Welle höre ich die Neujahrsansprache des Bundeskanzlers. Selbstverständlich wird unter seiner Regierung auch im nächsten Jahr alles besser. Na dann, prosit Neujahr!

Ich mache mich daran, meinen elektrischen Autopiloten zu reparieren. Drei Antriebseinheiten habe ich mitgenommen. Zwei davon waren schon recht betagt und eine neu. Die beiden gebrauchten haben ihren Dienst aufgegeben. Bei einer hat Wasser den Elektromotor ruiniert und die andere ist an der Verbindungsstelle zwischen Motor und Getriebe auseinander gebrochen. Nach einer Stunde habe ich aus den beiden defekten Schubstangeneinheiten eine funktionsfähige Anlage zusammengebaut. Es sieht gut aus – wenn der Autopilot die nächsten 5000 Meilen hält, werde ich mir für die Reparatur den goldenen Lötkolben verleihen.

Meine Magenprobleme haben sich weitgehend erledigt. Gerade einmal eine Tablette habe ich seit den Kerguelen geschluckt. Vielleicht liegt es daran, dass ich jetzt mit viel größerer Gelassenheit unterwegs bin. Ich habe beschlossen, dass ich auf keine Eisberge mehr treffen werde, und vor allem habe ich aufgehört, in den Reiseberichten der anderen Segler zu lesen. Immer nur Sturm – unerträglich. Vor allem die Lektüre von Erdmanns Buch »Die magische Route«, in der er seine Nonstop-Weltumsegelung beschreibt, war meiner Gesundheit eher abträglich. Ein guter Teil des Buches besteht aus Angst- und Leidensbekenntnissen. Was dem normalen Leser vor seinem Kaminfeuer nur einen Schauer à la »gut, dass ich nicht da unten segeln muss« über den Rücken jagt, hat bei mir schon zu Beklemmungen geführt. Aber während es den Pionieren der Yachtsegelei noch zugestanden wurde, sich bitter über die Strapazen und Qualen ihrer Reise zu beklagen, heißt es heute »Stell' dich nicht so an, eine solche Reise haben schon ganz andere gemacht.« Das ist grundsätzlich richtig. Blinde, Querschnittsgelähmte, Rentner und Teenager haben alleine die Ozeane überquert, aber ganz gleich ob Erster oder Hunderster, das Meer bleibt immer gleich. Schließlich ist die See kein Weg, der immer einfacher zu gehen ist, je ausgetretener er ist. Allenfalls wird der auf einem lastende Druck kleiner, wenn man weiß, dass andere bei vergleichbaren Reisen mit heiler Haut davongekommen sind.

Die Nacht über bin ich mit ausgebaumten Klüver und geborgenem Großsegel unterwegs, und als der Wind in den frühen Morgenstunden zulegt, rolle ich den Klüver auf Sturmsegelgröße ein. Es ist der 7. Januar und ich stehe auf 46° 20' S, 102° E. Das Barometer fällt. Einsatzbereit in mein Ölzeug gepackt verfolge ich die Wetterentwicklung von drinnen. Die See geht hoch und FANFAN! wird vom Südwestwind mit 7-8 Knoten vorwärts getrieben. »Kein Grund zur Sorge«, beschließe ich nach einiger Zeit und haue mich mit einem Buch in die Koje. Kaum habe ich es mir bequem gemacht, merke ich, wie FANFAN! das Heck hebt. Immer höher. Dann legt sie sich auf die Backbordseite. Erst langsam, doch dann geht alles ganz schnell. Ehe ich mich versehe, geht ein wahrer Regen von Gegenständen auf mich herab. Seekarten, Bücher, Dosen, Kleidungsstücke und schließlich landet eine offene Tüte Kondensmilch in meinem Gesicht. Wasser – wohl aus der Spüle – spritzt überall herum. Es dauert nur Sekunden, bis sich das Boot wieder aufgerichtet hat. Ich springe aus der Koje. Wasser schwappt auf dem Fußboden und tropft die Wände herab. Wie ich sehe, sickert es aus dem Mastfuß heraus. Ein Indiz dafür, dass der Mast im Wasser war. Überall fliegen unter Deck Sachen herum. Alle Dinge, die ich in der Steuerbordkoje verstaut hatte, sind in die Koje auf der anderen Seite geflogen. Wäre mein Schiff zur anderen Seite gekentert, hätte ich wohl auch den Abflug gemacht und mir alle Knochen gebrochen.

Ein Segel schlägt. Durch die Plexiglaskuppel sehe ich, dass der Spibaum wie ein Streichholz zusammengeknickt ist. Eine Relingstütze in Lee ist leicht verbogen. Ein Blick nach achtern: Die Windfahne ist abgebrochen und das Cockpit ist halb voll Wasser. Verdammt! So schnell wie möglich bin ich in voller Montur draußen. Ich berge den Klüver und zurre die beiden Teile des Spibaums an Deck fest. Dann wechsele ich die Windfahne und bringe FANFAN! unter Sturmfock wieder vor den Wind. Bei der Arbeit an der Aries muss ich feststellen, dass die See das am Heck angebrachte Solarpaneel verbogen hat. Das Sicherheitsglas, das die Solarzellen abdeckt, durchziehen Hunderte von Rissen. Keine Ahnung, ob das Paneel jetzt hin ist. Auf jeden Fall hat mich die teuerste Welle der ganzen Reise erwischt. Zum Glück bin ich mit drei Spibäumen gestartet. Der Verlust eines Baumes lässt sich also verschmerzen.

Ein Blick zum Masttopp: Das Leitwerk des Windanzeigers ist weg und die verbliebene Spitze tanzt auf der Achse wild in alle Richtungen. Wenigstens steht der Mast noch. Der Brecher hat das Großsegeltuch unter den Bändseln, mit denen es fest auf den Baum gebunden war, hervorgezerrt. Ich tuche das Segel neu auf, wobei ich ausnahmsweise angeleint bin. So schnell kann man gar nicht gucken, wie es einen bei solchen Bedingungen von Deck waschen kann.

Unter Deck ist kaum etwas kaputt gegangen. Die Flugbahn mancher Gegenstände kann ich mir nur mit der zeitweisen Aufhebung physikalischer Gesetze erklären. Das Restwasser ist aus der Toilettenschüssel ausgelaufen und schwappt auf dem Boden des WC-Raums. Es riecht wie auf dem Bahnhofsklo. Nach einer Stunde habe ich die größte Unordnung beseitigt. Dass ich auf dieser Fahrt querschlagen kann, war mir klar. Überrascht bin ich aber, dass dies bei Wind um 40 Knoten unter moderater Besegelung passiert ist. Wäre es auch dazu gekommen, wenn ich Ruder gegangen wäre?

Die nächsten Stunden behalte ich die See genau im Auge. Ab und zu ziehen dunkle Regenwolken heran und bringen noch ein paar Knoten zusätzlichen Wind mit. Gischt fliegt von den Wellenkämmen. Während die meisten Wellen aus der Windrichtung, also genau von achtern, kommen, gibt es immer wieder Ausreißer, die von Süden heranrauschen. Sie sind nicht besonders hoch, aber verdammt steil. Zwei von den Dingern versuchen schräg von achtern ins Cockpit einzusteigen, FANFAN! ist aber schneller. Das Barometer, das sich kurzzeitig stabilisiert hatte, fällt nun weiter. Meine Idee, von dem Wetter ein paar Bilder zu machen, setze ich nicht in die Tat um. Es sieht durch den Sucher alles so harmlos aus. Irgendwo habe ich gelesen, dass alle 20 000 Wellen durch Überlagerung eine Welle vorkommt, die doppelt so hoch ist, wie das Mittel der anderen Wellen. Habe ich jetzt 19 425 Wellen lang Ruhe? Ich verkeile mich im Niedergang und schaue durch das Plexiglasschott nach draußen. Welle um Welle kommt angerollt und die Aries macht tapfer ihren Job. Lange würde ich es bei dem Wetter nicht am Ruder aushalten. Acht Grad zeigt das Thermometer. Eine besonders hohe Welle kommt von achtern auf. Sie wird steiler und steiler. Kurz bevor sie das Heck erreicht, sehe ich nur noch eine senkrechte Wasserwand, dann bricht sie über dem Schiff zusammen. FANFAN! beschleunigt, macht aber keine Anstalten auszubrechen. Für einen Moment ist alles nur noch Gischt. Durch die offenen Lüftungsrosetten des Niedergangsschotts bekomme ich eine ordentliche Dusche verpasst. Es spritzt bis auf den Salontisch. Die Windfahne ist diesmal nicht abgebrochen, dafür steht das Cockpit halb voll Wasser und das Solarpaneel hat wohl den Rest bekommen. Verbogen hängt es schräg in der Halterung und blockiert ein Steuerseil der Aries. Ich warte, bis das meiste Wasser aus dem Cockpit gelaufen ist und baue so schnell es geht das Paneel ganz ab. Es war ein Wahnsinnsanblick, die Welle über dem Heck zusammenbrechen zu sehen, aber auf eine Wiederholung kann ich trotzdem gerne verzichten. Mir reicht's.

Den ersten Teil der Nacht verbringe ich im Ölzeug auf dem Fußboden. Erst als ich einige Stunden lang von weiteren Volltreffern verschont bleibe, lege ich mich in die Koje und ziehe mir die Decke über die Ohren, damit ich das Heulen des Windes nicht so laut höre. Anders als der durchschnittliche Ostsee- oder Mittelmeer-Chartersegler, der von jedem zweiwöchigen Urlaubstörn mindestens einen »schweren Sturm« mit an den heimischen Stammtisch bringt, kann ich auch nach nun über 65 000 Meilen nicht von mir sagen, besonders viel Sturmerfahrung zu haben. Ich kann mich nur an zwei Törns erinnern, bei denen ich das dort erlebte

Unter gekürzter Segelfläche Tausende Meilen nach Osten.

Wetter als Sturm bezeichnen würde. Einmal auf dem Weg von Nizza nach Menorca und einmal im Frühjahr vor der portugiesischen Küste. Sturm herrscht ja nicht, wenn der Windanzeiger auf Sturm steht, sondern wenn einem die See zu verstehen gibt, dass mit ihr nicht zu spaßen ist. Dieser Zustand dürfte jetzt erreicht sein.

Am nächsten Morgen werde ich wach, als das Backblech aus dem Ofen fliegt, weil ich vergessen habe, die Tür wieder zu sichern. Egal. Das Wetter hat sich noch nicht beruhigt und das Barometer fällt weiter. Langsam, aber beständig. Ab und zu prasselt Hagel an Deck. Die meiste Zeit scheint aber die Sonne und lässt die Lage nur noch halb so wild erscheinen, wenngleich die Gischt und der Schaum auf der See im gleißenden Sonnenlicht viel besser zu sehen sind, als wenn es bedeckt ist.

Auch am Tag drei nach dem Knockdown weigert sich das Barometer nach oben zu kommen. Seit ich die Sturmfock gesetzt habe, hatte ich weder eine Schot, noch eine Trimmleine der Aries in der Hand. Das Boot läuft gut. Erst als der Wind auf Süd dreht und etwas abnimmt, muss ich die Anlage neu trimmen. Gleichzeitig rolle ich ein kleines Stück vom Klüver aus. Nur nicht zu viel. Schließlich will ich das Wetter nicht verstimmen.

Das Meer hat sich etwas beruhigt, doch alle paar Stunden kracht ein Ding gegen das Boot, dass ich Angst habe, mir beim Flug durch die Kajüte die Knochen zu brechen. Mir tun die Hände schon weh vom Festhalten. Die Nacht bringt noch eine Reihe von Sturmböen, aber insgesamt hat es sich ausgeweht und ich kann wieder mehr Segelfläche setzen. Noch 2100 Meilen sind es zum Wegpunkt.

Am 12. Januar ist Halbzeit! Seit St. Paul bin ich 1812 Seemeilen gesegelt. Von 20 °C bei St. Paul sind die Temperaturen hier auf 48 ° Süd auf 10 °C im Mittel gefallen. 13 Tage und 20 Stunden habe ich gebraucht – ein Schnitt von 131 Meilen. Australien liegt irgendwo außerhalb meiner Seekarte im Norden. Seit der Kenterung habe ich praktisch ständig Starkwind, was das Segeln recht anstrengend macht. So langsam kann ich das Gejammer meiner Vorgänger über das Wetter verstehen. Zudem beginnen sich meine Vorräte stetig zu lichten. Zumindest was die leckeren Sachen anbetrifft. Bei den übrigen Lebensmitteln frage ich mich manchmal, welcher Idiot sie in solchen Mengen gekauft hat. Die Antwort ist kurz und lautet »ich«. Was soll ich mit Dutzenden von Tüten mit Steinpilz-Tortelloni, 20 Gläsern Gurkenhappen oder Reismengen, mit denen man ein ganzes Dorf durchfüttern könnte? Ich will Schokolade! Auch stellt sich heraus, dass ich aufgrund ähnlicher Verpackung eine Currysuppe mit einer Bambussprossensuppe verwechselt habe und ich nun 30 Dosen eines ekelhaften Currygebräus an Bord habe. Ohnehin sind die Verpflegungsverhältnisse auf FANFAN! bei ehemaligen Mitseglern berüchtigt. Ich bin halt kein Gourmet. Meine Mahlzeiten sind an Einfallslosigkeit kaum noch zu unterbieten, weswegen sie von mir Namen wie »Steckrübenwinter 16/17«, »Archipel Gulag«, »Einzelhaft in Bautzen« oder »Flucht aus Pommern« bekommen. Ein besonderer Leckerbissen ist das Mittagessen »Die letzten Tage von Stalingrad«: Es besteht aus heißem Pfefferminztee mit Zwieback. Man gönnt sich ja sonst nichts.

Starkwind, Starkwind, Starkwind – jetzt schon über eine Woche lang. Die See ist konfus und die Südwestdünung meterhoch. Ab und zu spuckt eine See gegen das Heck und bringt ein paar Liter Wasser ins Cockpit. Einmal macht FANFAN! einen solchen Bocksprung, dass ich samt Schlafsack aus der Koje mitten auf den Salontisch fliege. Der Tisch bleibt unbeschädigt, und der Skipper kommt mit blauen Flecken davon. Dazu immer wieder Regenböen, wegen denen ich mit halb angezogener Handbremse, sprich ausgebaumter Sturmfock, segeln muss. So ausdauernd bin ich in meinem ganzen Leben noch nicht durchgeschaukelt worden. Spaßfaktor null bis negativ. Zum Glück habe ich nicht unter Seekrankheit zu leiden. Jedenfalls nicht, wenn ich alleine unterwegs bin. Als Crewmitglied ist mir schon ein paar mal schummerig geworden, aber mehr auch nicht. Wie einem dieses Leiden einen Strich durch die Rechnung machen kann, konnte ich erleben, als ich mit einem Filmemacher auf der Ostsee unterwegs war, der einen Film über mich gedreht hat. Mein Tagebuch vermerkt dazu:

»Die Wettervorhersage lautet sechs Windstärken aus West, später Südwest drehend. Wir laufen aus, ich setze Fock und Groß und hoch am Wind geht es den Øresund entlang. F. will Aufnahmen machen und postiert sich mit seiner in ein wasserdichtes Gehäuse verpackten Kamera auf dem Vorschiff. F.s Magen ist allerdings der Ansicht, dass dies ein denkbar unpassender Aufenthaltsort ist und rebelliert. Um nicht auf mein schönes Boot zu kotzen, beugt sich F. nach Luv, was er allerdings besser hätte bleiben lassen, sorgen 25 Knoten Wind doch dafür, dass ihm ein Gutteil seines Mageninhalts zurück ins Gesicht und auf die Klamotten fliegen. Nach einigen Minuten des Sammelns schafft es F. dann doch noch, einige Einstellungen zu drehen, um sich anschließend mit froschgrünem Gesicht ins Cockpit zu flüchten. Doch auch hier kommt sein Magen nicht zur Ruhe, und da F. sich nicht weit genug aus dem Cockpit lehnt (diesmal nach Lee), kotzt er mir die Großfallwinsch voll. Leider ist F.s Magen noch nicht leer und schließlich erleichtert sich F. noch auf den Cockpitfußboden, bevor er sich entschließt, den Rest des Tages in der Koje zu bleiben. ›Das wird ein toller Segelfilm, den drehe ich komplett aus der Koje‹, trägt F. Galgenhumor zur Schau. ›So schlimm habe ich mich nicht mehr gefühlt, seit ich mit dreizehn meinen ersten und letzten Joint geraucht habe.‹«

Am 19.01., dem 217. Reisetag, wechsele ich mit Überschreiten des 147. Längengrades vom Indischen Ozean in den Pazifik. Auf der ganzen Fahrt durch diesen Ozean habe ich auf hoher See kein einziges Schiff, geschweige denn eine Yacht gesehen. Das Wetter ist grau in grau und es regnet – was sonst. Da kommt man ins Grübeln. Wenigstens hat sich der Wind beruhigt. Allerdings liegt das Großsegel seit fast 2000 Meilen aufgetucht auf dem Baum, denn dafür weht es immer noch zu sehr. Nur unter Sturmfock oder Klüver bin ich die letzten 10 Tage einen Schnitt von 148 Meilen pro Tag gesegelt.

Die Südspitze Tasmaniens, das South East Cape, liegt 480 Meilen entfernt. Tasmanien wäre sicher ein lohnender Zwischenstopp. Die nötigen Seekarten sind an Bord. Allerdings nur für einen Notfall. Der Grund, warum ich an dieser Insel vorbeisegeln will, liegt in meiner fast schon pathologische Abneigung gegen Behörden und deren Formulare. Für Australien benötigt man nicht nur ein Visum, sondern muss auch damit rechnen, einen halben Tag damit zu verbringen einzuklarieren. Papierkram ohne Ende. Da muss man auf Fragen wie »Haben Sie die Absicht, kriminelle Handlungen zu begehen?«, gefasst sein. Vielleicht liegt meine Abneigung gegen diese Art von Fragen in der Familie. Von meinem Großvater ist überliefert, dass er beim Ausfüllen eines Visumantrages für die USA neben das Feld »Sex:« einfach »regelmäßig« geschrieben hat.

Einundzwanzigster Tag: Ich fange an, die Meilen bis Neuseeland einzeln zu zählen. Es wäre psychologisch klüger gewesen, mir vorzunehmen bis Feuerland durchzusegeln, um dann ganz »plötzlich« und »ungeplant« links nach Neuseeland abzubiegen. Bis zu den Auckland-Inseln sind es noch 500 und dann noch 670 Meilen bis Wellington.

Durch Zufall stoße ich beim Lesen auf das Wort Deprivation. Laut Lexikon handelt es sich um einen Zustand des Mangels oder des Entzuges beispielsweise von Nahrung, Schlaf oder Sozialkontakten. Bei letzterem handelt es sich dann um soziale Deprivation. Ein Querverweis zu Hospitalismus wird gemacht. Mein letzter Sozialkontakt liegt gut fünf Wochen zurück. Mit Schlaf und Nahrung sieht es bei mir so lala aus. Bin ich jetzt depriviert? Wenn ja, warum fühle ich mich dann nicht so?

Am 24.01. sind es noch 70 Meilen bis zu den Auckland-Inseln. Über 138 Meilen habe ich seit St. Paul pro Tag gemacht. Da ich mein Ziel nicht mehr vor Einbruch der Dunkelheit erreichen kann, berge ich die Segel und lasse FANFAN! vor dem Wind treiben. Es herrscht mal wieder Starkwind bis Sturm und mit 4 bis 5 Knoten schaukelt es mich nach Osten. Warum es bei strahlendem Sonnenschein und langsam steigendem Barometer so bläst, entzieht sich meinem Erklärungsvermögen. Aber was würde es schon ändern, wenn ich es wüsste, ich muss ja doch mit dem Wetter leben wie es ist.

Vor drei Tagen hat eine Schadensserie begonnen, die heute ihren traurigen Höhepunkt gefunden hat. Erst ist bei einer Patenthalse der Block eines Backstags zerbrochen, am Tag darauf die Klüverschot durchgescheuert. Dann muss ich feststellen, dass es zu kurzen Stromausfällen kommt, wenn das Boot von einer Welle schnell von einer Seite auf die andere gerollt wird. Ich vermute, dass es dann irgendwo zu einem

Kurzschluss kommt. Aber wo? Schließlich verabschiedet sich beim Weltempfänger zuerst der Ton, dann riecht es verbrannt und schließlich ist der Kasten tot. Ich schraube das Gerät auf und entdecke einen verschmorten IC. Was bitte veranlasst einen IC durchzubrennen? Ich bin mit meinem Latein am Ende. Deutsche Welle ade.

Gegen Morgen des 26. Tages habe ich die Auckland-Inseln steuerbord voraus. Die See ist kabbelig, der Himmel trübe und die Sicht mäßig bis schlecht. Ohne GPS wäre auch diese Ansteuerung zur Nervenprobe geworden. Ich mache einen großen Bogen um die Nordspitze der Insel, da die Seekarte dort vor schweren Stromkabbelungen warnt. Unter Maschine geht es in einen Fjord namens Ross Harbour. Auch hier bin ich also im Kielwasser von James Clark Ross unterwegs, der vor 160 Jahren hier war. Er schreibt über die Inseln:

»Die Auckland-Inseln sind eine Entdeckung von Abraham Bristow. Befehlshaber des Schiffes OCEAN, *eines dem Herrn Enderby gehörigen Südseefahrers. Er sah sie zuerst am 18. August 1806 auf seiner dritten Reise um die Welt und bestimmte ihre Lage auf 50° 48' S und 166° 42' E. Zum zweiten Mal besuchte er diese Insel 1807 mit dem ebenfalls dem Herrn Enderby gehörigen Schiff* SARAH, *wo er die Insel feierlich in Besitz nahm und einige Schweine ans Land setzte, die sich auf überraschende Weise vermehrt haben.*

Die Inselgruppe besteht aus einer großen und mehreren kleinen, voneinander durch schmale Kanäle getrennten Inseln. Die größte ist über 30 Seemeilen lang und fast 14 Seemeilen breit. Sie besitzt zwei Haupthäfen, beide auf der Ostseite, die so tief ins Land hinein gehen, dass ihr Ende bloß zwei oder drei Meilen von der Westküste entfernt ist.«

Als Ankerplatz habe ich die Erebus Cove ins Auge gefasst. Dazu muss ich die Enderby-Insel passieren, auf der neben einer großen Seelöwenkolonie die neuseeländische Station zu finden ist. Auf meiner Seekarte, die noch auf den Vermessungen von Ross basiert, ist der Vermerk eingedruckt, dass das Betreten der Inseln ohne Genehmigung strikt verboten ist. Da ich keine Genehmigung habe, hoffe ich unbemerkt an der Station vorbeizukommen. Um festzustellen, ob man mich gesehen hat, bin ich auf Kanal 16 empfangsbereit. Kaum bin ich im Blickfeld der beiden Hütten, ruft mich auch schon jemand über Funk. Da es keinen Sinn macht, den Anruf zu ignorieren, melde ich mich. Hier zu Ankern sei kein Problem, aber ohne Genehmigung darf ich keinen Fuß an Land setzen. Aber, so wird mir versichert, wolle man sich bemühen über Funk aus

Neuseeland für mich eine Genehmigung zu bekommen. Allerdings würde dann eine »Anlandegebühr« von 40 US$ fällig. Wenngleich es mir etwas gegen den Strich geht, am Ende der Welt Geld auf den Tisch zu legen, um ein paar Meter an Land herumzulaufen, gebe ich mein Okay.

»Wenn ihr mich nett empfangt, dann bezahle ich auch für einen Landgang.«

»Natürlich wirst du hier herzlich empfangen!«, bekomme ich zur Antwort.

Ich motore einige Meilen weiter, bis schließlich und auf neun Metern Tiefe mein Anker in der Erebus Cove fällt – ein Platz, den ich bereits sechs Jahre zuvor mit einer anderen Yacht besucht hatte. Die kleine Bucht ist von Rata-Bäumen gesäumt, die vom Wind alle auf genau eine Höhe getrimmt sind. Das Gezwitscher von Vögeln weht zu mir herüber. Erstaunlich, dass auf den nördlicher gelegenen Crozet und Kerguelen-Inseln keine Bäume wachsen – von Vogelgezwitscher ganz zu schweigen. Im 19. Jahrhundert hat es an der Erebus Cove eine kleine Walfängeransiedlung gegeben, die auf die englischen Enderby-Brüder zurückgeht. Die Siedlung wurde allerdings nach kurzer Zeit wieder aufgegeben, da sich der Walfang als nicht besonders lukrativ erwies. Eingeborene hat es hier nie gegeben, und so waren in der Geschichte der Inseln Walfänger, Forscher und Schiffbrüchige die einzigen Bewohner des Archipels. Letztere mussten zum Teil Jahre auf ihre Rettung warten und fristeten bis dahin ein überaus erbärmliches Dasein, dem nicht selten durch Hunger und Kälte ein vorzeitiges Ende bereitet wurde.

Rund 4800 Meilen bin ich von den Kerguelen bis hier gesegelt. Einzige Unterbrechung war der Kurzstopp auf St. Paul. Ich bin ziemlich kaputt und nach einer Katzenwäsche im Cockpit und einem lange überfälligen Unterwäschewechsel verschwinde ich in der Koje. Allerdings dauert es lange bis ich dort das finde, was ich suche: Schlaf. Nach all den Wochen des Geschaukels ist es zu ungewohnt, so ruhig dazuliegen.

Am nächsten Tag bekomme ich die Erlaubnis zum Betreten der Insel. Allerdings wollen sie mich auf eventuell engeschleppte Pflanzensamen filzen, die Landegenehmigung soll nun 90 US$ kosten, und während meiner Abwesenheit von Bord soll jemand von der vierköpfigen Stationsbesatzung auf FANFAN! aufpassen. »Ihr könnt mich mal kreuzweise!«, denke ich mir. Wie sich die Zeiten ändern. Ross und seine Mannschaft haben hier einen Teil des Waldes niedergebrannt, um sich an Land Platz zu schaffen, Haustiere vom Kaninchen bis zur Ziege ausgesetzt und alle möglichen Nutzpflanzen ausgesät, und ich soll mich auf Pflanzensamen hin untersuchen lassen. Auch dem Stationsleiter scheint dies alles etwas übertrieben zu sein und auf meine Frage, ob ich mir wenigstens ein paar Liter Wasser aus einem Bach holen kann, antwortet er, dass er es nicht sehen würde, wenn ich kurz an Land ginge. Außerdem bietet er mir jede Form von Hilfe an, wenn ich etwas brauchen sollte.

Mit dem Schlauchboot setze ich ans Ufer über, wo ein kleiner Bach ins Meer fließt, an dem ich einen Kanister mit Wasser fülle. Das Zeug schmeckt zwar wie Wasser, sieht aber goldbraun wie Whisky aus, und wenn man die Anlandegebühr bezahlt, wird es so teuer wie Champagner. Dann mache ich mich auf den Weg zu dem kleinen Inselfriedhof. Einige hundert Meter im dicht bewachsenen Hinterland sind ein paar Gräber mit zum Teil restaurierten Kreuzen zu sehen, die zwischen 100 und 150 Jahre alt sind. Den Inschriften nach zu urteilen, liegen hier Schiffbrüchige und Siedler vom Säugling bis zum alten Mann. Aus Mangel an geeigneten Grabsteinen hat man bei einem Grab einen zurechtgemeißelten Mühlstein verwendet, wovon das viereckige Lock in der Mitte des Steins zeugt. Nach einer Stunde bin ich wieder an Bord. Das Wetter ist mild und so kann ich den Rest des Tages damit verbringen, klar Schiff zu machen. Die Dirk ist halb durchgescheuert, die Trimmleinen der Aries müssen gewechselt werden und eine Unzahl Kleinigkeiten wartet auf Erledigung. Einmal mehr muss ich feststellen, dass einem jede Veränderung und jeder Schaden sofort auffallen, wenn man wochenlang außer Wasser nur das Boot gesehen hat.

Obwohl das Barometer am folgenden Tag hoch und wie angenagelt steht, weht es ordentlich aus Nord-Nordwest. Immer, wenn eine Bö über das Boot herfällt, klingt es, als würde ein Staubsauger eingeschaltet. Ich beschließe abzuwarten. Gegen Abend flaut es ab und ich gehe ankerauf. So dicht es geht, segele ich am Ufer von Enderby Island entlang, um einen Blick auf die Seelöwenkolonie zu werfen und um mich von der Stationsbesatzung zu verabschieden. Am Strand sind wesentlich weniger Robben als bei meinem ersten Besuch zu sehen. Über Funk erfahre ich, dass dies daran liegt, dass die Robbenmütter mit ihren Babys ins Hinterland gewandert sind, wo für die Babys weniger Gefahr besteht, bei den Revierkämpfen der Bullen aus Versehen erdrückt zu werden. Zum Schluss heißt es: »Good bye and have a good trip!«, und ich setze Kurs auf Neuseeland ab.

Neuseeland

Es ist der 28.01. Das Wetter ist optimal und bei strahlendem Sonnenschein sowie nur leicht bewegter See segele ich hoch am Wind nach Nordosten. Die Luft ist voll von Albatrossen und Kaptauben. Der schönste Segeltag seit langem. Einhundert Meilen nördlich der Auckland-Inseln begegne ich dem ersten Schiff. An Backbord zieht ein kleiner Trawler vorbei, der, wie ich über Funk erfahre, seit zehn Jahren Sommer wie Winter in dieser Gegend unterwegs ist. Nur zwei, drei Mal sei er in dieser Zeit auf den Auckland-Inseln an Land gewesen berichtet der Kapitän. Als ich ihm erzähle, auf welchem Weg ich bis hierher gekommen bin, entgegnet er nur, dass ich total verrückt sein müsse. »You're completely nuts!« Ob mir etwas fehlt, will er wissen. Mir liegt auf der Zunge »Sex and candy« zu antworten. Aber da wahrscheinlich auch in Neuseeland nicht jeder über meine Witze lachen kann, antworte ich nur, dass bei mir alles in Ordnung ist. Eine nette Geste ist die Frage allemal und ich frage mich, ob je ein ausländischer Segler in der Deutschen Bucht eine solche Frage hat beantworten müssen. Wahrscheinlich nicht. Von meinem letzten Besuch in Neuseeland habe ich noch vage in Erinnerung, dass man keinen Honig ins Land einführen darf, da dieser die einheimischen Bienen mit einer speziellen Krankheit infizieren könnte. »That's correct«, bestätigt mir der Kapitän auf Nachfrage. Sechs Kilo von dem klebrigen Zeug habe ich noch an Bord. Ab jetzt gibt es morgens, mittags und abends Honig und der Rest muss halt über Bord wandern.

Bei mäßigem Wind geht es nach Nordosten. Auf 47° Süd, einer Breite, auf der ich vor einer endlos erscheinenden Zeit noch Eisberge gesichtet habe, steht das Thermometer Mittags schon bei 20 °C. Zum ersten Mal erlebe ich, dass eine Robbe dem Boot folgt. Mit schnellen Sprüngen jagt sie durch das Kielwasser von FANFAN!, bis sie dicht hinter dem Heck ist, um sich dann wieder achteraus fallen zu lassen und die Aufholjagd von neuem zu starten. Nach ein paarmal wird ihr das Spiel zu langweilig und weg ist sie. Einige Stunden später gibt es noch eine Premiere für mich. Ich werde von einer Delfinart besucht, die ich bislang nur aus meinem Bestimmungsbuch kannte, dem Südlichen Glattdelfin. Eine

16

18

16 *Auf dem Midway-Atoll: Auge in Auge mit einem Lysan-Albatros.*

17 *Auf der Osterinsel ist das Denguefieber ausgebrochen. FANFAN! wird ausgeräuchert.*

18 *Ein Ankerplatz, von dem viele träumen. Huahine; Französisch-Polynesien.*

19

20

19 Südseezauber auf Reede von Rikitea (Gambier-Inseln).

20 Trotz der Bewachung durch die Moais ist der Ankerplatz bei der Osterinsel unruhig.

21 »Schulbus« auf Fanning Island.

22 Fatu Hiva, eine der Marquesas.

21

22

24

25

23 Moorea, Traumziel vieler Segler, für mich nur eine Zwischen-Etappe.

24 Der Himmel scheint zu brennen: Abendstimmung auf Fanning.

25 Fischer in ihren Auslegerbooten (Christmas Island).

26 In den Tropen verirren sich tagtäglich eine Hand voll Fliegende Fische an Deck.

26

27

28

27 *Fast schon berüchtigt ist die Insel Pitcairn für ihre heftige Brandung, die ein Anlanden kaum möglich macht.*

28 *Himmelszauber.*

29 *Randy, in siebter Generation direkter Nachfahre des Meuterers Fletcher Christian, holt mich ab.*

30 *Die leichten Auslegerboote der Südsee lasse ich zugunsten von Sturm und Eis hinter mir.*

29

30

31

32

31 *Mein persönliches Kap Hoorn: Diego Ramirez, 60 sm südlich des berühmten Felsens gelegen.*

32 *Die hohen Breiten haben mich wieder: Sturm im Südpolarmeer.*

Schule von ungefähr 20 Tieren kreuzt meinen Kurs und einige Tiere aus der Gruppe machen einen Abstecher, um FANFAN! genau unter die Lupe zu nehmen. Als einzige Delfine der Südhalbkugel haben die um zwei Meter langen Tiere, deren schwarz-weiße Körper unglaublich schnittig geformt sind, keine Rückenflosse. Ein tolles Schauspiel, aber – wie immer – viel zu kurz.

Die letzten Meilen werden im buchstäblichen Sinn doppelt lang. Schwache Winde aus nördlichen Richtungen zwingen mich tagelang aufzukreuzen. Entsprechend sind die Etmale: 98, 71 und 54 Seemeilen. Wenigstens ist von der typischen Südmeerdünung, die mich die letzten Monate ordentlich durchgeschaukelt hat, nicht mehr viel zu spüren.

Ein Schlag führt mich an die Ostseite der Südinsel in die Nähe von Dunedin, wo ich schon 35 Meilen von der Küste entfernt die ersten UKW-Sender empfangen kann. Mir wird ganz schwer ums Herz. Bald hat mich die Zivilisation wieder. Eine der einsamsten und wildesten Ozeanstrecken, die dieser Planet zu bieten hat, liegt hinter mir. Als ich noch fünf Meilen vom Land entfernt bin, habe ich mit meinem Handy Empfang. Dass die Minute nach Deutschland drei Euro kostet, ist mir jetzt egal. Ich hole zum Kommunikations-Rundumschlag aus und vertelefoniere gut 100 Euro.

»Noch 300 Meilen, das Schlimmste ist jetzt vorbei«, verkünde ich mehrfach lauthals. Ich hätte besser die Klappe gehalten. Nur Minuten nach meinem letzten Gespräch beginnt es aus dem nicht mehr ganz so heiterem Himmel so derartig zu wehen, dass ich Mühe habe, die Segel herunterzubekommen. Nachdem der Wind schlagartig seine Richtung um fast 180 Grad gedreht hat, sind binnen Minuten aus 10 Knoten Wind 45 geworden. Unter nacktem Mast lasse ich FANFAN! vor dem Wind mit 5 bis 6 Knoten nach Nordosten treiben. Wenig später ist es dunkel. An Land kann ich die Lichter von Oamaru ausmachen, und das fahle Licht des Vollmondes gibt der immer höher gehenden See ein unheimliches Aussehen. Wenn ich nur einen Wetterbericht hätte. Auf Kanal 16 versuche ich eine Küstenfunkstelle zu erreichen. »Here is Maritime Radio. Go ahead«, klingt es aus dem Lautsprecher. Ich bekomme einen Wetterbericht, der mir das in Aussicht stellt, was ich bereits habe: Sturm. Am kommenden Tag soll es aber wieder abflauen. Gute Nachrichten also. In Landnähe und auf einer Wassertiefe von 50 Metern ist mir solches Wetter alles andere als geheuer. Immer wieder brechen sich Seen am Boot, die es bis in die Mastspitze erzittern lassen, und erst am Morgen flaut es etwas ab. Ich rolle ein Stück des Klüvers aus und muss feststellen, dass das Segel in Nähe des Schothorns drei faustgroße Löcher hat, die wohl beim Aufrollen des wild schlagenden Tuchs entstanden sind. Auf der Höhe von Christchurch empfange ich einen Sender, der seinem Namen »The Rock« alle Ehre macht und dessen Musik mich einigermaßen durch die Nacht bringt.

Am 2. Februar passiere ich die Cook-Straße, jene Passage, die die Nord- von der Südinsel trennt. Die See geht hoch und es weht ordentlich aus Süden. Da die Hafeneinfahrt genau in Nord-Süd-Richtung liegt und ich zudem keine Ahnung habe, wie es mit der Tide aussieht, habe ich Bedenken, ob das Einlaufen unter solchen Bedingungen überhaupt möglich ist. Ich hole mir über Funk Rat bei Wellington Harbour Radio. Danach pendelt die Windgeschwindigkeit in der Einfahrt zwischen 20 und 40 Knoten und die See steht zwei bis drei Meter hoch. Das Anlaufen des Hafens sei »quite rough«, aber sonst kein Problem.

Der Grund, warum ich mir Wellington als ersten Hafen auf der Südhalbkugel ausgesucht habe, ist nostalgischer Natur. Neuseelands Hauptstadt war nämlich eine Station der legendären Weltumsegelung des Argentiniers Vito Dumas, der 1942/43 als erster Yachtsegler einhand die Welt auf der Südmeerroute umsegelt hat. Sein Buch »Alone through the Roaring Forties« ist ein besonderer Schatz in meiner Bordbibliothek. Für die 7400 Seemeilen von Kapstadt bis Neuseeland hat er in seinem 9,5 Meter Holzboot LEHG II 104 Tage gebraucht. Angekommen in Wellington bezeichnet er das hinter ihm liegende Stück seiner Reise als Hölle, in der er niemals wieder segeln will. Wie sich die Zeiten ändern. Was er damals noch als »unmögliche Route« bezeichnet hat, ist heute zur Autobahn für Hochseeregatten und zum Abenteuerspielplatz für Leute wie mich geworden.

Als ich in der Einfahrt zu der weitläufigen Hafenbucht die Maschine starte, erlebe ich eine böse Überraschung: Mit dem Einkuppeln stirbt der Motor augenblicklich ab. Irgendetwas hat sich in der Schraube verfangen. Auch ein erneuter Versuch die Maschine einzukuppeln scheitert. Es ist in einer Stunde stockfinster, die Windanzeige zeigt 30 Knoten an und auf meinem schlecht kopierten, russischen Hafenplan ist kaum etwas zu erkennen. Schlechte Voraussetzungen, um unter Segeln in einem unbekannten Hafen den Helden zu spielen. Über Funk frage ich nach einem Schlepper, der mir in Form des örtlichen Polizeibootes auch umgehend zugesagt wird. Einmal will ich es noch mit roher Gewalt pro-

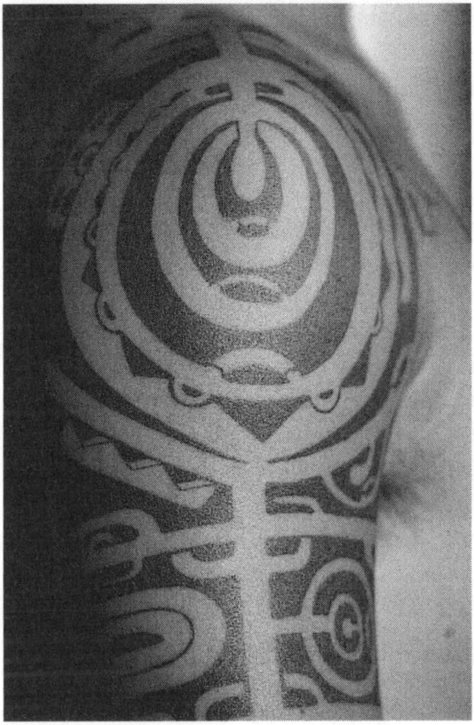

Traditioneller Schmuck der neuseeländischen Maoris.

bieren. Ich gebe volle Fahrt rückwärts. Es rumpelt so, dass ich befürchte, vom Getriebe sei nur noch Zahnradsalat übrig geblieben. Doch wider Erwarten kommt die Propellerwelle frei und ich kann erleichtert das Polizeiboot wieder abbestellen.

Als ich mit dem letzten Licht in der mir vom Hafenlotsen empfohlenen Marina festmache, hat das Schicksal noch eine Überraschung für mich parat: Kaum 30 Meter von meinem Liegeplatz entfernt liegt der Gaffelsegler, auf dem ich meinen Pannentrip von Kiel nach Curaçao erlebte. Statt Schwarz-Rot-Gold weht jetzt die neuseeländische Flagge am Heck der BREUM.

Nun bin ich da. Fast 20 000 Meilen liegen hinter mir – in genau fünf Monaten habe ich von Grönland bis Neuseeland mehr als eine halbe Weltumsegelung hinter mich gebracht. Durch 113 Breiten- und 222 Längengrade führt mein Kielwasser seit Kap Farvel. In dem Seegebiet, das man als die »Brüllenden Vierziger« und die »Schreienden Fünfziger«

bezeichnet, sind Tränen geflossen, ist mein Boot quergeschlagen, saß ich auf einem Vulkan fest, haben Eisberge meinen Kurs gekreuzt. Dies alles erscheint schon jetzt unendlich weit weg.

Wie ich mich fühle? Erschöpft, aber okay. Das bisher Schwierigste an der ganzen Fahrt war, so weit zu kommen, dass ich in Hooksiel die Leinen loswerfen konnte.

Das Einklarieren geht schnell, problemlos und freundlich über die Bühne. Ausländische Yachten kommen selten nach Wellington, wie mir der Zollbeamte erzählt. Die meisten würden im wärmeren Norden des Landes zwischen der Bay of Islands und Auckland bleiben. Die nächsten Tage verbringe ich mit der bemitleidenswerten Aufgabe, das Boot wieder auf Vordermann zu bringen. Bugkorb, Spibaum, Segelreparaturen und ein neues Kassettenradio stehen unter anderem auf der »To do«-Liste. Aber wenngleich die Liste 40 Punkte lang ist, gibt es nichts wirklich Wichtiges zu erledigen. Technisch ist das Boot zwar leicht angeschlagen, aber in einem Zustand, in dem ich mit ihm in einem Rutsch zurück nach Deutschland segeln könnte, wenn es sein müsste. Aber selbst die einfachsten Jobs kosten unendlich viel Zeit. So brauche einen ganzen Tag, um eine kleine 12 Volt Halogenbirne und neue Batterien für meine Armbanduhr zu bekommen.

FANFAN! kommt für zwei Stunden aus dem Wasser, um das Unterwasserschiff und den Propeller zu prüfen. Der Bewuchs ist üppig, die Propelleranode verschwunden und die Kielsohle hat einige Beulen von der Grundberührung im Vulkankrater von St. Paul davongetragen. Insgesamt aber nichts Ernstes.

Um meine »Freizeitgestaltung« brauche ich mir keine Sorgen zu machen. Irgendwo bin ich immer eingeladen. So bin ich bei meinem Bootsnachbarn zu Hause zum Grillen, wo er mich den übrigen Gästen als großen Helden und harten Kerl verkauft. Dass der harte Kerl aus Deutschland trotz der sommerlichen Temperaturen noch in langen Unterhosen herumläuft, braucht ja niemand zu wissen.

Bei dem neuen Eigner meines ehemaligen Gaffelseglers, Wayne, bin ich fast jeden Tag zu Besuch. Er hat das völlig heruntergekommene Schiff für 50 000 Euro gekauft und es in jahrelanger Arbeit und mit enormem Geldaufwand wieder instand gesetzt. Waynes erste Fahrt mit dem gerade erst gekauften Schiff von Auckland ins 600 Meilen entfernte Wellington erscheint mir wie die Fortsetzung meiner damaligen Reise mit der BREUM. Auf halbem Weg musste Wayne feststellen, dass sich die Maschine nicht mehr starten ließ, weil die Bordbatterien leer waren. Es wehte kein Wind, der 220 Volt-Generator war kaputt und die aus seekranken Landratten bestehende Crew zeigte erste Zeichen von Panik. Wayne überlegte, einen Schlepper für das 60 Tonnen schwere Schiff zu bestellen, was allerdings ein ziemlich teures Unterfangen gewesen wäre. Ein Geistesblitz bescherte Rettung aus der Luft. Mit dem Mobiltelefon organisierte Wayne einen Hubschrauber, der eine voll geladene Starterbatterie zur BREUM hinausflog. Dies kostete zwar immer noch eine Stange Geld, aber dafür kam das Schiff aus eigener Kraft nach Wellington.

Es ist schön zu sehen, dass dieses Schiff, das so unter der Lieblosigkeit des Voreigners und der Unfähigkeit seiner Crews (mich eingeschlossen) gelitten hat, doch noch in gute Hände gekommen ist. Darüber, wie die BREUM nach Neuseeland gekommen ist, weiß Wayne wenig. Da ich von einem ehemaligen Crewmitglied der BREUM Post von den Tonga-Inseln bekommen habe, kann ich mit einigen Details helfen. Nachdem ich das Schiff verlassen hatte, war die BREUM nach Panama weitergefahren. Dort hatte der Skipper sie wegen eines technischen Defekts am Verstellpropeller in einer der Schleusenkammern des Kanals an die Wand gefahren und dabei der Bugspriet samt Vorstagen abrasiert. Nach der Reparatur war es über die Galapagosinseln bis nach Tonga gegangen, wobei die Spannungen mit dem Skipper ein solches Ausmaß erreichten, dass es unter Alkoholeinfluss fast zu Handgreiflichkeiten gekommen wäre. Angekommen in Tonga mussten zwei Crewmitglieder die örtliche Polizei in Anspruch nehmen, um vom Skipper das Geld für das versprochene Rückflugticket zu bekommen. Schließlich musste auch der Skipper den Hut nehmen, da er sich partout nicht von seiner Siamkatze trennen wollte. Diese Katze war schon seit den Kanaren an Bord und bei uns allen wegen ihrer Arroganz verhasst. Mehr als einmal hatten wir überlegt, das Tier über Bord gehen zu lassen. Wäre uns der Skipper auf die Schliche gekommen, hätte es wohl Mord und Totschlag an Bord gegeben. Deswegen beschränkten sich unsere Hoffnungen darauf, dass die Katze bei ihren gewagten Klettereien auf dem Schanzkleid eines Tages auch ohne unser Zutun den Seemannstot sterben würde. Die folgenden Jahre in der Südsee liegen im Dunklen. Schade, dass die BREUM nichts erzählen kann.

Nach zehn Tagen macht sich mein Seefieber wieder bemerkbar, doch hält mich ein Sturm, der mit 50 Knoten durch die Cook-Straße fegt und den Fährverkehr lahm legt, noch etwas im Hafen. Ich mache mir noch einige ruhige Tage und bringe mich im Zeitschriftensaal und am Internet-Terminal der nahen Stadtbibliothek auf den neusten Stand. Fünf Monate nach den Ereignissen sehe ich die ersten Bilder des Flugzeuganschlages auf das World Trade Center. Davon abgesehen scheint es mir, dass Tag für Tag eine Sau, der man das Schild »Neu & Wichtig« um den Hals gehängt hat, durch die Medienlandschaft getrieben wird. Ich glaube allerdings, dass ich diese Sau schon hundertmal gesehen habe und mein Leben keinen Deut schlechter ist, wenn sie in Zukunft ohne meine Aufmerksamkeit ihre Runden dreht.

Als sich das Wetter beruhigt hat, geht es los Richtung Auckland. Auf der Höhe von Cape Palliser begegne ich einem großen Kreuzfahrtschiff, dem man vier Masten aufgepfropft und riesige Rollsegel verpasst hat. Die untergehende Sonne taucht den Kreuzfahrer mit seinen weißen Segeln und die hügelige Landschaft in ein warmes, fast unwirkliches Licht, während ich von einigen Albatrossen aus der Cook-Straße hinausgeleitet werde. Schön, wieder auf dem Meer zu sein.

Am 18. Februar überschreite ich den 40. Breitengrad in nördlicher Richtung. Gut 100 Tage war ich im Südmeer unterwegs. Das Wetter ist mild und bei schwachen Winden hangele ich mich die Ostküste der Nordinsel entlang. Für eine Stunde begleiten mich in einigen Bootslängen Entfernung drei Pottwale, bevor sie mir wie auf Kommando ihre Schwanzflossen entgegen strecken und abtauchen. Wenn nicht irgendwo am Horizont immer ein anderes Schiff seine Bahnen ziehen würde und etwas mehr Wind wehen würde, könnte das Segeln nicht schöner sein. Warum werde ich nach einer Reise immer nur nach Stürmen und Beinahe-Katastrophen gefragt? Warum fragt niemand nach meinem schönsten Erlebnis?

Zwei Tage später passiere ich nachts White Island, einen noch aktiven Vulkan, in dessen Krater ich vor sechs Jahren mit drei anderen Crewmitgliedern der FREYDIS von Erich Wilts unfreiwillig eine Nacht verbracht habe. Mein Tagebuch von damals beschreibt das Erlebnis wie folgt:

»*Gegen Nachmittag umrunden wir die Insel, um nach einem Landeplatz Ausschau zu halten. Ein Ankern scheint nicht möglich und so beschließen A., H., W. und ich, mit dem Dingi an Land zu gehen, während Erich und Heide draußen mit der* FREYDIS *auf uns warten wollen. Wir haben auflandigen Wind, doch die Anlandung verläuft trotz der Brandung problemlos. Wir machen uns vorbei an brodelnden Schlammteichen und fauchenden Dampflöchern auf den Weg zum Zentrum des Kraters. Mit einer langen Leine von den anderen gesichert, wirft jeder von uns einen Blick in den Kratersee. Der See ist giftgrün und aus ihm steigt ein steter Strom von Wasserdampf gen Himmel. Es stinkt nach Schwefel. Früher ist der Schwefel kommerziell abgebaut worden, bis eine Eruption die Minengebäude zerstört und alle Arbeiter getötet hat. Einzige Bewohner der Insel sind noch einige hundert Tölpel, die an einem Zipfel der Insel brüten, der von den giftigen Gasen weitgehend verschont wird.*

Nach zwei Stunden wollen wir die Insel wieder verlassen, was sich jedoch als nicht so einfach erweist. Mehrere Anläufe mit dem Schlauchboot durch die Brandung zu kommen scheitern, da das Dingi immer wieder voll schlägt. Erich wirft von der am Ufer auf und ab segelnden FREYDIS *einen Container ab, der an den Strand getrieben wird und in dem u.a. ein Handfunkgerät ist, mit dem wir uns mit ihm verständigen können. Obwohl wir mittlerweile davon überzeugt sind, dass es unter diesen Bedingungen kein Runterkommen von der Insel gibt, starten wir auf Erichs Drängen noch einen weiteren Versuch. Für den Fall, dass es nicht klappt, fordern wir vorsorglich einen zweiten Container mit Feuer und Proviant an. Auch unser letzter Versuch scheitert wie erwartet kläglich. Das Dingi kentert und wir werden wild durcheinandergewürfelt zurück an den Strand geworfen. Bilanz: Sicherungsschot für die Kraterbesichtigung und H's Mütze sind weg. Auch hat sich H's automatische Weste aufgeblasen. Er und A. sind klatschnass, und nur W. und ich sind dank unserer Überlebensanzüge trotz des Vollbades einigermaßen trocken geblieben. Wir ziehen uns samt Schlauchboot in die Ruine des Minengebäudes zurück und machen dort ein Feuer mit dem reichlich vorhandenen Treibholz, trocknen unsere Sachen, essen und trinken. Mein Plan, im Dingi etwas zu schlafen, bleibt im Versuchsstadium stecken, da es einfach zu kalt ist. Ich lege mich in den Dreck vor dem Feuer und finde dort etwas Schlaf, da das Feuer wenigstens ein bisschen wärmt.*

Ab 6.30 Uhr morgens halten wir wie verabredet Ausschau nach der FREYDIS. *Zunächst vergebens. Erst um neun taucht endlich der rote Rumpf auf. Da die Brandung erheblich kleiner als am Vortag ist, können wir problemlos Ablegen und kurz darauf sind wir wieder an Bord.«*

Easy Days im Land der großen weißen Wolke

Nur 100 Meter von meinem Liegeplatz in Auckalnd entfernt kann man im edlen Clubhaus des »Royal New Zealand Yacht Squadron« den America's Cup bewundern. Man muss sich bei der Rezeption anmelden und wird dann von einem Herren in Anzug und mit Namensschild in die erste Etage geführt, wo das Heiligtum steht. Um ein Foto machen zu dürfen, müsste ich mir irgendwo ganz oben eine Erlaubnis holen. Die silberne Kanne steht hinter dickem Glas und ist mit einer Alarmanlage gesichert. Kaum zu glauben, dass der Kampf um diese Trophäe, die in einer etwas kleineren Ausführung auf jedem Kaninchenzüchter-Wettbewerb verliehen wird, schon viele Milliarden gekostet hat. Wengleich ich die ganze Veranstaltung etwas irrsinnig finde, kann ich den Stolz der Neuseeländer über den Gewinn des Cups verstehen. Ein Völkchen mit 3,5 Millionen Einwohnern hat über die USA, deren Syndikate keine Kosten gescheut haben den Cup zu verteidigen, triumphiert.

Da die Wirbelsturmsaison im Südpazifik erst Ende April ihr einigermaßen sicheres Ende findet, kann ich die noch anstehenden Arbeiten mit einem kleinen Zeitpolster in Angriff nehmen. Den Bugspriet schweißt mir eine Firma für 420 Euro (16 Stunden Arbeit) neu, und ein neuer Satz Segel schlägt mit 4500 Euro zu Buche. Als mir die Segel übergeben werden, heißt es zum Großsegel »This sail will never die. Never!« Zu hoffen wäre es. Somit habe ich nun drei Satz Segel an Bord, deren Zustand zwischen »kann jede Sekunde in Fetzen reißen« bis »hält noch zwei Weltumsegelungen« variiert.

Auch kommt das Boot in Auckland noch einmal aus dem Wasser, damit ich das Unterwasserschiff neu streichen kann. Die neue Unterwasserfarbe nimmt laut Dosenaufschrift schon gar nicht mehr für sich in Anspruch, den Bewuchs zu verhindern. Statt dessen soll er »kontrolliert« werden. Meine Erwartungen an die Wirksamkeit sind entsprechend gering.

Wenngleich ich unter dem Strich viel mehr Geld als geplant in Neuseeland lasse, bin ich mit den Arbeiten sehr zufrieden. Auf jeden Fall wäre es in Deutschland nicht nur teurer gewesen, sondern hätte mich auch mehr Nerven gekostet. Deutsche Handwerker sind wohl deshalb so teuer, weil sie einen Teil ihres Lohnes als Schmerzensgeld dafür ansehen, dass man es gewagt hat, sie mit einem Auftrag zu belästigen. Anders dagegen meine Erfahrungen in Neuseeland. Alle Aufträge werden pünktlich, gut, preiswert und freundlich erledigt. Für mich eine ganz neue Erfahrung.

Dank moderner Technik kann meine Freundin das machen, was Penelope mit ihrem Odysseus nicht möglich war: Sie kommt mich besuchen. Freundin L. kocht, wäscht und sorgt für Ordnung an Bord. Ich wähne mich im Paradies und erwäge schon, ihr einen Heiratsantrag zu machen, doch habe ich die Rechnung ohne die Wirtin gemacht. Die Idee, dass ich die Arbeitskraft meiner Freundin nutzen kann, um das Boot für den nächsten Reiseabschnitt vorzubereiten, kann ich weitgehend zu den Akten legen. L. lässt mich wissen, dass sie zum einen nicht um die halbe Welt geflogen ist, um an FANFAN! herumzuwerkeln und zum anderen, dass sie nicht vorhat, die ganze Zeit in »einem nach monatealtem Angstschweiß und Diesel stinkenden Boot« zu wohnen. Dass dies für mich kein Gestank, sondern der Duft von Freiheit und Abenteuer ist, behalte ich aus beziehungspsychologischen Gründen für mich. L. drückt mir einige Sachen zum Anziehen in die Hand, die sie aus Deutschland für mich mitgebracht hat. »Hier, damit man sich mit dir auf der Straße sehen lassen kann.« Zwar habe ich genug bis reichlich zum Anziehen an Bord, doch sehe ich in meinen eigenen Sachen, wie ich zugeben muss, alles andere als vorzeigbar aus. Wer mich nicht kennt, wird mich eher für einen regelmäßigen Besucher einer Suppenküche halten, statt für einen stolzen Yachtbesitzer. All mein Flehen und Bitten ob der noch anstehenden Reparaturen und Besorgungen helfen nichts. Mit Zelt, Leihwagen und Campingkocher geht es eine Woche kreuz und quer über Neuseelands Nordinsel.

»Und, war's so schlimm?«, fragt L. mich im Anschluss. »Geht so«, grunze ich, was in diesem Fall mit »Ja, es war eigentlich ganz schön und ich bin froh, mal vom Boot runtergekommen zu sein« zu übersetzen ist. Sie hat es wirklich nicht leicht mit mir. Aber so lange sie mir noch grinsend in den Po kneift, wenn sie theatralisch jammert, dass sie nur noch mit mir zusammen ist, weil sie von meinen Eltern dafür bezahlt wird normalisierend auf mich einzuwirken, kann ich so schlimm ja nicht sein.

Die Post, die ich aus Deutschland mitgebracht bekomme, bringt meinen Alltag für kurze Zeit zurück. Ein paar Unterschriften sind fällig und Kontoauszüge müssen gesichtet werden. Unter den Briefen ist einer von der ersten Einhandweltumseglerin Krystyna Chojnowska-Liskiewicz, die ich vor einiger Zeit in Danzig getroffen habe. Sie bedankt sich noch einmal herzlich für den Artikel, den ich über sie geschrieben habe und der in der Frankfurter Allgemeinen Zeitung veröffentlicht wurde. Noch 25 Jahre nach der Reise mit ihrer 9-Meter-Yacht MAZUREK kämpft sie um die Anerkennung in der Seglerwelt, die ihr nach ihrer Ansicht bislang nicht ausreichend zuteil geworden ist. Denn selbst unter Segelenthusiasten gilt die Neuseeländerin Naomi James als erste Einhandweltumseglerin. James hat ihre Weltumsegelung zwar später als Chojnowska-Liskiewicz beendet, jedoch gelang es ihr und ihrem Management einen solchem Medienrummel um sich zu entfachen, dass die Reise der Polin völlig untergegangen ist. Krystyna hat ihr im damaligen Ostblock erschienenes Buch auch einigen Verlagen im Westen angeboten, doch meist nicht einmal eine Antwort erhalten. Vielleicht auch daher die Spur von Verbitterung, die man ihr noch heute anmerken kann.

Später lerne ich noch Chris Sayer kennen. Er ist 30 Jahre alt, Bootsbauer und hat gerade seinen zweiten Mini-Einhandrenner fertig gestellt. Sein 6,50-Meter-Racer ist fast vollständig aus Kohlefaser gebaut und so viel Wert wie FANFAN!. Chris hat an jedem Gramm Gewicht gespart und so sorgen weder ein heller Anstrich noch ein Fenster unter Deck auch nur für den kleinsten Ansatz von Gemütlichkeit. Gegen das deprimierende Kohlefaser-Schwarz dürfte selbst ein Sarg seinem Insassen noch mehr Behaglichkeit vermitteln. Die ist laut Chris aber auch gar nicht erwünscht, schließlich verbringt er während des Rennens 18 Stunden am Tag an der Pinne, um das Letzte aus seinem Bötchen herauszuholen. Und weil er es ganz hart braucht, wird er zudem regelmäßig seekrank. In seinem Leben gibt es nur die Einhand-Rennsegelei und sein Traum ist es, einen Sponsor zu finden, der ihm eine Yacht der 50- oder 60-Fuß-Klasse finanziert. Meine durch eigene leidvolle Erfahrung motivierte Frage, ob er die Hoffnung hat, trotz seiner völligen Hingabe an seine Leidenschaft je eine Freundin zu finden, beantwortet er mit einem kurzen und bestimmten »No.« (Einige Monate nach unserer Begegnung wurde Chris zum Hauptdarsteller eines Seenotfalls. Westlich von Neuseelands Nordinsel brach der Kiel seines Bootes ab. Die Yacht kenterte sofort. Chris gelang es, die Rettungsinsel zu besteigen und die Seenotfunkboje auszulösen. Später wurde er von dem taiwanesischen Trawler LI SHENG aufgenommen und an ein neuseeländisches Kriegsschiff übergeben, das ihn nach Neuseeland brachte.)

Am 11. April ist es soweit. Ich checke beim Zoll aus und setze die Segel. Ich bin noch dicht unter Land und verschwinde für einen Moment unter Deck, um mir etwas zu essen zu holen. Als ich wieder nach draußen komme, passiert FANFAN! gerade ein vor Anker liegendes Angelboot in einem Abstand, der eher in Zentimetern als Metern zu messen ist. Während einem üblicherweise die Pest an den Hals gewünscht wird, wenn man sich mit einer Yacht einem Angler auch nur auf Köderwurfweite nähert, bleibt dieser Petrijünger gelassen. Statt dass mir wüste Beschimpfungen entgegen prasseln, heißt es »Have a good trip!«

Im Hauraki-Golf rauscht eine America's Cup Yacht des »One World« Syndikats dicht an mir vorbei. 17 Augenpaare blicken zu mir herüber, während die über 20 Meter lange Yacht mit vielleicht 10 oder 11 Knoten hoch am Wind segelt. »Ihr Armen! Müsst immer im Kreis segeln«, denke ich mir und winke herüber. Ein Gruß, der nicht erwidert wird. Ob man mich für ein als harmloser Fahrtensegler getarntes Spionageschiff der Konkurrenz hält?

Mein erstes Ziel ist die Insel Rarotonga in über 1600 Meilen Entfernung. Erstmalig nehme ich damit Kurs auf die typische Weltumseglerroute, die Barfußroute. Allerdings nicht wie üblich von Ost nach West, sondern in Gegenrichtung, was heißt, dass ich Strom und Wind vielfach von vorne haben werde. Diese Route habe ich nicht aus dem pubertären Wunsch heraus, es um jeden Preis anders machen zu wollen, gewählt. Ich will vielmehr zu Anfang des Südsommers, also im Dezember, um das Kap Hoorn herum nach Südafrika segeln. So bleiben mir einige Monate Zeit zur Erkundung der Südsee. Weder Strände noch Palmen locken mich. Und auch die Zeiten, in denen man von weiblichen Eingeborenen hinter die nächste Palme gezogen und vernascht wurde, sind nach meinen Informationen lange vorbei. Was mich reizt, ist das Polynesische Dreieck mit den Eckpunkten Neuseeland, Hawai`i und Osterinsel abzusegeln. Diese riesige Wasserwüste mit Hunderten von Inseln war schon vor unserer Zeitrechnung Schauplatz einer geradezu fantastischen maritimen Siedlungsbewegung, die, wie Genanalysen ergeben haben, ihren Ausgangspunkt im heutigen Taiwan hatte. Wie diese Besiedlung im Einzelnen ablief, stellt die Wissenschaft bis heute vor viele Fragen. Vielleicht kann man die Leistung der damaligen Navigatoren nur ermessen, wenn man sich dieses Dreieck einmal selbst mit einem Boot ersegelt hat.

Südsee statt Südmeer

Als das letzte Stück Neuseeland, die Insel Great Barrier, hinter mir in der Nacht verschwindet, wird mir etwas schwer ums Herz. Vor mir liegt noch so unvorstellbar viel Wasser bis Deutschland. Hoch am Wind geht es nach Nordosten. In der zweiten Nacht reißt das altersschwache Großsegel im unteren Bereich horizontal fast komplett durch. Ich segele mit dem zweiten Reff weiter, doch schon nach hundert Meilen geht ein zweiter Riss vom Vor- bis zum Achterliek. Erstmals kommt das dritte Reff zum Einsatz. Sobald das Wetter etwas ruhiger ist, muss ich das Großsegel wechseln. Drei Eigner und um die 40 000 Meilen hat das Segel durchgehalten.

Am fünften Tag passiert mich nachts in zwei Meilen Abstand ein Frachter mit Kurs Neuseeland. Über Funk frage ich den Wachhabenden nach der Wirbelsturmlage im Südwestpazifik. »No Hurricans, only a little bit rough«, bekomme ich zur Antwort. Das klingt grundsätzlich gut, aber was bitte ist »a little bit rough«? Ich verzichte auf weitere Fragen.

Nach einer Woche habe ich meinen Einhandseglerfrieden wiedergefunden. Segeln ist halt doch schön. Auch dann noch, als sich die Ankündigung »a little bit rough« insoweit bewahrheitet, als dass es mit 30 Knoten anfängt zu wehen. Aber es macht schon einen gehörigen Unterschied, ob dabei die Sonne scheint, das Thermometer auf 25 Grad steht und Fliegende Fische ins Cockpit purzeln oder ob man dem eisigen Südmeergrau ausgesetzt ist. Allerdings dauert es nicht lange, bis sich meine Segelmotivation auf dem Nullpunkt befindet. Der Starkwind ist hartnäckiger als gedacht und dreht auf Ost. Ich muss um jedes Grad Höhe kämpfen. Tag um Tag bolzt FANFAN! gegen die See an. Die Manschette des Mastes ist wieder undicht und so bahnt sich ein kleines Rinnsal unter der Decke seinen Weg in Richtung Koje. Pitsch, Pitsch, Pitsch. Ich kann nichts dagegen machen. Zweihundert Meilen vor Rarotonga bricht das Bücherschapp in Luv unter der Last seines Inhalts auseinander. Als ob das Boot mir sagen will, dass es so langsam reicht. Ich falle 20 Grad ab, damit es nicht mehr ganz so doll rummst.

Am 13. Tag tauchen die Bergspitzen von Rarotonga, kurz Raro, am Horizont auf. Die ersten Weißen, die mit den Insulanern Kontakt aufnahmen, waren 1789 die Meuterer der BOUNTY, die auf der Suche nach einer Insel waren, auf der sie sich niederlassen konnten. Der erste Eindruck von den Bewohnern scheint nicht gut gewesen zu sein, denn die Meuterer segelten weiter, ohne ihren Fuß an Land gesetzt zu haben. Der erste Europäer, der sich an Land wagte, war 1814 Kapitän Philip Goodenough vom Schoner CUMBERLAND, der auf der Suche nach Sandelholz war. Nachdem einige Mitglieder seiner Mannschaft von den Einheimischen massakriert worden waren, entschloss sich auch Kapitän Goodenough, sein Glück woanders zu suchen. Erst einige Jahre später fand ein Missionar freundliche Aufnahme auf der Insel.

Radio Cook Islands meldet auf 630 Khz eine weitere Zunahme des Windes. Um den Hafen noch bei Tageslicht zu erreichen, werfe ich die letzten 14 Meilen die Maschine an und dampfe gegen 25 Knoten Wind in Richtung Insel. Plötzlich riecht es verbrannt. Ich stecke den Kopf in den Motorraum, doch von dort kommt der Geruch nicht. Erst als ich an Land eine Rauchsäule entdecke, kann ich Alarmstufe rot aufheben.

Viereinhalb nasse und langsame Stunden dauert es, bis die Hafeneinfahrt von Avatiu vor mir liegt. Jetzt noch die Richtfeuerbaken in Linie bringen und mit viel Gas geht es durch die konfuse See in das kleine Hafenbecken. Dort steht so viel Schwell, dass mir nichts anderes übrig bleibt, als es der einzigen anderen Yacht im Hafen gleichzutun und den Heckanker auszubringen und mich mit dem Bug an der Betonpier festzumachen. Nach dem Aufklaren mache ich einen kurzen Rundgang, um die Umgebung zu erkunden. Aus einer Telefonzelle höre ich einen deutschen Touristen in Richtung Heimat schreien, dass das Wetter gut, der Strand weiß, das Essen okay und die Leute freundlich sind. Na dann.

Im nach Norden offenen Hafen steht ein solcher Schwell, dass der Ruckdämpfer meiner Bugleine, mit der ich am Kai festgemacht bin, nach einem Tag in der Mitte zerreißt. Der Hafenmeister prophezeit mir, dass ich erst in zehn Tagen weiter nach Tahiti kann. So lange soll das Wetter schlecht bleiben. Die offizielle Vorhersage sieht jedenfalls nicht gut aus. 25 bis 40 Knoten Wind aus Südost bis Ost sind für die nächsten Tage angesagt.

Auch wenn ich das Boot in dem ungeschützten Hafen nicht gerne alleine lasse, mache ich eine Inselrundfahrt. Und zwar per Anhalter, weil man so schnell Leute kennenlernt. Die Rarotonganer bekommen gute Noten für ihre Anhalterfreundlichkeit. Ich komme immer schnell weg und mache dabei eine Reihe interessanter Bekanntschaften. Zumindest dann, wenn ich nicht auf der Ladefläche eines Pick-ups sitze, wo die Unterhaltungsmöglichkeiten mit dem Fahrer eher schlecht sind. Dafür weht dort dann ein frischer Wind. Die lokale Sprache heißt Cook Islands Maori und wird neben Englisch von so gut wie allen Einheimischen gesprochen. Manchmal hört man auch eine Mischung aus beiden Sprachen. Klingt lustig.

Die Insel ist grün und bergig und hat einige schöne Strände zu bieten, weswegen die touristische Infrastruktur ganz gut entwickelt ist. Natürlich gibt es auch Hotels, in denen abends in Palmwedelkostüme gehüllte und mit Kokosnuss-Büstenhaltern ausgerüstete Supermarktverkäuferinnen und Frisösen »traditionelle« Tänze aufführen. Aber trotz Coca-Cola, Internet-Café und protziger Geländewagen ist im Alltag der Menschen einiges vom Südseeklischee präsent. Viele Frauen tragen eine Blume hinter dem Ohr oder gar einen Blumenkranz auf dem Kopf, und aus dem Radio tönt das, was man sich gemeinhin als Südseemusik vorstellt: melodischer, meist mehrstimmiger Gesang, der von einer schnell gespielten Ukulele begleitet wird. Die Leute sind freundlich und die Aufdringlichkeit mancher Karibikbewohner ist ihnen fremd. So werde ich auf der Straße regelmäßig angelächelt oder gegrüßt – einfach so. Wie viele farbige Touristen können ähnliches von ihrem Urlaub auf Borkum oder Rügen berichten?

Nach gut einer Woche setze ich die Segel mit Ziel Tahiti. Ich komme gut voran, aber leider in die falsche Richtung. Wieder einmal heißt es tagelang kreuzen, und weil dies nicht reicht, um mir das Leben schwer zu machen, tropft es trotz meiner Abdichtbemühungen in Avatiu weiter munter von der Decke. Tagsüber zeigt das Thermometer 35 °C unter Deck an. Ich klebe regelrecht in meiner Koje fest. Da ist es vielleicht doch gemütlicher, wenn die Temperatur 30 Grad niedriger ist und man sich schön in seine zwei Schlafsäcke kuscheln kann.

In meinem Seehandbuch finde ich ein Kapitel über Vigias. Dies sind Riffe, Überwasserfelsen und Untiefen, deren Existenz oder Position nicht bestätigt bzw. eindeutig ist. Der Pazifik hat eine Reihe solcher Flecken zu bieten. So findet sich zum Beispiel folgender Eintrag:

»Haymet Rocks (27°11' S, 160°13'W), gemeldet 1863 von J.E. Haymet, Kapitän des Kutters WILL WATCH. *Felsen deutlich gesehen aus einer Entfernung von 1/4 Meile. Kiel des Fahrzeugs beschädigt in einer geschätzten Tiefe von 2 Meter. Die Felsen wurden 1978 von einer Yacht gesichtet. Position zweifelhaft, aber Existenz bestätigt.«*

Die Zahl der Vigias nimmt mit der zunehmenden Erforschung dieses Seegebietes naturgemäß ab und wird wohl eines Tages den Wert null erreicht haben. Beruhigend, aber auch schade, wenn man dem Meer so überhaupt keine Geheimnisse mehr lässt.

Am sechsten Tag sichte ich das erste Stück Französisch-Polynesiens. Es ist die 55 Meilen westlich von Tahiti gelegene Insel Maiao. Durchmesser drei Meilen, zweihundert Einwohner. Sicher ein lohnendes Ziel, verspricht der Umstand, dass die Insel keinen Flughafen hat, etwas Beschaulichkeit. Aber leider ist die Einfahrt zu einem kleinen Hafenbecken für FANFAN! nicht passierbar. Es bleibt bei einer Begegnung aus der Ferne, während Backbord voraus schon schemenhaft die Bergspitzen von Moorea auszumachen sind. Dass es nicht mehr weit bis zu den Segnungen der Zivilisation ist, zeigen die umhertreibende Colaflasche und das UKW-Radioprogramm. Statt Südseemusik wie auf Rarotonga tönt mir »Legalize it!« im Reggaesound entgegen.

Auch nach rund 2200 Meilen, die ich fast ununterbrochen hoch am Wind segeln musste, haben die diversen Wettergötter kein Einsehen. Für die letzten Meilen brauche ich dann noch ein ganzen Tag. Gegen schwache nordöstliche Winde kreuze ich nach Tahiti auf und mit dem ersten Tageslicht stehe ich vor der Einfahrt in den Hafen von Papeete. Kurze Zeit später rauscht mein Heckanker an der berühmten und nur gut zur Hälfte belegten Wasserfront von Papeete ins Wasser. Ein italienisches Seglerpaar nimmt meine Bugleine entgegen und informiert mich, dass ich damit rechnen müsse, dass alles, was nicht niet- und nagelfest an Deck ist, nachts in den Besitz von Einheimischen übergeht. Auch wenn es seit über 200 Jahren gute Tradition ist, dass Besucher auf Tahiti beklaut werden, bin ich von dieser Aussicht genauso wenig begeistert wie von dem Schwell, der meinen Bugspriet immer wieder gefährlich nahe an die Betonwand kommen lässt. Zudem führt an der Wasserfront eine Straße entlang, die es gut mit einer deutschen Autobahn aufnehmen kann. Papeete ist mit ungefähr 50 000 Einwohnern eben eine große Stadt, für polynesische Verhältnisse sogar eine Großstadt. Mir drängt sich der Vergleich mit der Kanarenstadt Las Palmas auf. Als Segler kommt man (fast) nicht dran vorbei, ist aber froh, wenn man endlich weitersegeln kann.

Kurzerhand lege ich wieder ab und ankere einige hundert Meter entfernt im trüben und stinkenden Hafenwasser. Auf der Suche nach dem Zollbüro erfahre ich, dass die nächsten zwei Tage das öffentliche

Leben wegen Christi Himmelfahrt auf Sparflamme läuft, ich also nichts erledigt bekomme.

Von den gut 100 Fahrtenyachten scheinen einige seit Jahren weder einen Unterwasseranstrich noch die offene See gesehen zu haben. Die monatlichen Liegeplatzkosten dürften in diesen Fällen den Schiffswert erreichen. Die meisten Yachten sind allerdings nicht nur einiges größer als FANFAN!, sondern auch die Bordkasse scheint gut gefüllt zu sein, wenn man den Antennenwäldern auf Mastspitzen und Geräteträgern Glauben schenken kann. Die Leute, die man als Aussteiger bezeichnen würde, kann man an den Fingern einer Hand abzählen.

Es herrscht Schauerwetter, und schwüle Hitze liegt über dem Ort. Die Banken sind geschlossen, weswegen an einheimische Währung, den Polynesischen Franc, kein Herankommen ist. Irgendetwas Kaltes zu trinken wäre jetzt etwas Feines. Was tun? Zur Lösung dieses Problems statte ich der neben mir liegenden Luxusyacht aus den USA mit dem Dingi einen Besuch ab. Dass es dort kalte Getränke gibt, verrät mir der aus der Bordwand austretende Kühlwasserstrahl der Eisbox. Minuten später sitze ich mit einer kalten Cola in der Hand im Cockpit der Yacht. Der Skipper und seine Frau sind ebenfalls von Auckland gekommen und haben mit ihrem 52-Fuß-Boot 16 Tage gebraucht. Vier weniger als ich. Dafür lief deren Maschine aber auch 200 Stunden, um gegen den Wind anzukommen. Wenngleich die beiden mit der Frage, ob in Ostdeutschland auch Deutsch gesprochen wird, manches Vorurteil bedienen, entpuppen sich meine Gastgeber als überaus interessante Menschen.

Zurück an Bord verstaue ich mein Schlauchboot auf dem Vorschiff und binde es vorsichtshalber an einer langen Leine an. Eigentlich eine unnötige Vorsicht, könnte man meinen. Minuten später fängt es wieder einmal an zu regnen, was nichts Neues wäre, wenn nicht eine Sturmbö über den Hafen fegen würde, die sich buchstäblich gewaschen hat. Mit der Geräuschkulisse einer eingeschalteten Turbine fällt sie im Rigg ein. FANFAN! legt sich ordentlich auf die Seite und das Schlauchboot steigt drachengleich gen Himmel. Der Regen ist so dicht, dass die Sicht kurzzeitig bis auf wenige Meter schrumpft. Schemenhaft sehe ich ein Nachbarboot, auf dem sich ein Vorsegel selbstständig macht. Wenn jetzt nur mein Danforth-Anker hält! Lediglich mit einer Unterhose bekleidet stehe ich wie ein begossener Pudel im Cockpit und harre der Dinge. Bange, nasse Minuten, in denen zwei andere Yachten auf Drift gehen und unter Maschine die Position halten müssen. – Mein Anker hält und die Bö ist so schnell abgeflaut, wie sie gekommen ist.

Angelockt von stampfenden Trommelrhythmen lade ich mich beim Stadtrundgang am nächsten Tag selbst in den Probenraum einer Tanzschule in Papeete ein. Zehn Trommler sorgen für einen ohrenbetäubenden Rhythmus, zu dem das getanzt wird, was mein Laienauge für traditionelle tahitianische Tänze hält. Auf einigen Bänken sitzen völlig aus den Fugen geratene Muttis, die ihren alles andere als aus den Fugen geratenen und knapp bekleideten Töchtern beim Tanzen zuschauen. Zusätzlich sorgt noch eine Reihe muskulöser und wild tätowierter junger Männer für Verstärkung auf dem Tanzboden. Wenngleich die neben mir sitzenden 150 Kilo Tahiti mir einige unfreundliche Blicke zuwerfen, wird meine Anwesenheit geduldet. Die zahlreichen Deckenventilatoren können nicht verhindern, dass ich ganz schön ins Schwitzen komme. Dieses Hüftgewackel kann einen ganz aus der Fassung bringen. Wer kann es den Seeleuten vergangener Tage verdenken, dass sie nach einem Besuch in der Südsee nicht das geringste Bedürfnis hatten, an Bord ihrer Schiffe zurückzukehren, wo statt Po wackelnde Südseeschönheiten madengespickter Schiffsfraß und die neunschwänzige Katze auf sie warteten. Mir jedenfalls wird es nach einer halben Stunde ob der vielen nackten Haut zu heiß und ich suche das Weite.

Am Steg lerne ich ein englisches Seglerpaar kennen, von dem ich prompt zum Essen auf ihre 50-Fuß-Aluyacht eingeladen werde. Alles ist vom Feinsten und der Sicherungskasten der Bordelektrik würde einem Kleinkraftwerk zur Ehre gereichen. Aber wie mir der Eigner versichert, hat er strikt darauf geachtet, alles an Bord so einfach wie möglich zu halten. Während wir bei Lachspastete, frischem Baguette und Salat sitzen, sorgt die bordeigene Klimaanlage dafür, dass wir nicht ins Schwitzen kommen. Stolz erzählt mir der Eigner, dass er und seine Frau es doch tatsächlich geschafft haben, sich mit Salzwasser zu waschen, nachdem der Wassermacher ausgefallen ist. Die Ehefrau macht keinen Hehl daraus, dass sich ihre Segelbegeisterung nur knapp über der Messbarkeitsgrenze befindet. »Aber hätte ich alleine zu Hause bleiben sollen?«, fragt sie schulterzuckend. An Stelle ihres Mannes mit »Ja!« zu antworten, kann ich mir gerade noch verkneifen.

Meine Gastgeber sind Teilnehmer einer kommerziell organisierten Weltumsegelung, die so aussieht, dass ungefähr 25 Privatyachten in einer Flottille um die Welt segeln. Zeitplan und Häfen sind vorgegeben. Der

Veranstalter sorgt dann vor Ort für ein Rahmenprogramm und lässt die per E-Mail von Bord aus georderten Ersatzteile einfliegen. Freiheit unter Segeln im 21. Jahrhundert.

Als das Hafenbüro wieder öffnet, kann ich endlich den leidigen Papierkram erledigen. Im Büro des Hafenkapitäns höre ich einen Engländer schimpfen, dass dies der kriminellste Hafen sei, den er je besucht hat. Nicht einmal in Südamerika sei es so schlimm gewesen. Im Anschluss mache ich noch einige Besorgungen. Die Preise sind gemischt. Ein Keilriemen für meinen Diesel kostet 6 Euro, das Tauschen einer Gasflasche 8 Euro. Eine kleine Melone dagegen 6 Euro und 750 Milliliter Trinkjoghurt 4 Euro.

Am frühen Morgen meines dritten Tages in Papeete reicht es dann. Ich gehe ankerauf mit Ziel Moorea. Vorher tanke ich noch am Yachtanleger Frischwasser nach. Sofort sind einige nach Alkohol stinkende Gestalten zu Stelle, die mich mit »Hi Brother« begrüßen und etwas zu rauchen wollen. Für wohlmeinende Zeitgenossen sind solche Leute wohl Opfer ihrer kulturellen Entwurzelung, die dringend Verständnis und Hilfe brauchen und denen man ein gestörtes Verhältnis zum Eigentum nachsehen muss. Ob man solche Sprüche auch noch von sich gibt, wenn man einmal Opfer dieser Randexistenzen geworden ist?

Vier Stunden später laufe ich schon in die Opunohu-Bucht an der Nordküste von Moorea an. Nicht umsonst finden sich Fotos dieser Bucht in zahlreichen Weltumseglerbüchern. Die Ufer sind palmengesäumt und am Kopf bietet ein zu bizarren Zacken zerfallener Vulkankrater ein tolles Panorama. Ich ankere in der Nähe der Anse de Robinson, wo ein großer, blauer Schoner mit Heckleinen an den Palmen vertäut ist. Dafür, dass angeblich Hunderttausende von Seglern in der ganzen Welt davon träumen hier zu liegen, ist es ziemlich ruhig. Neben dem Schoner ist gerade mal eine andere Yacht da. Was die Fotos nicht ahnen lassen, ist die Rundstraße, die hinter Palmen versteckt die Bucht entlang führt. Die Einsamkeit, die die Bilder suggerieren, findet man hier also nicht.

Ein Ausflug mit dem Dingi zu dem die Insel umgebenden Riff sorgt für einige kritische Momente. Mit dem Propeller komme ich auf eine Koralle, wodurch der Scheerstift, der den Propeller sichert, seine Funktion erfüllt und bricht. Da ich keinen Ersatz dabeihabe, bleibt nur der beherzte Griff zum Paddel, um nicht im schlimmsten Fall über das Riff hinter den Horizont geblasen zu werden. Es weht nämlich wie Hund. Gegen den Wind schaffe ich es gerade noch ans Ufer, wo ich einem jungen Mann mit Händen und Füßen mein Leid schildere. Er weiß Rat und kurz darauf haben wir mit einer Zange und einer Säge aus einem Nagel einen neuen Scheerstift gezaubert. Merci!

Am nächsten Tag werde ich Zeuge eines Gottesdienstes in der achteckigen Kirche von Papetoai, an der Westseite meiner Ankerbucht. Die Kirche gilt mit dem Baujahr 1822 als die älteste des Südpazifiks. Die Gottesdienstbesucher sind reich mit Kränzen und Halsketten aus Blumen geschmückt und die meisten sind mit einheitlichen, gemusterten braunen oder blauen Hemden bekleidet. Es wird nur Tahitianisch gesprochen und wechselnde Sprecher greifen zum Mikrophon. Wer der Geistliche ist, kann ich nicht erkennen. Die Wortbeiträge werden von mehrstimmigem Gesang der Gemeinde unterbrochen, der von Gitarren und dezenter Perkussion begleitet wird. Herausgeputzte Kinder zappeln unruhig auf den Bänken herum und hoffen auf die Erlösung in Form eines baldigen Endes der Zeremonie. Es wird gelacht und geklatscht – hier spürt man echte Lebensfreude. Wenn ich mich da an meine Schulgottesdienste erinnere, wird mir ganz anders. So haben wir Schüler es einmal nach einer Musikdarbietung gewagt zu applaudieren. Das Ergebnis war, dass die Direktorin im Anschluss jeder Klasse einen Besuch abgestattet hat, um uns wissen zu lassen, dass sie sich fürchterlich für uns geschämt hat. »Hat euch denn keiner gesagt, dass man in einer Kirche nicht klatscht!«

Abends kommt ein am ganzen Oberkörper tätowierter Einheimischer im Auslegerboot zu mir hinaus gerudert und will mir Hasch verkaufen. Ich hätte mir lieber einen Fisch schenken lassen, aber auch auf Moorea geht man halt mit der Zeit.

Ich segele die Nacht bei schwachem Südwind durch und erreiche die Insel Huahine am nächsten Mittag. Mein vor 20 Jahren geschriebener US-Yachtpilot empfiehlt die mit 3200 Menschen bewohnte Insel als das »unverdorbene Tahiti«. Zusätzlich wird die Insel dadurch geadelt, dass James Cook zwischen 1769 und 1777 mehrfach zu Besuch war. Mir jedenfalls gefällt es auf Anhieb.

Bei einem Rundgang sehe ich einen Einheimischen, der einem Bilderbuch entsprungen sein könnte. »Von dem brauchst du unbedingt ein Foto«, schießt es mir in den Kopf. Eine Körperhälfte ist von Scheitel bis zum Fußknöchel vollständig tätowiert, während die andere Körperhälfte unverziert ist. Er spricht zum Glück englisch und so kann ich seine Körperkunst in den blumigsten Worten loben und ihm mein Leid mit meiner allerdings nur handtellergroßen Tätowierung klagen. Dieses Relikt einer erfolglos verlaufenen Jugendrevolte gegen die verlogene Erwachsenenwelt war einmal schillernd bunt, ist aber mit den Jahren völlig verblichen. Meine Vorstellung, uns so zu Brüdern im Geiste gemacht zu haben und von ihm die Erlaubnis für ein Foto zu bekommen, geht leider fehl. Wie ich erfahre, erzählen die Tätowierungen seine Familiengeschichte, und aus Respekt vor seinen Ahnen könne er es leider nicht zulassen, dass davon ein Foto gemacht wird. Auf die Frage, warum nur eine Körperhälfte tätowiert sei, antwortet er, dass die tätowierte Seite für seine Vergangenheit stehe, während die noch freie Seite seine Zukunft darstellt. Unter diesem Gesichtspunkt habe ich ja zum Glück noch einiges an Zukunft vor mir. Daher fällt es mir nicht schwer, sein Angebot, mich von ihm mit einigen polynesischen Mustern aufpeppen zu lassen, dankend abzulehnen. Zwar wäre eine Gesichtstätowierung sicher ein zünftiges Souvenir aus Polynesien, doch dürften meine Chancen auf dem heimischen Arbeits- und Heiratsmarkt mit so etwas gegen null konvergieren.

Nach einer Nacht setze ich schon wieder die Segel. An den Inseln Raiatea und Tahaa vorbei geht es nach Bora Bora, deren Bergspitzen sich schon aus 50 Meilen Entfernung am Horizont abzeichnen. Mit dem Dingi fahre ich zur Hauptansiedlung Vaitape, um meine kurze »Things to do«-Liste abzuarbeiten. An mir vorbei rauscht ein mit bleichen Touristen beladenes Auslegerboot, das von einem schweren Außenborder angetrieben wird und dessen Skipper mit der Ukulele in der Hand Lieder singt.

Für umgerechnet 5 Euro besorge ich zwei Baguettes und einen Trinkjoghurt. Dann besuche ich das denkmalähnliche Grab von Alain Gerbault. Gerbault hat von 1923 bis 1929 mit seiner Yacht FIRECREST als erster Europäer einhand die Welt umsegelt. Kurz vor dem Einmarsch der Japaner starb der schwer kranke Gerbault 1941 auf Timor und wurde nach dem Krieg, wie von ihm gewünscht, auf Bora Bora bestattet. Während er bis heute in Frankreich zumindest unter Seglern als Ikone verehrt wird, ist er in Deutschland so gut wie unbekannt. Mit dem Besuch des Grabes ist mein touristisches Interesse an Bora Bora eigentlich schon erschöpft.

Zurück an meinem Ankerplatz lerne ich noch zwei andere Einhandsegler kennen, die auf der Passatroute unterwegs sind. Lutz aus Deutschland und Thomas aus Schweden. Lutz ist allerdings nur zeitweise alleine unterwegs. Für die längeren Schläge sucht er sich Crew, da das lange Alleinsein nichts für ihn sei, wie er mir erzählt. Dies sei ihm besonders deutlich geworden, als er einmal nach elf Tagen alleine auf See auf seiner rechten Schulter ein kleines Männchen entdeckt hat, das ihm beharrlich den Sprung über Bord ans Herz legte. Lutz macht keinen Hehl daraus, dass er meine Art zu reisen etwas seltsam findet. »Mensch, Uwe, du musst mit dem Wind segeln, da, wo es warm ist, Land und Leute kennen lernen, gut essen und ab und zu ein Mädchen in der Koje!«

»Ach ja. Gut essen und ab und zu ein Mädchen in der Koje«, wiederhole ich wehmütig, während ich im Cockpit von Lutz' 10-Meter-Kunststoffyacht sitze und dankbar einen eiswürfelgekühlten Saft in mich hineinkippe.

Plötzlich gellt ein spitzer Schrei über den Ankerplatz. Der schwedische Einhandsegler Thomas, der nur wenig entfernt gerade dabei war, sein Unterwasserschiff tauchenderweise abzukratzen, hechtet aus dem Wasser, dass man ihm kaum mit den Augen folgen kann. »A Shark!«, ruft er zu uns herüber und streckt dabei beide Arme so weit auseinander wie es geht, um uns zu zeigen, mit was für einem Vieh er gerade noch das Badewasser geteilt hat. Der weiße Hai war es demnach nicht gerade, aber trotzdem beschließe ich, dass die Inspektion meines Unterwasserschiffs noch etwas Zeit hat. Ich tausche mit Lutz noch etwas Lesestoff, und kaum sechs Stunden nach meiner Ankunft auf Bora Bora habe ich schon wieder die Segel gesetzt. Rund 2300 Meilen Kurs Nord sind es bis zum nächsten Eckpunkt des polynesischen Dreiecks, der Inselgruppe von Hawai`i.

Männer gesucht in Kiribati

Auf dem Weg nach Hawai`i liegen eine Reihe von Inseln, die zur Line-Gruppe gehören. Die meisten Inseln dieser Gruppe gehören zur Republik Kiribati, einem Staat mit riesiger Ausdehnung, aber nur 726 km^2 Landfläche und offiziell 92 000 Einwohnern. Die typische Beschreibung dieser Inseln im englischen Seehandbuch liest sich wie folgt: *»Die Insel ist niedrig, unbewohnt und wird von einem Saumriff umgeben. Ankern ist nicht möglich. Das Anlanden gilt als gefährlich und sollte nur bei ruhigem Wetter versucht werden.«*

Meine erste Insel hört auf den Namen Flint. Sie ist um 1801 entdeckt worden. Von wem, ist allerdings unbekannt. Wie bei allen polynesischen Inseln meint »Entdeckung« die Entdeckung durch Europäer. Denn es ist mehr als wahrscheinlich, dass selbst auf den unbewohnt vorgefundenen Inseln des Pazifiks schon einmal Polynesier ihren Fuß gesetzt haben.

Man hat auf Flint Guano abgebaut und das Seehandbuch vermerkt, dass die Insel 1974 zweimal zur Kopragewinnung besucht wurde. Neben dem Umstand, dass sie auf dem Weg nach Hawai`i liegt, gibt es zwei Gründe für mich dort vorbeizuschauen. Der Inselname erinnert mich an Robert Louis Stevensons Kapitän Flint aus der »Schatzinsel« und die einzig erhältliche Seekarte datiert im Wesentlichen von 1882 und ist mehr Skizze als Karte. Da werden Piratenträume aus Kindertagen wach.

Bereits aus 10 Meilen Entfernung kann ich die Palmenspitzen von Flint ausmachen. An der Westseite der Insel gehe ich bis auf 50 Meter an das Riff heran, ohne dass mein Echolot Grund findet. Die Insel ist dicht bewachsen. Mit dem Fernglas suche ich den weißen Strand nach irgendwelchen Zeichen menschlichen Lebens ab. Nichts. Kein Schiffbrüchiger, der von mir gerettet werden will und erst recht kein Kapitän Flint, der seinen Schatz mit mir teilen möchte. Auf der Insel anzulanden wäre wohl möglich, da die Brandung nicht besonders hoch geht. Ohne Ankerplatz bzw. Crew, die bei FANFAN! bleibt, ist dies aber für mich ein Wagnis, das mich ruck, zuck das Boot kosten kann. Grundsätzlich hätte ich nicht einmal was gegen eine Robinsonade auf Flint Island. Nur kürzer als das Original müsste sie sein, und statt eines Freitags hätte ich lieber eine Sabine oder Nicole an meiner Seite. Aber vor allem der mit

Robinsonaden zwingend verbundene Schiffbruch behagt mir nicht. Angeblich befinde ich mich noch im Gebiet des Südostpassats, doch segele ich seit Bora Bora hoch am Wind gegen nördliche Winde an. Ich glaube, dass wenn je einer im Pazifik Gegenwind gebucht hat, dann bin ich das. Rums, rums, rums geht es gegen die See. Und weil dies noch nicht langt, tropft es weiter in meine Koje. Dabei habe ich den Mast noch einmal auf Moorea abgedichtet. Wo kommt nur dieses Wasser her?

Etwas später meldet sich Mutter Röttgering wieder über die Deutsche Welle. Diesmal gibt es keine Grüße an mich, sondern meine Mutter schildert dem Redakteur, wie wichtig die Grüße an mich waren und welche Bedeutung auch im Zeitalter von E-Mail und Satellitentelefon eine Grußsendung über Kurzwelle noch hat. Und da sie weiß, wie Medien funktionieren, höre ich etwas von Windstärke 11 und einem Sohn, der physisch und psychisch praktisch ein Wrack war, bis die liebliche Stimme seiner Mutter dank der Deutschen Welle an sein Ohr dringen und ihn wieder aufrichten konnte.

Am fünften Tag seit Bora Bora, es ist der 21. Mai, dümple ich wie festgenagelt auf 09° 33' S und 153° 39' W. Es herrscht eine Flaute, wie ich sie auf dieser Fahrt noch nicht erlebt habe. Über Stunden bewegt sich das Boot nicht den Bruchteil einer Meile. Schweiß ... 37 °C zeigt das Innenthermometer. Ich springe in das unendliche Blau. Was würde ich dafür geben, wenn ich für ein paar Stunden auf Kiemenatmung umstellen und schnell wie ein Fisch durch diesen nassen Kosmos jagen könnte. Stattdessen hänge ich mit Taucherbrille und Schnorchel an der Heckleiter und hoffe, dass der weiße Hai schon Feierabend hat. Im Anschluss mache ich vom Schlauchboot aus einige Aufnahmen der in der Dünung rollenden Yacht. Ich habe das Ruder auf Kreisfahrt eingestellt, und selbst wenn plötzlich Wind aufkommen würde, könnte mir FANFAN! wohl nicht entkommen. Ein komisches Gefühl ist es trotzdem, so ganz ohne Nabelschnur zu meiner Lebenszelle im Schlauchboot mitten auf dem Pazifik zu treiben.

Nachts kommt wieder Wind auf – und weht mir prompt schon wieder direkt auf die Nase. Es ist zum Aus-der-Haut-Fahren. Ein Rotfußtölpel hat es sich auf dem Heckkorb bequem gemacht und verfolgt interessiert, wie ich die Segel trimme. Mein Versuch, mir die Kreatur durch den Austausch von Zärtlichkeiten zum Freund zu machen, ist nicht von Erfolg gekrönt. Trotz guten Zuredens lässt er mich nicht näher als einen Meter an sich heran, bevor er wegfliegt.

Gegen Abend des achten Tages taucht Malden vor mir auf. Auf der wahrscheinlich 1825 entdeckten Insel wurde jahrzehntelang Guano abgebaut. So habe ich den Bericht des Kapitäns der Bark EMIN PASCHA an Bord, der die Insel 1891 anlief, um Guano für Hamburg zu laden. Damals gab es dort sogar Muringtonnen, an denen die Segler festmachen konnten. Erstaunlich, dass es sich gelohnt hat, den als Dünger benötigten Vogeldreck um die halbe Welt zu schiffen. Von 1956 bis 1964 war Malden ein nukleares Testgelände für die USA und Großbritannien. Malden teilt dieses Schicksal mit einer ganzen Reihe von Südseeinseln, wo man in der Vergangenheit mit kaum vorstellbarer Gewalt gewütet hat. Flugplätze wurden angelegt und dabei ganze Vogelkolonien ausgelöscht, Riffe gesprengt, um Lagunen zu öffnen, Kampfstoffe freigesetzt und Atombomben gezündet. Nachdem mit dem Bombenzauber auf Malden Schluss war, haben die Verantwortlichen ihre nahezu grenzenlose Naturliebe dadurch dokumentiert, dass sie die Insel zum Vogelreservat erklärt haben.

Die Insel ist flach und ich zähle durch das Fernglas nur eine Hand voll zerzauster Palmen. Im übrigen ist die Insel mit niedrigen Büschen bewachsen, in denen eine Unzahl von Seevögeln hockt. An der Westseite der vier Meilen messenden Insel ist einiges an rostigem Metallschrott vorhanden und auch ein paar verfallene Gebäude sind zu sehen. Es herrscht eine geisterhafte Stimmung, die noch dadurch verstärkt wird, dass im Westen eine riesige schwarze Regenfront am Himmel hängt. Eine Gruppe von Delfinen begleitet FANFAN!, die Brandung ist hoch und bricht sich donnernd am Strand. Den auf der Seekarte ausgewiesenen Ankerplatz kann man unter diesen Bedingungen vergessen. Durch das Fernglas versuche ich jedes Detail aufzusaugen. Die einzige Stelle, an der ein Anlanden machbar scheint, liegt in der Mitte des Strandes, wenngleich es auch hier nicht möglich sein dürfte, trocken an Land zu kommen. Anders als bei Flint kommen hier keine Robinsongefühle auf. Im diffusen Abendlicht wirkt die Insel einfach nur unheimlich.

Kurz darauf ist Malden schon von der Nacht verschluckt und ich setze wieder die Segel. Kaum habe ich mein Abendessen, Zwieback mit Leberpastete und Apfelsaft aufgegessen, da meldet sich auch schon wieder Mutter Röttgering über die Deutsche Welle. »Wenn das so weitergeht, kann man den Laden bald in Radio Röttgering umbenennen«, kommt mir in den Kopf und ich muss grinsen. Etwas irritiert bin ich dann aber doch, als meine Mutter der Moderatorin erklärt, dass nach dieser Reise der »endgültige Berufseinstieg« bei mir auf dem Programm steht. Mir ist schon klar, dass ich nicht ewig weitersegeln kann, aber muss ich ausgerechnet jetzt daran erinnert werden?

In der Nacht bekomme ich wieder Besuch von einem Tölpel. Diesmal hockt der Vogel auf dem Bugkorb, wo er ausgiebige Gefiederpflege betreibt. Warum diese Tiere keine Scheu vor Booten haben, die ja auch vogelverschlingende Monster sein könnten, ist mir schleierhaft.

Der Stille Ozean wird seinem Namen mehr als gerecht. Die Winde sind schwach und wehen wider jede Wetterstatistik aus nördlichen Richtungen. Tag für Tag. Nach zehn Tagen habe ich nur 910 Meilen zurückgelegt. Der einzig positive Effekt dieser Schleichfahrt ist, dass ich so langsam ein Gefühl für die ungeheuren Dimensionen des Pazifiks bekomme. Es scheint fast unvorstellbar, dass dieses Meer vom Menschen je erschöpft werden kann, und doch sollen fernöstliche Fischereiflotten hier schon einige Fischarten arg dezimiert haben. Das einzige Schiff, das ich bislang gesehen habe, war denn auch ein asiatischer Fischer.

Am 13. Tag überquere ich den Äquator auf 156° West. Genau 7650 Meilen von hier habe ich diese Linie vor über sieben Monaten im Atlantik schon einmal überschritten. Das letzte Etmal betrug gerade 39 Meilen und FANFAN! zieht bei schwachem Wind mit 2,5 Knoten durch die mondlose Nacht, während eine Gruppe Delfine um das Boot herum spielt. Sie sind nur schemenhaft zu erkennen, aber ihr Fiepen und ihre Atemgeräusche sind deutlich zu hören. »Mpffuuut, Mpffuuut« macht es immer wieder.

Gegen Mitternacht fängt es an in Strömen zu regnen. Ich nutze die Gelegenheit und fange mit dem Großsegel 25 Liter Wasser auf, mit denen ich meinen Trinkwasservorat ergänze.

Die nächste Insel, das Kiritimati-Atoll, liegt noch in 140 Meilen Entfernung. Die Insel hört auch auf den Namen Christmas Island und wurde 1777 von James Cook entdeckt, der ein Weihnachten dort verbrachte. Wie nicht anders zu erwarten, hat auch auf diesem Eiland das Militär gewütet. Zwei Orte mit den nicht gerade südseetypischen Namen London und Paris haben Briten und US-Amerikaner dort hinterlassen, wobei nur noch London bewohnt ist. Für die Ansteuerung der Lagune fehlen mir Detailkarten, was insofern nicht so tragisch ist, als dass mein Seehandbuch sagt, dass auf die Karten sowieso kein Verlass ist.

30. Mai. Gut 35 Meilen vor meinem Ziel geht wieder mal fast nichts mehr. Das Meer sieht aus wie flüssiges Blei und FANFAN! wird zenti-

meterweise durch das wie eine riesige Flosse hin- und herschlagende Großsegel vorwärts getrieben. Der Schnitt der letzten zehn Tage ist auf 76 Meilen gefallen. Zehn Tage lang drei Komma eins sechs Knoten. Gut, dass ich nicht zu einem bestimmten Tag in Hawai`i sein muss. Denn selbst wenn ich wollte, wäre mir der Motor keine Hilfe. Vielleicht 330 Meilen Reichweite geben mir meine 180 Liter Diesel. 1200 sind es noch bis nach Hawai`i. Geduld, Geduld und nochmals Geduld muss man haben, sonst wird man verrückt.

Dreißig endlose Stunden später treibt FANFAN! in Sichtweite vom South West Point. Null Wind, aber dafür Dauerregen. Beim auf gut Glück gemachten Anruf von London Port Radio meldet sich Christmas Island Radio. Ich erfahre, dass Schiffe mit mehr als fünf Fuß Tiefgang nicht mehr in die Lagune kommen, da der Pass versandet und zugewachsen ist. Ich habe acht Fuß Tiefgang. Eine viertel Meile westlich vom Bridges Point soll ich den Anker auf 10 Metern Tiefe werfen und mit dem Dingi an Land kommen, wo dann jemand vom Zoll auf mich warten wird. Da ich den Ankerplatz nicht mehr bei Tageslicht erreichen kann, lasse ich das Boot weiter treiben.

In der Nacht meldet die Deutsche Welle, dass die Westküste Mexikos von den Ausläufern des Hurrikans »Alma« gestreift wird. Damit ist also die Hurrikansaison im Nordpazifik eröffnet. Mexiko ist zwar weit weg, aber leider kommt es regelmäßig vor, dass die Hurrikane oder deren Überbleibsel bis nach Hawai`i ziehen. Ich muss also wieder aufpassen und zusehen, dass ich jeden Tag eine Wetterkarte empfange. Vorsorglich habe ich mir in Tahiti von einem anderen Segler eine Frequenzliste mit den Sendezeiten einer Wetterfaxstation auf Hawai`i besorgt. Um auf Nummer sicher zu gehen, hole ich mir eine Karte auf 16.133 kHz und siehe da, »Alma« treibt am rechten Bildschirmrand mit 75 bis 90 Knoten Wind ihr Unwesen. Beeindruckend, aber keine Gefahr. Noch nicht.

Jede Stunde lasse ich den Wecker klingeln, um meine Drift zu kontrollieren. Die Strömungen um die Insel sollen nämlich bis zu zwei Knoten betragen können. Das ferne Donnern der Brandung ist Mahnung genug dafür, was passieren kann, wenn man hier zu sorglos ist.

Im Morgengrauen halte ich auf Bridges Point zu. Zweihundert Meter unter Land lasse ich den Anker auf acht Meter fallen. Aus Sorge, meine Ankerleine könnte an einer Koralle durchscheuern, bringe ich zur Sicherheit noch einen zweiten Anker aus. Dann geht es an Land, wo ich mich sofort daran mache, die Formalitäten zu erledigen. Mein erster Eindruck: Müll, Müll, Müll. Dosen, Plastik, Autoreifen, Metallschrott – überall. Ich bin etwas früh dran und so hole ich den Dorfpolizisten aus dem Bett. Da er nicht zuständig ist, bringt er mich zum Verantwortlichen vom Zoll. Auch der Zollmensch liegt noch im Bett. Leicht benommen kommt er aus seinem Schlafwohnzimmer unter die Wellblechveranda, nur bekleidet mit einem bunt bedruckten Hüfttuch. Kurz darauf folgt ihm eine Kaugummi schmatzende, verlegen dreinschauende Lolita, die die Ursache für seinen mitgenommenen Zustand sein dürfte. Der Altersunterschied zwischen den beiden wäre in Europa ein Fall für den Staatsanwalt. Nun gut – andere Länder, andere Sitten. In einem schrottreifen Chevy fahren wir zu seinem Büro, in dem es aussieht, als ob eine Bombe eingeschlagen hat. Müll und Unordnung, wohin das Auge blickt. Ob ihn das Bienennest über seinem Schreibtisch nicht stört, frage ich ihn. »Oh no, so lovely animals!«

Zwanzig US-Dollar darf ich bezahlen, muss aber noch einmal wiederkommen, da ich ein Dokument vom französischen Zoll vergessen habe. Außerdem soll ich mich noch bei der Immigration melden. Auf der Türschwelle lerne ich einen US-amerikanischen Missionar kennen, der einige Zeit auf der Insel verbracht hat und jetzt zurück zu seinem Hauptquartier nach Papeete fährt. Er riecht frisch nach Rasierwasser, nennt mich »my friend« und zeigt ein professionell antrainiertes Interesse an mir. Diese Gottesmenschen kämpfen mit allen Tricks.

Da man auf Christmas Island nicht nur Linksverkehr und den australischen Dollar als Währung, sondern auch das australische Datum hat, ist es nicht wie bei mir an Bord Freitag, sondern schon Samstag. Das Immigration Office ist zu. Der erste, den ich nach einem Immigration Officer frage, verfrachtet mich zu einigen Gelbflossenthunfischen auf seinen Pick-up. Dann geht es zu einem Platz, auf dem ein großes Fest vorbereitet wird. Gefeiert wird leider nicht meine Ankunft, sondern ein Geburtstag. Frauen schneiden Gemüse und zerkleinern Fisch, und Männer bereiten zwei Schweine für den traditionellen polynesischen Erdofen vor. Dabei wird ein Loch ausgehoben, in dem mit Holz und Kokosnussschalen ein Feuer entfacht wird, das wiederum im Feuer verteilte Steine erhitzt, die später die zum Garen nötige Hitze abstrahlen, wenn man die Schweine in das Loch gelegt hat. Auf niedrigen Stützen stehende Palmwedeldächer spenden Schatten und alles lacht und plappert wild durcheinander. Und weil das ganze kein Touristenzauber ist, findet die

Feier inmitten von Dreck und Unrat statt. Hier feiern auch die Fliegen. Zu stören scheint es niemanden.

Wir laden die Thunfische ab und wechseln das Fahrzeug. Auf dem Rücksitz eines Mopeds fahre ich ein paar Kilometer, bis mein Fahrer die zuständige Dame vom Immigration Office aufstöbert. Die verfrachtet mich in ihren alten Pick-up und ab geht es zu ihr ins Büro. Dort heißt es wieder Formulare ausfüllen. Um die zwanzig Yachten kommen jedes Jahr auf die Insel, sagt sie. Derzeit teile ich den Ankerplatz nur mit einer anderen Yacht. Das Boot führt weder eine National- noch ein Gastlandflagge, weswegen ich mit mir selbst gewettet habe, dass es ein Franzose sein muss. Eine Wette, die ich für gewonnen erklären kann, als mir die Immigration-Dame vom französischen Segler erzählt, der schon einige Zeit zu Besuch ist. Schließlich geht es wieder zum Boot, ich hole die fehlenden Papiere, dann wieder zum Zollmenschen, mit dem ich abermals zu seinem Büro fahre, noch ein Stempel und eine Kopie und fertig. Ich bin klatschnass geschwitzt.

Anschließend schaue ich mich noch etwas im Ort und auf dem Festplatz um. London, aus dessen Namen die Einheimischen Rondon gemacht haben, hat einen ziemlich morbiden Charme. Irgendwie zwischen Slum und Südseeklischee. Mütter lausen ihre Kinder im Schatten, Hunde dösen, Schweine grunzen, hier und da kokelt ein Feuer vor sich hin. Die meisten Häuser sind aus Stein mit Wellblechdächern, aber es gibt auch einige Palmhütten. Ein Schweinepferch aus alten Autotüren, daneben ein auf Stelzen stehender Tank zum Auffangen von Regenwasser. Jeder, den ich anspreche, ist freundlich und fotografieren ist kein Problem. Aus welchem Land ich komme, möchten sie wissen. Ob sie etwas mit meiner Antwort anfangen können? Andere Touristen sehe ich nicht. Es gibt einen Flugplatz und irgendwo soll auch ein Hotel stehen. Aber die Historie der Insel als Atomtestgebiet dürfte das Verlangen des Durchschnittstouristen, hier seine Freizeit zu verbringen, nicht gerade schüren. Lediglich für Angler aus den USA, die in der Lagune einen Fisch namens Bonefish fangen, soll die Insel eine Attraktion sein. Dieser Fisch gilt als guter Gamefish, was soviel heißt, dass er sich mit dem Angler einen ordentlichen Kampf liefert, wenn er an den Haken gegangen ist. Wie man als Angler an so etwas seine Freude haben kann, ist mir allerdings schleierhaft.

Am Strand fischt ein Einheimischer mit dem Wurfnetz. Den vielleicht 25 Zentimeter langen Fischen, die sich im Netz verfangen, beißt er kurzerhand das Genick durch, bevor er sie in einem Plastikbeutel verstaut.

Ich gehe einer meiner Lieblingsbeschäftigungen nach, indem ich mein in der Dünung schaukelndes Boot bewundere. Doch oh Schreck – ist die untere Backbordsaling nicht schief? Ruck, zuck geht es zurück und hoch in den Mast. Die Saling ist tatsächlich schief, aber zum Glück ist weder etwas verbogen noch eine Schweißnaht beschädigt. Der Metallflügel hat in seiner Halterung einfach etwas Spiel und ist nach oben verrutscht. Nach ein paar beherzten Fußtritten herrscht wieder Ordnung im Rigg. Im Anschluss statte ich meinem französischen Nachbarn einen Besuch ab. Für die nächste Insel habe ich nämlich keine Seekarte, weswegen ich hoffe, bei ihm einen Blick auf seine Unterlagen werfen zu können. Mein Nachbar Fred ist vor sechs Jahren nach Polynesien geflogen, hat sich dort seine Yacht gekauft und ist seitdem im Pazifik unterwegs. Und dabei ist er gerade mal so alt wie ich. An seiner Seite ist eine kaffeebraune Schönheit, die von Christmas Island stammt und ihn schon einige Zeit begleitet. Als er von meiner Reise hört, schaut er skeptisch drein. Ob ich denn wenigstens Alkohol und Marihuana an Bord habe, um zumindest ab und zu mal etwas Freude am Leben zu haben, möchte er wissen. Meine Antwort kommentiert seine Freundin mit einem »Poor man«, während sie ihrem Skipper einen vielsagenden Blick zuwirft. Meine Reise im »Europe in seven days«-Stil ist halt nicht jedermanns Sache. Aber monatelang am Ankerplatz zu liegen und mit einer Einheimischen die Bettlaken vollzuschwitzen, wäre mir zu langweilig. Nachdem ich einen Blick auf seine Karte geworfen und mir einen Wegpunkt notiert habe, breche ich auf, um vor Einbruch der Dunkelheit ankerauf gehen zu können.

Elf Stunden hat mein Intermezzo auf Christmas Island gedauert. Kaum sind die Segel gesetzt, ist es auch schon dunkel. Mit 2 Knoten Fahrt schleicht FANFAN! nach Nordwesten. Einige Delfine begleiten mich. »Sagt Bescheid, wenn ein Schiff kommt! Ich gehe ins Bett!«, rufe ich ihnen zu. Nur Schade, dass ich nicht weiß, ob »Mpffuuut, Mpffuuut« nun »ja«, »nein« oder »du kannst uns mal« bedeutet.

Gut 160 Meilen sind es bis nach Fanning Island, meinem nächsten Ziel. Bei 35 °C liege ich dumpf und verschwitzt in der Koje, während FANFAN! einmal mehr nur vom schlagenden Großsegel vorwärts getrieben wird. Totale Flaute. Einunddreißig Seemeilen kann ich als Etmal ins Logbuch eintragen. Neuer Negativrekord.

Als Fanning Island, alias Tabuaeran, vor mir auftaucht, erscheint mir die Insel größer als gedacht. Dies trifft leider nicht auf den Pass zu. Der sieht so schmal wie befürchtet aus. Die Insel ist ein Atoll, das heißt, sie sieht aus wie ein untergetauchter Teller, von dem nur der Rand aus dem Wasser schaut. Zugang zur Wasserfläche im inneren des Tellers, der Lagune, gibt nur ein schmaler Durchbruch im Tellerrand, der Pass.

Kurz vor Mittag stehe ich vor dem Pass und ich merke, wie das noch auflaufende Wasser das Boot regelrecht in die Lagune einsaugt. Vier Knoten Strom schätze ich. Mit langsamster Fahrt, nur um FANFAN! steuerbar zu halten, versuche ich den im Handbuch angegebenen Kurs von 60 Grad zu halten. 5,5 Meter zeigt das Echolot. Im Seehandbuch steht, dass die Passage mit den Jahren flacher geworden ist. Das war 1982. Aber für mich reicht es. Ich biege nach steuerbord Richtung English Harbour ab und lege mein Schiff vor einen halb gesunkenen Schlepper auf 5 Meter vor Anker. Eigentlich war es ganz einfach. Über die türkisfarbene Lagune sehe ich einige Auslegerboote mit ihren charakteristischen Dreieckssegeln ziehen und am Ufer steht eine Reihe von Palmhütten. Ich glaube, jetzt bin ich in der Südsee.

Am Steg werde ich schon von Zoll und Immigration empfangen. Beide Beamte sind nur mit Shorts bekleidet und lediglich eine abgewetzte Aktentasche deutet darauf hin, dass es gleich offiziell wird. Auf dem Weg ins Büro fällt mir sofort auf, dass hier weder Müll noch Schrott die Landschaft verschandeln. »Hier gefällt es mir«, beschließe ich auf Anhieb. Leider erhalte ich sofort einen Dämpfer, als wir das Immigration Office betreten. Eine Gerümpelbude, wie ich sie meinen Eltern nicht einmal in meiner schlimmsten Sammelphase im Alter von zehn Jahren zugemutet habe. Ich darf auf einem mit Altpapier gefüllten Pappkarton Platz nehmen und auf einem wackligen Küchentisch wieder einen Haufen Formulare ausfüllen.

Die Gegend an meinem Ankerplatz macht einen etwas herausgeputzten Eindruck und von einem der acht Weißen, die auf der Insel leben, erfahre ich auch schnell, warum das so ist: Fanning Island wird einmal die Woche von einem Kreuzfahrer aus Hawai`i angelaufen, der 2700 Gäste für sechs Stunden an Land lässt, bevor es wieder zurück nach Hawai`i geht. In Anbetracht der Einwohnerzahl dürfte das Wort Invasion noch eine Untertreibung sein.

Da es aber keinen Flughafen gibt, ist der übrige Tourismus praktisch null. Man muss sich nur ein paar Meter vom Anlandeplatz der Kreuzfahrttouristen entfernen und schon ist man mitten in der Südsee, wie ich sie mir vorgestellt habe. Palmhütten, lachende Menschen, unzählige neugierige Kinder, die mir die Hand geben wollen, Fischer, die ihre Auslegerkanus ins Wasser schieben, um in der Lagune zu fischen. Keine zentrale Strom- oder Wasserversorgung, kein Autoverkehr, kein Fernsehempfang, kein Supermarkt. Und vielleicht sogar kein Stress. Aber bei allen Südseeklischees kann man nicht darüber hinwegsehen, dass Kiribati, und damit diese Insel, zu der Welt gehört, die gemeinhin als die Dritte bezeichnet wird. Aus einigen neueren Berichten über die Südsee habe ich die Enttäuschung herausgelesen, dass hier nicht mehr alles ist wie vor 100 oder 150 Jahren. Ich verzichte darauf, mir die Reisefreude durch solche nostalgischen Anwandlungen zu trüben. Abgesehen davon, dass ich es sowieso nicht ändern kann, bin ich der Überzeugung, in der besten aller Zeiten zu leben. Es gibt so viel zu sehen und entdecken! Man muss halt nur die Augen aufmachen und bereit sein, einige Unbequemlichkeiten in Kauf zu nehmen. Zudem glaube ich nicht, dass einem Südseebesucher vor 150 Jahren die Inseln viel exotischer vorgekommen ist als uns heute. Denn Exotik entsteht ja durch den Unterschied zwischen dem, was man im Reiseland sieht und dem, was man von daheim kennt. Einem Besucher des 19. Jahrhunderts wird der Umstand, dass er keine Elektrizität, keine zentrale Wasserversorgung, keine medizinische Betreuung, Analphabetentum und primitive Hütten in der Südsee vorgefunden hat, nicht besonders verwundert haben. Denn aus dem ländlichen Europa oder Nordamerika kannte er es ja auch nicht viel anders. Ganz davon abgesehen, waren die angeblich so gastfreundlichen Südseeinsulaner in der Vergangenheit oft alles andere als gastfreundlich. Mehr als ein Seemann hat seinen ersten Landgang in der Südsee nicht überlebt. Dass sich die Zeiten diesbezüglich geändert haben, kann man ja nur begrüßen.

Am Ufer stehen zwei große eiserne Töpfe, die genauso aussehen wie die Trankochtöpfe, die ich auf den Crozet-Inseln und den Kerguelen gesehen habe. Da mir niemand sagen kann, wofür die Töpfe gut sind, vermute ich, dass es auch Trankochtöpfe sind, die hier von Walfängern im 19. Jahrhundert zurückgelassen wurden. Dies erscheint mir sogar recht wahrscheinlich, da die Insel 1798 von dem Walfänger Edmund Fanning entdeckt worden ist. Zudem gibt es an der Nordwestküste einen Ankerplatz, der noch heute den Namen Whaler Anchorage trägt.

Im Maneapa, einem Versammlungshaus in Form eines auf Stützen stehenden Palmwedeldachs, tanzen einige Frauen. Die Musik kommt aus einer japanischen Stereoanlage und im Hintergrund liefert ein knatternder Generator den nötigen Strom. Der Tanz ist nicht so körperbetont wie in Papeete, doch wirft mir die bildhübsche Vortänzerin Blicke zu, als ob sie mir sagen will »Na Kleiner, wie wär's mit uns beiden.« Ich versuche ein Lächeln mit der Botschaft »Danke, ein anderes Mal gerne« aufzusetzen. Warum passiert mir so etwas in Deutschland nie?

Einige Zeit später spricht mich eine junge Frau an, und nach einem erstaunlich kurzen Einleitungsgeplänkel kommt sie zur Sache. Ob ich verheiratet bin, möchte sie wissen. Mein »Nein« lässt sie regelrecht erstrahlen. Sie würde sich ja nichts mehr als einen Mann aus Übersee wünschen, lässt sich mich unverblümt wissen. Dies nehme ich zum Anlass, sie dringend vor deutschen Männern zu warnen. Die würden nämlich mit ihr nach Deutschland ziehen, und dort wäre es nicht nur kalt und voller Beton, sondern sie müsste auch eine ziemlich schwere Sprache lernen und jeden Tag Menschen mit miesepetrigen Gesichtern anschauen. Auch erzähle ich ihr, dass, anders als auf Fanning, nicht jeder jeden grüßen würde, wenn man sich begegnet. »Why?«, fragt sie erstaunt. Eine Antwort darauf muss ich ihr schuldig bleiben.

Am folgenden Tag erkunde ich die Insel auf der Nordseite des Passes. Ein Fußweg führt zu einer einige Kilometer entfernten Ansiedlung. An einem Strandstück sehe ich eine Reihe von Fregattvögeln, die auf Holzgestellen hocken. Jeder Vogel hat an einem Flügel ein buntes Stoffband befestigt. »Do you eat them?«, möchte ich von einem Einheimischen wissen. »No, no«, wehrt er ab. Die Vögel wären zahm und man könne sie frei fliegen lassen. Der Hunger würde sie stets zurück auf die Stange treiben, wo sie dann von ihren Besitzern gefüttert würden.

Kurz bevor ich die Siedlung erreiche, begegne ich einer Gruppe von Kindern, die lebhaftes Interesse an mir zeigen. Es dauert nur einige Augenblicke und schon habe ich einen Haufen neuer Freunde. Ich bringe der Rasselbande bei, laut »Uwe! Uwe! Uwe!« zu rufen und dabei die kleinen Fäustchen rhythmisch in die Höhe zu recken. Dann setze ich mich wieder Richtung Ortschaft in Marsch, während meine Begleiter nicht müde werden »Uwe! Uwe! Uwe!« zu skandieren und die Arme gen Himmel zu recken. So wollte ich schon immer in ein Dorf einmarschieren!

Ich lenke meine Schritte zum Versammlungshaus in dem gerade ein Gottesdienst stattfindet. Es dauert leider eine Weile, bis sich meine

Fans beruhigt haben, und der Gottesdienst weitergehen kann. Eine Frau weist mir einen Platz auf einer geflochtenen Matte zu und die Kinder setzen sich um mich herum. Wer in der Hierarchie bei den Kids oben steht, darf nah bei mir sitzen und mich anfassen, die Underdogs müssen etwas weiter weg Platz nehmen. Alle sind sie jetzt mucksmäuschenstill. Der Gottesdienst ist nur von Frauen besucht, die alle ein grünes Shirt anhaben. Die Predigerin hingegen trägt ein weißes Shirt und leiert etwas lustlos ihre Predigt herunter. Auch die Gesangseinlagen sind von eher mäßiger Inbrunst. Alle scheinen froh zu sein, als es endlich vorbei ist. Und weil mich die ganze Truppe erwartungsvoll anschaut, stelle ich mich kurz vor. Dies und mein lautstarker Einmarsch in das Versammlungshaus bringen mir offensichtlich einige Pluspunkte. Die Predigerin lässt mir einen Stuhl bringen und schickt einen Jungen, mir eine Kokosnuss zu holen. Auf dem Stuhl ist mir etwas unwohl, da außer mir ja alle auf dem Boden hocken. Kurzerhand setze ich mich wieder nach unten. Die Predigerin spricht ein ganz brauchbares Englisch und so unterhalten wir uns über Gott und die Welt. Was das größte Problem auf der Insel ist, möchte ich wissen. »Wir haben nicht genug Geld«, antwortet sie. Bei meiner Antwort, dass dies das Problem von 99 % aller Menschen ist, kann sie sich ein Grinsen nicht verkneifen.

Der Junge kommt wieder und überreicht der Predigerin und mir eine geköpfte Kokosnuss. Na dann Prost! Für den Abend werde ich eingeladen, am gemeinsamen Essen und dem anschließenden Videoschauen im Versammlungshaus teilzunehmen. Mehr kann man von einer Südseeinsel nicht erwarten. Oder? Leider ist der Ort eine Stunde Fußmarsch vom Boot entfernt und in der Dunkelheit hat es dieser Weg in sich. Er ist nämlich gespickt mit den Höhlen von Landkrebsen, in denen man sich schnell den Fuß brechen kann. Ich bedanke mich bei allen Anwesenden und mache mich auf den Rückweg. Noch aus der Ferne kann ich Kinder »Uwe! Uwe!« rufen hören.

Zurück am Pass lerne ich einen ehemaligen US-Amerikaner und jetzigen Kiribaten kennen. Chuck haust samt einheimischer Frau und Kind seit Jahren in einem schrottreifen Katamaran, der an einem Wrack längsseits liegt. Nicht ohne Stolz zeigt er mir einen an sich adressierten Brief, der als Empfänger »The American, Fanning Island, Kiribati« trägt. Er lebt derzeit von T-Shirts und Muschelschmuck, die er an die Kreuzfahrttouristen verkauft. Während wir bei ihm an Bord Kaffee trinken, sind seine Frau und eine Helferin gerade dabei, von den »Original

Fanning Island Souvenirs« die kleinen Aufkleber mit dem Aufdruck »Made in the Philippines« abzuknibbeln.

Chuck berichtet von einem deutschen Schiff, das auf der Insel sogar Geschichte gemacht hat. Das Kriegsschiff NÜRNBERG hat im ersten Weltkrieg die ehemalige Kabelstation zerstört und damit eine wichtige Nachrichtenverbindung unterbrochen. Etwas befremdlich scheinen mir die Hochzeitsbräuche der Insel zu sein. Zumindest in der Version, die Chuck zum Besten gibt. Danach schmieren sich die männlichen Familienmitglieder das Blut ins Gesicht, das in dem Fall ausgetreten ist, in dem die Braut noch Jungfrau war. Dass gemogelt wird, solle dadurch ausgeschlossen werden, dass der Vollzug unter Zeugen stattfindet. Anschließend werde die Braut unter lauten Gejohle durch den Ort getragen. Angesprochen auf die vielen Kinder, erklärt mein Gastgeber, dass dies maßgeblich dem Einfluss der katholischen Kirche auf der Insel zu verdanken sei. Das Ergebnis sei ein Bevölkerungswachstum, das auf der Insel über kurz oder lang zu erheblichen Problemen führen werde.

Dass die Leute auf Christmas Island ihren Müll überall liegen lassen, begründet Chuck damit, dass sie aus einer Kultur stammen, in der fast alle Alltagsgegenstände verrotten und deswegen einfach in die Landschaft geworfen werden, wenn man sie nicht mehr braucht. Dass eine Bierdose oder Plastikflasche nicht vergammelt, sei in die Köpfe nicht hereinzubekommen. Und dass auf Fanning im Unterschied zu Christmas Island kaum Müll zu finden ist, führt Chuck auf den einfachen Umstand zurück, dass es auf Fanning fast nichts zu kaufen und demzufolge auch nichts wegzuwerfen gibt.

Schließlich bekommen wir Besuch von einem Mann, den Chuck mir als Richter vorstellt. Ob er eine juristische Ausbildung hat, möchte ich von ihm wissen. Chuck übernimmt es, zu antworten. »Er kann lesen und schreiben. Das reicht.« Wie ich erfahre, gibt es kaum Kriminalität auf der Insel und die meisten Streitigkeiten würden sich um gegenseitige Beleidigungen drehen. Kapitalverbrechen seien selten. Ein Mann, der eine Frau erstochen hat, saß dafür 14 Monate im Gefängnis, während ein Schweinedieb für vier Jahre hinter Gitter musste. »Vielleicht sind solche Urteile der Grund dafür, dass die Frauen von einem Mann aus Übersee träumen«, kommt mir in den Kopf, aber diesen Gedanken behalte ich lieber für mich.

Am folgenden Tag um halb neun ist D-day. Bootsladung um Bootsladung werden die Passagiere von dem vor der Passage liegenden Kreuzfahrtschiff an Land gebracht. Gut 2700 alte, junge, dicke, dünne, gelbe, weiße, braune, schwarze und vor allem nach echter Südsee lechzende Touristen. Um diese Erwartungshaltung zu befriedigen, haben sich einige Einheimische in entsprechende Kostüme geworfen und singen Lieder, während sich die Menschenmasse über den Ort ergießt. Ob in schmale Streifen geschnittene schwarze Mülltüten, die einige Frauen und Kinder als Röcke anhaben, unter die Rubrik »traditionell« fallen, möchte ich allerdings bezweifeln. Auch geflochtene Büstenhalter dürften ein Zugeständnis an die neue Zeit sein.

Souvenirstände sind über Nacht aus dem Boden gesprossen und es wird allenthalben fleißig gefeilscht. Hunderte von Strandstühlen und Sonnenschirmen säumen den Strand. Und damit niemand die Reederei auf 10 Millionen Dollar Schadensersatz für einen verstauchten Knöchel verklagen kann, hat man am Anlandeplatz die Löcher, in denen die Landkrabben hausen, so gut es geht zugestopft. Zusammen mit den Touristen ist eine umfangreiche Gastronomie vom Kreuzfahrer an Land gekommen. Und genau dies macht den Besuch des Schiffes für mich zum Segen. Perfekt mit Baseballkappe (Aufschrift »San Francisco«) und um den Hals baumelnden Fotoapparat getarnt, kann ich mich unerkannt unter das Volk mischen und an all diesen Köstlichkeiten teilhaben. Kostenlos selbstverständlich. Früchte, Hamburger, Pizza, Hot Dogs und kalte Getränke – alles ist reichlich vorhanden. Mein Gewissen quält mich bei dieser Schnorrerei nur mäßig, schließlich sorgt mein vor Anker liegendes Boot für einen zusätzlichen Hauch Exotik und macht den Besuch der Insel nur noch unvergesslicher. Dies versuche ich mir wenigstens einzureden, während ich mir noch ein paar Melonenscheiben auf den Teller legen lasse.

Sechs Stunden, nachdem der Zauber angefangen hat, ist er auch schon zu Ende. Touristen, Strandstühle und all die Köstlichkeiten verschwinden so schnell wie sie gekommen sind wieder im Bauch des Kreuzfahrers. Die Einheimischen legen ihre »traditionellen« Kostüme ab, hören auf zu singen und zählen das Geld, das die Besucher auf der Insel gelassen haben. Die Südsee ist wieder Südsee.

Am Tag darauf mache ich mich auf den Weg zur Nordwestecke der Insel, wo die alte Kabelstation, einer der Knotenpunkte der unterseeischen Kommunikationsleitungen im Pazifik, zu finden ist. Auf dem Weg laden mich zwei junge Männer zu sich in die auf Stelzen stehende Palmhütte ein. Die beiden sind offensichtlich betrunken und an ihren Zähnen könnte jeder Zahnarzt ein Vermögen verdienen, wenn sie denn das Geld hätten, den Arzt zu bezahlen. Mir wird eine völlig verdreckte Schüssel gereicht, in dem die Ursache ihres volltrunkenen Zustandes in Form einer trüben Brühe schwappt.

»Drink! It's good!«

Ich empfinde das Angebot als nicht besonders verlockend und mache den beiden klar, dass mir der Genuss von Alkohol leider aus religiösen Gründen verboten sei und mich jeder Tropfen von dem Zeug unweigerlich in der Hölle enden lassen wird. Wenngleich die beiden kaum Englisch sprechen, scheine ich mich verständlich gemacht zu haben.

»Bad, bad god«, lallt der eine und setzt sich die Schüssel an den Hals, während ich das Weite suche.

Am Wegesrand sehe ich das Wrack eines US-Militärlastwagens und kurz vor der Station stoße ich auf einen kleinen Bunker. Die Stationsgebäude selber sind viel größer und zahlreicher als gedacht. Das Satellitenzeitalter hat diese Kabelstation in den 60er-Jahren überflüssig gemacht. Einige der Gebäude sind nur noch Ruinen, andere sind, wenngleich in schlechtem Zustand, bewohnt. Im größten der Häuser ist die Schule untergebracht, der ich einen Besuch abstatte.

In keiner der vier Klassen kann ich einen Lehrer finden, und die in blau-weiße Uniformen gesteckten Schüler lesen oder hängen gelangweilt herum. Ich setze mich in einer Klasse mit 12 bis 13 Jahren alten Schülern. Die Neugierde ist auf beiden Seiten groß, doch traut sich keiner mich anzusprechen. Ich stelle mich kurz vor und auf meine Frage, wo die Lehrer seien, erhalte ich nur ein »No teacher« zur Antwort. Warum alle Klassen unbeaufsichtigt sind, kann ich nicht aus den Kindern herausbekommen.

Auch interessiert mich, wer von den Mädchen von einem Ehemann aus Übersee träumt. Meine Frage wird schnell beantwortet: Ausnahmslos alle nicken heftig mit dem Kopf. Wie ich erfahre, hat man bei den Mädchen als US-Amerikaner die besten Karten. Dies klingt alles vielleicht amüsant, aber wie müssen diese Mädchen ihre Situation empfinden, wenn sie samt und sonders anscheinend davon träumen, dass ein Prinz kommt und sie von der Insel herunterholt? Ich lasse die Mädchen an meinem täglich größer werdenden Schatz an Lebensweisheiten teilhaben und ermahne sie, ja ordentlich Englisch zu lernen, damit sie sich auch tatsächlich ihren »husband from overseas« angeln können.

Auf dem Rückweg lerne ich einen Kiribaten kennen, der als protestantischer Geistlicher auf der Insel arbeitet. Freimütig erzählt er von seiner

Wandlung vom Saulus zum Paulus. Ursprünglich hat er auf Containerschiffen gearbeitet und seine karge Heuer durch das Schmuggeln von Heroin in die USA aufgebessert. Als eines Tages die Polizei an Bord kam, hat der gute Mann in seiner Angst erwischt zu werden die Kleinigkeit von 5 kg des Pulvers über Bord geworfen. Eine derartige Verschwendung wird von den Bossen in diesen Kreisen nicht gerne gesehen und gewöhnlich mit der Exekution des Täters geahndet. Ein solches Schicksal vor Augen, hat er nach einem neuen Betätigungsfeld gesucht, das nicht nur mit einem besseren Gewissen verbunden ist, sondern auch außerhalb der Reichweite seiner ehemaligen Auftraggeber liegt. So hat er sich in Kiribatis Hauptstadt zum Geistlichen ausbilden und nach Fanning Island abordern lassen. Ob er noch Angst hat, möchte ich wissen. »Oh yes. They are very powerfull!«

In der Zwischenzeit ist Fred, der französische Einhandsegler, den ich auf Christmas Island kennengelernt habe, eingetroffen. Abends sind Chuck und ich bei ihm zum Essen eingeladen. Es gibt fangfrischen Thunfisch nach Sushi Art. Anders als ich hat Fred gelernt, wie man auf den pazifischen Inseln von Land- und Meeresfrüchten lebt. Wenn man weiß wie, ist der Tisch mit Brotfrüchten, Kokosnüssen, Fisch und Krustentieren reich gedeckt. Mit einer Fischvergiftung namens Ciguatera, in Polynesien ziemlich weit verbreitet, hat er noch keine Bekanntschaft gemacht und auch Chuck, der seit immerhin 30 Jahren hier lebt, hat es erst einmal erwischt. Den Abend beschließen wir mit einem Zeug, das Fred Schnaps nennt und das wie Farbverdünner schmeckt. Auf jeden Fall bin ich, als ich am nächsten Morgen aufwache froh, noch mein Augenlicht zu haben. Drei Stunden später ist Fanning Island schon wieder Vergangenheit. Bei regnerischem und böigem Wetter habe ich Kurs Nord anliegen. Für die 1050 Meilen nach Honolulu, die der Kreuzfahrer in 36 Stunden zurücklegt, habe ich zehn Tage veranschlagt.

Aloha Hawai`i!

Die ersten zwei Tage bringen mit 70 und 76 Meilen nur kleine Etmale. Doch auf 06° Nord erwische ich endlich einen frischen Nordostpassat. Jetzt heißt es um jedes Grad Höhe kämpfen, um möglichst auf einem Bug nach Honolulu zu kommen und nicht kreuzen zu müssen. Die Etmale sind mit 152, 158 und 162 sm recht gut, doch nur unter Fock und gerefftem Großsegel tagelang gegen den Passat zu bolzen ist kein Vergnügen. Alles schräg, alles nass, alles unbequem.

Ich behalte die Wetterentwicklung im Auge. Mittlerweile lungert ein Wirbelsturm Namens »Boris« an Mexikos Westküste herum. Aber zum Glück ist in Richtung Hawai`i nichts unterwegs. FANFAN! läuft gut Höhe und so kann ich auf halber Strecke etwas abfallen, was das Segeln einiges komfortabler macht.

Die ersten Europäer, die die Hawai`i-Inseln entdeckt haben, waren vermutlich Spanier im 16. Jahrhundert. Auf dem Weg von den Gesellschaftsinseln nach Nordamerika landete James Cook 1778 auf der Insel Kauai. Cook wurde von den Einheimischen als ihr zurückgekehrter Gott Lono gefeiert. Anfang Februar brach Cook dann auf der Suche nach der Nordwestpassage zur Beringstraße auf, wo er mit seinen Schiffen RESOLUTION und DISCOVERY vom Eis gestoppt wurde. Ende 1778 war er wieder in Hawai`i, doch schlug Cook und seiner Mannschaft diesmal Feindseligkeit seitens der Einheimischen entgegen. Die angespannte Lage fand ihren Höhepunkt, als Cook und vier seiner Seeleute von Einheimischen erschlagen wurden.

Natürlich ist Hawai`i kein Geheimtipp. Sechs Millionen Touristen sollen pro Jahr diese Inseln besuchen. Aber Weltumsegleryachten kommen nur selten dort hin, da sie fernab der üblichen Route liegen und gute Ankerplätze rar sind.

Als Deutscher, der mit einer Yacht einreist, brauche ich ein Visum für die USA. Meines habe ich mir beim US-Konsulat in Auckland besorgt (54 Euro Gebühr). Die Fragen, ob ich im Zweiten Weltkrieg Kriegsverbrechen begangen habe, ich Mitglied einer Terrorvereinigung bin oder ob man mich an biologischen, atomaren oder chemischen Waffen ausgebildet hat, konnte ich guten Gewissens verneinen. Es hat nur gefehlt, dass man gebeten wird, seine eventuellen Terrorpläne auf einem gesonderten Blatt näher zu beschreiben.

In der Nacht des neunten Tages sichte ich die Lichter von Honolulu, der größten Stadt des Hawai`i-Archipels. Über Funk melde ich mich bei der US-Küstenwache. Zu meiner Überraschung wird nicht sofort per Helikopter ein Sonderkommando zu mir geschickt, sondern ich werde gebeten, mich am nächsten Tag einfach bei Zoll und Immigration zu melden. Ob ich mich bis zu meiner Abfertigung frei bewegen könne, möchte ich wissen. »Yes, you can«, bekomme ich zur Antwort. Dies sogar zweimal, weil ich zur Sicherheit noch einmal nachfrage. Hätte ich dieser Information nur nicht geglaubt!

Ohne mich weiter um das Einklarieren zu kümmern, suche ich mir einen Liegeplatz im Ala Wai Boat Harbour. Als ich am nächsten Tag beim Immigration Office vorstellig werde, bekomme ich eine Standpauke gehalten, die sich gewaschen hat. Der Officer hält mir einen halbstündigen Vortrag über die Einreisebestimmungen im Allgemeinen und das Einklarieren für Yachten im Speziellen. Und damit ich diese Lektion auch ja nie vergesse, gibt er mir Papier und Stift und fordert mich auf, seine Ausführungen zu protokollieren. Immer wenn ich auch nur eine Sekunde mit dem Schreiben ins Stocken komme, heißt es »Write! Write!«. Auf jeden Fall werde ich nie wieder vergessen, dass man, außer um die Verantwortlichen zu informieren, sein Boot nicht verlassen darf, bis der ganze Papierkram erledigt ist. Als der Officer mit seinem Vortrag fertig ist, klingelt draußen eine Sirene. »Jetzt wirst du verhaftet«, kommt mir in den Kopf. Der Officer schaut mich an. Endlose Sekunden lang. Er grinst kurz, nimmt meinen Pass und drückt einen Stempel hinein. Eine Stunde später habe ich auch noch den Zoll und die Landwirtschaftsbehörde passiert. Aloha Hawai`i!

Wie der Zufall es will, kann ich zusammen mit meiner Ankunft mein einjähriges Reisejubiläum begehen. Mein Kielwasser hat mittlerweile eine Länge von über 25 200 Seemeilen. Jeden Tag der Reise bin ich damit im Schnitt mehr als 14 Stunden gesegelt. Gäbe es eine Fahrtenseglergewerkschaft, wäre so etwas wohl nicht zulässig.

Nachdem ich dem Kurs der Tahitianer nach Hawai`i gefolgt bin, erscheint es mir fast unvorstellbar, dass eine solche Reise das Ergebnis von planmäßiger Navigation sein kann. Aber vergleichbare Reisen sind im vergangenen Jahrhundert mit nachgebauten Doppelrumpfkanus und ohne neuzeitliche Navigationshilfen nachvollzogen worden. Aber wie? Es handelt sich ja um eine Reise in Nord-Süd-Richtung, bei der über diese Entfernung schon eine geringe Kursabweichung dazu führt, dass man am Ziel vorbeisegelt. Müsste ich eine solche Reise mit einem Sextanten, aber ohne genaue Uhrzeit machen, würde ich nach altväter Sitte bis zur Breite meines Zielortes segeln und dann den Breitengrad nach Westen oder Osten ablaufen, bis mein Ziel erreicht ist. Vielleicht haben es die Polynesier ähnlich gemacht. Aber wie haben sie ihre Breite bestimmt? Haben sie überhaupt in Breiten- und Längengraden gedacht?

Um Licht in dieses Dunkel zu bringen, kaufe ich mir im örtlichen Marinemuseum das Buch »We, the Navigators« von David Lewis. Die dort beschriebenen Navigationsmethoden und Reisen sind gemessen an meinem navigatorischen Horizont fast unglaublich. Aber was heißt das schon? Hätte man mir nicht gesagt, dass die Erde eine Kugel ist, hätte ich es selber nicht herausgefunden. Genauso wenig wie die Tatsache, dass ein Jahr 365 Tage hat oder dass man mit den Sternen die Himmelsrichtung bestimmen kann.

Einmal mehr mache ich die Erfahrung, dass ich im Ausland in ein paar Tagen in einem Yachthafen mehr Kontakte knüpfen kann als daheim in Monaten. Immer wieder bekomme ich Besuch von Leuten, die mein Boot einfach »great« finden. Einer der Fans meiner glubschäugigen Aluschönheit ist Pavel, ein 29-jähriger Tscheche mit dicken Muskelpaketen und Spiegelbrille. In Tschechien hat er als Autoschieber und Mädchenhändler sein erstes Geld verdient. Nachdem seine »Wettbewerber« aus Russland und dem ehemaligen Jugoslawien ihm nahegelegt haben sein Geschäft einzustellen, wenn er älter als 30 werden will, hat er sich zur Auswanderung entschlossen und in Honolulu eine Krankenschwester geheiratet. Auch Pavel hat die Wandlung zum Paulus hinter sich. »In zehn Jahren habe ich es hier mit ehrlicher Arbeit zum Millionär gebracht«, versichert er mir. Eine 10-Meter-Segelyacht, einen Jeep und einen Porsche nennt er schon sein eigen. Hawaiianischen Kaffee exportiert er nach Tschechien und aus seiner Heimat importiert er Glaswaren. Er spendiert mir eine Inselrundfahrt und wir besuchen die für ihre Surfstrände bekannte Nordküste von Oahu. Doch statt meterhoher Brecher und waghalsiger Surfer bekomme ich nur ein müdes Plätschern zu sehen. Wirklich spektakulär geht es an diesen Stränden erst im nördlichen Winter zu, wenn die Winterstürme im nördlichen Pazifik für eine ordentliche Brandung sorgen.

Mein Liegeplatz grenzt unmittelbar an den berühmten Waikiki Beach und dessen Häuserburgen. Bei einem Rundgang ist mein erster Eindruck, dass Waikiki einfach perfekt ist. Zumindest wenn man auf Massentourismus von der Sorte Hotel, Strand und Baden steht. Viele Segler sind geneigt, etwas abfällig auf Massen- und Pauschaltourismus herabzublicken. Ich habe Segler getroffen, die sich als »Reisende« bezeichnen, um sich von normalen Touristen abzusetzen. Aber was ist der Unterschied? Dass man »bewusster« unterwegs ist und nicht nur konsumiert? Dass man sich seine Erlebnisse erarbeitet und vielleicht sogar erleidet? Das mag alles sein. Aber sind Leute wie ich, die meinen, die entlegensten Flecken dieser Erde mit ihrer Anwesenheit beglücken zu müssen, wirklich die besseren Touristen? Wahrscheinlich nicht.

Das schon von der Urbevölkerung praktizierte Wellenreiten ist auch heute noch der Sport schlechthin. Von morgens bis abends ist die Brandungslinie dicht bevölkert mit Surfern, die auf einen Ritt warten. Allerdings gilt Waikiki Beach als Anfängerrevier, da die Wellen nicht besonders hoch sind. Erstaunlich viele Frauen sind unter den Surfern zu finden, und dies nicht etwa als Anhängsel irgendwelcher Beach Boys. Ganz selbstverständlich fahren sie alleine in ihren Pick-ups vor, klemmen sich das Brett unter den Arm und paddeln in die Brandung.

Als Souvenir von Fanning Island habe ich genau elf Wunden an den Füßen mitgebracht, die ich mir beim Wandern zugezogen habe. Verantwortlich dafür waren meine schlecht sitzenden, nassen und innen sandigen Schuhe. Nach ein paar Kilometern war alles blutig, aber barfuß zu laufen wäre auch keine Alternative gewesen. Während zehn der Wunden recht gut heilen, wässert und eitert eine unerfreulich vor sich hin, wobei sie sich immer tiefer ins Fleisch frisst. Und dies, obwohl ich sie regelmäßig reinige und desinfiziere. Ein solches Problem hatte ich in den Tropen bislang noch nie, was die Sache beunruhigend macht. Ich höre mich bei den tropenerfahrenen Seglern am Steg um, um zu erfahren, was sie mit solchen Verletzungen machen. Ergebnis: Eine solche Wunde, und sei sie noch so klein, kann man gar nicht ernst genug nehmen. Von der Amputation des Fußes bis zum Tod kann angeblich alles passieren. Mehrmals ist von Staphylokokken und Streptokokken die Rede. Wenngleich mir bislang nur Gonokokken ein Begriff waren, klingt dies alles einigermaßen ernst. Auch wenn eine eigenhändig durchgeführte Fußamputation auf hoher See meinen Reisebericht sicher aufwerten würde, möchte ich mir dies ersparen. Ich überwinde meine Abneigung gegen jede Form von Tabletten und fahre schwere Geschütze in Form von Antibiotika auf.

Ich überlege, wie die Reise weitergehen soll. Entweder ich schaue mir die größeren der Hawai`i-Inseln in Ruhe an oder ich segele wieder nach Süden zu den Marquesas und lasse mir dort etwas Zeit. Oder ich segele nach Midway. Die Midway-Inseln, über 1100 Meilen nordwestlich von Honolulu, sind schon lange eines meiner Traumziele, weil dort eine große Kolonie von Lysan-Albatrossen brütet. Allerdings ist es nicht möglich, diese Inseln zu besuchen, da sie ein militärisches Sperrgebiet sind. So zumindest die Information in meinem englischen Seehandbuch. Bei meiner Recherche, ob und wie ich diese Inseln vielleicht doch besuchen kann, erfahre ich zu meiner Überraschung, dass das Militär die Inseln verlassen hat und die Inseln nun zugänglich sind. Unter welchen Bedingungen, kann mir aber keiner sagen. Und dies, obwohl ich sogar bei der zuständigen Bundesbehörde vorstellig werde. Auf jeden Fall müsse ich damit rechnen, dass man mir einen Sender an Bord installiert, um meinem Weg die hawaiianische Inselkette entlang nach Midway zu folgen. Damit soll sichergestellt werden, dass ich keines der auf diesen Inseln und Riffen liegenden Naturschutzgebiete anlaufe. Abgesehen davon, dass diese Orte wegen fehlender Ankerplätze oder Landestellen für mich fast unerreichbar sind, kommt ein Sender an Bord für mich nicht in Frage. George Orwells »1984« unter Segeln hat mir gerade noch gefehlt. Ich beschließe, jede weitere Informationsbeschaffung zum Thema Einreisebedingungen für Midway einzustellen und einfach loszusegeln. Durch Zufall stoße ich dann doch noch auf einen einheimischen Segler, der vor kurzem mit seiner Yacht auf Midway war. Auch ohne Big Brother-Sender und Besuchserlaubnis war er auf der Insel willkommen. Allerdings erst, nachdem man sein Boot auf Ratten hin untersucht hat. Er rät mir dringend, von Midway aus die Marschallinseln zu besuchen. Dort könne man nicht nur haufenweise Bunker, Schiffs- und Flugzeugwracks aus dem Zweiten Weltkrieg finden, sondern auch jede Nacht mit einer anderen Einheimischen das Lager teilen. »They'll go crazy for you!«, raunt er mir zu. Mädchen und Geschlechtskrankheiten mit exotischen Namen machen sicher für manchen den Reiz einer Reise aus. Aber abgesehen davon, dass die Marschallinseln nicht auf meinem Reiseplan stehen, glaube ich nicht, dass ich mich körperlichen Herausforderungen dieser Art aussetzen sollte. Das Segeln ist schon anstrengend genug.

Wendepunkt Midway

Ich verproviantiere mich neu, besorge mir im Industriegebiet von Honolulu eine Karte von Midway und setze die Segel. Mein Kurs ist Nordwest, weswegen der Nordostpassat für angenehmes Segeln sorgt. Wenn nur nicht diese Hurrikane wären. Juli, August und September sind die gefährlichsten Monate. Alle zehn Jahre soll einer direkt die Hawai`i-Inseln treffen. Der letzte war 1992. Es ist also wieder Zeit.

Nachdem meine Fußverletzung sich kurzzeitig gebessert hat, fängt sie wieder an zu wässern. Ich erhöhe die Dosis Antibiotika. Auf dem Beipackzettel steht, dass mich das Medikament für den Straßenverkehr und für Arbeiten ohne festen Halt untauglich machen kann. Die ideale Medikation für Einhandsegler also.

Die kleinen und heute unbewohnten Inseln Nihoa und Necker passiere ich außer Sichtweite. Auf beiden hat man Spuren polynesischer Besiedlung gefunden. Damit dürften diese Inseln den nördlichsten Punkt des polynesischen Dreiecks bilden. In der Nähe von Necker Island bekomme ich wieder einen Tölpel zu Besuch. Er lässt sich auf dem Großbaum nieder, wo er die Nacht verbringt. Der Name der Vögel hat seinen Ursprung in der Arglosigkeit, mit der sich diese Tiere fangen lassen. Diesmal könnte ich meinen Gast tatsächlich ohne weiteres fangen und im Kochtopf verschwinden lassen. Etwas frisches Fleisch wäre in der Tat gar nicht übel. Aber statt Tölpel hätte ich lieber ein Rindersteak.

Eine Tagesetappe von Midway entfernt passiere ich das Pearl and Hermes Reef. Es verdankt seinen Namen den gleichnamigen Schiffen, die dieses Atoll am 26. April 1822 entdeckten. Allerdings unfreiwillig. Beide Schiffe strandeten an diesem Tag in 10 Meilen Entfernung unabhängig voneinander auf den das Atoll umgebenden Riffen. Dumm gelaufen.

Sieben Tage und acht Stunden nachdem ich Honolulu verlassen habe, taucht Midway in 10 Meilen Entfernung vor mir auf. Ein Schnitt von gut 6,5 Knoten. Nach einigen Versuchen auf Kanal 16 meldet sich jemand über Funk. Ob ich autorisiert sei, den Hafen anzulaufen und ob ich ein Entrattungszertifikat an Bords habe, möchte die freundliche Stimme wissen. Beide Fragen muss ich verneinen. Mir schwant Böses. Was der Zweck meines Besuches sei, ist die nächste Frage. In meiner Antwort ziehe ich alle Register: Erstens die Albatrosse, zweitens, dass ich ziemlich kaputt bin und eine Pause brauche und drittens, dass ich gerne einen Arzt sehen würde, der sich meinen Fuß anschaut. Dann herrscht erst einmal Funkstille. Nach einigen spannenden Minuten bekomme ich die Erlaubnis, die Insel anzulaufen, und es wird sogar ein kleines Motorboot auf den Weg gebracht, um mich in den Hafen zu geleiten. Schließlich werde ich nicht nur von einem Motorboot durch den gut betonnten Pass geleitet, sondern auch noch von 30 bis 40 Delfinen, die um FANFAN! herum durchs Wasser jagen. Der Empfang in dem riesigen und nur mit zwei alten Navyschleppern belegten Hafen lässt nichts zu wünschen übrig. Die gesamte 25-köpfige Inselbevölkerung hat sich eingefunden. Schon auf den ersten Blick kann ich beruhigt feststellen, dass ich nicht zu spät gekommen bin, um die Albatrosse zu sehen. Überall stehen und hocken fast flugbereite Lysan-Albatrosse herum. Fast 400 000 sollen es sein. Meinen Reisepass muss ich allerdings für die Dauer meines Aufenthalts dem Stationsleiter Tim Bodeen überlassen. Sicher ist sicher. Auch einen Blick in meine Schapps lässt er sich nicht nehmen, um sicher zu stellen, dass keine Ratte an Bord ist. Mein erster Eindruck scheint gut zu sein. Jedenfalls bekomme ich ein großes Stück Thunfischfleisch auf Eis geschenkt. Dann gibt mir der Stationsbiologe John eine kurze Einweisung zum Verhalten auf der Insel. Die überall herumstehenden Fahrräder darf ich benutzen, doch die elektrisch betriebenen Golfwagen, mit denen die Stationsmitarbeiter fahren, sind tabu. Grund ist, dass in der Vergangenheit angetrunkene Besucher mit diesen Wagen regelrechte Blutbäder unter den überall auf den Wegen hockenden Albatrossen angerichtet haben.

Obwohl die Hauptinsel nur 1,7 mal 1,1 Meilen misst, erscheinen die ehemaligen Militäranlagen sehr weitläufig. Ein Gutteil der Insel ist unter Beton verschwunden. Die größte Fläche nimmt dabei die Landebahn ein, auf der selbst Jumbo Jets starten und landen können. Flugzeughangars, Geräteschuppen und Wohngebäude prägen das Bild. Sogar eine Bowlingbahn, ein Theater, eine Töpferei und ein Gebäude mit der Aufschrift »Midway Island Yacht Club« sind zu finden. Die wenigsten Gebäude werden allerdings noch genutzt.

Die Midway-Inseln haben einer der berühmtesten Seeschlachten des Zweiten Weltkrieges ihren Namen gegeben. Am 3. Juni 1942 entdeckten auf Midway stationierte Flugzeuge eine japanische Streitmacht, die die Inseln angreifen und besetzen wollte. Bis zum 7. Juni kämpften US-

Amerikaner und Japaner zur See und zur Luft erbittert gegeneinander. Mehrere Flugzeugträger der Japaner wurden versenkt, und unter den japanischen Piloten entstanden Verluste, die während des Krieges nicht mehr aufgefüllt werden konnten. Wenngleich auch die US-Navy viele Opfer zu beklagen hatte, gilt die Schlacht als einer der größten Siege in der US-Militärgeschichte.

Nachdem das Militär 1996 die Inseln verlassen hatte, hat man versucht so etwas wie Ökotourismus auf der Insel zu etablieren, doch hat sich das Konzept als nicht tragfähig erwiesen. Nicht zuletzt aufgrund von Differenzen mit der zuständigen Naturschutzbehörde, dem Fish and Wildlife Service, hat der Veranstalter sein Personal von der Insel abgezogen. Außer als freiwilliger Helfer für die Umweltstation oder als Yachtsegler gibt es derzeit keine Möglichkeit, die Inseln zu besuchen. Einige Dutzend Yachten aus den USA haben seit Öffnung der Insel von dieser Möglichkeit Gebrauch gemacht. An eine Yacht aus Europa oder gar aus Deutschland kann sich auf Midway allerdings niemand erinnern. Dies dürfte daran liegen, dass die Inseln fernab jeder von Fahrtenyachten befahrenen Route liegen und dass Midway auch in neuen Publikationen noch als unzugängliches Sperrgebiet ausgewiesen ist.

Schon am nächsten Tag kann ich mich nützlich machen. Zusammen mit dem Stationsbiologen beringe ich 60 der ebenfalls auf Midway nistenden Schwarzfußalbatrosse. Während einer von uns den Vogel festhält, bringt der andere mit einer Spezialzange am rechten Fuß einen nummerierten Edelstahlring an.

Da das Freizeitangebot auf der Insel nicht gerade üppig ist und bis auf einen Bibelkanal keine Fernsehsender zu empfangen sind, biete ich an, einen Vortrag über meine Reise zu halten. Zwei Stunden lang zeige ich im Besucherzentrum Bilder und versuche so gut es mein Englisch eben zulässt einen Eindruck von meiner Reise zu geben. Die Reaktionen meines Publikums schwanken zwischen ungläubigem Staunen, Kopfschütteln und Bewunderung. Auf jeden Fall ergreift der Stationsleiter im Anschluss meine Hand: »Du musst verdammt viel Mut haben.« Allerdings ist mir nicht ganz klar, ob diese Aussage nicht die höfliche Variante von »Du hast nicht alle Tassen im Schrank« ist.

Die beiden anderen Inseln des Atolls, Spit und Eastern, bekomme ich am folgenden Tag zu sehen. Zwei Wissenschaftlerinnen nehmen mich mit, um Mönchsrobben zu zählen, die an den Stränden dieser kleinen Inseln rasten und ihre Jungen aufziehen. Wir sind mit einem Motorboot in der Lagune unterwegs und unser Boot wird von einer Gruppe hier heimischer Spinner-Delfine begleitet, die die tollsten Sprünge vollführen. Ab und zu kommen wir an einem Rochen oder einer Meeresschildkröte vorbei. Ein einmaliges Naturerlebnis, das leider dadurch getrübt wird, dass die Strände der Inseln übersät sind mit Plastikmüll, Netzen, Seilen und Flaschen. Asiatische Schriftzeichen auf dem Müll geben Aufschluss über dessen Herkunft. Der ganze Dreck ist nicht nur ein kosmetisches Problem. Robben und Schildkröten verfangen sich regelmäßig in den Netzen und gehen elend zugrunde. Aus unerfindlichen Gründen nehmen die Albatros-Alttiere treibende Feuerzeuge, Plastiksplitter und Flaschenverschlüsse auf und verfüttern sie zusammen mit ihrer eigentlichen Nahrung, kleinen Kalmaren, an die Brut. Das Ergebnis dieser Diät ist oft tödlich.

Während meines Besuchs verbringe ich jeden Tag je zwei, drei Stunden damit, den beiden Volontärinnen der Station beim Beringen von Lysan-Albatrossen zu helfen. Die beiden sind im Alter von 21 und 25 Jahren und für meinen Geschmack bedenklich leicht bekleidet. Jedenfalls bringt mich ihre Gegenwart auf Gedanken, die ich meiner Freundin in Deutschland besser nicht erzähle. Doch zum Glück ist mein Anblick bei den beiden ganz offensichtlich kein Grund, die Kontrolle über sich zu verlieren. Als ich meine Aufmerksamkeit für einen Moment einer meiner neuzeitlichen Sirenen widme, werde ich auf dem Fuße abgestraft. Ein erschreckter Albatros verpasst mir mit dem Schnabel einen ordentlichen Schmiss am Unterarm. Sollte es eine bleibende Narbe geben, wird sie mir bei passender Gelegenheit als Aufhänger für die Geschichte »Wie ich auf einer einsamen Insel mitten im Pazifik unter Einsatz meines Lebens als Albatrosforscher gearbeitet habe« dienen.

Ich konzentriere mich daher brav auf die Arbeit und notiere mir die Nummern der Ringe, die wir den Vögeln verpassen. Vielleicht bekomme ich ja irgendwann einmal heraus, was aus »meinen« Albatrossen geworden ist.

Einige der Albatrosse schleppen ihre Flügel hinter sich her, während sie durch die Gegend watscheln. Grund ist die bleihaltige Farbe, mit der einige Gebäude gestrichen sind und die von den Wänden abblättert. Einige Tiere nehmen die Farbschnipsel auf und holen sich so ihr Todesurteil in Form einer Bleivergiftung. Es ist ein trauriger Anblick und es wäre wohl das Beste, diese Tiere zu erschlagen, um sie von ihrem Leid

Eine Schule von Spinner-Delfinen begleitet mich mit spektakulärer Akrobatik.

zu erlösen. Ich brächte es nicht übers Herz und auch von den Stationsleuten ist keiner für diesen Job zu haben.

Die Albatrosse, die zu ihrem ersten Flug starten, landen meist im Hafenbecken oder der Lagune, von wo sie zu weiteren Flugversuchen ansetzen. Zumindest dann, wenn sie nicht von einem der zahlreichen Tigerhaie, die sich pünktlich zu dieser Jahreszeit bei Midway versammeln, gefressen werden. Bei aller Sympathie für die Albatrosse würde ich dieses Schauspiel gerne einmal aus der Nähe sehen. Leider, oder zum Glück, lässt sich aber während meines Besuchs keiner der Haie blicken. Aber der Tod hat viele Gesichter und so treiben überall verendete Albatrosse herum, die von ihren Kräften verlassen ein nasses Ende gefunden haben.

Wer von den Albatrossen schließlich die Insel verlässt, kehrt nach drei bis vier Jahren zurück und gründet seine eigene Familie, womit sich der Kreis schließt. Die Tiere verfügen über erstaunliche Navigationsfähigkeiten. So hat man hat man auf Midway heimische Lysan-Albatrosse mit dem Flugzeug nach Alaska, San Francisco, Los Angeles und nach Australien geflogen und dort freigelassen. Nach zehn Tagen waren alle Vögel wieder auf Midway.

Meine Annahme, dass die Station auf den Crozet-Inseln mit 30 Litern pro Kopf und Tag viel Diesel verbraucht, wird auf Midway relativiert.

Gut 100 Liter Sprit werden hier für jeden Bewohner am Tag durch den Generator gejagt. Grund ist das für die jetzige Inselbevölkerung völlig überdimensionierte Kraftwerk, das noch aus Armeetagen kommt. Es lässt sich nicht herunterregeln und so sind alle nur erdenklichen Verbraucher Tag und Nacht eingeschaltet, um den erzeugten Strom zu verbrauchen. Dieser Energieüberschuss sorgt auch dafür, dass Midway nachts zu einem der seltsamsten Orte wird, die ich je gesehen habe. Die Straßenbeleuchtung ist an, Gebäude sind beleuchtet, Klimaanlagen und Transformatoren surren, Gebläse rattern. Die Türen der Geräteschuppen und Werkstätten stehen offen und drinnen sieht es aus, als ob bis eben gerade noch gearbeitet wurde. Aber es gibt keine Menschen, die diese Geisterstadt bevölkern. Stattdessen hocken Tausende von Albatrossen herum. Überall.

Die Gastfreundschaft ist einfach toll. Jeden Tag bin ich irgendwo zum Essen eingeladen. Auch bei einer Geburtstagsfeier und der Feier zum 4. Juli, dem US-amerikanischen Unabhängigkeitstag, bin ich wie selbstverständlich dabei. Und um mir eine Freude zu machen, schreit mich einer meiner Gastgeber ständig mit »Jawohhhlll!« und »Aaaachtung!« an. Danke, Hollywood.

Der Stationsarzt versorgt mich im Krankenhaus mit Antibiotika für meine Wunde, die mittlerweile gut abheilt. Das Krankenhaus ist so unheimlich wie alle anderen Gebäude auf der Insel. Ausgelegt für den schlimmsten Fall, ist an Geräten alles vorhanden und überall brennt Licht. Doch gibt es weder Patienten noch anderes medizinisches Personal.

Auch auf Midway sehe ich zu, dass ich rechtzeitig weitersegele. Denn das ernüchternde Erlebnis, wenn man merkt, dass man vom willkommenen Gast zur Last geworden ist, möchte ich mir ersparen. Dass ich nach fünf Tagen den richtigen Zeitpunkt zur Abfahrt gewählt habe, merke ich bei meinem Abschied. Mir wird das Hafengeld erlassen, ich bekomme ein Midway T-Shirt und ein Poster geschenkt. Die Frau des Stationsleiters versorgt mich mit einem selbstgebackenen Kuchen und einer Albatrosfigur aus Keramik. Von dem Biologenehepaar gibt es Schokolade, Äpfel und Frischwasser. Einige Umarmungen und viele Fotos später habe ich die Leinen losgeworfen. Gut 55 Wochen nach meinem Start in Deutschland markiert Midway den Wendepunkt meiner Reise. Ab jetzt geht es mit jeder Meile ein Stück näher Richtung Heimat.

Französisch-Polynesien, die Zweite

Das letzte, was ich von Midway sehe, ist der die Insel überragende Wasserturm, der Stück für Stück hinter dem Horizont verschwindet. Bis zu den Marquesasinseln sind es über 3100 sm auf dem direkten Weg. Aber es herrscht Hurrikansaison und zu allem Überfluss hat die Deutsche Welle gemeldet, dass die Wassertemperatur im äquatorialen Ostpazifik höher als gewöhnlich und deshalb vermehrt mit Wirbelstürmen zu rechnen ist. Von Midway aus ziehe ich drei Routen auf die Südhalbkugel in Erwägung. Zum einen die Nordroute, die nördlich der Hawai`i-Inseln verläuft und dann mit Südkurs möglichst kurz durch den »Hurrikansektor« läuft. Vorteil: Nähe zu den Hawai`i, um dort zur Not Schutz suchen zu können. Nachteil: langsames Segeln hoch am Wind für 1200 Meilen. Dann den direkten Weg. Vorteil: schnelles Segeln mit halbem Wind. Nachteil: langer Aufenthalt im »Hurrikansektor«. Und schließlich die Südroute. Dieser Kurs führt von Midway fast nach Süden und biegt unterhalb der gefährlichen Zone, also etwa bei 10° N, in östliche Richtung ab. Vorteil: Kaum Wirbelsturmgefahr. Nachteil: wahrscheinlich Segeln gegen den Wind und kreuzen bis zu den Marquesas. Ich beschließe, mich irgendwo zwischen der Südroute und dem direkten Weg zu halten. Doch alle Theorie ist wieder einmal grau und so zwingt mich ein Südostwind die ersten Tage fast genau nach Süden zu segeln, bevor ich einen östlicheren Kurs einschlagen kann.

Tag um Tag geht es hoch am Wind gegen den Passat und gegen einen westsetzenden Strom an. Die Etmale liegen bei rund 130 Meilen. Der Passat weht zwar nur mit ungefähr 15 Knoten, aber mit ihm oder gegen ihn zu segeln sind zwei Welten für sich. Leider führt mein Kurs gegenan. Und dies voraussichtlich bis zu meinem Ziel. Ich fühle mich jedenfalls, als ob ich im Inneren eines galoppierenden Pferdes hausen muss. Bei 30 °C liege ich die meiste Zeit in der Koje und döse vor mich hin oder lese. Man glaubt es kaum, aber auch dies ist anstrengend.

Jeden Abend um 19:05 Uhr Bordzeit wird es spannend. Auf 11.089 kHz hole ich mir eine Wetterkarte an Bord. Tropische Störung, tropische Depression, tropischer Sturm und Hurrikan heißen die Gebilde, nach denen ich Ausschau halte. Am fünften Tag habe ich im Westen den Taifun »Halong« mit 135 Knoten Wind, südlich von mir eine tropische Störung und östlich von mir einen tropischen Sturm mit Namen »Cristina«. Die beiden letzten Erscheinungen jeweils mögliche Vorläufer eines Hurrikans. All dies ist Hunderte, ja Tausende von Meilen entfernt. Doch auf dem kleinen Bildschirm meines Laptops rücken diese Erscheinungen bedrohlich nahe an mich heran.

Mein zweiter Geburtstag auf dieser Fahrt bringt mir statt Geschenken einige unschöne Überraschungen. Es gibt irgendwo ein kleines Wasserleck, die Toilette verstopft und der Schleppgenerator gibt den Geist auf. Bei letzterem ist Wasser in das Gehäuse eingedrungen und hat einige Kabel und die Kontakte der Gleichrichter zu Oxidstaub verwandelt. Ich drehe bei, um Ruhe ins Boot zu bringen, und mache mich an die Arbeit. Während der Toilettenjob etwas für Grobmotoriker ist, erfordert der Schleppgenerator einiges an Fingerspitzengefühl. Ich hocke auf dem Fußboden und werkele mit einem kleinen Fräser und einem Lötkolben stundenlang an den beiden angegammelten Gleichrichtern herum, um die ursprüngliche Verkabelung wiederherzustellen. Mit Erfolg. Der Generator surrt im Anschluss wie zu besten Zeiten und ich überreiche mir nun den imaginären Lötkolben in Platin. Das Leck kann ich leider nicht finden. Bis auf weiteres heißt es also alle paar Stunden ein paar Liter aus der Bilge pumpen. »Alles im Griff auf dem sinkenden Schiff!«, stimme ich jedes Mal an, wenn ich zum Pumpenschwengel greifen muss.

Nach zwei Wochen bin ich auf 09° N so weit südlich, dass ich nicht mehr mit Wirbelstürmen rechnen muss. So zumindest die Information in meinem Handbuch. Was mich beunruhigt ist allerdings, dass auf der Wetterkarte praktisch auf meiner Position das Symbol für eine tropische Störung zu sehen ist. Im Westpazifik, gute 2000 Meilen von mir entfernt, wütet derweil ein Gebilde, das mit »Super Typhoon Fengshen« beschriftet ist. Wind 140 bis 170 Knoten – über 310 km/h. Wenn man bei solchen Windgeschwindigkeiten den Kopf aus dem Autofenster hält, dürfte es einem das Genick brechen. Die Überlebenschancen auf See schätze ich auf 0,0 %. In zwölf Stunden später gibt es eine neue Wetterkarte. Ich bin gespannt. Sie zeigt keine Veränderung. Die tropische Störung ist stationär und macht keine Anstalten zur Depression zu werden. Mehr als den halben Weg zu den Marquesas habe ich hinter mir. Gut 1700 sm hoch am Wind und ein Ende des Gebolzes ist nicht abzusehen.

Ich schalte das Kurzwellenradio an. Auf einem US-Bibelsender ereifert sich ein Sprecher mit sich überschlagender Stimme über das gottlose

Leben, das die meisten von uns angeblich führen. Besonders originell ist seine Aussage, dass Aufklärungsunterricht in der Schule dazu führt, dass Jungen homosexuell und Mädchen Prostituierte werden. Senderwechsel! Radio Australia meldet, dass ein ehemaliger Sowjetbürger, der mit einem Gefährt, das »mehr Badewanne als Segelboot« sei, Australien erreicht hat und des Landes verwiesen wurde. Das Problem des Mannes, der sich in seinen 70-ern befinden soll ist, dass er nur über einen Pass der UdSSR verfügt und ihm deswegen kein Visum ausgestellt werden kann. In einem Interview erklärt der Segler, dass sein Boot deshalb 3,5 Meter lang sei, weil er als Bauplatz nur seinen Balkon zur Verfügung gehabt habe. Für seinen Rausschmiss aus Australien zeigt er Verständnis, schließlich habe das Land ja ein ernstes Problem mit illegalen Einwanderern. Sein nächstes Ziel sei Südafrika – die hätten ihm nämlich auch in seinen Sowjetausweis noch ein Visum gestempelt.

Zwischen 08° und 07° Nord passiere ich die Doldrums. Die Etmale fallen auf 85 und 59 Meilen und nach unzähligen Regenschauern bin ich am 21. Juli auch schon im Gebiet des Südostpassats.

23. Juli, 18.Tag auf See. Da das Wetter ruhig ist, kann ich mich auf Lecksuche begeben. Ich entferne alle Bodenbretter und durch gezieltes Trockenlegen einzelner Bereiche komme ich nach einigen Stunden dem Leck auf die Spur. Ich weiß nur nicht, ob ich besorgt oder erleichtert sein soll, als ich ein kleines Rinnsal entdecke, das unter einer Schweißnaht hervorrinnt. Mit der Naht ist im Vorschiff eine Bodenwrange an den Rumpfboden geheftet. Wie es aussieht, ist nach dem Bau des Bootes an dieser Stelle schon einmal nachgeschweißt worden. Wahrscheinlich hat es dort also schon einmal Probleme gegeben. Das Unterwasserschiff ist an dieser Stelle flach und so ist es beim Segeln hoch am Wind immer wieder herben Schlägen ausgesetzt, wenn das Boot in die See einsetzt. Und hoch am Wind bin ich in letzter Zeit reichlich gesegelt. Gut 5500 Meilen allein im Pazifik.

Auf jeden Fall bin ich froh, dass die Leckage nicht an den Schweißnähten des Kiels aufgetreten ist. Aber der Glaube an die Unzerstörbarkeit meines Bootes ist durch so etwas schon getrübt. Was bleibt, ist der Trost, dass ein Boot aus Kunststoff schon längst in seine Bestandteile zerfallen wäre.

Was tun? Die nächste Reparaturmöglichkeiten auf meiner Route gibt es erst im über 5000 Meilen entfernten Chile. Ziemlich weit weg. Mir scheint eine Reparatur nicht so dringend, denn ich habe die Hoffnung, dass sich das Leck nicht weiter vergrößern wird. Der Wassereinbruch ist mit der Handpumpe gut zu bewältigen. Auf jeden Fall dringt weniger Wasser in das Boot ein als bei meinen Einhand-Atlantiküberquerungen. Dort hatte ich wegen eines defekten Ruderlagers jeden Tag mit 20 bis 30 Litern Wasser zu kämpfen. Ich treffe die vorläufige Entscheidung, mit einer Reparatur bis Chile oder sogar bis Deutschland zu warten. Allerdings stellt sich mir nun die Frage, wie groß das Leck noch werden darf, bis ich nicht mehr dagegen anpumpen kann. Leider hat der Wassereinbruch dazu geführt, dass fast meine gesamten Schokoladenvorräte unbrauchbar geworden sind. Die hatte ich nämlich vor mir selbst in Nähe der Leckage unter dem Fußboden versteckt, wo sie nun im Seewasser verdorben sind. Eine kleine Tragödie.

Am 20. Tag überquere ich den Äquator auf 152° West. Dies sind 10° mehr, als mir lieb sind und 15° mehr, als mein Handbuch empfiehlt. Aber mehr, als um jedes Grad Höhe kämpfen, konnte ich schließlich nicht machen. Es herrscht Vollmond und so verbringe ich die Abendstunden im Cockpit und genieße das Segeln in vollen Zügen. Fock, Klüver und Großsegel habe ich gesetzt und mit 5 bis 6 Knoten zieht FANFAN! durch die See, aus der ab und zu ein Fliegender Fisch auftaucht. Einmal wird ein ganzer Schwarm dieser Fische Opfer von Nachtblindheit und mangelnden Flugkünsten. Maschinengewehrähnlich macht es nur bum, bum bum, bum, bum an der Bordwand.

Nach über 2900 Meilen und 25 Tagen auf Steuerbordbug habe ich die Marquesas genau im Osten liegen. Nicht ein einziges Schiff habe ich seit Midway gesehen. Ich muss kreuzen. Mit anderen Worten: Hätte ich nur ein paar Grad höher am Wind segeln können, wäre mir die Kreuzerei erspart geblieben. Und wenn ich in der Schule besser aufgepasst hätte, dann könnte ich sogar ausrechnen, wie viel an Höhe mir genau gefehlt hat. Viel jedenfalls nicht.

Noch 300 Meilen sind es bis Nuku Hiva, meinem ersten Ziel innerhalb der Inselgruppe. Für diese 300 Meilen brauche ich dann noch einmal vier Tage, bis dann schließlich am 4. August die Siluette von Nuku Hiva auftaucht. Aus der Ferne sieht die 1200 Meter hohe Insel genau aus wie die Crozet- oder Aucklandinseln, was nicht verwunderlich ist, da auch die Marquesas vulkanischen Ursprungs sind. Ein Korallenriff wie bei den meisten anderen Südseeinseln gibt es hier nicht. Aber anders als die subantarktischern Inseln riecht Nuku Hiva schon aus der Ferne wie ein mit Blumenduft versetztes Badeshampoo.

Das einheimische Radio bringt einen Reggaesong, in dem der Sänger ausdauernd Freiheit für sein unterdrücktes Volk fordert. Mir kommt ein Interview in den Kopf, das ich vor einiger Zeit auf Radio Australia gehört habe. Dort sprach ein Vertreter der Unabhängigkeitsbewegung von Französisch-Polynesien ständig von Unterdrückung und Ausbeutung, die sein Volk durch die Franzosen zu erleiden habe. Auf die Frage der Reporterin, wie sich dies im täglichen Leben der Menschen bemerkbar mache, fiel dem Freiheitskämpfer nur ein darüber zu lamentieren, dass die Reichen immer reicher und die Armen immer ärmer würden. Ich habe nur den Verdacht, dass, wenn die vermeintlichen Ausbeuter und Unterdrücker Polynesien verlassen würden, schnell Schluss wäre mit dicken Geländewagen, Außenbordmotoren und vollen Supermarktregalen. Ob alle Einwohner Französisch-Polynesiens der Parole »Lieber frei und zu Fuß als Landrover und unterdrückt« zustimmen, möchte ich bezweifeln.

Da der Wind günstig steht, fahre ich das Ankermanöver unter Segeln. Die Bucht ist ein ehemaliger Vulkankrater, der nach Süden zur See hin offen ist. Die dicht bewachsenen Kraterränder umgeben die Bucht einige hundert Meter hoch und lassen den Ankerplatz ganz gemütlich erscheinen. Ein Eindruck, der aber insofern täuscht, als dass das Liegen dort wegen des Schwells ziemlich unruhig ist.

Mein Logbuch ist nun knapp 30 000 Meilen dick. Ich bin erschöpft. Und zwar auf eine Art, wie sie nicht durch ein paar Tage Ruhe zu beseitigen ist. Die meisten Weltumsegelungen sind nach dieser Strecke zu Ende oder befinden sich im Endstadium. Ich dagegen bin noch am anderen Ende der Welt. Der Altvater der Einhand-Weltumsegler, Joshua Slocum, hat nach seiner recht sportlichen Weltumsegelung gesagt, er fühle sich um zehn Jahre jünger. Ich fühle mich schon jetzt zehn Jahre älter. Und dabei war Slocum Mitte 50, als er seine Reise beendete.

Ich mache klar Schiff, blase das Dingi auf und lade mich mit altbewährter Dreistigkeit beim Nachbarboot, auf dem ein älteres neuseeländische Ehepaar wohnt, zu einem Drink ein. Zwei Stunden lang quassele ich den beiden die Ohren voll und informiere mich über das ob oder wo von Dingi-Landestelle, Gendarmerie, Supermarkt und Internetanschluss. Meine Gastgeber sind seit acht Jahren unterwegs und jetzt auf dem letzten Abschnitt ihrer Weltumsegelung, bevor sie dann in ihrer Heimat für immer vor Anker gehen wollen. Gefragt nach dem Ort, an dem es ihnen am besten gefallen hat, bekomme ich »Türkei« zur Antwort. Drei Jahre waren sie da. Ich würde es dort keine drei Wochen aushalten. Aber es wäre ja auch schlimm, wenn alle die gleichen Traumreiseziele hätten. Interessant ist natürlich, dass auch bei diesen Seglern das »Paradies« gut 180 Längengrade von der Heimat entfernt ist.

Nachdem ich seit Neuseeland praktisch ununterbrochen die sieben-Tage-Woche bei mir an Bord habe, lasse ich es ganz ruhig angehen. Ich erkläre jeden zweiten Tag zum Sonntag. Den Rest der Zeit verbringe ich mit Reparaturen, Einkaufen und der Erkundung meiner Ankerbucht. Um die Bucht herum verteilt sich das beschauliche Örtchen Taiohae. Herman Melville, der Autor von »Moby Dick«, war im 19. Jahrhundert als junger Mann hier, woran sogar ein Denkmal erinnert. Touristen gibt es nur wenige, weswegen alles seinen unaufgeregten Gang geht. Mein Interesse, den Rest der Insel kennen zu lernen, ist nur mäßig. Grund ist nicht zuletzt das Sprachproblem. Denn leider sprechen nur wenige Einheimische englisch, weshalb die Kommunikation auf grundlegende Dinge beschränkt bleibt. So frage ich einen Einheimischen, ob das Leitungswasser auf der Insel trinkbar ist.

Frage: »Water okay?«

Antwort: »Baby sick, new man sick. People live here okay.«

Die Übersetzung würde ungefähr wie folgt lauten:

Frage: »Kann man das Wasser trinken?«

Antwort: »Wenn man es nicht gewohnt ist, kann man krank davon werden.«

Durch meine Leckage kommt kaum noch Wasser ins Boot, seitdem es ruhig vor Anker liegt. Wenn ich die Stelle abwische, bleibt sie für einige Sekunden trocken. Mit reichlich Dichtmasse bringe ich das Rinnsal endgültig zum Versiegen. Eine dauerhafte Lösung ist dies zwar nicht, doch bin ich erst mal von der nervenden Pumperei erlöst.

Bei einem Tauchgang zum Check des Unterwasserschiffes muss ich feststellen, dass FANFAN! abermals zur Heimat unzähligen Getiers geworden ist. Als in einigen Metern Entfernung eine dunkle Flosse an der Wasseroberfläche auftaucht, sendet mein Panikzentrum die Nachricht »Nix wie raus aus dem Wasser!« Doch halt. Was auf den ersten Blick wie eine Haifischflosse aussieht, entpuppt sich als die »Flügelspitze« eines Rochens, die immer wieder aus dem Wasser austaucht, während das Tier dicht unter der Wasseroberfläche schwimmt. Entwarnung also.

Auch als Lebensretter kann ich mich betätigen. In der Dämmerung sehe ich ein Dingi aus der Bucht treiben, in dem ein Insasse wie ein

Wilder probiert, den Außenborder wieder in Gang zu bringen, während ein anderer versucht, das Boot schwimmend Richtung Ufer zu ziehen. Daran, Paddel mitzunehmen, hat offensichtlich keiner gedacht. Der Wind weht aus der Bucht heraus und mir ist klar, dass die Geschichte ohne fremde Hilfe für die beiden hinter dem Horizont enden kann. Ich springe in mein Dingi und schleppe das andere Boot zurück zum Ufer. Von den beiden Insassen, französische Chartersegler, scheint keiner den Ernst der Lage erkannt zu haben. Die beiden sind völlig zugedröhnt und haben ein dämliches Dauergrinsen im Gesicht, während sie sich immer wieder die Rotweinflasche an den Hals setzen. Da wundert es mich nicht, als sich einer von beiden auf halben Weg rücklings aus dem Boot fallen lässt, um den Rest zu schwimmen. Den anderen schleppe ich samt Boot bis zum Strand. »Merci«, stammelt er und seine knallroten Augen blicken ins Nichts. »Avec plaisir!«, antworte ich, während sein Kollege auf allen Vieren aus der Brandung gekrochen kommt.

Nach zehn Tagen bin ich wieder so fit, dass der Ruf der See einmal mehr zu mir vordringen kann. Ich segele zur Nachbarinsel Ua Pou, wo ich in der Baie de Hakahetau den Anker werfe. Der Ankerplatz ist ziemlich unruhig und FANFAN! rollt unangenehm von einer Seite zur anderen. Es liegt nur eine andere Yacht vor Anker, von der ich über Funk erfahre, dass das Anlanden wegen der Brandung nicht einfach ist. Erfreulich dagegen ist, dass ich bei meinen Nachbarn zum Essen eingeladen werde. Mein Gastgeber ist ein sehr sympathischer und geistreicher Mensch, was man bedauerlicherweise von seiner Frau nicht behaupten kann. Die bekommt von mir schon nach kurzer Zeit das Prädikat »strohdumm« verpasst. Nicht nur, dass sie mir ständig ins Wort fällt, sondern auch ihr Mann kann kaum zwei Sätze sprechen, ohne dass sie meint, korrigierend eingreifen zu müssen. Ich bin kurz davor ihren Mann zu fragen, ob er nicht einen verdammt hohen Preis dafür bezahlt, bekocht zu werden und die Wäsche gemacht zu bekommen. Die Yacht meiner Gastgeber ist mit allen Finessen ausgestattet. Sogar die Winschen sind elektrisch betrieben. Auf der Reparaturliste stehen derzeit der Dieselgenerator und der Trinkwassererzeuger. Auf meine Frage, ob das Mehr an Lebensqualität durch die Technik den ständigen Ärger mit derselben wettmacht, bekomme ich ein entschiedenes »Nein« zur Antwort.

Ohne meinen Fuß an Land gesetzt zu haben, gehe ich am nächsten Morgen unter Segeln ankerauf. Ich setze Kurs auf die Insel Fatu Hiva ab, die als das schönste Eiland des Marquesas-Archipels gilt.

Zwei Tage später laufe ich mit dem ersten Licht in die Baie Hanavave ein. Heute hört die Bucht auch auf den Namen Baie des Vierges, was mit Jungfrauenbucht zu übersetzen ist. In meinem Handbuch steht, dass die Bucht aufgrund einer charakteristischen Felsformation am Nordufer von den europäischen Entdeckern zunächst Baie des Verges – Phallusbucht – genannt wurde. Den später eintreffenden Missionaren war dies alles andere als recht und durch Einsetzen eines »i« in den Namen wurde aus der Phallusbucht die Jungfrauenbucht. Sollte die Geschichte nicht stimmen, ist sie zumindest gut erfunden.

Die Bucht habe ich für mich alleine und ich bringe zwei Anker aus, denn von anderen Seglern in Nuku Hiva bin ich vor den Fallböen an diesem Platz gewarnt worden. Fünfzig Knoten Wind wollen sie hier gehabt haben. Zieht man den seglertypischen Münchhausenzuschlag ab, dann bleiben 35 Knoten übrig, was ja auch schon langt. Kaum habe ich mein Dingi heil durch die Brandung an Land gebracht, da fragt mich der Erste schon nach Marihuana. Der Zweite will Munition und der Dritte möchte von mir sechs Meter Seil haben, für die er mir zehn Eier geben will. Meine Handelspläne sehen anders aus. Ich möchte gerne eine Uhr aus meinem Tauschwarenvorrat gegen einen Tiki, eine für die Marquesas typische Schnitzfigur, tauschen. Es dauert nicht lange, da habe ich auch schon einen Tikischnitzer gefunden. Der ist aber nicht an meiner Schreibtischuhr interessiert, sondern will unbedingt meine Armbanduhr haben. Die will ich aber nicht hergeben. Es geht hin und her und schließlich habe ich meine Schnitzfigur und auf Fatu Hiva gibt es einen Besitzer von zwei Schreibtischuhren mit Edelstahlgehäuse.

Der Ort Hanavave ist in ein enges Tal mit üppiger Vegetation eingezwängt. Hoch oben in den Hängen sieht man Ziegen grasen und am Ufer liegen einige Auslegerboote. Die Landschaft macht irgendwie einen verwunschenen Eindruck, und statt polynesischer Halbblute könnten dort genauso Zwerge oder andere Fantasiegestalten wohnen. Die Häuser sind einfach gehalten und das wichtigste Accessoire scheint die Satellitenschüssel zum Fernsehempfang zu sein. Obwohl die Insel nur 16 Kilometer Straße zu bieten hat, haben einige Bewohner Hanavaves die Anschaffung eines chromblitzenden Geländewagens für unabdingbar gehalten. Überall lungern Hunde herum. Auf meine Frage, ob die Hunde gut schmecken, antwortet mir ein Einheimischer mit einem schwärmerischen Wortschwall, aus dem ich entnehme, dass Hund überhaupt das

Beste sei, was man auf den Teller bekommen könne. Na dann »Bon appétit!«

Durch den Busch schlage ich mich zu einem Wasserfall durch, der aus 60 Metern Höhe in ein kleines Bassin fällt. Ein toller Anblick. Überall wachsen Bananen und Mangos. Zusammen mit den Schweinen und Ziegen, die wild auf der Insel leben, ist der Tisch also reich gedeckt. Dies muss er auch sein, denn der örtliche Einkaufsladen hat mit einer Größe von 5 mal 5 Metern nicht gerade viel zu bieten. Von den auch dort horrenden Preisen ganz zu schweigen.

Am späten Nachmittag gehe ich wieder ankerauf. Ich motore am Ort Omoa vorbei aus dem Lee der Insel heraus und setze Kurs auf mein nächstes Ziel, die Gambierinseln, ab.

Achthundert Meilen segele ich nach Süd-Südwesten. Erst noch hoch am Wind, doch auf halber Strecke kann ich die Schoten immer weiter fieren, bis ich den Wind schließlich von achtern habe. Das angenehmste Segeln seit vielen tausend Meilen. Was das Wache gehen anbetrifft, bin ich mittlerweile mehr als nachlässig geworden. Kein Wunder, wenn das Meer wie leer gefegt ist.

Die Gambierinseln, eine Gruppe von zehn dicht beieinander liegenden Inseln, wurden 1797 für die westliche Welt entdeckt. Im Jahr 1834 kam ein Jesuit Namens Honore Laval auf die Inseln. Nachdem er den König Maputeoa bekehrt hatte, übernahm Laval die Macht auf der Insel, was den Einheimischen denkbar schlecht bekommen ist. Über 5000 Menschen sollen das Opfer dieser Herrschaft in Gottes Namen geworden sein. Dies bestätigt mich einmal mehr in meiner Vermutung, dass Kleriker der in der Hölle am besten vertretene Berufsstand ist. Heute leben gerade noch 700 Menschen auf den Inseln, die den südöstlichsten Zipfel des Tuamotu-Archipels bilden.

Bei Regen und wechselhaften Winden steuere ich die Hauptinsel Mangareva an. Auch wenn es schmerzt, muss die Maschine fünf Stunden laufen, bevor ich vor der Hauptansiedlung Rikitea den Anker werfen kann. Mit mir am Ankerplatz sind drei französische Yachten, ein US-amerikanischer Trimaran und eine Mega-Segelyacht mit britischer Flagge.

Angekommen. Gemütlich und entspannt höre ich während des Kochens Radio. Die Deutsche Welle berichtet von Überflutungen in Deutschland und China. Alle scheinen sich einig zu sein, dass dies Ergebnis des Klimawandels ist. Die Emission von Treibhausgasen soll vermindert werden, um diesen Effekt zu stoppen, ist zu hören. Aber mir scheint, dass getreu dem Motto »Wasch' mich, aber mach' mich nicht nass« keiner auf seinen Zweitwagen, seine Flugreise und schon gar nicht auf seine Aluyacht verzichten will. Sollen doch bitte die anderen mit dem Energiesparen anfangen. Außerdem erfahre ich, dass gerade der Wirbelsturm »Alika« südlich der Hawai'i-Inseln zwischen 10° und 20° Nord von Ost nach West zieht. Ich bin nur froh, dass mein Kielwasser in dieser Gegend seit fünf Wochen verweht ist. Andernfalls hätte »Alika« bei mir an Bord für Alarmstufe doppelrot gesorgt. – So aber genieße ich mein Essen. Es gibt Pfannkuchen mit Erdbeermarmelade und H-Milch mit Kakaopulver. Haute cuisine à la Uwe eben. An Land scheint bei einer Familie etwas anderes auf dem Speiseplan zu stehen. Diese Vermutung drängt sich mir auf, als das markerschütternde Gewimmer eines Hundes über den Ankerplatz gellt.

Am nächsten Tag lerne ich kurz den Eigner der Megayacht an der Dingi-Anlandestelle kennen. Auch wenn er mir nur seinen Vornamen verrät, weiß ich, wen ich vor mir habe. Jost Stollman ist ehemaliger Chef einer Computerfirma und der Mann, der fast Bundeswirtschaftsminister geworden wäre.

Auf Josts brandneuem 40-Meter-Schiff ALITHIA tummeln sich neben seiner Frau noch fünf Kinder, zwei Privatlehrer und eine fünfköpfige Crew. Die Yacht ist auf einer deutschen Nobelwerft entstanden und wurde von der Crew in den Pazifik gesegelt, wo Eigner und Familie zugestiegen sind. Ich schätze, dass jeder Reisetag mit zehntausend Euro für Schiff und Crew zu veranschlagen ist, und vermute, dass unter dem Strich das Reisen unter solchen Verhältnissen nur den halben Erlebniswert hat. Ein Gedanke, der aber nicht verhindert, dass ich an diesem Luxus für einen Moment gern partizipieren würde. Aber meine Hoffnung, an Bord dieses goldenen Käfigs eingeladen zu werden und von einer Hostess ein fünfgängiges Menü serviert zu bekommen, erfüllt sich leider nicht. Zumindest nicht in der Realität. Nachts träume ich davon, dass ich auf der Yacht fürstlich bewirtet und mit Champagner abgefüllt werde. Schließlich stehe ich volltrunken auf dem Salontisch, ein Kaviarbrötchen in der Hand, und verkünde laut lallend, wie sehr mich diese Protzerei ankotzen würde. Viel lieber wäre ich bei dem Sowjet-Opa in Australien auf seiner 3,50-Meter-Badewanne zu einer Dose Thunfisch eingeladen worden. »Schafft mir den Kommunisten vom Hals!« Eigner Jost schnippt mit dem Finger, woraufhin mich zwei Gorillas kurzerhand über Bord werfen. Den Rest erledigen die Haie. Ende des Traumes.

Mir gefällt es auf Mangareva einiges besser als auf den Marquesas. Dies zum einen, weil der Ankerplatz nicht dem auf den Marquesas allgegenwärtigen Schwell ausgesetzt ist. Auch gibt es keine Stechfliegen und die Temperaturen sind nicht so drückend. Die touristische Infrastruktur ist annähernd null. Nicht einmal Postkarten kann man kaufen. Die Einwohner sind freundlich, aber auch hier werde ich nach Rum, Munition und Waffen gefragt. Ob sich Segler, die mit so etwas ein paar Euro verdienen, darüber im Klaren sind, dass sie so dazu beitragen, die Welt kaputt zu machen, die sie den Daheimgebliebenen als Paradies verkaufen?

Zwei Tage nach meiner Ankunft zieht die Seglerkarawane weiter und ich habe den Ankerplatz für mich alleine. Fast zumindest. Nur noch James von dem US-amerikanischen Trimaran ist noch da. Er ist praktisch auf Mangareva gestrandet. James hat als Crew auf dem Boot in San Fransisco angeheuert und nachdem sie mit dem Boot von Mangareva aus zwei Chartertrips nach Pitcairn unternommen hatten, ist er vom Eigner des Trimarans mehr oder weniger sitzen gelassen worden. Jetzt wohnt er auf dem Boot, dessen Motor inzwischen den Geist aufgegeben hat, und hofft, dass der Eigner irgendwann mit Ersatzteilen wiederkommt. James spricht zwar nur drei Worte Französisch, hat sich aber mit einer lokalen Familie angefreundet, denen er bei der Perlenzucht hilft und die ihn dafür durchfüttert. Von James bekomme ich eine Filmdose voll mit schwarzen Perlen, die ich Charles Christian, einem der Nachfahren des Meuterers Fletcher Christian, auf Pitcairn bringen soll. »Kontaktpflege«, meint er lakonisch. Eine Perle ist für mich als Bringelohn.

Als das Versorgungsschiff aus Papetee einläuft, gibt es an der Pier einen großen Menschenauflauf. Jeder, der etwas bestellt hat, ist gekommen, um es abzuholen. Boote, Zement, Holzlatten, Klopapier, Wasserrohre, Benzinfässer, Zwiebeln, Tierfutter – alles muss importiert werden. Die meisten Waren kommen aus Frankreich, Neuseeland und den USA. Erstaunlich, dass sogar Wasser in Flaschen eingeführt wird. In dem Menschengewühl stolpere ich über Bertrand, der aus Elsass-Lothringen kommt und mein Sprachproblem insofern löst, als dass Bertrand gut deutsch spricht. Er ist vor einigen Jahren mit einer Yacht auf die Gambierinseln gekommen, hat eine Einheimische zur Frau genommen, die Yacht in Papeete verkauft und ist nun Perlenzüchter auf einer der kleineren Inseln des Archipels. Die Perlenzucht hört sich nicht schwierig an. Man versenkt Plastikkisten im Meer, an denen sich

Perlmuscheln ansiedeln. Dann werden diese Muscheln mit einem speziellen Muschelsplitter »geimpft«, um den sich im Inneren der Muschel die Perle bildet. Und weil dieses »impfen« viel Fingerspitzengefühl erfordert, damit die Perle rund und eben wird, erledigen Chinesen diesen Job. In regelmäßigen Abständen werden die Muscheln aus dem Wasser geholt und von Bewuchs befreit. Nach vier Jahren ist es dann soweit. Die Muscheln werden geerntet und die Perlen entnommen. Aber, so versichert mir Bertrand, wäre es so einfach, wie es sich anhört, wäre er schon längst Millionär.

Mit einem Motorboot kommt Ives später bei mir längsseits. Seine Affinität zu Deutschland dokumentiert nicht nur ein auf seinen Handrücken tätowierter Schädel mit Wehrmachtshelm, sondern auch der Umstand, dass er fast fließend Deutsch spricht. »Habe ich bei der Fremdenlegion gelernt«, erzählt er. Mit dem Militär ist er nach Mangareva gekommen und ist nach seiner Pensionierung vor zehn Jahren gleich dageblieben. Nun lebt er von seiner Rente und der Perlenzucht. Ob ich Lust habe, mit ihm und seiner kleinen Tochter fischen zu gehen, möchte er wissen. Klar bin ich dabei. Die 75 PS seines Außenborders treiben uns im Zickzack durch die Lagune, und eine Stunde später haben wir mit jeder der beiden Angeln einen kleinen Bonito gefangen. Einer ist für Ives und einer für mich. »Die kleinen Bonitos sind okay, aber sonst musst du mit Ciguatera hier verdammt aufpassen!«, warnt er mich. Später zeigt er mir bei sich zu Hause Bilder vom Golfkrieg. Brennende Ölfelder, zerstörte Panzer, zerfetzte Körper und er mittendrin. Ein Bild sieht aus, als sei es nachts aufgenommen. »Es war 14 Uhr als ich das Foto gemacht habe«, erzählt Ives. »Der Qualm der brennenden Ölquellen hat den Tag zur Nacht gemacht.« In einem Bücherregal sind einige Orden zu sehen. Daneben eine Uhr, die Ives aus einer irakischen Radarstation mitgenommen hat. Als Minenspezialist hat er in vorderster Front Minen geräumt, um den nachrückenden Truppen den Weg frei zu machen. »Die Minen waren made in Italy«, grinst Ives. Abschließend werde ich noch mit dem Ratschlag versorgt, keinen Einheimischen bei mir an Bord zu lassen. »Die klauen wie die Raben.«

Der höchste Berg der Insel, der 430 Meter Hohe Mont Duff, ist nicht vor mir sicher. Auf die Frage wie ich dort hoch komme (ich zeige auf mich, dann auf den Berg und mache ein unwissendes Gesicht) bieten mir vier Jungs spontan an, mich zu begleiten. Als sie erfahren, dass ich aus Deutschland komme, fangen sie sofort an sich gegenseitig mit simuliertem Maschinengewehrfeuer zu belegen. Auch in der Südsee hat die deutsche Geschichte anscheinend 1945 aufgehört.

Eine Stunde lange geht es durch den Busch und über Stock und Stein. Während auf Meereshöhe Kokospalmen wachsen, gibt es ab 100 Meter Höhe dichten Nadelwald. Tannenzapfen inklusive. Meine Begleiter sind einiges flinker als ich und mein Eindruck scheint derart mitleiderregend zu sein, dass mir einer der Jungs meinen Rucksack abnimmt. Ich breche mir eine Rute ab, und immer wenn mein Träger einer kurze Verschnaufpause einlegt, schwinge ich die Peitsche. »Allez donc! Vite, vite«, rufe ich ihm drohend zu, damit keiner meiner Begleiter auf die Idee kommt, dass sich in Deutschland in den letzten 60 Jahren irgendetwas geändert hat. Die Aussicht von oben über das ganze Archipel entschädigt für die Anstrengung. Es wäre sicher keine schlechte Idee, die Nacht auf dem Gipfel im Zelt zu verbringen, um morgens den Sonnenaufgang zu erleben.

In dem kleinen Einkaufsmarkt besorge ich mir noch etwas Schokolade, bevor ich nach fünf Tagen ankerauf gehe. Mit Mangareva lasse ich das – für mich – schönste Stück Französisch-Polynesiens hinter mir, das ich gesehen habe. Und wenn mir einer vorhält, dass ich mir wohl nach nur sechs Stunden auf Bora Bora kein Urteil erlauben könne, dann werde ich antworten, dass sechs Stunden noch fünf zu viel waren. War das, was ich von Französisch-Polynesien gesehen habe, jetzt das viel gepriesene Südseeparadies? Ich war zwar nur kurz da, aber ein Paradies sollte man schon auf den ersten Blick erkennen. Französisch-Polynesien wird ja von manchen als schönstes Segelrevier der Welt verkauft. Ob die Leute, die so etwas behaupten, je in Norwegen waren? Oder an der deutschen Ostseeküste? Vielleicht. Aber genauso wie die Glaubwürdigkeit eines Propheten mit der Entfernung zu den Empfängern seiner Botschaft immer größer wird, verhält es sich mit den sogenannten Segelparadiesen. Je weiter weg, desto besser. Der Ort, der das Attribut »Paradies« auf diesem Reiseabschnitt für mich am ehesten verdient hat, war mein Boot.

Schatten über Pitcairn

Die 300 Meilen, die Pitcairn östlich von Mangareva liegt, haben es in sich. Drei Tage lang kreuze ich gegen schwache Winde nach Osten. Aus Südwesten rollt eine hohe Dünung heran und erinnert mich daran, dass das Südmeer nur noch 17 Breitengrade entfernt ist. Auch der Regen kommt nicht mehr als tropischer Schauer daher, sondern rieselt stundenlang fein an Deck. Ich fülle meinen Wassertank nach und spendiere mir eine Dose Schokopudding. Noch gut 3200 Meilen sind es bis Chile.

Kurz vor Pitcairn legt die Dünung noch einiges zu. Überlagert wird sie zudem von mindestens zwei anderen Wellensystemen, die aus verschiedenen Richtungen kommen. Ich ahne schon, dass es nicht einfach sein wird, Pitcairn zu betreten.

Der Insel haftet untrennbar der Mythos um die Meuterei auf der H.M.S. BOUNTY an. Aber der Name BOUNTY ist bei mir nicht nur mit der Meuterei verknüpft. BOUNTY hieß auch das drei Meter lange Kunststoffdingi, mit dem ich als kleiner Junge mit meinem Vater im Wattenmeer bei Norderney oft angeln war. Aale haben wir gefangen. Groß wie Phytonschlangen, wenn ich mich recht erinnere.

Mit neun habe ich mit diesem Boot auf der Ostsee die Segel gesetzt. Und obwohl ich nie mehr als zweihundert Meter vom Ufer entfernt war, erscheint es mir in meiner Erinnerung so, als ob ich mit meiner BOUNTY mitten auf einem riesigen Ozean unterwegs war. Eine Meuterei hat es auf meiner BOUNTY nie gegeben. Auch nicht, nachdem mir in einer feierlichen Zeremonie mein kleiner Bruder als Matrose zugeteilt wurde. Zusammen sind wir, angetrieben von einem 2-PS-Außenborder und versorgt mit Vaters Leberwurststullen, die Ems entlanggetuckert. Damals war jeder von uns neu entdeckte Flusskilometer so spannend wie heute eine Überquerung des Nordatlantiks. Und auf der Ems habe ich mit der BOUNTY mein erstes Bußgeld kassiert. Zwanzig DM durfte mein Vater bezahlen, weil es nicht langt, sein Boot auf einem deutschen Fluss einfach nur BOUNTY zu nennen. Nein, es braucht eine Registriernummer. Und eine BOUNTY ohne eine Registriernummer ist eine Ordnungswidrigkeit.

Ich bin noch 25 Meilen von Pitcairn entfernt. Die knapp über 300 Meter hohe Insel zeichnet sich deutlich am Horizont ab, und ich versuche auf Kanal 16 Kontakt zu bekommen. Nach dem zweiten Anruf meldet sich jemand. Die beiden Ankerplätze, Bounty Bay und Tedside an der Westküste der Insel, seien nicht zu empfehlen, da die See »very, very rough« sei. Wir verbleiben so, dass ich mich am nächsten Morgen noch einmal melde.

Mit dem ersten Licht nehme ich wieder Funkkontakt auf. Ich solle mir den Ankerplatz in der Bounty Bay selber aus der Nähe anschauen, um zu entscheiden, ob es möglich sei zu ankern, wird mir gesagt. Die konfuse Dünung, die ich am Ankerplatz antreffe, würde jeder subantarktischen Insel zur Ehre gereichen. Das Einzige, was die Lage freundlich erschienen lässt, ist der Umstand, dass kaum Wind weht und die Sonne scheint. Über den Resten der an dieser Stelle vor über 200 Jahren verbrannten BOUNTY lasse ich auf 20 Metern Tiefe den Anker fallen. 25° 03,9' S, 130° 05,6' W notiere ich im Logbuch. Wenngleich FANFAN! wie wild rollt, hält der Anker.

Dreißig Minuten später holt mich Randy Christian, ein Christian der siebten Generation seit Fletcher, mit einem kleinen Motorboot ab. Vom Anlanden mit dem eigenen Dingi ist mir abgeraten worden und schon bald weiß ich auch, warum. Um in den kleinen Hafen zu kommen, braucht man nämlich nicht nur einiges an Erfahrung, sondern auch ein schnelles Boot. Randy nimmt vor dem Hafen Fahrt aus seinem Motorboot. Anspannung zeigt sich in seinem Gesicht. Dann gibt er Vollgas. Das Boot schießt auf dem Rücken einer Welle an der Mole vorbei und Randy macht eine scharfe Kurve nach links, wo das Wasser etwas ruhiger ist. Nur Sekunden später geht ein meterhoher Brecher durch die Hafeneinfahrt, der uns mit Sicherheit zum Kentern gebracht hätte. Randy grinst mich an als wolle er sagen »Übungssache«. Mit Hilfe seines Bruders zieht er das Boot mit einer Winde eine Rampe hoch ins geschützte Bootshaus. Dann geht es mit einem Quad zur einige hundert Meter entfernten Ansiedlung Adamstown. Der Ort mit seinen 35 Einwohnern ist nach John Adams, einem der Meuterer, benannt. Obwohl auf der Insel Spuren polynesischer Besiedelung gefunden wurden, war sie unbewohnt, als die Meuterer sich 1790 auf ihr niederließen.

Die Bewohner von Adamstown leben in Holzhäusern mit Wellblechdächern. Alles muss per Schiff aus Neuseeland herangeschafft werden, da es keinen Flugplatz auf der Insel gibt. Fernsehen und Radio gibt es ebenfalls nicht, und der Stromgenerator läuft nur einige Stunden am Tag. Größte Neuerung auf der Insel ist das Internet. Wissenschaftler haben eine seismische Beobachtungsstation auf Pitcairn eingerichtet, die über Satellit ihre Messdaten in Echtzeit zur Zentrale in die USA sendet. Da dieser Datenkanal nicht voll ausgelastet ist, konnten sich die Insulaner für wenig Geld in die Leitung einklinken.

Nach dem Einklarieren (30 Euro für den Dingitrip und den Papierkram) schaue ich mich auf eigene Faust im Ort um. Auf dem zentralen Platz der Ortes zwischen Kirche, Post und Gemeindehaus werde ich Zeuge einer Versteigerung, bei der Gemeindeeigentum an die Insulaner verscherbelt wird. Alte Herde, Schreibtische, Stühle und Geschirr warten auf neue Besitzer. Die Versteigerung wird vom Mann der Lehrerin durchgeführt, und die gesamte Inselbevölkerung hat sich zu diesem Ereignis eingefunden. Was in Deutschland nicht einmal unter Sperrmüllsammlern Abnehmer finden würde, erzielt auf Pitcairn stattliche Preise. Vierzig Euro für einen vergammelten Schreibtisch und zwanzig für einen völlig zerfledderten Sessel. Untereinander sprechen die Insulaner eine Mischung aus dem Englisch des 18. Jahrhunderts und Tahitianisch. Die Sprache heißt sinnigerweise Pitcairn und ist für mich kaum verständlich. Aber da jeder auch noch »normales« Englisch spricht, ist dies kein Problem.

In der Kirche kann ich mir hinter Glas die Original-Bibel von Fletcher Christian anschauen, und ein kleines Museum zeigt einige Artefakte der BOUNTY, die man in der Bounty Bay geborgen hat. Im Anschluss besuche ich das Grab von John Adams, der mit seiner tahitianischen Frau und seiner Tochter etwas abseits der Siedlung im Wald begraben ist. Von den anderen Meuterern hat man nie auch nur einen Knochen gefunden. So ist Adams der einzige Meuterer, der ein ordentliches Grab auf der Insel gefunden hat. Denn getreu dem Philosophenwort, dass der Mensch dem Mensch ein Wolf ist, haben sich die männlichen Bewohner im Kampf um materielle und sexuelle Resourcen nach und nach den Schädel eingeschlagen. Übrig blieb nur John Adams samt einem Haufen Frauen und Kinder. Eine Geschichte, die allen Inselromantikern eine Lehre sein sollte, denn ich zweifle nicht daran, dass ähnliches heute genauso passieren kann.

Im Jahr 1814, also 25 Jahre nach der Meuterei, wurde die Insel erstmalig von einem englischen Schiff angelaufen. Man ließ Adams auf der Insel wohnen, statt ihn, wie einige andere auf Tahiti wieder eingefangene

Eine Perle als Lohn für den Transport dieser Kostbarkeiten.

Meuterer, in England vor Gericht zu stellen. Heute ist die Insel britisches Staatsgebiet.

Aber auch die jüngste Zeit zeigt, dass die Welt auf Pitcairn nicht so heil ist, wie man aus der Ferne meinen könnte. Geschichten von Kindesmissbrauch auf der Insel machen seit einiger Zeit regelmäßig Schlagzeilen in Neuseeland und England. Die Aussagen eines Mädchens von Pitcairn, das nach Neuseeland zur Schule geschickt wurde, brachten eine regelrechte Lawine ins Rollen. Zehn Männer stehen unter Verdacht – fast 100 % der geschlechtsreifen männlichen Bevölkerung.

Meine Idee, auf Pitcairn aus erster Hand Informationen zu dieser Sache zu bekommen, ist natürlich nicht so einfach in die Tat umzusetzen. Einen Einheimischen kann ich ja schlecht fragen. In der kleinen Dorfschule komme ich mit der neuseeländische Lehrerin ins Gespräch, die sich zu den Missbrauchsvorwürfen nur sehr verhalten äußern mag. Verständlich. Kurz darauf treffe ich auf einen englischen Diplomaten, der in den 1960er-Jahren bei einer britischen Behörde in Berlin gearbeitet hat. Er spricht sehr gut Deutsch, was den Vorteil hat, dass wir uns einigermaßen ungezwungen über das Thema unterhalten können. »An der Sache ist mit Sicherheit etwas dran«, versichert er mir. Das Problem sei nur, das Kartell des Schweigens auf der Insel zu brechen. Niemand, auch nicht die erwachsenen Frauen, sei bereit, Aussagen zu machen.

Mein Gesprächspartner ist von der Regierung nach Pitcairn geschickt worden, um den Bau von zwei Wohnhäusern und eines Gefängnisses mit drei Zellen zu überwachen. Denn aus prozessrechtlichen Gründen müsse die Anklage am Wohnort der Beschuldigten erhoben werden. Die beiden Wohnhäuser seien erforderlich, da Anklage und Verteidigung räumlich getrennt untergebracht werden müssen.

»Beim Gefängnis haben wir auf Gitter verzichtet, hier kann ja doch keiner weglaufen.«

Was in den bisherigen Befragungen deutlich geworden sei, ist, dass in Bezug auf Sex mit Minderjährigen auf der Insel ganz andere Wertvorstellungen herrschen. Einer angeblichen polynesischen Tradition folgend, nach der Sex mit 12-Jährigen kein Tabu sei, hätte es auf der Insel immer schon schwangere Minderjährige und Kinder gegeben, ohne dass jemand Anstoß daran genommen hätte.

Abgesehen davon, dass die Strafverfolgung auf dieser Insel, 15 000 Kilometer Luftlinie vom Mutterland entfernt, Unsummen kosten muss, frage ich mich, wie in diesem Fall Gerechtigkeit aussehen kann. Ginge es den Opfern besser, wenn alle Männer auf Pitcairn in England oder Neuseeland im Gefängnis sitzen würden? Wie kann man etwas erreichen, das entfernt noch den Namen Gerechtigkeit verdient, ohne die ganze Inselgemeinschaft zu zerstören?

»Schwierig, schwierig, schwierig«, seufzt der Vertreter der britischen Staatsmacht und lädt mich zu einem Bier ein.

Mein Besuch auf der Insel ist schon nach fünf Stunden zu Ende. Ein Insulaner verkauft mir noch eine Kiste Pampelmusen für 10 US$ und von einer Familie bekomme ich eine Staude mit Bananen geschenkt. Auch hier würde ich gerne länger bleiben, aber die Verhältnisse am Ankerplatz sind derart haarsträubend, dass an Schlaf nicht zu denken wäre. Randy Christian bringt mich mit seinem Boot hinaus zu FANFAN!, und eine halbe Stunde später habe ich erneut die Segel gesetzt.

Ausgeräuchert auf der Osterinsel

Zwei Tage von Pitcairn entfernt gibt der Radarwarner nachts laut. Von achtern kommt ein Frachter auf, der mich in 1,5 Meilen Abstand passiert. Nach dem fünften Anruf über Funk meldet sich ein Asiate. Ich frage ihn, ob er mich auf seinem Radar sieht und ob er mein Blitzlicht ausmachen kann. »No«, ist seine Antwort. Blindfisch.

Einen Tag später werde ich für ein paar Minuten von einigen Pilotwalen begleitet. Die ersten Wale seit Neuseeland. In meinem Seehandbuch findet sich zur Verbreitung der Wale folgender Kommentar:

»Die großen wissenschaftlichen Expeditionen zur Erforschung der Meere und ihrer Bewohner haben kaum eine weitere Aufklärung über das Tun und Treiben dieser größten aller Lebewesen aller Zeiten gebracht. Zur Zeit der neuesten und bestausgerüsteten Expeditionen waren die Ozeane von den größten Walarten übrigens bereits so sehr entvölkert, dass es in dieser Hinsicht wenig mehr zu beobachten gab.«

Dies der Kommentar aus dem Handbuch von 1897, wohlgemerkt. Wie mir scheint, haben sich die Bestände bis heute nicht erholt.

Das Segeln ist langsam. Zum einen, weil es – was sonst – gegen den Wind geht, und zum anderen, weil ein halber Knoten Gegenstrom steht. Die Kreuzerei könnte ich mir vielleicht ersparen, wenn ich meine nächsten Ziele, die Osterinsel und das Juan Fernandez-Archipel sausen lassen würde. Denn statt nach Osten zu segeln, könnte ich dann bis auf 40 Grad Süd abtauchen, um mit den dort wehenden Westwinden nach Valdivia in Chile geblasen zu werden. Ob dies im noch herrschenden Südwinter die bessere Alternative wäre, ist allerdings fraglich.

Um in Chile nicht ganz so sprachlos wie in Französisch-Polynesien zu sein, habe ich ein Buch mit dem Titel »Spanish in 10 minutes a day« mitgenommen, um meine immerhin rudimentären Spanischkenntnisse aufzufrischen. Leider sind meine Lernfortschritte kaum messbar. »¿Dónde está el Museo de Arte?« – »Wo ist das Kunstmuseum?«, kann ich schon fragen. Lieber wäre es mir, wenn mir das Buch verraten würde, wie ich einen Aluminiumschweißer finden kann.

Auf halben Weg haben die diversen Wettergötter ein Einsehen und der Wind dreht auf Nord. Die Etmale klettern auf 140 und 149 Meilen.

Doch am Freitag, dem 13. ist Schluss. Im Schritttempo geht es weiter nach Osten, bis die Geschwindigkeit schließlich bei null liegt. FANFAN! wird von der meterhohen Dünung so hin- und hergeworfen, dass ich mich kaum auf den Beinen halten kann. Noch 174 Meilen sind es bis zur Osterinsel. Der Strom setzt nach Westen. Noch 175, noch 176, noch 177, noch 178 Meilen ... Erst am Morgen, ich bin bei 181 Meilen, kommt wieder Wind auf.

Meine Frisur hört mittlerweile auf den Namen »langhaariger Bombenleger«. Ständig Haare im Gesicht nerven, und so rücke ich der Mähne mit der Schermaschine zu Leibe. Während ich noch überlege, ob ich dem Ergebnis meiner Frisörkunst den Namen »morgen ist Konfirmation« oder »Muttis Liebling« geben soll, meldet sich meine Mutter aus dem Off. Abermals werde ich über die Deutsche Welle gegrüßt und gebeten, doch bitte nicht auf der Osterinsel an Land zu gehen. Dort lauert nämlich angeblich das Denguefieber auf mich. Dieses Fieber wird von Mücken übertragen und ist unheilbar. Allerdings ist es nach sieben Tagen auch ohne Behandlung vorbei, weswegen es auch als Siebentagefieber bekannt ist. Ist das Fieber schon nach vier Tagen vorbei, hat man übrigens nicht etwa Glück gehabt, sondern wahrscheinlich Malaria. Sechs bis dreißig Prozent der Infizierten überleben die Krankheit nicht.

Was Mutter Röttgering allerdings nicht ahnen konnte, ist, dass ich ohnehin kein großes Interesse habe, dort an Land zu gehen. Die Vegetation ist laut Seehandbuch spärlich, und außer den Moais genannten Statuen gibt es nichts zu sehen, was mich reizt. Zudem ist die Insel durch einem Flughafen mit dem Rest der Welt verbunden, was sie auch nicht gerade interessanter macht. Vielleicht wäre mein Interesse an einem Landgang größer, wenn ich mit einem Empfang rechnen könnte, wie er Seefahrern vor über 200 Jahren widerfahren konnte. So war der französische Entdecker La Pérouse mit seinen Schiffen ASTROLABE und BOUSSOLE 1786 kurz auf der Osterinsel zu Besuch. Besonderen Eindruck hinterließ bei mir der folgende Abschnitt seines Reiseberichts:

»Zuletzt umringten uns mindestens 800 Personen, darunter bestimmt 150 Weiber. Viele von ihnen waren hübsch und äußerst entgegenkommend, sie boten ihre Gunst jedem an, der ihnen dafür etwas geben wollte. Die Indianer bedeuteten uns, dass wir uns dieser Frauen und Mädchen bedienen sollten. Während uns die Weiber mit ihren Liebkosungen heimsuchten, wurden uns die Hüte von den Köpfen und die Schnupftücher aus den Taschen gestohlen. (...) Sie packten Mädchen von 13 bis 14 Jahren und

schleppten sie, in der Hoffnung auf einen guten Lohn, bis zu uns. Die jungen Indianerinnen sträubten sich so sehr, dass deutlich genug zu sehen war, wie hier das Gesetz des Landes verletzt wurde. Übrigens machte kein Franzose von dem barbarischen Recht, das man ihm nahe legte, Gebrauch. Wenn die natürlichen Triebe gestillt wurden, dann nur mit dem Einverständnis der einheimischen Frauen, und stets taten die den ersten Schritt.«

Nun, diese Zeiten sind definitiv vorbei, was man begrüßen oder bedauern kann. Heute warten diverse Behördenvertreter darauf, einen mit Formularen behelligen zu können. Aber bevor ich endgültig entscheiden kann, ob ich nun an Land gehe oder nicht, muss ich erst einmal da sein.

Zentimeter um Zentimeter schiebt sich der Bug durch das Wasser – kein Wind. Während das Kratzen am Mast oder Pfeifen an Bord unter Seefahrern als sicheres Mittel gilt, den Wind herbeizurufen, habe ich ein anderes Rezept. Ich setze meinen Blister, ein buntes Leichtwindsegel. Dieses Segel ist bislang nur selten zum Einsatz gekommen, weil es mit an Sicherheit grenzender Wahrscheinlichkeit dafür sorgt, dass der Wind binnen 30 Minuten derart zunimmt, dass ich es wieder bergen muss. Sollte der Wind nach 30 Minuten nicht zugenommen haben, konnte ich in der Vergangenheit zumindest darauf wetten, dass ich das Segel fünf Minuten nach Einbruch der Dunkelheit in einer plötzlich hereinbrechenden Regenbö bergen musste. Aber leider bestätigen Ausnahmen die Regel und es bleibt flau.

Als ein Schwarm Doraden um FANFAN! herumschwimmt, werfe ich die Angel aus. Selbst wenn ich den Fischen den Köder direkt vor die Nase halte, bequemt sich keines der Tiere anzubeißen. Erst als ich den Haken an der Wasseroberfläche tanzen lasse, habe ich einen Biss. Der Kampf mit dem armlangen Fisch ist kurz und für beide Parteien unerfreulich. Für mich, weil ich meine Tintenfischimitation samt Haken verliere und für die Dorade, weil sie für den Rest ihres (nur noch kurzen?) Lebens mit einem Haken und einem Gummitintenfisch im Maul klar kommen muss.

Endlich, endlich, zwölf Tage nachdem ich Pitcairn verlassen habe, liegt die Osterinsel vor mir. Die Insel hört auf spanisch auf den Namen Isla de Pascua und in der Sprache der Einheimischen auf Rapa Nui. Rund 3500 Chilenen, viele mit ein paar Tropfen polynesischen Blutes in den Adern sollen auf der Insel wohnen. Da ich sie nicht mehr bei Tageslicht erreichen kann, kürze ich die Segel, um Fahrt aus dem Boot zu nehmen.

Am nächsten Morgen segele ich vor den Hauptort Hanga Roa. Durch das Fernglas schaue ich mir die Siedlung näher an. Am Ufer stehen einige Moais, für die die Insel weltbekannt ist. Doch sonst macht Hanga Roa einen ziemlich unexotischen Eindruck. In meinem Seehandbuch von 1982 ist davon die Rede, dass Pferde auf der Insel das Hauptverkehrsmittel sind. Aber wie ich sehe, sind die Pferde inzwischen unter die Hauben japanischer Geländewagen umgezogen. Da der Ankerplatz bei dem herrschenden Nordwind ungeschützt ist, beschließe ich es dabei bewenden zu lassen und weiterzusegeln. Doch die Rechnung habe ich ohne die chilenische Marine, die Armada de Chile, gemacht. Über Funk wird mir zu verstehen gegeben, dass ich nicht mehr darum herumkomme einzuklarieren. Also werfe ich den Anker und harre der Dinge.

Mit einem Motorboot kommen eine Stunde später fünf Leute zu mir an Bord, um mich abzufertigen. Es wird unheimlich viel Papier produziert, wobei die ganze Schreibarbeit zum Glück meine Besucher erledigen. Ich brauche immer nur zu unterschreiben. Der Mann von der Landwirtschaftsbehörde fragt mich, wie lange ich schon alleine unterwegs bin. Auf meine Antwort hin nimmt er meine rechte Hand und schaut sich demonstrativ die Handinnenfläche an. Brüllendes Gelächter in der Runde. »Eure Sorgen möchte ich haben«, denke ich nur.

Nach Erledigung der Formalitäten berät sich mein Empfangskomitee kurz. Ich werde darüber in Kenntnis gesetzt, dass ich eine chilenische Seekarte von meinem ersten Festlandshafen in Chile, Valdivia, zu kaufen habe. Zwar habe ich eine fast neue Karte von Valdivia an Bord, doch handelt es sich um eine englische Karte. In chilenischen Gewässern darf man nur mit chilenischen Karten navigieren, erfahre ich erstaunt. »18 US$, por favor«, heißt es schulterzuckend. Die nächste Überraschung ist noch größer. Mein Boot soll nämlich ausgeräuchert werden. Ob ich dies meinem Erscheinungsbild zu verdanken habe, oder ob alle Boote, die von der Osterinsel zum chilenischen Festland wollen, in den Genuss dieser Maßnahme kommen, kann ich nicht in Erfahrung bringen. Auf jeden Fall rückt ein Mann mit Gasmaske und einem motorbetriebenen Zerstäuber an und bläst das ganze Boot voll mit dichtem, weißem Rauch. Auch an Deck dreht er eine Runde. »Alles völlig ungefährlich für Menschen«, heißt es. Aber für 30 Minuten darf ich nicht unter Deck. Da man dort wegen des Qualms die Hand vor Augen nicht mehr sehen kann, ist mein Verlangen, mich dort aufzuhalten, allerdings ohnehin gering. Schließlich werde ich noch fotografiert. Dienstlich wohlgemerkt.

Nachdem ich nun all dieses Theater wider Willen hinter mich gebracht habe, will ich nun doch wenigstens einmal meinen Fuß an Land gesetzt haben – Fieber hin, Fieber her. Allerdings nicht in Hanga Roa, sondern in einer Bucht an der Südostseite der Insel. Mit einem Soldaten tausche ich noch zwei geschnitzte Moais gegen ein Taschenmesser und dann geht es ankerauf. Zumindest versuche ich den Anker hoch zu bekommen. Schon nach kurzer Zeit ist mir klar, dass das Eisen sich irgendwo verklemmt hat und von mir selbst mit gröbster Gewalt nicht mehr ans Tageslicht zu bekommen ist. Nicht einmal unter Motor kann ich ihn ausbrechen. Bei einer Wassertiefe von zwölf Metern ist mit meiner Schnorchelausrüstung auch nichts auszurichten. Über Funk klage ich in einem Mix aus Englisch und Spanisch mein Leid.

»Wait!«, wird mir befohlen. Eine halbe Stunde später kommt ein Motorboot mit einem Taucher längsseits.

»¿Cuánto es?«, frage ich.

»50 US$.«

»Okay.«

Kurz darauf ploppt ein weißer, mit Luft gefüllter Sack an die Wasseroberfläche, an dem mein Anker hängt. Wenngleich ich nur bruchstückhaft verstehe, was der Taucher mir erzählt, war der Anker in einem Felsblock so verklemmt, dass ich ihn von oben nie hätte ausbrechen können. Und aus seinem »Often problems here« entnehme ich, dass ich nicht der Erste bin, mit dem er 50 US$ verdient hat.

Unter Motor mache ich mich entlang der Küste auf den Weg. Die Vegetation der Insel besteht vornehmlich aus Grasland, das von wenigen Wäldchen, die augenscheinlich auf ein Aufforstungsprogramm zurückgehen, aufgelockert wird. Auf einigen Weiden stehen Kühe und Pferde. Hier und da sehe ich ein vereinzeltes Haus. Die Osterinsel gibt der Wissenschaft einige Rätsel auf. Das bekannteste dürfte sein, wie es den Bewohnern gelungen ist, die tonnenschweren Moais zu errichten. Ein anderes Rätsel ist die Schrift der Osterinsulaner. Während in ganz Polynesien Schrift unbekannt war, wurden auf der Osterinsel Tafeln mit schriftähnlichen Zeichen entdeckt. Haben die Osterinsulaner eine eigene Schrift erfunden? Möglich. Nach einer anderen Theorie geht die Schrift auf die Inbesitznahme der Insel 1770 durch die Spanier zurück. Bei der Annexionszeremonie bekamen die Insulaner zum ersten Mal Dokumente in lateinischer Schrift zu sehen. Dadurch angeregt, könnten sie ihre eigene Schrift entwickelt haben. Ob diese Schrift allerdings wirklich einen Informationsgehalt hat oder man einfach vor sich hingekritzelt hat, um die Spanier zu imitieren, kann auch dieser Ansatz nicht erklären. Übersetzen konnte man die Zeichen bislang jedenfalls nicht.

Schon La Pérouse beklagte 1786 in seinem Reisebericht das, was wir heute als ökologische Katastrophe bezeichnen würden. Das fast vollständige Abholzen der Insel durch die Einheimischen bescherte Wassermangel und Verödung der Landschaft. Aber das echte Elend brachte, wie so oft, erst der weiße Mann. Von den ursprünglich 3000 Insulanern hatten eingeschleppte Krankheiten und Sklavenjäger schon 1864 nur noch 100 übrig gelassen.

Endlich liegt FANFAN! in der Caleta Hotuiti vor Anker. Und weil auch meine Lernresistenz Grenzen kennt, ankere ich diesmal mit einer Ankerboje, mit der ich den Anker wahrscheinlich bergen kann, wenn er sich wieder verklemmen sollte. Der Wind ist ablandig, der Schwell mäßig und, was am wichtigsten ist, am Kopf der Bucht steht eine Reihe von 15 Moais mit Blick auf einen Vulkan Namens Ráno-Raraku. Dieser Vulkan war praktisch der Steinbruch, in dem die Moais hergestellt wurden, und in seiner Umgebung finden sich folglich die meisten dieser Figuren. Die am Ufer stehende Brandung lässt mich eine nasse Landung befürchten. Doch zu meinem Erstaunen entdecke ich in der westlichen Ecke der Bucht ein kleines, knietiefes Hafenbecken, in dem zwei Fischerboote festgemacht sind. Dort komme ich trockenen Fußes an Land.

Von den Moai-Statuen war ich schon immer begeistert und sie jetzt so aus der Nähe zu sehen, ist ein tolles Erlebnis. Ich kann mich nicht erinnern, dass die schwuchtelhaften griechischen Marmorjünglinge, die ich vor Jahren bei einem Museumsbesuch gesehen habe, einen ähnlichen Eindruck bei mir hinterlassen haben.

Der Ankerplatz erscheint mir so gut, dass ich eigentlich die Nacht dort verbringen könnte. Da ich aber gesagt habe, dass ich bei der Caleta Hotuiti nur kurz an Land gehen will, warten dort schon zwei extra für mich gekommene Soldaten, um mich wieder auszuklarieren. Es hilft alles nichts. Nachdem drei Filme durchgeknipst sind, wird noch einmal Papier produziert und mit einem »¡Buen viache!« in den Ohren geht es zurück zum Boot.

Als das Land in der Nacht verschwindet, ziehe ich Bilanz. Dafür dass ich die Insel von See aus gesehen habe und 70 Minuten an Land war, habe ich 24 Stunden Reisezeit geopfert, 18 US$ für eine Seekarte bezahlt, die ich nicht brauche und 50 US$, um meinen Anker wiederzubekommen, mein Boot unter Giftgas setzen lassen müssen und mich zwei Stunden mit einem Haufen Behördenvertreter herumgeschlagen. Aber es war es wert. Zu einem anderen Fazit kam La Pérouse vor über 200 Jahren. Er schrieb:

»Wir beschenkten die Indianer reichlich und behandelten geradezu zärtlich alle schwachen und hilflosen Inselbewohner. Wir pflanzten auf ihren Feldern die verschiedenartigsten Nutzpflanzen und ließen in ihren Hütten Schweine, Ziegen und Lämmer zurück. Wir verlangten für all dies keine Gegenleistung. Dennoch bewarfen sie uns mit Steinen und stahlen alles, was sie nur fortschleppen konnten.«

Nachdem mit der Osterinsel nun der letzte Zipfel des polynesischen Dreiecks abgesegelt ist, ist mein Fragezeichen bezüglich der Besiedlung Polynesiens nicht kleiner geworden. Auf jeden Fall müssen diejenigen, die die theoretischen Grundlagen für die Südseenavigation gelegt haben, polynesische Galileis, Newtons und Einsteins gewesen sein. Es liest sich einfach, dass man bei bedeckten Himmel das Kanu nach Richtung der Dünung gesteuert hat. Aber leider gibt es im Pazifik nicht »die« Dünung. Meist kann man mehrere Systeme aus unterschiedlichen Richtungen zählen. Ich hätte danach keinen Kurs halten können. Auf jeden Fall bin ich froh, dass mir ein kleiner, mit Elektronik vollgestopfter Kasten den Weg weist.

Chile – Tierra dél Zarpe

Gut 2100 Meilen trennen mich noch von der chilenischen Küste. Auf dem Weg liegen noch die beiden Inseln des Juan Fernandez-Archipels, ansonsten wieder einmal nur Wasser. Obwohl: Ein Fels namens Podestá soll ziemlich genau auf der Kursline von der Osterinsel nach Juan Fernandez liegen. Aber gibt es diese Insel wirklich? In einem US-amerikanisches Seehandbuch ist zu lesen: »*Zahlreiche Gefahrenstellen sind zwischen 100° West und der Chilenischen Küste gemeldet worden. (...) Im Verlauf der Jahre ist es im Verlauf verschiedener Vermessungen nicht gelungen, die meisten dieser Gefahrenstellen ausfindig zu machen.*« Als Position für Podestá wird 32° 14' S, 089° 08' W angegeben, die Höhe soll zwölf Meter betragen. Erich Wilts hat mit seiner FREYDIS an der angegebenen Stelle nach der Insel gesucht, konnte sie aber nicht finden.

Je weiter ich nach Südosten komme, desto kühler wird es. Aber nach fünf Monaten in den Tropen bin ich es auch leid. Wie es Segler dort jahrelang aushalten können und wollen, ist mir ein Rätsel. Das Klima in den hohen Breiten wird ja meist als rau beschrieben. Ich finde eine tagaus, tagein brennende Sonne und ständige, feuchtwarme Hitze viel härter zu ertragen. Dazu zwölf Stunden rabenschwarze Nacht pro Tag und die Aussicht, sich die tollsten Krankheiten holen zu können, sind ja nun alles andere als traumhaft.

Aus meinem »Spanish in 10 minutes a day« ist »Spanish in 10 seconds a day« geworden. Dafür habe ich lieber zum dritten Mal meinen fast 1000 Seiten dicken Tilman gelesen. H.W. Tilman dürfte der Pionier des Yachtsegelns in den hohen nördlichen und südlichen Breiten sein. Zwanzig Jahre lang von 1955 bis Mitte der 1970er-Jahre brach er mit wechselnden Crews und Schiffen immer wieder in arktische und antarktische Gefilde auf. Das Buch mit dem Titel »The Eight Sailing/Mountain-Exploration Books« ist eine Zusammenstellung der über seine Reisen erschienenen Berichte. Tilman segelte ohne Netz und doppelten Boden, ohne über das selbstgewählte Schicksal zu jammern und unter völligem Verzicht auf Showeffekte. Sehr sympathisch. Seine Erlebnisse sind bisweilen haarsträubend – zwei Schiffe, ein Crewmitglied und schließlich der Autor selbst finden im Verlauf dieser Reisen ein nasses Grab. Man sagt so leicht, dass jemand wie er mit 80 Jahren auf See ein angemessenes Ende gefunden hat. Aber das Ertrinken bleibt auch mit 80 ein elender Tod. Oder?

Um meinen Speiseplan etwas abwechslungsreicher zu gestalten, fasse ich einen ehrgeizigen Entschluss: Ich will Brötchen backen. Wenn ein bekennender Gastro-Dilletant mit einer Backmischung, deren Haltbarkeitsdatum abgelaufen ist, erstmals in seinem Leben unter die Brötchenbäcker geht, scheint das Ergebnis vorprogrammiert zu sein. Doch ich habe Glück. Der Teig geht auf und in meinem Backofen entstehen fünf schön knusprige Leinsamenbrötchen. Sollte sich dieser Erfolg als reproduzierbar erweisen, werde ich meiner Trophäensammlung umgehend den goldenen Kochlöffel hinzufügen.

Am 28. September sehe ich auf 30° S und 090° W meinen ersten südpazifischen Albatros. Es ist ein Salvin´s Albatros. Vielleicht zumindest. Die Identifikation ist nicht einfach, da es nicht nur mehr als ein Dutzend Albatrosarten gibt, sondern die Tiere je nach Alter auch noch unterschiedlich aussehen. Die Seefahrer in Rahseglerzeiten haben es sich mit den Albatrossen einfacher gemacht. Nur die Royal- und Wanderalbatrosse wurden als Albatrosse bezeichnet. Alle anderen Arten, inklusive der Riesensturmvögel, waren einfach Mollymawks.

Sechzehn Tage nachdem ich die Osterinsel verlassen habe, taucht ein Fels aus dem Meer auf. Fünf Meilen lang, drei breit und 1600 Meter hoch. Die auch unter dem Namen Más Afuera bekannte Insel hört in meiner englischen Seekarte auf den verheißungsvollen Namen Isla Alejandro Selkirk. Alejandro Selkirk oder genauer Alexander Selkirk, war der Mann, der die Vorlage für Daniel Defoes »Robinson Crusoe« abgegeben hat. Selkirk, ein englischer Matrose, wurde 1705 nach einem heftigen Streit mit seinem Kapitän auf eigenen Wunsch auf der Nachbarinsel Robinson Crusoe ausgesetzt. Die damals unbewohnte Insel war ihm bis 1709 ein einsames Zuhause, bis Kapitän Rogers vor der Insel mit seinen Schiffen DUKE und DUCHESS auftauchte und Selkirk rettete. Im Jahr 1711 war er wieder in England, wo seine Erlebnisse veröffentlicht wurden.

Die Isla Alejandro Selkirk ist von steilen, mehrere hundert Meter hohen Klippen umgeben. Die Vegetation besteht aus Gras und ein paar Bäumen, die an manchen Stellen immerhin so dicht beieinander stehen, dass man mit gutem Willen von Wald sprechen kann. An der Ostküste gibt es eine Ansammlung von Fischerhütten, in denen für ein paar Monate im Jahr einige Lobsterfischer hausen sollen. Einen Hafen hat die Insel genauso wenig wie ein Flugfeld. Ich motore bis dicht unter die Ansiedlung. Auch durch das Fernglas kann ich keinen Menschen ausmachen. Straßen gibt es keine auf der Insel. Lediglich ein Fußweg windet sich in Serpentinen einen Hang hoch und endet im Nichts. Zwar steht eine hohe Dünung, doch wäre es grundsätzlich wohl möglich zu ankern und an Land zu kommen. An der als Reede in der Karte ausgewiesenen Stelle schwimmen einige Bojen, die wie Murings für Fischerboote aussehen.

Bei den schweren Böen, die alle paar Minuten die Klippen herunterfallen, wäre ein Landgang wohl ein Unterfangen, bei dem Risiko und Erlebnis in einem recht ungünstigen Verhältnis stehen würden. Mir reicht es, einmal die Insel mit eigenen Augen gesehen zu haben. Ich mache daher nur ein paar Bilder und drehe ab auf mein nächstes Ziel, die Insel Robinson Crusoe in 85 Meilen Entfernung. Kaum habe ich das Vorsegel gesetzt, werde ich über Funk angerufen. Ob sich mein Gesprächspartner an Land oder auf dem kleinen Fischerboot, das hinter einem Kap hervorgekommen ist, befindet, kann ich nicht in Erfahrung bringen. Und auch der Rest unseres Gespräches gibt mir eine Reihe von Rätseln auf. Die Versatzstücke, aus denen ich mir meinen Reim machen kann sind: »Isla Robinson Crusoe Hafen geschlossen, sehr, sehr schlecht, viel Wind, Valdivia sehr, sehr, sehr schlecht, viel Nordwestwind, einen Tag ankern bei Alejandro Selkirk«.

Ich schließe daraus, dass der Hafen der Insel Robinson Crusoe, der ohnehin nur eine ungeschützte Mole ist, wegen des Windes geschlossen ist. Mein Alternativziel Valdivia soll wegen Nordweststurms noch ungünstiger sein, weswegen ich einen Tag bei Alejandro Selkirk ankern soll, um besseres Wetter abzuwarten. Auf meine Frage, wie viel Wind vorausgesagt ist, verstehe ich nur vierzig. Aber vierzig was? Knoten, Kilometer pro Stunde oder gar Meter pro Sekunde? Ich beschließe Kurs auf Valdivia abzusetzen, denn vierzig Knoten aus Nordwest sind gar nicht einmal so schlecht, um die 500 Meilen in vier Tagen schaffen zu können. Eine der an der chilenischen Küste häufige Südwindwetterlage wäre zusammen mit dem nordsetzenden Humboldt- bzw. Perustrom hingegen alles andere als günstig. Und wer sagt, dass der Wind, der für einen Fischer in seinem 7-Meter-Boot »muy malo«, für mich zumindest von achtern nicht in Ordnung ist?

Als ich aus dem Windschatten der Insel heraus bin, fängt es so an zu wehen, dass ich die Sturmfock setze und die Solarzellen von Heck abmontiere. War es das, was der Chilene mit »A Valdivia muy, muy, muy malo!« meinte?

In der Nacht flaut der Wind ab und ich kann wieder alle Segel setzen. Was bleibt ist eine Dünung, die das Prädikat »enorm« verdient. Manchmal bin ich in Wellentälern, aus denen ich nur herausschauen könnte, wenn ich auf die erste Saling in sechs Metern Höhe klettern würde.

Im Verlauf des folgenden Nachmittags muss ich die Segelfläche Stück für Stück wieder verkleinern, bis nur noch Sturmfock und das zweite Reff im Groß stehen. Die Bedingungen pendeln zwischen stürmisch und Sturm, und das phosphorgrün leuchtende Kielwasser und die ebenso leuchtende Gischt lassen die Nacht richtig unheimlich erscheinen. Als das Barometer am Morgen auf seinem Fall nach unten eine Pause einlegt, sieht es ganz nach Entwarnung aus. Zu früh gefreut. Eine Welle bricht sich mit einem dumpfen Schlag am Boot und lässt es kurz, aber dafür ziemlich heftig nach Steuerbord überholen. Unter Deck wird das Unterste zuoberst gekehrt und der Herd bricht aus seiner kardanischen Aufhängung heraus. Er verkeilt sich in seiner Einbaunische und der Gasschlauch reißt unterhalb des Absperrventils ein, bleibt aber dicht. Glück gehabt. Ironie des Schicksals ist, dass bei dieser Gelegenheit meine »die soll dir Glück bringen«-Muschel entzwei geht, die Freundin L. mir mit auf den Weg gegeben hat. Noch 276 Meilen bis Valdivia. In den folgenden 20 Stunden flaut es langsam ab, wenngleich das Barometer unschlüssig hoch- und runterzappelt.

Am 7. Oktober liegt die Küste Chiles voraus. Die Sonne scheint, 9 °C zeigt das Thermometer, die Luft ist voller Albatrosse, und in drei Meilen Entfernung zieht ein Containerschiff mit Südkurs die Küste herunter. Seit dem Frachter bei Pitcairn mein erstes Schiff. Noch zehn Meilen trennen mich vom 40sten Breitengrad. Doch bevor es wieder in die »Brüllenden Vierziger« geht, will ich warten, bis aus dem noch jungen Südfrühling ein Südsommer geworden ist.

Über Funk melde ich mich bei Corral Radio an, damit die Armada ihr Empfangskomitee vorbereiten kann. Es kommt schneller als gedacht. Ich habe gerade meine Position durchgegeben, da kreist auch schon ein Marinehubschrauber über mir. Er dreht drei Runden um das Boot, ich winke und weg ist er. Ich steuere die Bucht von Corral an. Das Wasser tobt nur so von Leben. Neben Albatrossen sehe ich Kormorane, Robben,

Magellanpinguine und sogar Pelikane. In der Bucht ziehen einige vielleicht sechs Meter lange Segel-Dorys ihre Bahnen. Die hölzernen Boote sind mit zwei bis drei dick eingepackten Fischern bemannt. Immer wieder versinken diese Nussschalen bis zur Mastspitze in einem Wellental. Was für ein Job an einer solchen Küste! Es dürfte lange her sein, dass auf diese Weise an der deutschen Küste berufsmäßig Fisch gefangen wurde.

Vorbei an dem Ort Corral, der für das zehn Meilen flussaufwärts liegende Valdivia das ist, was Cuxhaven für Hamburg darstellt, geht es den Rio Valdivia hoch. Die See in der Einfahrt ist sehr kabbelig und es steht ein starker Gegenstrom. Ich habe kein Seehandbuch dieser Küste, möchte aber vermuten, dass die Ansteuerung bei einem Weststurm in die Kategorie »haarsträubend« fällt. Mit Maschine und Segel mache ich gerade noch zwei Knoten. Stunde um Stunde quäle ich mich den Rio Valdivia hoch. Im Schneckentempo geht es durch eine tolle Fjord-Fluss-Landschaft, bis ich endlich kurz vor Dunkelheit im Yachtclub festmachen kann. Der Club liegt noch im Winterschlaf und FANFAN! ist die einzige Gastyacht. Ich bin geschafft und erleichtert. Der Pazifikabschnitt meiner Reise ist zu Ende. Vor 179 Tagen bin ich in Auckland gestartet. 13 920 Meilen ist das Kielwasser auf diesem Reiseabschnitt lang. Davon gut 7000 gegen den Passat. Nicht einmal 47 Stunden lief die Maschine auf dieser Strecke.

Vor gut zehn Jahren war ich sechs Wochen mit Zelt und Rucksack an Chiles Küsten bis herunter nach Feuerland unterwegs. Tausende von Kilometern habe ich per Anhalter zurückgelegt. Meine heimliche Hoffnung war es, in Feuerland auf einer Yacht anheuern zu können. Doch ließ sich keiner der beiden Skipper, die ich getroffen habe, davon überzeugen, dass ich eine unentbehrliche Hilfe für seine Crew bin. Schade, aber verständlich. Ich würde auch keinen Fremden an Bord nehmen. Trotzdem bleibt diese Reise unvergesslich. Ein tolles, wildes Land mit freundlichen Menschen. Meine Erinnerung wird nur getrübt durch den schlimmsten Sonnenbrand meines Lebens, den ich mir beim Besteigen des Vulkans Osorno zugezogen habe. Ein Tag im Gletschereis hat genügt, um mein Gesicht so zu verbrennen, dass ich wochenlang aussah wie jemand, der eine Atomkatastrophe knapp überlebt hat. Die ersten Tage konnte ich nur im abgedunkelten Zimmer einer Herberge liegen, da jeder Lichtstrahl auf mein Gesicht mit Schmerzen verbunden war. Für mich stand schon damals fest, dass Chile eines der Ziele einer weiteren

Reise sein wird. Dabei habe ich nicht nur an einen Besuch mit einer Segelyacht gedacht. Sowohl mit einem Faltboot als auch über Land, und zwar dann mit Pferd und Hund, ist Chile sicher ein fantastisches Ziel.

Ich bin gerade fest, da kommt der Hafenmeister und reicht mir sein Mobiltelefon. Am anderen Ende ist der deutsche Honorarkonsul von Valdivia. Man hätte mich schon vor drei Tagen erwartet und sich schon Sorgen um mich gemacht. »Das Wetter war doch so schlecht, wissen Sie«, erklärt er. »Halb so wild«, antworte ich, was in diesem Fall mit »Ja, mir hat es auch gereicht« zu übersetzen ist. Sogar Suchflüge vor der Küste habe es gegeben. Ursache war wohl ein Übermittlungsfehler der Armada auf der Osterinsel. Denen habe ich nämlich gesagt, dass ich bis Valdivia 20 bis 25 Tage brauchen würde. Da ich am 20. Tag angekommen bin, hätte eigentlich kein Grund bestanden, sich Sorgen zu machen. Der Papierkram mit der Armada ist schnell erledigt, zumal sich ein deutschstämmiger Segler aus dem Club anbietet zu dolmetschen.

Am nächsten Tag weht es den Leuten in den Straßen die Mützen vom Kopf. Es regnet in Strömen und ich bin ausnahmsweise einmal froh, nicht auf See zu sein. Nach dem zu urteilen, was auf dem Rio Valdivia los ist, muss auf See ein Sturm toben, der sich gewaschen hat. Der Ofen macht es unter Deck gemütlich und ich schreibe Tagebuch. Mein Versuch, mit Freundin L. Kontakt aufzunehmen, scheitert leider. Dies nicht etwa, weil sie sich mit einer besseren Partie verheiratet hat und unbekannt verzogen, sondern weil sie unterwegs ist. Und zwar zu mir. Woher sie wusste, wann ich ankomme, ist mir schleierhaft. Frauen scheinen solche Dinge irgendwie im Blut zu haben. Während manche Seeleute auch heute noch bevorzugen, in jedem Hafen ein anderes Mädchen zu haben, freue ich mich, dass sich bei mir bislang nur die Häfen ändern.

Auch die nächsten Tage weht und regnet es, dass ich eigentlich jeden Tag eine Kerze in der Kirche von Valdivia dafür anzünden müsste, dass ich sicher im Hafen liege. Nachts geht das Thermometer auf 2 °C herunter. Deutsches Aprilwetter hoch zehn. Die Titelseite der Lokalzeitung zieren Fotos von überschwemmten Straßen und Plätzen. In einem Zeitraum von 24 Stunden fällt so viel Regen wie sonst zu dieser Jahreszeit in zwei Wochen. Aber auch FANFAN! sorgt für Schlagzeilen. »Yatista alemán, sano y salvo« – »Deutscher Yachtsegler, gesund und sicher« ist ein Artikel in Hinblick auf die nach mir gelaufene Suche überschrieben.

Freundin L. bringt mir 30 Tafeln Schokolade und einen Haufen Neuigkeiten aus der Heimat mit. Es regnet so, dass man außer in vollem Ölzeug keinen Meter laufen kann, ohne nicht sofort bis auf die Haut nass zu werden. So verbringen wir die meiste Zeit zunächst in der Koje. Meine Hoffnung, in Valdivia etwas Kraft tanken zu können und mich von den Strapazen der Reise zu erholen, erfüllt sich dadurch zunächst leider nicht. Denn abgesehen von den anstehenden Reparaturen hat auch Freundin L. gewisse Erwartungen an mich. »Ich habe doch nicht in Deutschland wie eine Nonne gelebt, um dann mit dir hier wie Bruder und Schwester zusammenzusein«, muss ich mir anhören. – Augen zu und durch. – Nach einer Woche hat es sich ausgeregnet und wir können endlich die Stadt und Umgebung erkunden.

Valdivia hat 130 000 Einwohner und war vor gut 150 Jahren eines der Zentren Deutscher Einwanderer nach Chile. Es gibt eine deutsche Schule, deutsche Namen sind allgegenwärtig und mit Deutsch kommt man oft weiter als mit Englisch. Im Supermarkt gibt es Brot von Lehmann, in der Kneipe Bier von Kunstmann und die Haferflocken sind von Hoffmann.

Im Jahr 1960 kam es zu einer tektonischen Verwerfung, die die Stadt um zwei Meter hat sinken lassen und gut 80 % der Gebäude zerstörte. Mehrere Flutwellen sorgten zusätzlich für Verwüstung. Die Vororte von Valdivia wirken etwas morbide, und läuft man lange genug geradeaus, gehen die geteerten Straßen in Schotterwege über und aus großzügigen Bürgerhäusern werden armselige Hütten. Ganz gleich ob reich oder arm, die Häuser sind meist aus Holz und Blech gebaut. Geheizt wird vorwiegend ebenfalls mit Holz. Wenngleich hohe Zäune und viele Wachleute darauf hindeuten, dass es ein Kriminalitätsproblem gibt, fühle ich mich während meines Aufenthalts nicht eine Sekunde unsicher.

Das Umland Valdivias ist grün und von Viehwirtschaft und Wald geprägt. Pferdefuhrwerke, Ochsengespanne oder Huasos, die lokale Variante des argentinischen Gauchos, gehören genauso zum Bild wie die schneebedeckten Gipfel der umliegenden Vulkane. Nach Neuseeland ist Chile das Land, von dem ich mir am ehesten vorstellen könnte, dort dauerhaft zu leben.

Nach drei Wochen fliegt Freundin L. zurück nach Deutschland. Ich ziehe in meine 60 Zentimeter breite Koje um und Schmalhans ernennt sich selbst wieder zum Küchenmeister. Das ist hart.

Der Yachtclub hat 120 Mitglieder und beschäftigt sieben Vollzeitkräfte samt Nachtwächter. Die meisten Yachten haben schon ein paar Jahre auf

35

33 *Ich nutzte die Gelegenheit, um als Gast mit der* OOSTERSCHELDE *nach Südgeorgien zu segeln.*

34 *Am Grab von Sir Ernest Shackleton.*

35 *Strahlt dicke Fröhlichkeit aus: eine Weddellrobbe im Drygalskyfjord.*

36

37

36 *Das Bergpanorama von Südgeorgien, eine atemberaubende Silhouette.*

37/38 *Relikte aus der Walfangzeit findet man auf Südgeorgien überall.*

38

39

40

41

39 *Die Silhouette der* OOSTERSCHELDE *passt sich hervorragend in den morbiden Charme der zurückgelassenen Walfängerboote ein.*

40 *Zurück auf* FANFAN! *und dick eingepackt: Routine an Deck.*

41 *Weltumseglung komplett! Nach 15 Monaten taucht Tristan da Cunha zum zweiten Mal am Horizont auf.*

42 *Nach 27 Tagen auf See läuft* FANFAN! *in Kapstadt ein.*

42

43

43 *Ein seltenes Bild:* FANFAN! *wird von mir per Hand gesteuert.*

44 *Ankern bei den Aran-Inseln (Irland).*

45 *Über den Atlantik zurück in den Norden: genussvolles Spi-Segeln.*

46 *Papageientaucher.*

47 *Sämtliche Färinger scheinen auf den Beinen zu sein: Volksfeststimmung bei einem Ruderwettbewerb.*

44

45

46

47

48 *Dank der Plexiglaskuppeln kann ich auch unter Deck gut Wache schieben.*

49 *Geschafft! Ankunft in Hooksiel nach 783 Tagen und über 50 000 Seemeilen.*

dem Buckel und man merkt, dass Yachtzubehör in Chile nicht nur schwer zu beschaffen, sondern auch sehr teuer ist. Das nur 1200 Meilen entfernte Kap Hoorn hat noch keines der Clubmitglieder von einer Yacht aus zu Gesicht bekommen. Es gibt zahlreiche deutschstämmige und -sprachige Mitglieder, die sich aber zu meinem Erstaunen völlig desinteressiert an ihrem Gast und seinem Boot zeigen. »Hallo! Sag Bescheid, wenn du was brauchst. Tschüss.« Mehr nicht. Unter ihren Landsleuten gelten die Deutsch-Chilenen als die Humorlosigkeit in Person. Meine Erfahrungen bestätigen dieses Vorurteil. Man kann wohl leichter einen lustigen Abend mit einem taubstummen Südseeinsulaner verbringen als mit einem Chilenen deutscher Abstammung.

Ich freunde mich mit Claudio an, der mit seiner Jolle im Club liegt. Er ist in meinem Alter, träumt von großen Segelreisen und jammert, dass er sich viel zu früh im Leben Frau und Kinder aufgehalst hat. Zusammen segeln wir abends und am Wochenende mit seiner Jolle EXALIBUR auf dem Rio Valdivia und den angrenzenden Flussarmen. Ab und zu taucht ein Seelöwe auf, der auf dem Weg zum Fischmarkt von Valdivia ist, um sich ein paar Fischhappen zu sichern. Untermalt von Wagners Walküre, die aus dem mitgenommenen Kassettenrecorder dröhnt, rauschen wir durch eine einmalige Landschaft. Toll.

Auf meiner Reparaturliste stehen neben dem Riss im Vorschiff auch ein angebrochenes Fockstag und ein defektes Ruderlager. Den Pazifik durchquert man halt nicht ungestraft gegen den Passat. Das Ruder fängt bei Geschwindigkeiten über fünf Knoten an zu vibrieren. Diese Probleme gehen auf einen mehrmonatigen Aufenthalt bei einer Kieler Werft zurück, der mich nicht nur viele Nerven, sondern auch rund 6000 Euro für ein neues Ruderblatt plus Lager gekostet hat. Leider zeigte sich schon vor meinem Start, dass das vollmundige Versprechen der Werft, dass Ruder und Lager nun »ewig« halten würden, nicht den Tatsachen entsprach. Zumindest nicht, wenn man unter »ewig« länger als die sechsmonatige Gewährleistungsfrist versteht. Da ich zum Lager nicht das nötige Vertrauen habe, um die nächste Etappe in Angriff zu nehmen, lasse ich mir von meinem Vater ein Stück Spezialkunststoff aus Deutschland schicken, aus dem ich mir in einer Werkstatt ein neues Lager drehen lasse.

Wer die Leidensgeschichte der Menschheit aufschreiben will, kann jedenfalls, nachdem er mit Krieg, Hunger und Pestilenz fertig ist, nahtlos zu den Erlebnissen von Yachteignern auf Werften übergehen. Tröstlich ist nur, dass es kaum einen Eigner einer Segelyacht gibt, der nicht solche Geschichten im Umgang mit Werften und Herstellern von Yachtausrüstung zu berichten weiß. Wenn der Kunde es wagt, eine Arbeit oder ein Produkt zu reklamieren, läuft die Abwimmelungstaktik meist nach folgendem Muster ab: Erst wird behauptet, der Mangel existiert nicht: »Es ist völlig normal, dass unser Gerät glühend heiß wird / die Farbe einen Tag nach Ende der Garantiezeit verliert / vibriert wie ein Presslufthammer / voll Wasser läuft.« Wenn sich der Mangel nun tatsächlich nicht leugnen lässt, dann wird in der nächsten Stufe der Kunde für dessen Auftreten verantwortlich gemacht: »So hätten sie das Gerät nicht einbauen / benutzen / lagern / ölen / anschauen dürfen.« Gut macht sich immer der Zusatz, dass dieser Fehler zum allerersten Mal aufgetreten ist. Dies ist in vielen Fällen nicht einmal gelogen, wenn man den Satz mit »heute / in den letzten fünf Minuten / seit der Mittagspause« ergänzt. Der erste Werftchef oder Hersteller, der mir sagt: »Tut mir leid, da haben wir Mist gebaut, das bringen wir umgehend in Ordnung«, bekommt von mir jedenfalls den Uwe Röttgering-Gedächtnispreis verliehen.

Von einem Bekannten aus Kiel, seines Zeichens immerhin ein Schiffbauprofessor, werde ich per E-Mail dringend davor gewarnt, ohne Reparatur des Haarrisses am Rumpf weiterzufahren. Lebensgefahr. Auf der Werft eines Deutschen Auswanderers lasse ich den Riss zuschweißen. Auf sechs Zentimetern ist die 5 mm dicke Bodenplatte durchgerissen. Zusätzlich lasse ich eine Verstärkungsplatte einsetzen, damit es an dieser Stelle nicht wieder zu Problemen kommt. Zwei Tage Arbeit und das Kranen des Bootes kosten 1000 Euro.

Auf der Werft lerne ich Ray und Margo, ein kanadisches Seglerpaar in den Sechzigern, kennen. Die beiden waren in der letzten Saison in Feuerland bis herunter zum Kap Hoorn unterwegs und sind jetzt auf dem Weg zurück nach British Columbia. Auch zu zweit haben sie die Erfahrung machen müssen, dass man, um die wirklich interessanten Flecken erkunden zu können, besser mit einer Crew unterwegs ist. Andernfalls werden Landgänge und Ankermanöver aus Sorge ums Boot meist zu Nervenproben. »Das Wetter hier ist völlig unberechenbar. Eben noch scheint die Sonne und kurz darauf fällt eine 60-Knoten-Bö über das Boot her, dass du denkst, gleich bricht die Ankerkette«, meint Ray. »Hier hat unser Beiboot das Fliegen gelernt«, ergänzt Margo.

Zu meinem Erstaunen bekomme ich Post aus Deutschland von einem mir bis dahin unbekannten Briefmarkensammler. Er hat sich mit detektivischem Spürsinn an meine Fersen geheftet, nachdem er einen von mir auf den Crozet-Inseln signierten Umschlag als Faksimile in einem Sammlermagazin entdeckt hat. Er schickt mir zwei Briefumschläge mit der Bitte, diese doch bitte auf der Kap Hoorn-Insel bzw. auf den Falklandinseln abstempeln zu lassen. Verrücktes Hobby.

Fünf von meinen Amigos aus dem Club de Yates spendiere ich einen Ausflug mit FANFAN!. Das Wetter ist gut, mein Boot fliegt förmlich dahin und bis auf den Umstand, dass die Seekrankheit für ein paar blasse Gesichter sorgt, ist die Begeisterung groß. Auch bei mir. Das Seefieber ist zurück, Zeit weiterzusegeln! Trotz des Starkwindes lasse ich mir es nicht nehmen, unter Segeln wieder im Yachtclub anzulegen. Schließlich sollen meine Mitsegler den Tag mit dem Gefühl beschließen, mit einem der größten Segler unserer Zeit unterwegs gewesen zu sein. Das Schicksal honoriert mein uneigennütziges Anliegen und so bleiben Boot und Steg von Schrammen verschont. Grund genug also, um meinen »das war doch eine Kleinigkeit«-Gesichtsausdruck aufzusetzen.

Bevor ich eine Woche später die Segel setze, werde ich von meinen Amigos und deren Frauen zu einem Abschiedsessen in der Cervecería Kunstmann eingeladen. Von jedem Paar gibt es ein Geschenk. Feierliche Worte werden an mich gerichtet. »Uwe, du bist einer von uns! Wir hoffen, dass du bald wiederkommst!«, heißt es zum Schluss. Ich bin gerührt. Soviel Kameradschaft und Gastfreundschaft habe ich in Deutschland in meinem ganzen Leben nicht erfahren.

Der Papierkram mit der Armada kostet mich vor meiner Abfahrt noch Nerven. Bei längeren Schlägen in chilenischen Gewässern hat man einen Reiseplan einzureichen, um die Fahrterlaubnis, Zarpe genannt, zu erhalten. Erstaunlich, dass in vielen Reiseberichten das Zarpe-(Un)wesen bestenfalls am Rande erwähnt wird. Aber wer will schon lesen, dass man im wilden Feuerland im Schatten von Kap Hoorn unter der Aufsicht von Big Brother segeln muss. Als man von mir noch einen Versicherungsnachweis und eine Seetüchtigkeitsbescheinigung für das Boot verlangt, platzt mir fast der Kragen. Wie sich nach langem Hin und Her herausstellt, ist die Versicherung nur dann erforderlich, wenn man die patagonischen Kanäle befahren will. Doch ich will in einem Rutsch um die Südspitze Amerikas herum und nicht von Ankerplatz zu Ankerplatz schleichen. Meinen Internationalen Bootsschein, eigentlich nur ein Eigentumsnachweis, verkaufe ich dem zuständigen Offizier radebrechend als Seetauglichkeitszertifikat. Er nickt zufrieden und ich darf los.

Kap Hoorn querab

Ein großes, vor der Küste liegendes Hoch sorgt für einen frischen Südwind. Mir ist es recht, komme ich so schnell nach Südwesten. Dies bedeutet zwar einen Umweg, doch bin ich dadurch frei vom Küstenverkehr, habe weniger Gegenstrom und kann nach Osten ausweichen, wenn mich ein Weststurm erwischen sollte. Am nächsten Tag überschreite ich den 40. Breitengrad. Nun bin ich wieder in den »Brüllenden Vierzigern«, die ich für mich auf die »Windigen Vierziger« umgetauft habe. Interessant ist, dass das Gebiet südlich von 40° S in historischen Texten gelegentlich auch die »Braven Vierziger« und die Winde dort die »Braven Westwinde« genannt werden. Dies klingt schon nicht mehr so dramatisch wie die »Brüllenden Vierziger«, was wahrscheinlich einer der Gründe ist, warum diese Begriffe in der Yachtliteratur keine Verwendung finden.

Vier Tage nach meiner Abfahrt, dem 6. Dezember, stehe ich auf 45° S. Sieht man von ein paar Starkwindeinlagen ab, war das Wetter zahm. Meine Stimmung ist gut, wenngleich die Sorge vor Sturm und Bruch für ein gehöriges Maß an Anspannung bei mir sorgt. Kap Hoorn liegt 785 Meilen im Südwesten. Das sind sechs Tage segeln. Dann noch vier Tage bis zu den Falklandinseln. Zehn Tage ohne Sturm sollte das Schicksal hoffentlich noch für mich in Reserve haben.

Das Barometer steht bei 1026 hPa. Totenflaute auf 46° S, 078° 30' W. Freundin L. hat mir in Valdivia extra eine Frequenzliste mit den Wetterfax-Sendezeiten der chilenischen Armada besorgt. »Und immer schön das Wetter im Auge behalten!«, ist ihr Ratschlag. Wird gemacht, auch wenn ich das Wetter ja doch nehmen muss, wie es kommt. Fronten können sich hier mit bis zu 40 Knoten fortbewegen. Da gibt es für mich kein Ausweichen. Auf 8.677 kHz empfange ich eine Luftdruckkarte. Die Empfangsqualität ist schlecht, doch kann ich immerhin so viel erkennen, dass ich immer noch im Einflussbereich dieses riesigen Hochs vor der chilenischen Küste bin. Ab 50° Süd laufen die Drucklinien dicht gedrängt parallel. Geht es dann los mit Wind und Kälte? Ich vertreibe mir das Warten, indem ich nach langer Zeit mal wieder in meine Einhandsegler-Bücher schaue. Aber deren Gejammer über das schlechte Wetter vor Kap Hoorn macht auch nicht gerade Mut. Also weg mit den Dingern. Etwas Hoffnung lässt mich der Entdecker La Pérouse schöpfen. Er schrieb 1786 nach seiner Umrundung von Kap Hoorn in Ost-West-Richtung:

»Die Umschiffung von Kap Hoorn war viel einfacher, als ich es mir vorgestellt habe, und ich weiß nun aus Erfahrung, dass die Schifffahrt in den dortigen Gewässern nicht problematischer ist als die unter einem hohen Breitengrad überhaupt. Die Schwierigkeiten, die man daselbst anzutreffen fürchtet, gründen sich auf ein verjährtes Vorurteil, das verschwinden muss.«

9. Dezember. Position 50° S, 079° 25' W. Luftdruck 1007 hPa, Wind NNW 14 kn. Kap Hoorn liegt 570 Meilen in 134°. Die «Schreienden Fünfziger«, in denen ich mich jetzt zum zweiten Mal auf der Reise befinde, taufe ich kurzerhand in die »Frischen Fünfziger« um. Klingt besser. Um mich herum Dutzende von Albatrossen. Obwohl das Barometer weitgehend konstant ist, habe ich ein flaues Gefühl im Bauch. Vielleicht hat sich so mein Großvater gefühlt, als er 1915 im Schützengraben gehockt und auf die Franzosen gewartet hat. Das Wetter kann nicht so ruhig bleiben. Und richtig. Auf 52° S stürzt das Barometer auf 984 hPa und es fängt an zu wehen. Zwei Tage lang werde ich unter Sturmfock nach Südosten getrieben. In den Böen fängt das ganze Rigg an zu zittern. Ab und zu kracht ein Brecher gegen das Boot und deckt alles mit Gischt ein. Kritisch ist es jedoch nicht. Die Aries macht ihren Job selbst dann perfekt, wenn wir mit einer zweistelligen Geschwindigkeit eine Welle herabsurfen. Sich etwas zu Essen zu machen oder aufs Klo zu gehen, wird dagegen zum Drahtseilakt. Mein Fernglas fliegt aus einem Schapp, Linsen gehen zu Bruch, der Skipper flucht. Trotzdem bin ich erleichtert, dass es so stürmt. Das Warten, wann »es« richtig losgeht, war deutlich entnervender.

Den Empfang von Wetterkarten könnte ich mir eigentlich sparen. Die Karten sind für mich nicht lesbar, da Windinformationen fehlen und ich aus den Isobarenabständen oder Frontverläufen keine Schlüsse ziehen kann. Einige hundert Meilen westlich von mir liegt ein riesiges Tief, das auf die Drake-Passage zuhält. Noch mehr Wind? Nach der Statistik im Antarctic Pilot ist hier mit 5 bis 10 prozentiger Wahrscheinlichkeit mit Windstärke 8 und mehr zu rechnen. Nach einer anderen Quelle sollen es 20 % sein. Wenn ich die Berichte der anderen Segler Glauben schenke, scheint hier eine Sturmhäufigkeit von 80 % zu herrschen.

Mein elfter Tag seit Valdivia fällt auf einen Freitag, den 13ten. Und dies ausgerechnet am Kap Hoorn! Aber natürlich bin ich nicht abergläubisch. Vor mir liegt die Drake-Passage. Das Seegebiet zwischen Südamerika und der Antarktis ist ein Flaschenhals, durch den sich Wind und Wasser ihren Weg vom Pazifik in den Südatlantik bahnen. Auf der antarktischen Seite der Passage lauert Eis. Kurz: Es gibt gemütlichere Orte auf der Welt. Das Barometer ist nach einer kurzen Erholung bei 1000 hPa innerhalb von 24 Stunden wieder steil auf 981 hPa gefallen. Doch statt Sturm habe ich drei Windstärken aus Nordost. Dieses Wetter ist ein einziges Rätsel für mich. Nachts passiert mich ein Frachter mit Westkurs in drei Meilen Entfernung. Der Wachhabende stellt mir NW 7 in Aussicht. Ich glaube nicht recht dran. Als der Morgen dämmert, kann ich im Norden die schneebedeckten Berge von Feuerland am Horizont ausmachen. Wanderalbatrosse kreisen um FANFAN!, feiner Regen nieselt an Deck und das Thermometer zeigt 8 Grad an. Ich bin heilfroh, dass mich der zurückliegende Sturm nicht bei den mit um 100 Metern recht flachen Gewässern vor Kap Hoorn erwischt hat. Die aus vielen tausend Metern Wassertiefe von Westen anlaufenden Seen sollen sich dort zu wahren Monstern auftürmen können.

Ich steuere die Islas Diego Ramírez an. Die kleine Inselgruppe liegt 60 Seemeilen südöstlich von der Isla Hornos, deren Südspitze das legendäre Kap Hoorn ist. Wegen des Nordostwindes werde ich das Kap Hoorn wohl nicht zu Gesicht bekommen. Diego Ramírez scheint mir ohnehin der interessantere Flecken Land zu sein. Ankern und Anlanden stellen einen Einhandsegler dort allerdings vor Probleme, die fast unlösbar sein dürften. Ich setze einen Kurs ab, der mich zwischen der Isla Norte und der Isla Bartolomé hindurchführt, um wenigstens einen Blick auf die Inseln werfen zu können. Die Insel hat einen Leuchtturm, der stattliche 22 Meilen weit trägt. Der Aufwand, dort einen Leuchtturm zu betreiben, muss enorm sein. Dass die Chilenen diese Mühsal betreiben, ist wohl weniger mit navigatorischen Notwendigkeiten zu erklären als damit, dass man hier – vor allem gegenüber dem benachbarten Argentinien – Flagge zeigen will. Die Menschen auf der Insel dürften den südlichsten Arbeitsplatz der Welt außerhalb der Antarktis haben. Über Funk melde ich mich bei der Station auf der Isla Gonzalo.

Ob ich etwas über den Verbleib der deutschen Yacht OLE HOOP weiß, werde ich gefragt. Ich verneine und erkundige mich nach dem Grund der Frage. Die Antwort ist ein Schock für mich. In der vergangenen Nacht

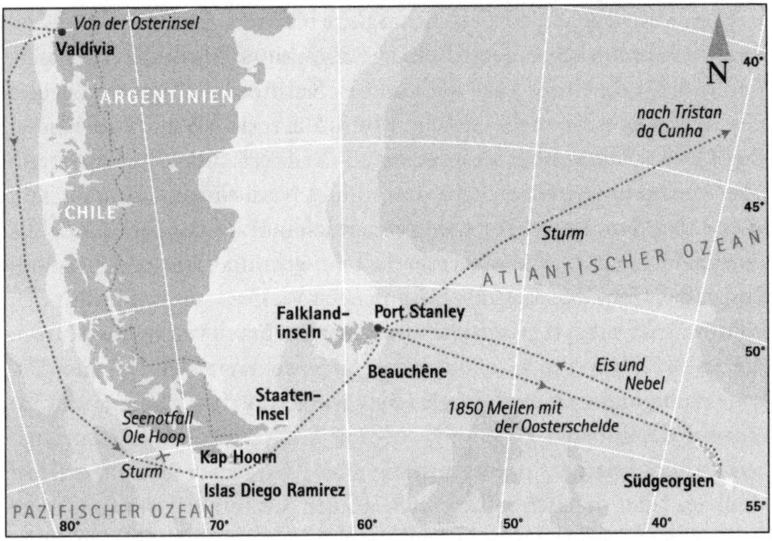

wurde auf der Position 55° 44' S und 073° 42' W das Signal der Seenotfunkboje der OLE HOOP empfangen. Seitdem fehlt von der Yacht jede Spur, obwohl drei Schiffe die Suche aufgenommen hätten. Geschockt bin ich aus zwei Gründen. Erstens, weil die mutmaßliche Unfallstelle nicht weit westlich von der Position entfernt ist, an der ich mich zu dieser Zeit befand. Zweitens, weil das Skipperpaar Klaus und Johanna für mich keine Unbekannten sind. Vor Jahren habe ich sie flüchtig auf Gran Canaria kennen gelernt. Johanna, die eine begeisterte Amateurfunkerin ist, habe ich noch auf dem Weg nach Rarotonga im Radio gehört, als ich kurz in die Funkrunde der deutschen Pazifiksegler reingehört habe. Sie waren auf dem Weg nach Polynesien und später im Jahr sollte es dann Richtung Kap Hoorn gehen. Und jetzt das. Was ist passiert? Was, wenn die Sache an die deutsche Presse geht und meine Familie liest »Deutsche Yacht bei Kap Hoorn vermisst«? Hoffentlich kommt meine Mutter noch dazu weiterzulesen, um zu erfahren, dass es *nicht* um mich geht.

Ich mache noch ein paar Bilder der nur mit Tussokgras bewachsenen Felsinseln und drehe nach Nordost ab. Ab und zu springt ein Pinguin aus dem Wasser, um Luft zu holen. Kaum liegt der Kurs an, bricht wie aus dem Nichts ein Sturm herein. Obwohl ich im Cockpit bin, kann ich nicht schnell genug reagieren. Die Yacht legt sich hart auf die Seite und luvt an. Mit vielleicht 60 Grad Schräglage bleibt sie auf der Seite liegen, die Aries kann nicht gegenhalten. Die Segel runter! Schnell! Ich hechte an Deck, werfe Groß- und Fockfall los. Segeltuch schlägt. Regen und Gischt peitschen in mein Gesicht. Mit Mühe zerre ich die Segel runter. Das Groß schlägt dabei so wild im Wind, dass sich das Kopfbrett am Mast zerlegt und eine Segellatte davonfliegt. Nach einigen Minuten flaut es etwas ab. Nur unter Sturmfock bringe ich FANFAN! vor den Wind. Das Barometer steigt rapide, aber es weht und weht und die See geht höher und höher. Jetzt nur raus aus dem flachen Wasser, wer weiß, was noch kommt! Hier muss man wirklich mit allem rechnen. War es diese Front, die der OLE HOOP zum Verhängnis wurde? So ein Wetter dürfte eigentlich kein Problem für eine erfahrene Crew wie Klaus und Johanna und ihr erprobtes Schiff sein.

Der Südweststurm treibt mich mit 8 bis 9 Knoten vor sich her. Selbst wenn es Sinn machen würde, sich an der Suche nach der OLE HOOP zu beteiligen, wäre es unter diesen Bedingungen unmöglich, die zirka 190 Meilen bis zur mutmaßlichen Unfallstelle zurückzusegeln.

Genau fünfzehn Minuten bevor Freitag, der 13. sein Ende gefunden hat, habe ich Kap Hoorn 14 Meilen querab. Es ist dunkel und so ist das berühmte Kap nur ein Schatten auf dem Radarbildschirm. Mein Briefmarkensammler wird sich jemand anderen suchen müssen, um seinen Briefumschlag dort abstempeln zu lassen. Ich muss an Alfons Möller Hansen denken. Im März 1934 ist der Norweger mit seiner 10 Meter langen MARY JANE von Ost nach West als erster Einhandsegler um Kap Hoorn gesegelt. Kurze Zeit später gingen er und sein Boot vor der chilenischen Küste verloren.

Ich bin die ganze Zeit auf Kanal 16 empfangsbereit. Alle paar Stunden ruft die Armada auf Spanisch und Englisch nach der OLE HOOP. Doch es antwortet niemand. Ich melde mich bei der Station auf der Isla Hornos über Funk. »Here is Cape Horn. Channel one four please.« Es gibt keine Neuigkeiten von der OLE HOOP. Wie auch, wenn man sie vor einer halben Stunde noch vergebens gerufen hat. Ich schätze die Wassertemperatur auf sechs, sieben Grad. Ohne Überlebensanzug ist man in der Rettungsinsel schnell tot. Was, wenn Klaus oder Johanna alleine unterwegs gewesen wären? Für das deutsche Segel-Establishment wäre das ein gefundenes Fressen. Wie leichtsinnig, einhand um Kap Hoorn! Sollten sich meine schlimmsten Befürchtungen bewahrheiten, dann zeigt dies nur einmal mehr, dass man auch eine gehörige Portion Glück braucht.

Egal ob ein- oder zweihand oder mit großer Crew. Ich habe dieses Glück bislang gehabt. Zum Glück.

In der Nacht flaut es ab und der Wind dreht auf Nordost. Ich kann gerade einmal 80° anliegen lassen. Drei, vier Tage sind es noch zu den Falklandinseln. Einen Blick auf die auf halbem Weg liegende Staaten-Insel werde ich bei diesem Wind wohl nicht werfen können. Egal. Ich will möglichst schnell weg aus dieser windigen Ecke. Und auch wenn es einen östlich von Kap Hoorn genauso erwischen kann wie westlich davon, ist ein gutes Stück Anspannung von mir gefallen. »Ab jetzt kann es nur noch besser werden«, versuche ich mir einzureden.

Östlich der Staaten-Insel, deren zerklüftete Kontur sich schemenhaft am Horizont abzeichnet, liege ich einen halben Tag in einer Flaute. Gut 50 Wanderalbatrosse und ein paar Kaptauben haben sich um FANFAN! herum im Wasser versammelt. Gemeinsam warten wir auf Wind. Endlich setzt er ein, schwach, aus Norden. Als die Staaten-Insel hinter mir liegt, erscheint der Südatlantik richtig friedlich. Von dem Pazifik-Schwell ist nichts mehr zu spüren und FANFAN! gleitet mit 3 Knoten sanft nach Nordosten. Eine Ruhe, die trügerisch ist. Auch der Südatlantik hat hier scharfe Zähne. Vor zwei Jahren ist das Kreuzfahrtschiff BREMEN nordöstlich von meiner Position von einer 35 Meter hohen Welle getroffen worden. Die Fenster der Brücke wurden zerschlagen, die Maschinen fielen aus. Bei 40° Schräglage warteten Crew und Passagiere auf ihr Ende. Es gelang schließlich, die Motoren wieder in Gang zu setzen und einen Nothafen anzulaufen. In einem Pressebericht wurde Kapitän Heinz Aye mit den Worten »Ich spürte den Atem Gottes« zitiert.

Doch jetzt bleibt es schwach windig und sonnig. Am 17. Dezember passiere ich die schon zum Falkland-Archipel gehörende Beauchêne-Insel. Das Eiland hat einen Durchmesser von vielleicht einer Meile und wird von Zehntausenden von Schwarzbrauenalbatrossen bevölkert, die dort dicht an dicht brüten. Wegen des ruhigen Wetters wäre ein Anlanden kein Problem, doch kann ich keinen Ankerplatz ausmachen, weswegen ich das Treiben nur aus einigen hundert Metern Entfernung beobachten kann. Schade.

Dreißig Meilen vor der Hauptansiedlung der Falklandinseln, Stanley, wird der Wind immer frischer, während das Barometer steil nach unten zeigt. Der lokale Radiosender stellt Nordwind Stärke sieben und Temperaturen um 5 °C in Aussicht. Kurioserweise enthält der Wetterbericht für die Inseln auch den sogenannten »Sheep-Chill-Factor«. Dieser Wert gibt den Schafzüchtern auf den Inseln einen Anhaltswert dafür, ob sie ihre frisch geschorenen Schafe nach draußen lassen können, ohne dass diese zu sehr auskühlen. Wie die Nachrichten melden, grassiert auf den Falklands derzeit ein Pinguinsterben. Gut 50 000 Tiere sollen verendet sein. Niemand weiß, warum. Und weil bald Weihnachten ist, macht gerade »Flying Santa«, der fliegende Weihnachtsmann, mit dem Flugzeug seine Runde, um die entlegenen Farmen der Falklands zu besuchen. »Wenn es das Wetter zulässt!«, betont die Radiosprecherin.

Nachts zerbricht mein provisorisch repariertes Kopfbrett in einer Bö. Das Großfall rauscht nach oben und das Segel nach unten. Mist! Unter Sturmfock und mit Maschinenunterstützung erreiche ich schließlich im Morgengrauen des 16.Tages seit Valdivia Stanley Harbour. Auf Anweisung des Hafenmeisters lege ich mich zwischen zwei koreanische Fischer vor Anker. Genau 1880 Meilen zeigt die Logge an.

Jetzt erst mal schlafen! Aber ich finde keine Ruhe. Der Wind heult im Rigg. Ob der Anker hält? Als es gegen Abend abflaut, verhole ich mich an einen Anleger vor dem Ort. Ich klopfe an einer Bed&Breakfast-Herberge und behaupte einfach, dass man mir gesagt hat, ich könne dort duschen. Die Herbergsmutter mustert mich. Ihr Gesichtsausdruck sieht ganz nach einem »Was soll ich mit einem unrasierten Penner wie dir?« aus. Sie zögert etwas. Dann nickt sie. »Komm rein. Du kannst dich auch in die Badewanne legen.« Danke!

Mit rund 2000 Einwohnern ist Stanley die größte Ansiedlung auf den Falklands. Die übrigen 1000 Einwohner verteilen sich auf einige kleine Ansiedlungen des aus gut 700 Inseln und Inselchen bestehenden Archipels, das sich über eine Fläche von zirka 90 mal 90 Meilen erstreckt. Die Landschaft ist hügelig und baumlos. Lediglich zwischen den Häusern von Stanley haben einige Bäume genug Schutz vor den starken Westwinden gefunden. Der Naturhafen von Stanley war in den Zeiten der Windjammer ein wichtiger Anlaufpunkt, da sich dort zum ersten Mal nach der Rundung Kap Hoorns eine Möglichkeit zur Reparatur der Schiffe bot. Segler, die nicht mehr instand gesetzt werden konnten, wurden einfach aufgegeben, wovon noch heute eine Reihe von Wracks aus dieser Zeit zeugen. An der Ostseite des Hafens liegt ein großer, rostiger Dreimaster am Strand, und neben meinem Liegeplatz hat man das morsche Heck eines hölzernen Großseglers zu einem Lagerschuppen umfunktioniert. Man spürt den Mythos Kap Hoorn förmlich. Aber genauso wie die Windjammer aus diesen Gewässern verschwunden sind und zum Mythos wurden, ist es denkbar, dass – aus welchen Gründen auch immer – hier eines Tages keine Yachten mehr unterwegs sein werden. Vielleicht wird man dann genauso verklärt auf die Yachtsegler zurückblicken, die hier einst einen Besuch abstatteten.

Auf den Inseln sind noch 1600 englische Soldaten stationiert, die die Argentinier davon abhalten sollen, noch einmal auf den Islas Malvinas, so der spanische Name der Inseln, einzufallen. Im Jahr 1982 waren die Inseln für zwei Monate unter argentinischer Besatzung, da die Argentinier der Meinung waren und wohl noch sind, dass die Inseln seit jeher ihnen gehören würden. Die Engländer sind diesbezüglich anderer Ansicht und bombten die Argentinier wieder von den Inseln. Noch heute stellen Munition und Minen eine Gefahr für Menschen und Vieh dar, wovon im Umland rote Schilder mit der Aufschrift »Danger Mines« zeugen. In der Tat gibt es gute Argumente dafür, dass die Inseln ein Teil Argentiniens sind. Diese gehen allerdings auf Ereignisse zurück, die über 170 Jahre her sind. Was auf der Welt los wäre, wenn jedes Land so alte Rechnungen eröffnen würde, kann man sich leicht ausmalen.

Die Inselbewohner leben neben der Schafzucht vom Verkauf von Fanglizenzen für Kalmare an vornehmlich asiatische Flotten. In den letzten Jahren durchgeführte Probebohrungen geben Anlass zur Hoffnung, dass man hier eines Tages Öl fördern können wird.

Die Lokalzeitung »Penguin News« bringt einen Artikel mit der Überschrift »German Yacht lost off Cape Horn«. Danach wurde kurzzeitig gemeldet, dass man die OLE HOOP vor Anker bei Kap Hoorn gesichtet hat, was sich jedoch als Verwechslung entpuppte. Die Sicht soll zum Unfallzeitpunkt schlecht, die Wellen neun bis zehn Meter hoch gewesen sein und es soll mit Windstärke 10 geweht haben. Angaben, die ich für unwahrscheinlich halte. (In einem Nachruf konnte ich später sogar etwas von Windstärke 12 lesen. Mir scheint, dass man sich so das Unerklärliche erklärlich machen wollte. Mit den tatsächlichen Gegebenheiten dürfte dieses Szenario nichts zu tun haben.) Lediglich die Seenotfunkboje der OLE HOOP konnte von einem an der Suche beteiligten Schiff geborgen werden. Johanna und Klaus Nölter sind tot.

Auf den Falklands ist das Hauptfortbewegungsmittel der Geländewagen. Wer außerhalb des Ortes zu Fuß geht, ist verdächtig oder gibt zumindest Anlass zur Sorge. »Are you okay?«, werde ich mehrmals von vorbeikommenden Autofahrern gefragt, als ich eine Wanderung im Umland mache. Als ich zurück zum Boot komme, sehe ich einen nur mit einer Badehose bekleideten Mann bei mir im Cockpit stehen. Seinen Bewegungen ist anzumerken, dass sein Zustand alles andere als nüchtern ist. Noch ehe ich etwas sagen kann, steigt er auf das am Heck montierte Solarpaneel, wohl um von dort ins Wasser zu springen. Die Halterung des Paneels bricht unter dem Gewicht des Mannes zusammen. Meine im Kasernenhofton vorgetragene Aufforderung, seinen besoffenen Arsch von meinem Boot zu bewegen, verhindert weitere Kletterversuche. Kurz darauf baut sich ein vor Kälte zitternder Fettklops mit Bulldoggengesicht vor mir am Steg auf. »R.I.P. – erschlagen in Port Stanley« sehe ich schon auf meinem Grabstein stehen. »Deine Badeplattform ist locker«, lallt mir mein reichlich tätowiertes Gegenüber entgegen und zieht von dannen.

Einen Tag später kommt der Franzose Jacques Peignon mit der GLORY OF THE SEA bei mir längsseits. Das Boot ist eine ziemlich geniale Kreuzung aus Einhand-Rennmaschine und Eisbrecher. Fünfzig Fuß lang, Aluminium, Flügelmast, Doppelruderanlage, zwei Liftkiele und ein doppelwandiger Rumpf. Ein Abenteuerspielzeug der Sonderklasse, was sich leider auch in den Baukosten bemerkbar gemacht hat. Gut eine Million Euro hat das Boot gekostet. Jacques ist auf dem Weg in die Antarktis, wo er die südlichste Position erreichen will, die je von einer Yacht angelaufen wurde. Er hat ein gewonnenes Mini-Transat und mehrere Antarktisreisen im Logbuch stehen. Mit Frankreichs Segelelite ist er bestens bekannt. Von dem ganzen Profizirkus hält er allerdings nichts. »Null Freiheit und 100% Show«, ist seine Meinung zu dem, was in Frankreichs Profisegler-Szene abläuft. Ob seine aktuelle Reise gesponsert ist, möchte ich wissen. »Ich bin einer, der sagt, was er denkt, da ist es schwierig einen Sponsor zu finden«, ist seine Antwort. Vor einigen Jahren hat er mit einer spektakulären Bootsentführung auf sich aufmerksam gemacht. Die Stahlketsch JOSHUA, ehemals im Besitz der Segelikone Bernard Moitessier und nun ein maritimes Denkmal von nationalem Rang, wurde von ihm unter Missachtung einer ursprünglich vorhandenen, in der Zwischenzeit jedoch geplatzten Vereinbarung, kurzerhand im Rahmen einer Transatlantikregatta in die USA gesegelt. Die Eigentümerin, ein Seefahrtsmuseum, war von dieser Reise alles andere als begeistert und hat gegen Jacques einen in Frankreich Aufsehen erregenden Prozess angestrengt. »Ich bin verurteilt worden, die Rücküberführung nach Frankreich zu bezahlen. Aber bis heute haben die nicht einen Franc von mir gesehen«, grinst er.

Bei Jacques an Bord lerne ich Sally Poncet kennen. Zusammen mit ihrem Mann Jérôme hat sie zwei Dekaden lang Jahr für Jahr lang auf der Yacht DAMIEN II antarktische Gewässer besegelt. Kaum jemand verfügt über so viel Segelerfahrung im Südmeer wie sie und ihr Mann. Sie kommt gerade von einer Reise auf einem Kreuzfahrer nach Südgeorgien zurück. Mich interessiert brennend, wie viel Eis sie gesehen hat. Die Antwort ist nicht ermutigend. »Auf halber Strecke sind wir den ersten Bergen begegnet. Ich würde dir nicht empfehlen, die Strecke einhand in Angriff zu nehmen. Wenn du unbedingt nach Südgeorgien willst, dann frag doch mal bei dem Holländer da drüben nach.« Sally zeigt auf einen großen schwarzen Dreimaster, der am Anleger der Falkland Islands Company festgemacht ist. »Soviel ich weiß, wollen die morgen los.«

Abstecher nach Südgeorgien

Etwas später spreche ich mit der Skipperin der OOSTERSCHELDE, einem 50 Meter langen Dreimast-Toppsegelschoner mit Baujahr 1918. Meine Hoffnung, dass man mich sofort als 1. Offizier anmustert, kann ich genauso ad acta legen wie die Vorstellung, mir als Kartoffelschäler eine Passage verdienen zu können. Platz ist schon noch für mich an Bord, erfahre ich, aber nur gegen Bares. Abfahrt ist in 24 Stunden, ich könne es mir bis eine Stunde vor Abfahrt überlegen, ob ich mit will, heißt es. Das Geld ließe sich auftreiben, doch wo soll ich mit FANFAN! bleiben? Im ganzen Hafen gibt es nur eine Hand voll geschützter Liegeplätze, die alle von einheimischen Booten belegt sind. Am nächsten Tag verhole ich FANFAN! zum Schwimmdock, wo mir der Hafenmeister einen zumindest nach Westen hin geschützten Platz zuweist. Ganz wohl ist mir bei der Sache nicht, denn einem Nord- oder Nordoststurm ist mein Boot nun schutzlos ausgeliefert. Es gibt keine Alternative und so bleibt mir nichts anderes übrig, als mir selber die Daumen zu drücken und darauf zu vertrauen, dass der Hafenmeister wie versprochen jeden Tag nach meinem Boot schaut. Zwei Stunden vor Abfahrt der OOSTERSCHELDE räume ich meine Sachen in einen kleinen Schrank in der Zweimannkabine, die für die nächsten drei Wochen mein Zuhause sein soll. Das Schiff macht einen tadellosen Eindruck. Es gibt eine Heizung, ständig warmes Wasser, regelmäßige Mahlzeiten und sogar ein Piano ziert die Messe. Die Besatzungsliste zählt 24 Köpfe, davon gehören neun zur Stammcrew. Skipperin Eliane ist gerade mal 31 Jahre alt, hat blonde, lange Haare und ein sympathisches Lächeln. Und wie ich schon nach kurzer Zeit sehe, hat sie Crew, Schiff und Gäste souverän im Griff. Die erste Frau, mit der ich unterwegs bin, der ich das Prädikat »echte Seglerin« verleihen würde. Eine Traumfrau? Leider nur fast. Denn meine Skipperin hat eine Figur, aus der man gut und gerne drei Traumfrauen machen könnte.

Es weht mit 7 oder 8 Windstärken aus Südwest. Netze sind über dem Schanzkleid und Strecktaue über Deck gespannt, damit niemand über Bord geht. Wie ein träger Elefant rollt die OOSTERSCHELDE in der See. Durch die Speigatten läuft ständig übergekommenes Wasser ab und der Wind rauscht unheimlich in der Takelage, während unter Deck das

Geschirr in den Schapps hin- und herscheppert. So ähnlich muss es vor 100 oder 200 Jahren gewesen sein, als Rahsegler in diesen Gewässern unterwegs waren. Im Vergleich zu FANFAN! sind die Schiffsbewegungen geradezu angenehm. Während man auf der OOSTERSCHELDE unter diesen Bedingungen noch mit Messer und Gabel essen kann, wäre ich auf FANFAN! froh, mir eine Schüssel Müsli reinlöffeln zu können, ohne die Hälfte zu verschütten.

An Bord scheint man sich verabredet zu haben, dass mich jeder einzeln fragt, ob es nicht seltsam für mich ist, auf einmal mit so vielen Leuten zusammen zu segeln. Als ich diese Frage zum neunzehntenmal höre, ist die Versuchung groß, wirr mit den Augen zu rollen, dabei nervös mit dem Kopf zu zucken und zu stammeln, dass ich mich freue, endlich wieder unter Menschen zu sein. Da ich aber den Bogen nicht überspannen will, lasse ich solche Scherze bleiben. Trotzdem meinen meine Mitsegler, mich auf gewisse Verhaltensdefizite aufmerksam machen zu müssen. Ich werde ermahnt, dass an Bord *jeder* einen Sicherheitsgurt trägt, beim Wecken der nächsten Wache »bitte freundlich« zu sein und darauf hingewiesen, dass es unter zivilisierten Menschen nicht üblich ist, die gemeinsamen Mahlzeiten mit einer Baseballkappe auf dem Kopf einzunehmen. Um eine Botschaft mit dem Inhalt »ich bin eigentlich ganz normal« auszusenden, helfe ich fleißig in der Kombüse, poliere Messing, spiele Karten, trete überpünktlich meine Wachen an und lasse mir ohne zu murren »Pull! Pull!« ins Ohr brüllen, während ich an Leinen ziehe, deren Funktion ich nur erahnen kann. Eine Botschaft, die offensichtlich ankommt. Nach drei Tagen lässt mich mein Kabinenmitbewohner ungefragt wissen, dass er mich »für gar nicht so seltsam, wie zuerst gedacht« hält.

Ab und zu begleiten uns Wale, und mit dem Fall des Thermometers auf 2 °C sichten wir am 25. Dezember die ersten Eisberge auf 52° 30' S, 047° 25' W. Von Kap Hoorn, das auf 56° S liegt und eisfrei ist, macht die Eisberggrenze in Richtung Südgeorgien eine Kurve nach Norden. Mehr als ein Windjammer ist durch ungünstige Stürme zu weit nach Osten ins Eis getrieben worden und dort zugrunde gegangen. Stürme, von denen wir zum Glück verschont bleiben. Vielmehr müssen wir die meiste Zeit wegen Windmangels die Maschine zur Hilfe nehmen, um den Zeitplan einzuhalten. Die nächsten Tage motorseglen wir um Eisberge und Growler herum, bis am Abend des fünften Tages seit unserer Abfahrt die vereisten Bergspitzen von Südgeorgien am Horizont auftauchen. Die rund 100 Seemeilen lange Insel hat das in konzentrierter Form, was man sich auf den anderen subantarktischen Inseln mühsam zusammensuchen muss: Eine spektakuläre Bergkulisse, ins Meer mündende Gletscher, aufgegebene Walfangstationen und Windjammerwracks, große Pingiun-, Robben- und Vogelkolonien sowie vergleichsweise gute Ankermöglichkeiten. Aber genauso wenig wie die Überfahrt wäre das Ankern hier mit FANFAN! ein Vergnügen. Die Ankerplätze sind oft tief, mit Kelp verseucht, zum Teil durch driftendes Eis gefährdet, und man muss immer auf der Hut vor orkanartigen Fallwinden sein.

Als das Schiff in ruhigeres Wasser kommt, entdecke ich an Deck ein paar bleiche Gestalten, die ich vorher noch nicht gesehen habe. Irgendwo scheinen sie unter Deck seekrank vor sich hinvegetiert und die Minuten bis zu unserer Ankunft gezählt zu haben.

Die erste Nacht verbringen wir in einer Bucht namens Elsehul. Schneefelder haben sich bis in Meereshöhe gehalten und am Strand wimmelt es nur so von Pelzrobben. Drei rostige Trankochtöpfe erinnern an die Zeit der Robbenschlächter. Im Hinterland entdecken wir ca. 100 tote männliche Robben, an denen sich Skuas und Riesensturmvögel zu schaffen machen. Erst hacken die Vögel den Tieren die Augen aus und dann picken sie ein Loch in den Pelz, in dem sie mit dem ganzen Kopf verschwinden, um an die Innereien heranzukommen. Warum die Tiere tot sind, ist uns ein Rätsel.

Am nächsten Morgen liegt Schnee an Deck. Kein angenehmer Gedanke, hier jetzt mit meinem aus Brennstoffmangel kaum beheizbaren Boot zu sein. Wir setzen die Fahrt zur Bay of Isles fort, wo wir vor der Salisbury Plain ankern. Auf der weitläufigen Ebene findet sich eine große Königspinguinkolonie und am Strand tummeln sich Pelzrobben und See-Elefanten. Einige Vogelfanatiker unter uns geraten beim Anblick eines harmlos dreinschauenden Entleins völlig aus dem Häuschen. »Mensch Uwe, ein South Georgia pintail! Die einzige Fleisch fressende Ente der Welt!«

Im Anschluss setzen wir die Fahrt zum Prince Olav Harbour fort. Ganz in der Nähe der dort 1911 errichteten Walfangstation nahm James Cook 1775 für die englische Krone Besitz von Südgeorgien. Die Walfangstation wurde 1931 geschlossen und liegt nun in Trümmern. Vor der Station liegt das Wrack des stählernen Dreimasters BRUTUS. Auf einem Hügel ist ein kleiner Friedhof, zwischen dessen mit norwegischen Namen beschrifteten Eisenkreuzen sich Robben im Gras räkeln. Hinter der

Station ist noch ein Fußballfeld erkennbar. Auf der Seekarte ist eines der Gebäude mit »Cinema« beschriftet, womit sich die Freizeitmöglichkeiten der Walfänger auch schon erschöpft haben dürften. Das Wetter ist kalt, grau und nass, weswegen über dem Ofen an Bord immer eine ganze Kollektion von Socken und Handschuhen zum Trocknen hängt.

Nach einer Nacht setzen wir unsere Fahrt nach Grytviken fort. Grytviken war das Zentrum des Walfangs auf Südgeorgien. Erst als die Bestände der Meeresriesen so weit dezimiert waren, dass es sich nicht mehr lohnte, wurde der Walfang 1965 eingestellt. Über 175 000 Wale sollen allein bei Südgeorgien gefangen worden sein. Heute mag diese Schlächterei abstoßend wirken. Aber man darf auch hier nicht vergessen, dass die Rücksichtslosigkeit unserer Vorfahren im Umgang mit der Natur den Wohlstand mitbegründet hat, von dem wir heute noch profitieren. Genauso, wie unsere Nachfahren noch von unserer Rücksichtslosigkeit der Natur gegenüber profitieren werden.

Wir vertäuen die OOSTERSCHELDE am Anleger der British Antarctic Survey am King Edward Point. Die Engländer unterhalten dort eine kleine Forschungsstation, die gleichzeitig administratives Zentrum von Südgeorgien ist. Hier bekommen wir Broschüren mit diversen Verhaltensmaßregeln ausgehändigt. Einer der wichtigsten Punkte ist, nicht zu nah an die Tiere heranzugehen, um jede Störung zu vermeiden. Ich kann nur den Kopf schütteln. Nicht nur, dass ich noch keinen Wissenschaftler gesehen habe, der sich an diese Regeln hält, sondern es findet sich in den offiziellen Veröffentlichungen auch kaum ein Foto, das unter Einhaltung der vorgeschriebenen Mindestabstände entstanden ist. Gar nicht davon zu reden, dass den Tieren diese Regeln völlig unbekannt sind und sie regelmäßig aus Neugierde zu den vermeintlichen Störenfrieden gewatschelt und gekrochen kommen.

Die einige hundert Meter entfernte Walfangstation Grytviken liegt heute in Trümmern, und nur zwei ehemalige Wohnhäuser und die Kirche sind renoviert. Eines der Häuser beherbergt ein Museum. Dort lerne ich Tim und Pauline Carr kennen. Die beiden sind vor Jahren mit ihrer motorlosen und nur 28 Fuß langen Yacht CURLEW nach Südgeorgien gekommen. (Nachzulesen in ihrem Buch »Antarctic Oasis – Under the Spell of South Georgia«.) Sie waren so fasziniert von dieser Insel, dass sie beschlossen, dort zu bleiben. Da es auf Südgeorgien keine »normalen« Bewohner gibt, haben sich die beiden als Betreuer das Museums in Grytviken anstellen lassen. Dort findet sich eine eindruckvolle Kollektion von Fauna, Flora und Relikten aus der Walfangzeit. Tim und Pauline wohnen in einem alten Haus der Walfangstation, und die Yacht der beiden soll in diesem Sommer auf einem Schiff nach England gebracht werden. »Ohne Motor ist das Segeln in diesen Gewässern ein Wagnis, das wir nicht mehr eingehen wollen«, erklärt mir Tim diese Entscheidung. »Wir würden gerne so lange es geht hier auf der Insel bleiben«, erzählt Pauline, »doch laufen unsere Arbeitsverträge aus, wenn wir 65 sind. Eine Verlängerung ist nach jetzigem Stand der Dinge nicht möglich. Aber wir werden sehen.« Im Winter teilen sich die beiden die Insel nur noch mit einer Hand voll Wissenschaftler. Touristen kommen dann keine mehr. Wie sie dann ihre Zeit verbringen, möchte ich wissen. »Wir kümmern uns um das Museum, wandern viel und laufen Ski«, antwortet Tim. Ich frage, wie sie bei ihrer Arbeit die Grenze zwischen »Schrott« und »historisch wertvoll« ziehen. Wenn morgen in der Bucht ein Kreuzfahrtschiff sinken würde, wäre es dann ein Berg Altmetall oder ein wichtiges Denkmal des Antarktistourismus?, möchte ich wissen. »Ein Haufen Schrott«, grinsen die beiden.

In Nähe der Walfangstation findet sich das Grab des englischen Polarforschers Ernest Shackleton. Im Jahr 1915 wurde sein Schiff ENDURANCE im Weddellmeer vom Eis zerdrückt. Die Crew rettete sich in den Booten nach Elephant Island. Ohne Hilfe von außen schien die Lage hoffnungslos. Shackleton entschloss sich, mit dem nur sieben Meter langen Rettungsboot JAMES CAIRD und fünf weiteren Männern nach Südgeorgien zu segeln, um von einer der Walfangstationen Hilfe für den Rest der Crew zu holen. Für die 800 Meilen benötigten sie 16 Tage, in denen es wegen des schlechten Wetters nur viermal möglich war, eine astronomische Ortsbestimmung vorzunehmen. Angekommen in der King Haakon Bay musste Shackleton mit zwei Gefährten in einem anderthalbtägigen Gewaltmarsch die Insel überqueren, um schließlich am 20. Mai 1916 die Walfangstation Stromness zu erreichen. Es dauerte noch bis September des Jahres, bis alle Crewmitglieder der ENDURANCE von Elephant Island gerettet werden konnten. 1922 starb Shackleton an Bord seines Schiffes QUEST, während es in Grytviken vor Anker lag. Auf seinen Wunsch hin wurde er anschließend auf der Insel begraben.

Das neue Jahr begrüßen wir mit den Wissenschaftlern der British Antarctic Survey. Eines unserer Crewmitglieder macht dabei ausdauernde Versuche, bei den vier weiblichen Stationsmitarbeitern zu landen. Dafür, dass seine Bemühungen gleich vierfach scheitern, hat er eine einleuchtende Erklärung parat: »Die sind alle lesbisch.«

Unsere nächsten Ankerplätze hören auf die Namen Ocean Harbour, St.Andrews Bay, Gold Harbour und Cooper Harbour. Wie erwartet ist das Ankern überall nicht einfach. Einmal müssen wir den Anker mit einer Machete vom Kelp befreien, ein anderes Mal weht es so derartig, dass wir nur unter Maschine die Position halten können, und bei einer anderen Gelegenheit stoßen wir am Ankerplatz nachts mit einem Growler zusammen. Folgenlos. Fast überall, wo wir an Land gehen, wachen Pelzrobben über ihr Revier. Immer wenn eines der Tiere fauchend auf mich zugerobbt kommt, fauche ich einfach zurück. Das klärt die Fronten.

Im Larsen Harbour, einem Seitenarm des majestätischen Drygalski-Fjords, verbringen wir einen Nachmittag. Zum ersten Mal sehe ich Weddellrobben. Die Tiere dösen auf einem Schneefeld vor sich hin und lassen sich durch die Anwesenheit von Menschen nicht stören. Müde heben sie die Köpfe, blicken desinteressiert in die Runde und schlafen weiter. Hier, an der Südostspitze von Südgeorgien, ist der Wendepunkt unserer Fahrt erreicht. Über den von einer deutschen Expedition im 19. Jahrhundert benannten Moltke Harbour und Maiviken geht es zurück nach Grytviken.

Dort liegt inzwischen David Scott Cowper mit seiner POLAR BOUND, an deren Heck die britische Flagge weht, am Steg der Walfangstation. David befindet sich gerade auf seiner fünften Weltumsegelung. (David Scott Cowper gilt als der erste Yachtsegler, der die Welt via Kap Hoorn in beide Richtungen umsegelt hat – 1980 in 224 Tagen und 1982 in 221 Tagen. Im Jahr 1985 gelang ihm die erste Solo-Umrundung der Erde mit einem Motorboot.) »Umsegelung« ist allerdings jetzt nicht mehr zutreffend, denn POLAR BOUND ist ein Motorboot, das aussieht wie ein Lotsenboot oder ein Rettungskreuzer. Neun Tonnen Diesel geben ihm eine Reichweite von 4500 Seemeilen. Nachdem er vor Jahren mit einem anderen Motorboot die Nordwestpassage durchquert hat, will er nun einhand die Nordostpassage entlang der Küsten Sibiriens in Angriff nehmen. Dass er von den russischen Behörden keine Erlaubnis hat, deren Küstengewässer zu befahren, stört ihn nicht. »Ich versuche mich aus den russischen Hoheitsgewässern herauszuhalten. Zur Not setze ich halt die russische Flagge, damit man mich für ein einheimisches Boot hält«, erklärt David mir. Er will zunächst zu den Falklands, dann zur antarktischen Halbinsel und von dort über Chile den Pazifik hoch Richtung Beringstraße. »Mein Diesel ist 30 Jahre alt, damals hat man noch solide gebaut. So schnell geht da nichts kaputt«, entgegnet David, als ich meine Verwunderung darüber zum Ausdruck bringe, dass er nur mit einer Maschine unterwegs ist und nicht einen Quadratmeter Segel setzen kann. Wenngleich eine Fahrt in Polargewässern ohnehin zum Großteil unter Maschine gemacht werden muss, wäre eine Besegelung für Ozeanpassagen nicht nur unter Sicherheitsaspekten von Vorteil. Man ist ohne das entnervende Gedröhne eines Motors unterwegs, spart Sprit und wird wegen der stabilisierenden Segelwirkung nicht so durchgeschaukelt. Warum es sich David doppelt schwer macht, ist mir nicht ganz klar.

Nachdem sich allgemein »Rückreisegefühle« auf der OOSTERSCHELDE eingestellt haben, fängt es auch schon an zu menscheln. D. empfindet seinen Kabinenmitbewohner R. als unzumutbare Belastung. Grund: »R. stinkt so, dass ich nachts kein Auge zubekomme. Unerträglich!« So wird eine Kabine, in der Lebensmittel gestaut sind, freigeräumt und D. zugewiesen. Auch das übliche Genörgel über die Verpflegung stellt sich ein. Nur Scheiße würde schlimmer schmecken als das Essen an Bord, lässt B. mich wissen. Ich empfehle B., entweder für einen Tag auf FANFAN! anzuheuern oder – noch schlimmer – einmal im Seemannsheim auf den Falklands zu essen. Nach dieser Erfahrung würde er Gott auf Knien für die Mahlzeiten auf der OOSTERSCHELDE danken.

Nach einer Nacht im Blue Whale Harbour machen wir unseren letzten Landgang auf Albatross Island. Auf der Insel, man ahnt es schon, brüten zahlreiche Wanderalbatrosse sowie Riesensturmvögel. Während meine Mitsegler von den riesigen Vögeln völlig begeistert sind, zeigen sich bei mir die ersten Abnutzungserscheinungen. Kein Wunder nach Hunderttausenden von Pinguinen, Albatrossen und Robben, die ich bei meiner Fahrt schon zu Gesicht bekommen habe. Leider scheitert unser Versuch, eine Robbe von dem Fischernetz zu befreien, das sich um ihren Hals gelegt hat und das das Tier über kurz oder lang strangulieren wird. Die Robbe ist aggressiv und unser Vorgehen zu zaghaft. Verständlich, wenn man dem Tier einmal ins Maul geschaut hat.

Am letzten Tag lassen wir vor Anker in Rosita Harbour ein kleines Tief durchziehen, bevor es zurück nach Stanley geht. Die ersten zwei Tage motoren wir noch inmitten von Eisbergen. Ich zähle ständig zwischen 5 und 15 Echos im Umkreis von 12 Meilen auf dem Radar. Manchmal ist die Sicht so schlecht, dass wir einen Ausguck auf dem Vorschiff haben,

Vom Skipper zur Deckshand: Intermezzo auf der OOSTERSCHELDE.

der mit einem Handfunkgerät ausgestattet ist und den Rudergänger vor Growlern warnen soll. Wegen der Kälte lösen wir uns dabei alle 20 Minuten ab.

F., eines unserer Seekrankheitsopfer, hat sich überwunden und geht Ruderwache. Ich stehe neben ihm, als er plötzlich wie tot zusammenbricht und auf das Deck schlägt. Sofort hole ich unseren sonst als Hilfskoch tätigen Bordarzt. Rob arbeitet in einem Amsterdamer Krankenhaus in der Notfallaufnahme. Sein Markenzeichen ist, dass er keine Gelegenheit auslässt, mit seiner Homosexualität zu kokettieren. »Rob van Achtern« habe ich ihn deswegen für mich getauft. Rob diagnostiziert einen Kreislaufkollaps durch Dehydrierung. Mit anderen Worten: Zu viel gekotzt, zu wenig getrunken. F. ist unverletzt, fällt aber für die Wachen aus.

Skipperin Eliane zeigt mir eine E-Mail von der britischen Station auf King Edward Point. Ob wir noch in der Nähe seien, möchte der Stationsleiter wissen. Grund ist, dass POLAR BOUND in der King Haakon Bay auf Grund gelaufen ist, als der Anker nachts slippte und Skipper David aus eigener Kraft nun nicht mehr frei kommt. Wir sind schon zu weit entfernt, um Hilfe leisten zu können. Später erfahren wir, dass POLAR BOUND mit Hilfe eines Fischereiforschungsschiffes wieder frei gekommen ist. Mit FANFAN! wäre ich in so einer Situation wohl aufgeschmissen gewesen, denn mit meinem UKW-Funkgerät hätte ich die britische Station nicht erreichen können. Ich mag gar nicht daran denken.

Gegen die vorherrschenden Westwinde kommen wir nur für ein paar Stunden zum Segeln. Den größten Teil der 750 Meilen des Rückweges müssen wir unter Maschine zurücklegen. Nach insgesamt 24 Tagen und 1850 Seemeilen sind wir wieder auf den Falklandinseln. Die Entscheidung, mit der OOSTERSCHELDE mitzusegeln, war goldrichtig. Nicht nur, weil es viel sicherer war, sondern auch, weil ich auf Südgeorgien viel mehr zu sehen bekommen habe, als mir dies alleine mit FANFAN! möglich gewesen wäre. Pro Kopf haben wir 600 Liter Diesel und 920 Liter Wasser verbraucht. Mengen, mit denen ich auf FANFAN! ein- bis zweimal um die Welt segeln könnte.

Wenige Stunden nachdem unser Anker in Stanley Harbour gefallen ist, bricht ein Nordweststurm los, der jedes Vorwärtskommen mit der OOSTERSCHELDE unmöglich gemacht hätte. Wahrscheinlich hätte es uns sogar nach Osten zurückgetrieben. Da ein Anlanden mit dem Schlauchboot zu gefährlich wäre, schiffe ich mich auf dem Zollboot ein, um möglichst schnell an Land und dann zu meinem Boot zurückzukommen. Nichts kaputt, nichts geklaut an Bord?

Per Anhalter geht es zum Schwimmdock. Mein Fahrer berichtet mir von einem deutschen Einhandsegler, der einen schrecklichen Sturm bei Kap Hoorn nur knapp überlebt hat, während gute Freunde von ihm mit ihrem Boot in eben jenem Sturm verloren gegangen seien. Nach drei Tagen ohne Schlaf hat er es bis nach Stanley geschafft. Jetzt sei er alleine auf dem Weg nach Südgeorgien. »Crazy guy!« Dass dieser Einhandsegler ich bin und dass von der Geschichte nur die Hälfte stimmt, behalte ich für mich.

Erleichtert kann ich feststellen, dass an Bord alles beim alten ist. Vor FANFAN! zerrt eine schwedische Yacht, ein Gfk-Doppelender namens RAMMEN, an ihren Festmachern. Deren Eigner statte ich am nächsten Tag einen Besuch ab. Per-Olov ist in 67 Tagen einhand und nonstop von San Diego/Kalifornien nach Stanley gesegelt. Bei Kap Hoorn hat er das schwerste Wetter seines Lebens erlebt. Als ein Block der Windselbsteuerlange aus der Verankerung gerissen ist, schlug seine Yacht quer. Wie viel Wind er hatte, möchte ich wissen. »Keine Ahnung, der Windmesser ist schon am Tag vorher weggeflogen«, ist seine lakonische Antwort. Mein Nachbar hat weder eine Rettungsinsel noch eine Seenotfunkboje an Bord. »Wenn meine Yacht untergeht, dann will ich ein schnelles Ende und nicht noch lange in der Rettungsinsel leiden«, kommentiert er meinen verwunderten Blick.

Auf der OOSTERSCHELDE bin ich bis zu deren Weiterfahrt nach Feuerland noch täglich zu Gast. Mit einigen Besatzungsmitgliedern mache ich einen Ausflug zur Ansiedlung Goose Green. Dieses Örtchen ist nach Stanley die zweitgrößte »Stadt« auf den Falklands. Einige Dutzend Gebäude, ein Anleger, Hundezwinger für die Schäferhunde und ein paar Schotterpisten machen den Ort aus. Es liegt der Geruch von verbranntem Torf in der Luft, mit dem gekocht und geheizt wird. Eingebettet ist der Ort in die für die Falklands typische, hügelige und baumlose Graslandschaft.

Goose Green war Schauplatz erbitterter Gefechte mit den Argentiniern. In der Nähe befindet sich ein Soldatenfriedhof, auf dem einige der argentinischen Opfer begraben sind. Die Rückführung in die Heimat wurde den Hinterbliebenen von der argentinischen Junta mit der zynischen Begründung verwehrt, dass die Toten auf den Islas Malvinas ja schon in Heimaterde bestattet seien. »In dieser Öde möchte ich nicht begraben sein«, meint einer meiner Begleiter, während wir die Grabreihen abschreiten.

Nachdem sich der Wind kurzzeitig beruhigt hat, zieht ein weiterer Nordweststurm über die Inseln hinweg. Es weht und weht und das Barometer macht diesmal erst bei 954 hPa halt. Neuer Reiserekord. Wegen des Sturmes sagen drei Kreuzfahrtschiffe ihren Besuch in Stanley ab. Das Ausbooten der Passagiere sei zu gefährlich, erklärt mir der Hafenmeister. Als das Barometer wieder nach oben klettert, setze ich am 20. Februar die Segel: Richtung Kapstadt, zu meiner vierten Atlantiküberquerung.

Von Kap zu Kap oder: Die Welt ist rund!

Der kürzeste Weg nach Südafrika, die Großkreisroute, würde mich schnurstracks ins Eis führen. Ich nehme daher einen Umweg in Kauf und schlage zunächst einen nord-nordöstlichen Kurs ein. Gut 3700 Meilen liegen vor mir. Am 21. Januar überquere ich den 50. Breitengrad. In Windjammertagen galt Kap Hoorn als umrundet, wenn man von 50° S im Pazifik nach 50° S im Atlantik (oder umgekehrt) gesegelt war. Insofern kann ich meine Kap Hoorn-Umrundung als beendet erklären. Und? Dieses Kap ist seit Jahrhunderten mit einem geradezu mythischen Ruf umgeben, der von Yachtseglern fleißig kultiviert worden ist, um die eigene Leistung ins rechte Licht zu rücken. Einige sprechen sogar vom Mount Everest der Segelei. Ein Vergleich, der hinkt. Nicht nur, dass – Pi mal Daumen – zehn mal mehr Yachtsegler Kap Hoorn umsegelt haben, als Menschen auf dem Gipfel des Mount Everest standen. Auch ist der Mount Everest immer gleich hoch, während man das Kap Hoorn mit etwas Glück umrunden kann, ohne wirklich gefährliches Wetter erlebt zu haben – ich bin das beste Beispiel. Sich nach solch einer glücklich verlaufenen Fahrt selbst die Seglerkrone aufzusetzen, ist schon etwas vermessen. Für mich war der Indische Ozean das windigste und anstrengendste Stück auf meiner Reise. Kein Vergleich zum dem Haken um Kap Hoorn herum. Zudem geht der schlechte Ruf des Kaps vornehmlich auf die Reisen in Windjammertagen zurück, die im Südwinter gemacht wurden. Einer Jahreszeit also, zu der kaum ein Yachtsegler dort unterwegs ist. Vor allem, wenn es von Ost nach West ging, dauerte es damals oft Wochen, bis die Rahsegler gegen den Westwind das Kap gerundet hatten. Das war sicher kein Zuckerschlecken. Der Matrose Heinz Randow schrieb über eine solche Reise mit der Viermastbark ALSTER:

»Die widrigen Weststürme hatten uns bis tief nach Süden heruntergedrückt. Die Kälte war erträglich, aber die dauernde Nässe war kaum auszuhalten. Keiner hatte noch ein trockenes Kleidungsstück zum Wechseln. Die Stimmung sank mehr und mehr. Die Augenlieder entzündeten sich. In

den Handflächen war die fettlose Haut aufgesprungen. Die dick aufgequollenen Finger wiesen tiefe Risse auf, die zu eitern begannen. Um die Wunden zu desinfizieren, ließen wir unseren Urin darüberlaufen. Es half besser als die Salbe, die uns der Dritte draufschmierte. Die verteufelte Kapumrundung schien kein Ende zu nehmen. Bei unserem körperlichen Leiden waren uns die Stürme schon ganz gleichgültig geworden.«

Wenn man als Indiz für die Gefährlichkeit von Everest und Kap Hoorn die Todesraten nimmt, schneidet das Kap zum Glück schlecht ab. Nur wenige Yachtsegler sind bislang bei der Rundung von Kap Hoorn ums Leben gekommen, während der Himalaja ein riesiger Bergsteigerfriedhof ist (Stand 2002: 175 Tote auf 1200 Besteigungen des Mount Everest). Ist das Segeln in den hohen Breiten unverantwortlich? Wer im Südmeer mit einem 15-Meter-Schiff und sechsköpfiger Crew an seine Grenzen geraten ist, wird eine Reise zu zweit in einem 12-Meter-Boot als »unvertretbar« bezeichnen. Eine Zweimanncrew, bei der es auf des Messers Schneide stand, wird eine Einhandreise im 8-Meter-Boot verantwortungslos finden. Die Entscheidung, welches Risiko vertretbar ist und welches nicht, kann einem niemand abnehmen. Wer eine bestimmte Reise pauschal als »unseemännisch« bezeichnet, sollte sich fragen, ob dies nicht die verklausulierte Form von »das würde ich nicht schaffen« oder »das würde ich mich nie trauen« ist.

Ganz gleich, ob es nun eine Heldentat ist oder nicht, einhand um Kap Hoorn zu segeln, auf jeden Fall werde ich nicht zögern, bei jeder sich bietenden Gelegenheit mit größter Lässigkeit auf diese Reise hinzuweisen. »Ach ja, das Buch kenne ich. Habe ich gelesen, als ich *westlich von Kap Hoorn* stand. Gut geschrieben.« Oder: »Das habe ich gar nicht mitbekommen. Wahrscheinlich ist es passiert, als ich *einhand um Kap Hoorn* gesegelt bin.«. Das Enkelkinder-Terrorisierungspotenzial dieser Geschichte ist natürlich enorm. »Nicht schon wieder, Opa!«, höre ich sie stöhnen. Aber da wird der Opa keine Gnade kennen, schließlich ist er ja einhand um Kap Hoorn gesegelt.

Am achten Tag quält sich FANFAN! gegen einen stürmischen Nord-Nordostwind unter Sturmfock und doppelt gerefftem Groß voran. Mein auf Rarotonga gewechseltes Großsegel ereilt das gleiche Schicksal wie dessen Vorgänger und reißt horizontal komplett durch. Weiter geht es mit dem dritten Reff. Kurz darauf hat der Wind so zugelegt, dass ich das Segel ganz berge und nur noch unter Sturmfock weitersegele. Einige Stunden lang fallen immer wieder harte Sturmböen ein, die das Wasser von den Wellenkämmen reißen, dann wird es ruhiger. Ein paar Segeltuchfetzen flattern auf dem Großbaum, und auf dem Fußboden schwappt eine Wasserlache hin und her. Der Rest einer Welle, die durch die nicht ganz geschlossene Niedergangstür ihren Weg nach drinnen gefunden hat. Die »Windigen Vierziger« lassen grüßen.

Die nächsten Tage verlaufen dafür umso erfreulicher. Ein frischer Nordwind bringt Etmale von 162, 186 und 176 Meilen. Zwar sind in diesem Seegebiet bis knapp unterhalb von 40° S in der Vergangenheit Eisberge gesichtet worden, doch halte ich die Chance, auf dem von mir gewählten Kurs auf Eis zu treffen, für sehr gering. Dennoch lasse ich bis zum 42. Breitengrad nachts das Radar mitlaufen. Die Temperaturen steigen bis auf 20 °C, der Himmel ist blau, kein Schiffsverkehr – Segeln wie im Bilderbuch.

Am 1. Februar überschreite ich den 40. Breitengrad. Über 18000 Meilen bin ich in meinem Seglerleben im Südmeer zwischen 40° Süd und 68° Süd unterwegs gewesen. Eine größere Strecke als der Erdumfang auf einer Breite von 40 Grad. Es gab dort schwere Stunden, aber die vielbeschworene »Hölle« habe ich in diesen Breiten nie erlebt. »Ab 40° Süd gibt es kein Gesetz und ab 50° Süd keinen Gott mehr«, habe ich irgendwo gelesen. Starke Worte.

Auf See habe ich in diesen Breiten eine Hand voll Stürme durchgemacht. Kein Mal steht »schwerer Sturm« oder gar »Orkan« in meinem Logbuch. Zum Glück – die normalen Stürme haben mir schon gereicht! Sicher eine herbe Enttäuschung für jene, die von den Berichten der auf Publicity angewiesenen Berufssegler mit einschlägigen Superlativen verwöhnt sind. Manchmal scheint mir, dass die Sturmhäufigkeit einer Reise exponentiell mit dem Vermarktungsdruck steigt, unter dem sie steht. Auf der anderen Seite sind zahlreiche Durchkenterungen und Mastbrüche in diesen Breiten Beweise dafür, dass es einen ganz übel erwischen kann. Vielleicht bin ich bislang weitgehend ungeschoren davongekommen, weil ich mit viel Respekt unterwegs war. Ein Respekt, den ich nicht verlieren werde, auch wenn ich noch einmal in diesen Breiten unterwegs sein sollte. Nichts könnte mich bewegen, in diesem schaurig-schönen Meer mit einem Boot unterwegs zu sein, das weniger seetüchtig als FANFAN! ist.

Am 4. Februar sind es noch 90 Meilen bis Tristan da Cunha. Neben der Hoffnung, dort doch noch einmal an Land zu kommen, habe ich einen weiteren Grund, warum ich die Insel anlaufen will. Es gibt eine Reihe von Definitionen, wann eine Weltumsegelung geschafft ist. Nach der mir einleuchtendsten muss man für eine Weltumsegelung alle Längengrade schneiden, zweimal den Äquator überschreiten und bei der Heimfahrt einmal das Kielwasser der Ausfahrt kreuzen. Meine Weltumsegelung ist danach auf der Reede von Tristan da Cunha komplett, die ich vor gut 15 Monaten schon einmal angelaufen habe.

Da das Wetter ruhig ist, kann ich das zerrissene Großsegel gegen ein neues wechseln. Kaum bin ich fertig, zieht sich der Himmel zu, es fängt an zu wehen und das Barometer geht in den Keller. Alleine 5 hPa in zwei Stunden. Die See wird unangenehm, der Wind heult, und zeitweise lasse ich FANFAN! in Erwartung von Schlimmerem unter nacktem Mast vor dem Wind treiben. Eine Erwartung, die sich zum Glück nicht erfüllt. Nachts flaut es wieder ab und ich kann zumindest wieder die Fock setzen.

Im ersten Licht des nächsten Tages kann ich die steilen Klippen von Inaccessible Island steuerbord voraus ausmachen. Kurz darauf sichte ich Nightingale Island und dann taucht Tristan da Cunha aus einer Regenwolke auf. Einige Stunden später herrscht strahlender Sonnenschein und Tristan liegt mit dem 2060 Meter hohen Gipfel vor mir. Ein herrlicher Anblick! Bei frischem Westwind passiere ich die einige Kilometer südwestlich der Ansiedlung liegenden Kartoffelfelder und Weiden so dicht es geht, um so viel wie möglich von der Insel zu sehen. Denn eines ist mir schon nach kurzer Zeit klar – auf die Insel komme ich auch bei meinem zweiten Besuch nicht. Wind und Seegang folgen der Inselkontur und auf einen ruhigen Platz in Lee der Insel ist nicht zu hoffen. Alle paar Minuten geht ein meterhoher Roller unter dem Boot durch. Unglaublich. Ohne Segel lasse ich mich langsam an der Küste und dem Ort Edinburgh entlangtreiben. Etwa 100 einstöckige Gebäude machen die Ansiedlung aus. Die einzige Straße führt zu den Kartoffelfeldern, sonst ist die Insel wegen ihrer steilen Klippen nicht erschließbar. Östlich von Edinburgh liegt ein großes Lavafeld, Zeugnis eines Vulkanausbruchs in den 1960er-Jahren. Die Eruption zwang die Tristaner ins Exil nach England, bis die Erde wieder zur Ruhe kam. Hinter einem Wellenbrecher sehe ich die typischen Langboote der Inselfischer an Land liegen – um rauszufahren ist es zu rau. Der Funker von Tristan Radio kann sich noch an meinen letzten Besuch erinnern und versucht mich zu trösten, dass es beim dritten Mal sicher klappen wird. Er verspricht mir, eine »FANFAN!

is okay«-E-Mail nach Deutschland zu schicken, und wünscht mir alles Gute für meine Weiterfahrt nach Kapstadt, während die Ansiedlung langsam hinter mir verschwindet. Meine Weltumsegelung ist nun komplett. Mir ist ganz feierlich zumute. Mein Traum, einhand die Welt mit einer Segelyacht zu umrunden ist vor Tristan da Cunha, einer der entlegensten Inseln des Planeten, Wirklichkeit geworden. Aber »Weltumsegelung komplett« heißt noch längst nicht »Weltumsegelung zu Ende«! Noch 1500 Meilen sind es bis Kapstadt und dann noch einmal über 10 000 Meilen, bis ich wieder in Hooksiel die Leinen festmachen kann. Es wird also noch etwas dauern, bis ich ein großes »Ende!« auf die letzte Seite meines Logbuchs schreiben kann.

Eigentlich müsste das St. Helena-Hoch, ein großes, annähernd stationäres Hochdruckgebiet im Südatlantik, für raume und beständige Winde sorgen. Doch den Wetterstatistiken zum Trotz weht der Wind vor allem aus nördlichen Richtungen. Die Etmale pendeln zwischen 89 und 148 Meilen. Jeden Tag, mit dem ich nach Osten segele, geht die Sonne ein paar Minuten früher unter und früher wieder auf. Das Thermometer klettert tagsüber bis auf 25 °C, die Albatrosse werden langsam weniger, und ich werde vom Grau- wieder zum Blauwassersegler. Nacht für Nacht steht das Kreuz des Südens an Steuerbord. Auf 36° Süd segele ich über Stunden durch eine Ansammlung abertausender Quallen – Portugiesische Galeeren –, deren Schwimmblasen violett schimmernd aus dem Wasser schauen. Bei den alten Fahrensleuten heißen diese seltsamen Lebewesen »Bi de Winder«, also »Bei dem Winde«. Der Name rührt daher, dass diese Quallen in der Lage sind, mit ihrer Schwimmblase, die im oberen Bereich die Form eines halbkreisförmigen Segels hat, sich mit Hilfe des Windes fortzubewegen, wobei sie sich etwa 45° am Wind halten.

Seit den Falklands habe ich kein einziges Schiff zu Gesicht bekommen. An Bord gibt es nicht viel zu tun und alles geht seinen normalen Gang. Fast normal. Einmal erwische ich mich dabei, wie ich auf dem Kajütaufbau stehe, beide Arme ausgebreitet und mit einem Albatros um die Wette fliege.

Ich höre jeden Tag den Nordseewetterbericht auf der Deutschen Welle und bin froh, dort gerade nicht unterwegs zu sein. Starkwind und Sturm ohne Ende. Wer sich und seine Yacht auf die Probe stellen will, braucht sich nicht zum Kap Hoorn aufzumachen. Die winterliche Nordsee langt dafür völlig.

Ich genieße das Segeln und lese viel. Dabei stoße ich in meinem DDR-Seefahrtslexikon auf das Wort »Fischmilch«. Diese Flüssigkeit wird scheinheilig als »männliches Geschlechtsprodukt des Fisches« erklärt, das unter anderem Mayonnaise beigemischt wird. Als Zeitungsredakteur würde ich »Skandal: Fischsperma in Ost-Mayo!« titeln. In einer Segelzeitschrift gibt ein Psychologieprofessor von sich, dass bei einer Atlantiküberquerung nur ein geregelter Tagesablauf an Bord »dem Gefühl tiefer Einsamkeit mit depressiven Anklängen« entgegenwirken kann. Ach, Herr Professor, vielleicht hätten sie auf das »nur« in ihrer Aussage verzichten sollen. Ich bin bei mir an Bord jedenfalls von einem geregelten Tagesablauf ebenso weit entfernt wie von tiefer Einsamkeit mit depressiven Anklängen.

Am 23. Tag, ich stehe noch 640 Meilen westlich vom Kap der Guten Hoffnung, sichte ich mein erstes Schiff. Ab jetzt muss ich bis zu meinem Ziel täglich mit mehr Verkehr rechnen. Das Kap der Guten Hoffnung, ursprünglich Kap der Stürme genannt, hat unter Seefahrern keinen guten Ruf. Wenngleich es kaum ein Kap gibt, bei dem es anders ist, gibt es gute Gründe für die schlechte Reputation der Südspitze Afrikas. Der am Kap nach Westen setzende Agulhas-Strom kann bei entsprechenden Windbedingungen in dem dort vergleichsweise flachen Wasser für extrem gefährlichen Seegang sorgen. Letztes mir bekanntes Opfer dieser Bedingungen ist die deutsche Yacht INSCHALLAH, die im vergangenen November vor der Küste mehrfach durchkenterte und den Mast verlor. Skipper Heinz Schwab kam mit Kopfverletzungen davon, und die schwer beschädigte Yacht konnte von der Küstenwache in einen Hafen geschleppt werden. Auf der anderen Seite stehen Hunderte von Yachten, die das Kap jährlich anstandslos runden. Und schließlich muss ich ja nicht einmal um das Kap herum, um nach Kapstadt zu kommen.

Die nächsten Tage purzeln die Meilen nur so – alle Etmale liegen bei 150 Meilen. Herrliches Segeln. Als ich noch 160 Meilen vor Kapstadt stehe, kann ich auf Mittelwelle den ersten südafrikanischen Radiosender empfangen. Wie wird das Wetter? Für Kapstadt ist für den folgenden Tag Nordwestwind Stärke sechs vorhergesagt. Kein Problem also.

Am 16. Februar sichte ich aus 30 Meilen Entfernung das Wahrzeichen Kapstadts, den 1000 Meter hohen Tafelberg.

Kapstadt

Wie nach jedem langen Schlag bin ich die ersten ein, zwei Tage nach meiner Ankunft noch ziemlich aufgedreht. Ich schlafe schlecht und würde am liebsten meine »To Do«-Liste in einem Rutsch abarbeiten. Dabei habe ich noch gut vier Wochen Zeit, bevor ich Richtung Nordatlantik aufbrechen will bzw. kann. Denn im Nordatlantik herrscht noch tiefster Winter. Mein Ziel, die Stadt Newport in den USA, wird noch allnächtlich von Temperaturen im Minusbereich heimgesucht. Von meinen Eltern wird wie nach jedem Reiseabschnitt die unheimlich originelle Idee an mich herangetragen, FANFAN! per Containerschiff nach Deutschland zu schaffen und daheim endlich einer vernünftigen Arbeit nachzugehen. Gibt es etwas Unwürdigeres als eine Weltumsegelung, die an Deck eines Frachters endet? Dankend lehne ich ab.

Der Yachtclub liegt inmitten einer nicht gerade einladend wirkenden Hafengegend am Fuße des Tafelbergs. Der Club ist Zwischenstation für eine Reihe von Seglern, die auf der Passatroute unterwegs sind. Neben mir ist die einzige Ausnahme der kanadische Einhandsegler John Dennis. John wollte mit seiner 50 Fuß Einhand-Rennjacht BAYER ASCENSIA als erster Diabetiker im Zuge des aktuellen Around Alone Rennens die Welt unter Regattabedingungen umrunden. »Um anderen Diabetikern Mut zu machen, dass man mit dieser Krankheit alles erreichen kann«, erklärt mir John seine Beweggründe zur Teilnahme an der Veranstaltung. Doch während das Around Alone Rennen in die Endrunde geht, liegt John mit seiner Yacht in Kapstadt. Schon nach zwei Etappen war für den Ex-Immobilienmanager Schluss. Technische Probleme bereiteten seiner Teilnahme am Rennen ein vorzeitiges Ende. Kurz nach dem Start der Etappe Südafrika – Neuseeland fiel seine Kommunikationselektronik aus. Dann versagte sein Motor den Dienst. Der darf zwar während des Rennens nicht zum Antrieb des Bootes benutzt werden, doch war der Diesel auf der BAYER ASCENSIA der Hauptstromerzeuger. Und ohne Strom läuft auf einer Einhand-Rennyacht nichts mehr. Schweren Herzens gab John sein Ausscheiden aus dem Rennen bekannt. Während die anderen Teilnehmer durch das Südpolarmeer Richtung Kap Hoorn segelten, verbrachte der 58-jährige Segler seine Zeit mit Reparaturen in Kapstadt. Als Fehlschlag will er sein Vorhaben aber nicht verbuchen. »Ich bin an die Startlinie gekommen und habe zwei Etappen gesegelt. Das ist mehr, als die meisten, die von der Teilnahme an dieser Regatta träumen, je schaffen werden.« Genau 854 Firmen hat er auf der Suche nach einem Sponsor angeschrieben. Vergebens. »Die meisten haben nicht einmal geantwortet«, erzählt mir John. Erst Nummer 855, der Pharmagigant Bayer, hat ihm unter die Arme gegriffen. Nicht nur mit Geld, sondern auch mit einem praktisch unbegrenzten Vorrat des Diabetikermedikaments Ascensia. Die Firma Bayer habe ihn »fantastisch« unterstützt, das Medikament Ascensia sei »fantastisch« und das kleine Gerät, mit dem der Segler regelmäßig seinen Blutzuckerspiegel misst, ist nicht nur ebenfalls von Bayer, sondern verdient auch das Prädikat »fantastisch«. Da ist John Dennis ganz Profi, auch wenn er von der Segelei nicht leben kann, wie er freimütig bekennt. Von Kapstadt aus möchte er bald Richtung Nordatlantik aufbrechen. Sein Plan ist, zusammen mit der Around Alone Flotte in den Start- und Zielhafen Newport/USA einzulaufen. Dann freilich als inoffizieller Teilnehmer. Und dann? »Warum nicht mit einer Crew aus Diabetikern im nächsten Volvo Ocean Race antreten!«, antwortet mir John ohne zu zögern. Ein Besessener eben.

Von den übrigen Skippern interessiert sich so recht keiner für meine Reise. Jeder erzählt nur von sich und seinen Nerven zerfetzenden Abenteuern. Das würde ich ja auch gerne tun, komme aber leider kaum zu Wort. Wie ich immer wieder erstaunt zur Kenntnis nehmen muss, scheint eine Weltumsegelung auf der Passatroute so ziemlich das Härteste und Gefährlichste zu sein, was man sich als Segler zumuten kann. Meine Reise im Südpolarmeer und rund Kap Hoorn erscheint dagegen wie der reinste Spaziergang. So beschränkt sich mein Beitrag bei diesen Unterhaltungen denn auch meist darauf, dass ich ab und zu ein bewunderndes »Wow« oder »Unbelievable« von mir gebe. Kein Wunder, dass einige dieser Barfußroute-Helden die Nase voll vom Segeln haben und ihre Boote in Kapstadt verkaufen wollen. Ohnehin scheint mir nicht für jeden eine Weltumsegelung der Schlüssel zum Glück zu sein. Ein spanischer Einhandsegler, der gegenüber liegt, ernährt sich vorwiegend von Gin-Tonic. (Der spanische Einhandsegler Isidoro Arias verließ zwei Tage vor mir Kapstadt. Er ging auf dem Weg zu den Kanaren verloren. Seine Yacht ISLERO wurde von Fischern treibend vor der Elfenbeinküste gefunden.) Und die Bordfrau des niederländischen Nachbarbootes bekämpft ihre emotionalen Defizite damit, dass sie ständig an einer rotbraunen Katze herumfummelt.

Auch aus dem Land der Dichter (»Die Wellen waren mindestens haushoch!«) und Denker (»Welche Skippermütze passt am besten zu meiner Yacht?«) sind einige Segler im Royal Cape Yacht Club. Von zwei deutschen Skippern lasse ich mich in der Bar des Yachtclubs mit dem üblichen Fahrtenseglerklatsch versorgen. A. ist die Frau weggelaufen, B. hat eine Thailänderin geschwängert, C. hat die Nase voll vom Segeln und sowieso keine Ahnung, Firma D. produziert nur Schrott und in Deutschland sind alle klein karierte Idioten. »Wer im Glashaus sitzt ...«, denke ich mir und kippe ein schaumloses Bier in mich hinein. Bei dieser Gelegenheit höre ich zum wiederholten Mal eine Geschichte, die wohl schon seit Jahrzehnten in der Weltumseglerszene in verschiedenen Versionen herumgeistert. Die Grundgeschichte handelt von einem Ehepaar, das einen Ozean überquert. Auf hoher See lässt sich der Mann von seiner Frau in die Mastspitze ziehen, um dort etwas zu reparieren. Er sichert sich im Topp mit einem Karabinerhaken und erliegt kurz darauf einem Herzinfarkt. Die Frau ist demzufolge nicht mehr in der Lage ihren Mann wieder an Deck herunterzulassen. Auch kann sie aus eigener Kraft nicht in den Mast, um ihn loszuschneiden. So ist sie gezwungen mit ihrem im Mast baumelnden Mann Tausende von Meilen bis zum nächsten Hafen zu segeln. Dabei muss sie hilflos mit ansehen, wie Seevögel ihrem Gatten Stück für Stück das Fleisch von den Knochen picken. In manchen Versionen versucht die Frau noch die Vögel mit dem Abfeuern von Seenotsignalen zu vertreiben. Je mehr Bier schon am Abend geflossen ist, desto blutiger wird die Geschichte.

Später lerne ich noch den Deutschen Gerd Engel kennen, der mit seinem Katamaran SPOSMOKER II gerade von den Kerguelen zurück kommt. Seine ursprünglich als Weltumsegelung mit zahlender Crew geplante Reise stand unter keinem guten Stern. Ruderprobleme und defekte Motoren warfen den Zeitplan über den Haufen. Vor der Station auf den Kerguelen riss sich der Kat im Sturm von der Festmachertonne los und strandete. Zwei Tage dauerte es, bis die Yacht wieder flott war. Dieses Erlebnis gab zwei Crewmitgliedern wohl den Rest. Sie desertierten und baten auf der Station um Asyl. Nun warten sie auf das Versorgungsschiff, das sie nach Réunion bringt, von wo sie zurück nach Deutschland fliegen wollen. Von Südafrika aus muss Gerd seine Reise alleine zurück in die Heimat fortsetzen. Mitsegler hat er keine mehr

Endlich wieder besseres Wetter! Der Passat schiebt mich Richtung Heimat.

gefunden. Vor Jahren hat der pensionierte Kapitän mit seinem Versuch, die Erde nonstop und einhand zu umsegeln, für Schlagzeilen gesorgt. Schon im Südatlantik brach der Mast und Engel trat unter Notrigg den Heimweg an. Als nächstes will er den größten Segelkatamaran der Welt bauen. Ich habe den Eindruck, dass er zu einem nicht geringen Teil durch den Wunsch angetrieben wird, öffentliche Aufmerksamkeit zu bekommen. Vielleicht ist dies der Grund, warum wir nicht so recht warm miteinander werden.

Regelmäßig zu Gast bin ich dagegen bei Willi und Ursel aus Nürnberg, die mit ihrer Ketsch PALOMA seit zehn Jahren unterwegs sind. Willi, ein gelernter Modellbauer, nennt sich bescheiden einen Handwerker, doch würde ich ihn eher als Künstler bezeichnen. Er hat seine Yacht nicht nur weitgehend selber entworfen, sondern auch noch eigenhändig gebaut. Was bei 90 % der Hobbybootsbauer als unförmige Bauruine auf dem Hinterhof oder Schandfleck jeden Ankerplatzes endet, ist unter Willis Händen ein designerisches und handwerkliches Meisterstück geworden. Seglerische Heldentaten stehen bei den beiden nicht auf dem Programm. Aber warum auch? Eine interessante Erklärung hat Willi zu den unter »versuchter Piraterie« verbuchten Fällen, in denen sich Yachten und Fischerboote in indonesischen Gewässern wahre Verfolgungsjagden geliefert haben sollen. »Das sind keine Piraten! Die sind nur fürchterlich abergläubisch. Wenn die Fischer eine Yacht sehen, wollen sie möglichst nah heran, am besten bis auf ein paar Meter. Dadurch soll den bösen Geistern an Bord die Gelegenheit gegeben werden das Schiff zu wechseln. Ausländische Schiffe eignen sich als neue Heimat für die Geister besonders gut, weil sie auf diese Weise außer Landes kommen«, meint Willi. Geradezu bizarr mutet die Geschichte an, die Willi und Ursel in Sri Lanka erlebt haben. Dort verbrachten sie einige Zeit in einem Hafen, dessen Einfahrt nicht nur mit einem Unterwassernetz gesichert war, sondern in dem auch nachts fast ununterbrochen Wasserbomben zur Explosion gebracht wurden. Grund für diese Maßnahmen war die Angst der örtlichen Marine vor Sabotageakten tamilischer Rebellen. »In dem Hafen lagen wir absolut sicher, nur an Schlaf war nicht zu denken. Jede Detonation hat das ganze Schiff wackeln lassen«, berichtet Ursel kopfschüttelnd.

»Wenn wir zurück im Mittelmeer sind, wird die PALOMA verkauft und dann baue ich meiner Ursel mit meinen eignen Händen ein Haus«, erzählt mir der Skipper und rollt dabei einen Stapel Seekarten aus, auf deren Rückseite er ihren Altersruhesitz schon in allen Einzelheiten gezeichnet hat. »Wir sind jetzt 40 Jahre verheiratet und lieben uns immer noch«, fügt er hinzu. Fast, als ob so etwas das Selbstverständlichste der Welt wäre.

Nach vier Wochen in Kapstadt setze ich an einem trüben Dienstagmorgen mit dem ersten Licht des Tages die Segel. Das Unterwasserschiff ist über und über mit handlangen Algenfäden bewachsen, die die Fahrt bremsen und von denen ich hoffe, dass sie nach einigen Tagen einfach abreißen. Wenn nicht, muss ich die erste Flaute nutzen, um dem Zeug schwimmend mit dem Schaber zu Leibe zu rücken. Mein nächstes Ziel, Newport, liegt 6700 Meilen im Nordwesten. Das sind fast ein Drittel des Erdumfangs. Der längste Schlag meines Lebens. Da ich diesmal mit den vorherrschenden Winden unterwegs bin, hoffe ich, es in 50 bis 55 Tagen schaffen zu können. Stopps sind nicht geplant, doch auf dem Weg dorthin möchte ich noch einen Blick auf die Inseln St. Helena und Ascension werfen.

Der längste Schlag

In Landnähe wird FANFAN! von Robben regelrecht umlagert. Überall schauen Flossen oder ein paar neugierige Augen aus dem Wasser. Der Wind frischt auf und nur unter Fock geht es Richtung St. Helena. Als der Tafelberg nur noch schemenhaft hinter mir zu erkennen ist, taucht der erste Albatros auf. Endlich wieder auf See.

Ein steifer Südostpassat treibt mich zügig vor sich her. Mit dem ersten Fliegenden Fisch an Deck verabschiedet sich der letzte Albatros auf 30° Süd. Nach fünf Tagen habe ich fast 800 Meilen hinter mir. Immer wieder spielt mein Radarwarner verrückt. Plötzlich kommt es minutenlang zu einem Stakkato von Alarmen, das so schnell wieder verschwindet wie es gekommen ist. So etwas habe ich vorher nur zweimal in der Nähe von Kriegsschiffen erlebt. Aber der Horizont ist leer. U-Boote? Aufklärungsflugzeuge? Satelliten? Ein Rätsel.

Nach einem flotten Start schläft der Passat ein. Tagelang geht es im Schneckentempo voran. Unter jeder Wolke kommt der Wind aus einer anderen Richtung. Wenden, Halsen, Schiften, Fieren, Dichtholen, Spi setzen, Spi bergen – zum ersten Mal auf der Fahrt habe ich Blasen an den Händen. Viel Arbeit für 84, 75 oder 51 Meilen am Tag.

Am dreizehnten Tag taucht St. Helena in 50 Meilen Entfernung am Horizont auf. Die Insel wurde 1502 von einem Portugiesen entdeckt und gehört heute zu Großbritannien. Auf dem 122 km^2 großen Eiland leben 5000 Menschen. Erreichbar ist die Insel derzeit nur per Schiff. Es ist aber geplant einen Flughafen zu errichten, um den Tourismus zu fördern und unabhängiger von der Versorgung durch das Postschiff RMS ST. HELENA zu werden.

Prominente Besucher der Insel waren James Cook, William Bligh und Charles Darwin. Bleibende Spuren hat Napoleon Bonaparte auf der Insel hinterlassen. Von 1815 bis zu seinem Tod 1821 lebte er als Verbannter auf der Insel. Noch heute weht über seinem ehemaligen Wohnsitz Longwood House die Trikolore.

Der Name Röttgering würde sich in dieser Liste sicher nicht schlecht machen. Aber es gibt keinen Hafen, und der als ungemütlich bekannte Ankerplatz vor der Siedlung Jamestown sowie die Einklariererei (28,50

Pfund Gebühr) dämpfen meine Landgangsmotivation auf null. Zudem sorgt jeder Stopp dafür, dass ich bei der Weiterfahrt meinen Rhythmus ganz neu finden muss. So will ich einfach nur einen Blick auf die Insel werfen und weitersegeln.

Am späten Nachmittag passiere ich St. Helena an ihrer Ostseite. Schroffe Klippen ragen steil aus dem Meer empor, die Luft ist voller Seevögel, und auf den Bergen sind die Reste der nach historischen Quellen einstmals üppigen Vegetation zu sehen. Über Funk melde ich mich bei der örtlichen Radiostation, um ein Lebenszeichen zu hinterlassen. Kurz darauf zieht die tropische Nacht den Vorhang hinter mir zu und von St. Helena bleiben nur noch die Lichter von Jamestown als funkelnde Punkte im Nichts.

Am 19. Tag habe ich die Insel Ascension erreicht. Wie die Inseln der Tristan da Cunha-Gruppe und St. Helena hat auch Ascension vor der Entdeckung 1501 durch Europäer keine Bevölkerung gehabt. Vielleicht liegt es daran, dass im Südatlantik, anders als im Pazifik, kein »Inselspringen« möglich ist, weil die Inseln sehr weit auseinander liegen. Vielleicht gab es aber auch in Afrika und Südamerika keinen Bevölkerungsdruck, der die Menschen auf das Meer getrieben hat. Wer weiß.

Ascension ist Basis für britisches und US-amerikanisches Militär, weswegen die Insel lange für Segler nicht zugänglich war. Rund 1000 Menschen sollen dort leben. Heute sind Segler willkommen, doch mir reicht auch hier ein Blick aus der Nähe. Ein kleiner Felsen namens Boatswain Bird Island an der Ostküste ist die einzige Brutstätte des Ascension Island Fregattvogels, des kleinsten Vogels seiner Art. Ihren Lebensunterhalt bestreiten sie unter anderem dadurch, dass sie andere Seevögel so lange jagen, bis diese ihre Beute ausspeien, um den Verfolger abzuschütteln. Sobald der gejagte Vogel seine Nahrung ausgespieen hat, lässt der Fregattvogel von seinem Opfer ab und schnappt sich den Brocken in der Luft.

Ascension ist durch eine schroffe Vulkanlandschaft geprägt, die nur vereinzelt von einigen grünen Flecken unterbrochen wird. In den höheren Lagen sehe ich einige Bäume stehen und am Fuß der Insel leuchten hier und da Sandstrände. Nördlich von Boatswain Bird Island kann ich einige Sendemasten und Tanks ausmachen. Auch hier hinterlasse ich über Funk ein Lebenszeichen. Obwohl man als Radio-Operator auf dieser Insel sicher alles andere als einen stressigen Job hat, ist die Dame von Ascension Radio kurz angebunden. Dabei hat sie eine so nette Stimme.

Als die Insel hinter mir liegt, zeigt der GPS-Navigator genau 4300 Meilen bis zum nächsten Wegpunkt an. Bis dahin nur Wasser.

24. Tag: Ich sitze auf dem Bugkorb, die Gruppe Pearl Jam dröhnt aus dem Lautsprecher und ein Haufen Delfine tobt um FANFAN! herum. Und ich dachte immer, dass Meeressäuger keinen Krach vertragen. In der Nacht passiert mich das zweite Schiff, das ich auf diesem Abschnitt sehe. Der Wachhabende auf dem Frachter ist ein 28-jähriger Südkoreaner. Seine Reise geht ebenfalls an die Ostküste der USA, erfahre ich über Funk. Ob ich eine Frau bin, möchte er wissen. Klinge ich nach all der Schweigsamkeit schon so?

Am nächsten Tag zieht FANFAN! mit schlagenden Segeln und 2 Knoten Fahrt durchs Wasser. Ich nutze die Gelegenheit und kratze den Bewuchs vom Rumpf. Dazu binde ich eine lange Schwimmleine am Bug fest, die außenbords geführt ist. Mit Taucherbrille und Schaber ausgerüstet halte ich mich mit einer Hand an der Leine fest, während ich Hunderten von fingernagelgroßen Entenmuscheln zu Leibe rücke. Ganz bis unter den Rumpf komme ich so nicht, aber ein Anfang ist gemacht. Ganze 34 Meilen mache ich an diesem Tag. Das zweitschlechteste Etmal der Reise. Dabei bin ich eigentlich noch im Gebiet des Südostpassats. Dafür bringt mir ein Regenguss 20 Liter Frischwasser.

Im Verlauf des 26. Tages kriecht FANFAN! begleitet von einigen Delfinen bei fast völliger Windstille auf 022° 30' W über den Äquator. Ich bin wieder im Nordatlantik – irgendwie fast schon zu Hause. Etwas später reißt eine Regenbö mein für 100 Euro in Kapstadt geflicktes Großsegel in Fetzen. Irreparabel. Bei nächster Gelegenheit muss also mein neues Groß aus Neuseeland wieder aus dem Sack. Der Wind bleibt über die nächsten Tage flau. Einmal rechne ich aus, dass es bei der aktuellen Geschwindigkeit noch 166 Tage bis nach Newport dauern würde. Ich bin so entnervt, dass ich die Maschine anschmeiße. Aber nach 45 Minuten hat sich die Vernunft durchgesetzt und der Motor steht wieder. Der Ozean ist einfach zu groß für meinen Dieseltank.

Am 16. April, dem 29. Tag, ist Halbzeit. Noch 3340 Meilen liegen vor mir. Mit einem Schnitt von 115 Meilen pro Tag liege ich 20 Meilen unter dem, was ich mir erhofft hatte. Die letzten sechs Tage habe ich mich zwischen 01° Süd und 04° Nord durch Flauten und Regenböen gequält, dass es zum Verzweifeln ist. Dazu muss ich feststellen, dass aus einem meiner Magnetkompasse die Dämpfungsflüssigkeit ausläuft, dass das Kühlsystem des Motors ein Leck hat und ein Teil meiner Schokolade zu unförmigen Klumpen geschmolzen ist. Schließlich entdecke ich an meinen Oberschenkeln einige rote Flecken, die laut Medizinratgeber auf den Namen Tinea inguinalis hören. Eine Pilzerkrankung, die durch feuchtheiße Hitze begünstigt wird. Super.

Erst jenseits von 04° Nord kommt wieder Wind auf. Die Tage kommen und gehen und kommen und gehen. Wenn ich kein Logbuch führen würde, hätte ich kein Gefühl dafür, ob ich eine Woche, einen Monat oder ein halbes Jahr auf See bin. Die Zeit fließt einfach so dahin. Die Sonne steht wieder im Norden und der Passat hat den Segeln mit dem aus Afrika herübergewehten Staub einen goldgelben Teint verpasst.

Beim Aufräumen finde ich das Poster mit dem Bikinimädchen wieder. Der Anblick des glänzenden Fleisches lässt mich zu der Überzeugung kommen, dass man den totalen Einhandseglerfrieden wohl nur als Eunuch finden kann. In hohem Bogen fliegt die Kleine über Bord. Was Freundin L. wohl gerade macht?

Eines Nachts schlägt dicht neben mir im Cockpit ein Fliegender Fisch ein. Erste Hilfe ist zwecklos, er hat sich das Genick gebrochen. Was wäre wohl, wenn die Evolution Fliegende Fische mit einer Länge von einem Meter hervorgebracht hätte? Müsste man dann regelmäßig von erschlagenen Seglern lesen? Könnte man sich nachts nur in einer Rüstung an Deck trauen?

Die Tage 38, 39 und 40 kriecht FANFAN! bei einem Hauch von Wind unter Groß und Blister durch eine bleierne See. Manchmal geht für Stunden gar nichts mehr. Wenn man den Wind herbeischreien könnte, würde ich es tun. Einmal lasse ich mich dazu hinreißen, unter Maschine auf eine dunkle Wolke vor mir zuzuhalten. Wind! Aber die Wolke bleibt unerreichbar. Motor aus und warten ... Ich backe Brot, repariere das Kühlwasserleck, kämpfe mit dem Schaber gegen die Entenmuscheln am Unterwasserschiff und mit Salbe gegen meine Pilzinfektion. Über einen norwegischen Frachter mit philippinischer Crew setze ich eine Nachricht nach Hause ab – »FANFAN! is ok, ETA Newport 15.5.«.

Als ob sich das Wetter gegen mich verschworen hat, bleibt es schwachwindig. Am 43. Tag habe ich die fünftausendste Meile hinter mir. Die Segelliteratur ist voll von heroischen Sturmbeschreibungen, aber von dem entnervenden Gefühl, wenn es tagelang nur im Schneckentempo oder gar nicht mehr vorwärts geht, liest man selten. Einer Flaute fehlt das Spektakuläre, die Gischt, das Heulen des Windes. Dafür ist sie wie die Foltermethode, bei der man dem Opfer über Tage und Wochen Wasser auf den Kopf tropfen lässt, bis es verrückt wird. Da das Meer nie ganz zur Ruhe kommt, schlagen und leiden die Segel, klappern die Fallen. Die Windselbststeueranlage hält keinen Kurs. Das Deck ist so heiß, dass man Barfuß nicht darauf laufen kann und in der Koje hält man es auch kaum aus. Und all dies muss man in dem Bewusstsein ertragen, dass es nicht vorwärts geht und man nichts tun kann außer zu warten. Dazu noch die immer wieder enttäuschte Hoffnung, dass endlich wieder Wind aufkommt: An der leicht gekräuselten See erkenne ich einen Windstrich, der sich langsam dem Boot nähert. Es geht weiter! Kurz darauf füllen sich die Segel. Die Logge geht hoch, 0,5 – 0,6 – 0,8 – 1,1 Knoten. Dann wieder stundenlange Flaute bis zum nächsten Windhauch. Die zehn schlechtesten Etmale seit Kapstadt haben zusammen 553 Meilen gebracht. Das ist ein Schnitt von 2,3 Knoten.

Nach langer Zeit hole ich meinen russischen Marinesextanten wieder hervor. Vor Jahren habe ich ihn für 200 US$ einem in Las Palmas gestrandeten russischen Segler abgekauft. Was auf den ersten Blick anachronistisch wirkt, halte ich auch im Zeitalter der Satellitennavigation für unverzichtbar. Wie soll man sonst sicher das nächste Land erreichen, wenn sich der GPS-Navigator in Schrott verwandelt und durch einen dummen Zufall das obligatorische Ersatzgerät vom gleichen Schicksal ereilt wird. Die Arbeit mit dem Sextanten braucht Übung und die Berechnung der Position ist ohne Routine fehleranfällig. So fehleranfällig, dass meine erste Position 70 Meilen vom wahren Standort entfernt ist. Ursache: Falsch gemessen und falsch gerechnet. Nachdem ich die Spiegel des Sextanten neu justiert und die Grundlagen von Addition und Subtraktion rekapituliert habe, liege ich nur noch vier Meilen daneben. Eine in der Dämmerung mit Mond und dem Fixstern Sirius ermittelte Position bringt mich auf sieben Meilen an meinen wahren Standort. Kein Ruhmesblatt, aber es dürfte reichen, um überall anzukommen.

46. Tag: Mutter Röttgering ist wieder über die Deutsche Welle zu hören. Sie ist zur 50-Jahr-Feier des Senders eingeladen worden und gibt noch einmal die herzzerreißende Geschichte vom einsam über die Weltmeere ziehenden Sohn, seiner auf ihn wartenden Mutter und der geradezu lebenswichtigen Grußsendung der Deutschen Welle zum Besten.

49. Tag: Am Horizont lungert ein Fischerboot asiatischer Bauart herum. Kurz nachdem ich den Fischer gesichtet habe, segele ich an einer

Reihe von gelben Bojen vorbei, die offensichtlich ein Treibnetz markieren. In solchen Netze sterben Meeressäuger, Schildkröten und viele wirtschaftlich nicht genutzte Fische einen unnützen Tod. Gegen Abend gibt der elektrische Autopilot Nr. 2 den Geist auf. Und zwar für immer. Ich habe für diesen Fall vorgesorgt und hole Autopilot Nr. 3 aus der Schachtel.

50. Tag: Die Entfernung nach Newport beträgt noch 1000 Meilen. FANFAN! schleicht im Zentimetertempo dahin – was sonst. Eigentlich hatte ich gehofft, an diesem Tag in Newport unter der Dusche zu stehen. Aber segeln lässt sich halt nicht nach Fahrplan.

Mit der Pütz fange ich eine handtellergroße Portugiesische Galeere. Wenn sie auf die Seite kippt, richtet sie sich durch eine geschickte Verwindung der Schwimmblase wieder auf. Je nachdem aus welcher Richtung ich sie anpuste, verstellt sie ihr »Segel«, wohl, um sich wieder auf Kurs zu bringen. Ihre tiefblauen Fangarme sehen aus wie Perlenschnüre. Nervenbahnen oder so etwas wie Muskeln sind in dem durchsichtigen, von blassrosa bis lila schimmernden Körper nicht zu sehen.

52. Tag: Von Westen her kommt eine dunkle Front auf mich zu. Der Wind nimmt zu und ich binde ein Reff in das Großsegel. Ich hole gerade die Schot wieder dicht, als der Großbaum in einer Bö mit einem lauten Knall bricht. Mir bleibt nichts anderes übrig, als das Großsegel ganz zu bergen. Es fängt an zu regnen. Der Wind nimmt weiter zu und in Luv ist die See schon ganz weiß. Kurz darauf zucken Blitze am Himmel, die von einem dumpfen Donnern begleitet werden. Das macht Angst. Der Regen ist so dicht, dass ich trotz Ölzeugs nass bis auf die Haut bin. Die Fock muss runter, sonst fliegt sie mir davon! Mit Mühe bändige ich das schlagende Tuch und verstaue das Segel. Auf allen Vieren krieche ich über Deck, den Sack mit der Sturmfock in der Hand. Minuten später ist das Segel gesetzt. Die See wird immer höher, Gischt fliegt über Deck. Ich kann nichts mehr tun, außer die Entwicklung abzuwarten. Erst wird es wieder ruhiger, doch dann legt der Wind abermals zu. Mit halben Wind läuft FANFAN! unter Sturmfock bis zu 6 Knoten. Ich haue mich in die Koje, schlafe eine Runde und am späten Nachmittag kann ich wieder die normale Fock setzen. Der Wind hat gedreht und ich muss hoch rangehen. Doch ohne Großsegel geht es auf diesem Kurs kaum voran. Wenn es wieder ruhig ist, muss ich den Baum mit dem Rest des im Indischen Ozean gebrochenen Spibaums flicken.

Doppelte Atlantikdurchquerung: 6750 Meilen Kurs Nordnordwest.

53. Tag: Die Bermuda-Inseln lasse ich 300 Meilen backbord querab. Vor einigen Jahren war ich auf dem Rückweg eines Törns in die Karibik fünf Tage lang auf diesem überlaufenen und sündhaft teuren Flecken Erde. Das reicht.

Mein Mut, etwas vom Klüver auszurollen, wird nicht belohnt. Eine Sturmbö sorgt für einen meterlangen Riss im Segel. Solange es nicht ruhiger wird und ich ein neues Segel aufziehen kann, bleiben mir zum Segeln nun nur noch Fock und Sturmfock. Als der Wind auf Nordwest umspringt, gebe ich auf. Der Sturm treibt mich von meinem Ziel weg. Und damit dies nicht so schnell passiert, berge ich das Vorsegel und lasse FANFAN! treiben. Mit einem Knoten geht es nach Osten. Wie zum Hohn scheint auch noch die Sonne dabei.

54. Tag: Warum soll ich nach wochenlanger Flaute zum Ausgleich nicht tagelang Sturm und Starkwind haben? Von vorne versteht sich. Unter Fock quält sich mein Boot nach Norden. Es erklimmt einen Wellenberg, kracht in das folgende Wellental, schüttelt sich und alles noch mal und noch mal und noch mal. Jede Stunde komme ich meinem Ziel eine Meile näher.

55. Tag: Als es für einige Stunden ruhig ist, kann ich das Vorsegel wechseln und den Großbaum schienen. Etmal: 41 Meilen.

56. Tag: Da es nicht langt, den Wind von vorne zu haben, steht nun auch noch der Golfstrom mit 1,5 Knoten gegen mich. Es ist kühler geworden und das Meer hat eine leicht grünliche Farbe angenommen. Das Wellenbild ist konfus und der GPS-Navigator zeigt Kurs- und Geschwindigkeitsänderungen an, die ich mir nur mit großräumigen Verwirbelungen im Golfstrom erklären kann. Noch 480 Meilen bis Newport. Über ein Containerschiff setze ich eine Nachricht nach Deutschland ab. Der wachhabende Offizier kann meine Segelbegeisterung nicht ganz nachvollziehen. »Wenn ich du wäre, würde ich das Boot in Newport verkaufen und nach Hause fliegen«, rät er mir.

59. Tag: Besuch an Bord! Eine Schwalbe macht es sich bei mir unter Deck auf dem Haltebügel der Petroleumlampe bequem. Vorher hat sie das ganze Boot innen und außen auf den besten Platz hin untersucht. Wie selbstverständlich ist sie dabei immer wieder durch die Niedergangstür rein und raus geflogen. Nach einer Stunde auf meiner Lampe zieht sie ins Vorschiff um. Da gefällt es ihr auf Dauer auch nicht und kurze Zeit später ist sie wieder weg. Schade.

60. Tag: Starkwind, hoch am Wind, schlechte Sicht, 7 °C, Schiffsverkehr: Mir reicht es langsam.

In der Nacht des 61. Tages steuere ich Newport an. Es herrscht Vollmond und das Thermometer zeigt frische 5 °C an. Das Beavertail-Leuchtfeuer weist mir den Weg in den Hafen, wo ich mein Schiff östlich von Fort Adams an einer unbesetzten Muringtonne vertäue, um das Tageslicht abzuwarten. Nach 1467 Stunden ist FANFAN! wieder fest.

An Nordamerikas Küsten

Beim ersten Licht verhole ich mich in eine Marina auf Goat Island. Dort warten zwei Überraschungen auf mich. Überraschung Nummer eins ist, dass man 150 US$ von mir haben will, und zwar pro Nacht. Überraschung Nummer zwei ist weitaus angenehmer: Kurz nachdem ich in der Marina festgemacht habe, nimmt Freundin L. ihren ungewaschenen und erschöpften Seehelden in die Arme. Eine Woche Urlaub hat sie sich genommen und ein unglaublich günstiges Flugticket für 320 Euro ergattert. Zoll und Immigration sind schnell und unkompliziert erledigt. Für eine Nacht gönnen wir uns die Marina, weil ich einen Mitleidsrabatt von 50 US$ bekomme, dann verholen wir FANFAN! auf den einzigen Ankerplatz im Hafenbecken. An Erholung ist dort aber nicht zu denken, denn leider hält Freundin L. meinen Törn für eine ausgesprochene Urlaubsreise. Daher erwartet sie wie selbstverständlich, dass es mein größter Wunsch ist, sie während ihrer Anwesenheit 24 Stunden am Tag auf Händen zu tragen und ein touristisches Vollprogramm zu absolvieren. Dass ich dringend ein paar Tage Ruhe brauche, will ihr nicht so recht in den Kopf.

Die historische Hafenstadt Newport ist eines der Zentren des Yachtsports auf der Welt. Ziel- und Starthafen für viele Ozeanregatten, früher Heimat des America's Cups und Heimatrevier für Tausende von Seglern und Motorbootfahrern. In Sichtweite liegen die für viele Millionen Dollar renovierte America's Cup Yacht ENDEAVOUR und die SEAMASTER des in der Amazonasmündung erschossenen Sir Peter Blake. Auch FANFAN! war, als sie noch OLLE P hieß, im Rahmen einer Transatlantikregatta schon einmal hier. Darüber hinaus ist Newport Urlaubsziel für ungezählte Touristen. An der Küste finden sich die Feriendomizile des Ostküsten-Geldadels. Darunter eine beeindruckende Zahl von schlossähnlichen Anwesen. Ein aus Kundensicht ungünstiges Verhältnis von Angebot und Nachfrage sorgt überall für saftige Preise. Der einzig preiswerte Ort ist das Seamen's Church Institute, wo es günstig Duschen, Waschmaschinen und Internetzugang gibt.

Newport ist Starthafen der »Daimler Chrysler North Atlantic Challenge«, einer Regatta, die nonstop nach Cuxhaven geht. Über 60

Yachten sind gemeldet, und im Hafen sieht man allenthalben Schwarz-Rot-Gold. Eigens für dieses Rennen hat ein Unternehmer Deutschlands größte Rennyacht bauen lassen. Auf der Anreise nach Newport ist eine Yacht entmastet worden, und eine andere wurde von einem Frachter gerammt. Zum Glück ist nur Sachschaden entstanden. Selbst wenn ich wollte, könnte ich an diesem Rennen nicht teilnehmen. Denn laut Ausschreibung müssen die Yachten »ausreichend bemannt« sein. Keine Frage, dass für die Veranstalter eine Einhandyacht nicht ausreichend bemannt ist. (Von den 63 gestarteten Yachten erreichten 53 das Ziel. Die Yacht MONSUN sank nach einer Kollision mit einem unbekannten Gegenstand. Die Crew wurde unversehrt aus der Rettungsinsel geborgen. Die übrigen Teilnehmer gaben wegen technischer Probleme auf.)

Auf dem Nachbarboot wohnen vier Franzosen in meinem Alter, die mit einer gecharterten Yacht eine Nordatlantik-Rundreise machen. Dass sich die Truppe auch nach Monaten noch gut versteht, ist eher ungewöhnlich. »Wir diskutieren unheimlich viel an Bord. Manchmal wird es auch laut. Aber ernste Probleme gab es bislang nicht«, versichert mir Martin, der in Aachen Elektrotechnik studiert hat, bei einem Bier. Ihr Mast ist mit einem Gewirr von Seilen gesichert, weil ein Unterwant gebrochen ist. Einen Mastbruch konnten sie gerade noch verhindern. Dass ihr Rigg vom gleichen Hersteller wie meines ist, lässt mich umgehend zu einer Inspektion bei mir an Bord schreiten. Zum Glück kann ich nichts Besorgnis erregendes entdecken.

Freundin L. hat einen Leihwagen organisiert, mit dem wir das Umland erkunden. L. fährt und ich dämmere auf dem Beifahrersitz vor mich hin und jammere, wie kaputt ich bin. »Stell dich nicht so an, mein Job ist auch anstrengend«, heißt es nur. Schade, dass L. sich nicht vorstellen kann, dass ihr und mein Stress nicht vergleichbar sind und dass es mein größter Wunsch ist, einmal ein paar Tage am Stück durchzuschlafen. Als sie mich dann noch »mein kleiner Faulpelz« nennt, rückt der Gedanke, L. einmal zu ehelichen, in weite Ferne.

Die Landschaft von Neu England ist waldreich, und im Herbst sorgt das bunte Laub der Bäume für den berühmten »Indian Summer«. Die Häuser in den Dörfern sind meist aus Holz und alles macht einen sehr gepflegten Eindruck. Überall weht das Sternenbanner. Manche meinen ihren Patriotismus noch mit einem »I'm proud to be American« als T-Shirt oder Autoaufkleber unterstreichen zu müssen. Man stelle sich ähnliches in Deutschland vor. Unter dem Strich bleibt das Gefühl von einem tollen Land mit freundlichen Menschen, grandioser Natur, riesigen Supermärkten und gut sortierten Yachtausrüstern.

Als L. weg ist, komme ich dazu, meine Reparaturen zu machen. Den Großbaum niete ich mit ungefähr 254 Nieten wieder zusammen, die Servicebatterien sowie der Laderegler des Solarpaneels müssen ausgetauscht werden und 100 andere Kleinigkeiten halten mich auf Trab, bevor es weitergehen kann. Am 1. Juni meldet das Radio den offiziellen Beginn der Hurrikansaison. Die Meteorologen rechnen mit 15 Stürmen, von denen neun zu Hurrikanen werden sollen. Mehr als in anderen Jahren. Es kommt regelmäßig vor, dass die über die Karibik hinwegziehenden Hurrikane die Ostküste der USA heimsuchen. (Drei Monate später wurden die Bermudas vom Hurrikan »Fabian« verwüstet. Mit Windgeschwindigkeiten von über 100 Knoten war er der stärkste Wirbelsturm seit 50 Jahren. »Fabian« zog an Neufundland vorbei Richtung Grönland, wo er immer noch mit bis zu 60 Knoten Wind wütete). Etwas weiter im Norden, ab 42° Nord, lauern auch schon wieder Eisberge, wie ich einer kanadischen Eiskarte entnehme. Auf den letzten Meilen gen Heimat heißt es also noch einmal besonders auf der Hut zu sein.

Dass auch auf US-amerikanische Meteorologen kein Verlass ist, muss ich erfahren, als ich meine Reise am 5. Juni fortsetze. Vorhergesagt ist Südwestwind mit 10 Konten und vereinzelten Nebelfeldern. Tatsächlich habe ich keinen Wind und ständig dichten Nebel auf meiner 30 Meilen langen Fahrt zu der Insel Martha's Vineyard. Vor dem Ort Menemsha werfe ich den Anker. Als sich der Nebel lichtet, geht es mit dem Dingi an Land. Menemsha wird im Reiseführer als ehemals verschlafenes Fischernest beschrieben, das, nachdem es von einigen Hollywoodgrößen entdeckt wurde, nun »hip« sei. Jetzt in der Vorsaison ist von »hip« nicht viel zu spüren. In dem malerischen kleinen Hafen stapeln sich auf den Stegen die Hummerkörbe und in einigen Schuppen kann man Fisch frisch vom Kutter kaufen. Ein Gedenkstein erinnert daran, dass der Ort Zwischenstation für aus der Sklaverei geflohene Sklaven auf dem Weg nach Kanada war. Von Martha´s Vineyard aus ist 1909 der erste Einhandweltumsegler Joshua Slocum zu seiner letzten Reise aufgebrochen. Sein Ziel war Südamerika, wo er nie angekommen ist. Was dem 65-Jährigen zugestoßen ist, konnte nicht ermittelt werden. Slocum war sicher ein hervorragender Seemann und ein guter Erzähler. Die dunklen Flecken in seinem Leben werden allerdings meist großzügig übersehen. So erschoss Slocum in seiner Zeit als Segelschiffkapitän mehrere Männer wegen angeblicher Meuterei. Zudem musste er sich wegen Vergewaltigung einer Zwölfjährigen vor Gericht verantworten. Der Vorwurf konnte nicht bewiesen werden – Slocum machte Gedächtnisschwund für den fraglichen Zeitpunkt geltend –, doch bleibt ein fader Nachgeschmack.

Am nächsten Tag gehe ich ankerauf und segle durch den Vineyard Sound und den Nantucket Sound zur Insel Nantucket. Das Segeln und die Landschaft erinnern mich an Rügen, den Greifswalder Bodden oder an Sylt. Orte, zu denen ich mich in Anbetracht des örtlichen Preisniveaus fast zurücksehne. In Hafen von Nantucket kostet die Nacht an einer Festmacherboje 150 US$. Keine Frage, dass ich lieber im weitläufigen Naturhafen den Anker werfe.

Im 18. und 19. Jahrhundert war in Nantucket eine große Walfangflotte stationiert, deren Schiffe auf der ganzen Welt auf Fang gingen. Warum gerade diese Insel ein, wenn nicht gar *das* Zentrum des Walfangs war, ist für mich nicht nachvollziehbar. Nantucket ist flach, ohne charakteristische Landmarken, von labyrinthartigen Untiefen umgeben und hat einen Hafen, der nur durch einen schmalen Kanal erreichbar ist. Keine guten Voraussetzungen also, um von einem Rahsegler angelaufen zu werden. Als ich einen Mitarbeiter des örtlichen Walfangmuseums mit dieser Frage konfrontiere, fällt seine in Kurzform gebrachte Antwort eher kryptisch aus: »Hier war das Zentrum des Walfangs, weil hier das Zentrum des Walfangs war.« Vielleicht sorgten die Initiative und der Fleiß einer Gruppe von Insulanern zum richtigen Zeitpunkt für die Initialzündung, die dem Ort trotz nicht optimaler Voraussetzungen einen Vorsprung vor der Konkurrenz verschaffte? Hatte man sich erst einmal am Markt eine Vorherrschaft erkämpft, konnte sie von Konkurrenten mit besseren Häfen so ohne weiteres nicht gebrochen werden. So meine Vermutung.

Auf vielen Dächern des wunderschön erhaltenen Städtchens sind podestartige Balkone errichtet. Von dort aus haben die Kapitänsfrauen nach den Schiffen ihrer Männer Ausschau gehalten. Oft genug vergebens. Was für Ehen diese Frauen führten, kann man erahnen, wenn man die Lebensbilanz des Kapitäns North liest: *»Ich fuhr 1783, damals war ich 15, zum ersten Mal zur See. Dies tat ich bis 1824, also 41 Jahre lang, von denen ich 29 Jahre Kapitän war. In dieser Zeit war ich zusammengerechnet sieben Jahre zu Hause. Legt man eine Durchschnittsgeschwindigkeit von 4 Knoten zugrunde, bin ich in dieser Zeit 1 191 000 sm gesegelt.«*

Die Straßen von Nantucket sind zum Teil gepflastert, und zwar mit Steinen, die die Walfänger als Ballast in ihrem Rümpfen stauten, wenn sie ohne Ladung heimkehrten. Die Insel lebt heute fast ausschließlich vom Tourismus und die exorbitanten Preise sorgen dafür, dass die 3000 Insulaner nur die Gäste haben, die sie wollen. Gerne würde ich mir in einem der zahlreichen Antiquitätenläden eine Seekarte von Nantucket aus dem Jahr 1900 kaufen. Doch leider lässt sich der Preis von 1450 US$ nicht ganz mit meinem Budget vereinbaren.

Nach drei Nächten geht es weiter. Mein Ziel ist der kanadische Hafen Halifax in rund 350 Meilen Entfernung. Stundenlang hangele ich mich bei zum Teil dichten Nebel von Tonne zu Tonne, bis ich in freiem Wasser bin. Eine Robbe lugt aus dem Wasser, der Wind schläft vollends ein und FANFAN! driftet in Watte gehüllt mit dem Strom nach Nordosten. Einige Stunden später klart es auf und ein Westwind setzt ein. Im Süden entdecke ich am Horizont eine große Gischtfontäne. Ein Blick durchs Fernglas. Plötzlich durchbricht ein großer Wal die Wasseroberfläche, taucht fast mit dem ganzen Körper aus dem Wasser aus und lässt sich mit der Seite zurück aufs Wasser fallen, dass die Gischt nur so spritzt. An den langen, auf einer Seite weißen Flossen ist deutlich zu erkennen, dass es ein Buckelwal ist. Das Schauspiel wiederholt sich noch fünf, sechs Mal, dann ist Schluss. Auch wenn sich das Ganze in einiger Entfernung abgespielt hat, ist es ein beeindruckendes Erlebnis. Beeindruckender jedenfalls, als es in einer Nahaufnahme im Fernsehen zu sehen. Warum die Wale wohl springen? Um Parasiten abzuschütteln? Um Weibchen zu beeindrucken? Pure Lebensfreude gar?

Vier Tage lang quälen mich Nebel, Flauten, Kälte und ein Haufen Fischer, deren Echos ständig auf dem Radarschirm tanzen. Als ich schließlich im Armdale Yachtclub in Halifax festmache, war die Maschine für die 440 Meilen seit Newport länger als auf den über 12 000 Meilen zwischen Valdivia und Newport gelaufen. So macht Segeln keine Freude. Der Club ist malerisch auf einer ehemaligen Gefängnisinsel gelegen und mit 20 US$ pro Tag erfreulich preiswert. Der Empfang ist überaus freundlich. Eine Frau verpflegt mich umgehend mit Sandwichs und ein anderes Clubmitglied bietet mir sofort Hilfe in allen Lebenslagen an. Nach einer Stunde kommen zwei martialisch dreinschauende Zollbeamte in schusssicheren Westen angerückt. Ob meine Fahrt eine Vergnügungsreise sei, möchten sie wissen. Da ich leider noch nicht gelernt habe, dass Behördenvertreter nirgendwo Spaß verstehen, antworte ich, dass von Vergnügen keine Rede sein könne. Nach einem kurzen Verhör einigen wir uns darauf, dass meine Fahrt sehr wohl das pure Vergnügen sei – aus zollrechtlicher Sicht.

Halifax wurde 1749 von den Engländern als Reaktion auf den zunehmenden französischen Einfluss in Nordamerika gegründet. Obwohl Stadt und Umland sicher wert sind ausführlich erkundet zu werden, ist mein touristisches Interesse nicht besonders groß. Als echte Highlights habe ich noch einige Inseln im Nordatlantik auf dem Programm. Ansonsten geht es nur noch darum, heil zurück nach Hooksiel zu kommen.

Eine aktuelle Eiskarte zeigt, dass das aus Grönland mit dem Labradorstrom kommende Eis noch bis 42 Grad Nord geht. Allerdings ist die Eisbergdichte im Vergleich zu meiner in Newport besorgten Karte wesentlich geringer geworden. Auf direktem Weg über den Atlantik nach Irland hieße dies für mich 350 Meilen durch Eisberg verseuchte Gewässer zu segeln. Aber wer zwingt mich, den direkten Weg zu nehmen? Eis habe ich auf dieser Fahrt nun wirklich genug gesehen. Ich beschließe also einen südlichen Bogen zu segeln, der weitgehend am Eis vorbeiführt. Diese Kurswahl gibt mir die Gelegenheit, genau über die Stelle zu segeln, an der die TITANIC am 15. April 1912 als Folge einer Eisbergkollision sank. (Der Bug wurde auf 41° 43,55' N, 049° 56,50' W, das Heck auf 41° 43,35' N , 049° 56,55' W entdeckt.) Am 17. Juni wird es mit Temperaturen über 20 Grad für örtliche Verhältnisse richtig heiß. Dies ist der weiblichen Bevölkerung von Halifax Anlass genug, nur noch überaus spärlich bekleidet herumzulaufen. Hin- und hergerissen zwischen den Attraktionen Kanadas und dem Wunsch, das gute Wetter zu nutzen, entschließe ich mich zum Aufbruch.

Mit dem Golfstrom homeward bound

Mein erstes Ziel ist Sable Island, rund 150 Meilen östlich der Küste. Die Insel ist ein schmaler, ca. 20 Meilen langer Sandhügel, der nirgends höher als 24 Meter ist. Auf französisch hört die Insel daher auf den Namen Île de Sable – Sandinsel. Außer Gras wächst dort nichts. Die Insel ist bekannt für ihre wilden Pferde. Man vermutet, dass sie von einem gewissen Andrew LeMercier im Jahr 1738 dort ausgesetzt wurden, der auf der Insel eine Siedlung gründen wollte. Daraus wurde nichts. Vielmehr wurde die Insel zur Basis von Strandpiraten, die die zahlreichen dort gestrandeten Schiffe ausplünderten und die Überlebenden ermordeten. Was für Dramen mögen sich dort abgespielt haben!

Heute ist die Insel Naturschutzgebiet und Heimat einer ganzjährig besetzten Wetterstation. Einen Hafen oder eine Ankerbucht gibt es nicht. Das Betreten der Insel ist verboten. Wie meine Nachforschungen in Halifax ergeben haben, ist es für einen Yachtsegler praktisch unmöglich, eine Sondergenehmigung zu bekommen. Als ich Sable Island nach einer wegen der vielen Fischerboote unruhigen Nacht erreiche, weht es mit Stärke 6 aus West. Da sich die Insel in West-Ost-Richtung erstreckt, gibt es unter diesen Bedingungen kein Lee, in dem man ankern könnte. Selbst wenn ich dürfte, könnte ich also nicht an Land. Dafür ist die Sicht gut, was alles andere als selbstverständlich ist. Im Juni werden auf der Insel 17 Tage mit Nebel registriert und im Juli gar 21 Tage. Um Sable Island herum ragen einige Gasförderplattformen aus dem Meer, und über Funk werde ich gebeten, keiner der Plattformen aus Sicherheitsgründen zu nahe zu kommen. Zwei Stunden lang segele ich die Südwestküste entlang. Die Landschaft erinnert mit ihren endlosen Stränden und den grasbewachsenen Dünen an die Westküste Jütlands. Immer wieder sehe ich große Gruppen von Robben am Strand liegen. Solche Ansammlungen kannte ich bislang nur von der Südhalbkugel. Auch einige Pferde kann ich durch das Fernglas in den Dünen ausmachen. Ein spannender Ort. Nachdem ich die Wetterstation mit ihrem Leuchtfeuer passiert habe, setze ich Kurs auf den Wegpunkt »Titanic« ab. Etwas später legt sich ein dichter Nebel über das Meer und die Sicht schrumpft auf 20 Meter.

Ungünstige Winde sorgen dafür, dass ich den Wegpunkt »Titanic« nicht anliegen lassen kann. Stattdessen geht es schnurstracks dahin, wo zumindest bei meiner Abfahrt noch Eis war. Zwar könnte ich kreuzen, doch scheint mir der zusätzliche Weg in keinem Verhältnis zum Risiko, auf Eis zu treffen, zu stehen. In einem mehrere hundert Quadratseemeilen großen Gebiet weist die Eiskarte gerade mal ein Dutzend Eisbergsichtungen aus.

Am sechsten Tag stehe ich über der Neufundlandbank, einem riesigen, vergleichsweise flachen Gebiet östlich von Neufundland. Das Gebiet gilt als das nebelreichste der Erde. Im Juli werden im Zentrum der Bank 60 % Nebel registriert. Natürlich bekomme ich meinen Anteil davon ab. Zusätzlich herrscht Flaute. Feuchtigkeit klebt überall an Deck, und durch das weiße Nichts wummert der dumpfe Bass von Schiffsdieseln. Fischer, die im Schneckentempo um mich herum ihre Kreise ziehen, wie ich auf dem Radar sehe. Mit dem spanischen Kapitän eines unter russischer Flagge fahrenden Heilbuttfischers komme ich über Funk ins Gespräch. Sommer wie Winter ist er hier unterwegs. Ein Großteil seines Fanges geht von Vigo in Spanien nach Japan. Auch er kann Horrorgeschichten von 15 Meter hohen Wellen und eingeschlagenen Brückenfenstern zum Besten geben. Ich frage ihn nach den zusammengebrochenen Kabeljaubeständen vor Neufundland. Er lacht. Es gebe nicht zu wenig Kabeljau hier, sondern zu viele Robben. Jedes Tier würde am Tag 17 Kilo Fisch vertilgen. Die Robbenbestände würden geradezu explodieren. Millionen dieser Fresser hätten die Neufundlandfischer um ihre Jobs gebracht. Wenn man nur genügend von ihnen schlachten würde, wäre auch wieder ausreichend zum Fangen da. Abschließend versorgt er mich mit einigen wichtigen Informationen: »Die nächsten 24 Stunden hast du weiterhin kaum Wind, auf deinem Kurs musst du bis auf weiteres nicht mit anderen Fischern rechnen und Eis habe ich hier seit zwei Wochen keines mehr gesehen.«

»Muchas gracias, good bye!« Der Nebel hat unsere Unterhaltung irgendwie unwirklich gemacht. Ich weiß nicht einmal, welches der drei Echos auf meinem Radar zum Schiff meines spanischen Kapitäns gehört.

Als die Neufundlandbank hinter mir liegt, ist endlich mit den Fischerbooten Schluss, ich bin fast aus dem Eisgebiet heraus und es wird etwas wärmer. Aber damit das Segeln nicht zu schön wird, lässt mir Rasmus den Wind auf die Nase wehen und es bleibt nebelig.

Erst am zehnten Tag bekomme ich den Golfstrom zu spüren. Diese aus der Karibik stammenden warmen Wassermassen strömen bis nach Europa, wo sie für unser vergleichsweise mildes Klima sorgen. Für mich heißt dies: keine Eisgefahr mehr – und Schiebestrom. Letzteres habe ich auch bitter nötig, denn der Wind weht weiter meist schwach. Und zwar so ausdauernd schwach, dass es fast schon unglaublich ist. Mein Schnitt liegt gerade mal bei 86 Meilen pro Tag. Da der Schleppgenerator bei der geringen Fahrt nicht genug Strom produziert, rattert mein Benzingenerator erstmals regelmäßig im Cockpit. Den brauche ich, um mein Radar laufen lassen zu können, damit ich die Frachter ausmachen kann, die mir der Radarwarner ankündigt. Zu sehen bekomme ich von den Schiffen nämlich keines, da weiterhin ständig Nebel herrscht. Seit ich Südafrika verlassen habe, ist das Wetter wie verhext.

Am 1. Juli kann ich auf einen persönlichen Rekord der besonderen Art zurückblicken. Die vergangenen zehn Tage lang hatte ich fast ständig Nebel und nicht einmal habe ich in dieser Zeit mehr als 100 Meilen am Tag gemacht. Mit 119 Meilen kann ich nun endlich erstmals wieder ein etwas bessere Etmal verzeichnen, der Horizont lässt sich blicken und für eine Weile zieht ein Rudel Pilotwale in meinem Kielwasser mit mir nach Nordosten. Aber schon am nächsten Tag kriecht FANFAN! wieder mit 1,5 Knoten durch die See. Mit drei Tafeln Schokolade bekämpfe ich den Frust. Höhepunkt des Tages ist der Besuch von zwei Schnabelwalen.

Am 22. Tag kommt endlich Wind auf. Allerdings etwas zu viel für meinen Geschmack. Eine steife Brise mit stürmischen Böen treibt mich vor sich her. Und das bei steigendem Barometer. Zwei unbequeme Tage später kündigen Tölpel und ein kleiner Trawler die irische Küste an.

Mein Ziel sind die der Küste vorgelagerten Aran-Inseln, auf die ich durch einen Dokumentarfilm namens »Man of Aran« aus den 1930er-Jahren des letzten Jahrhunderts aufmerksam geworden bin. Ein US-amerikanischer Filmemacher hat in eindrucksvollen Schwarzweißbildern das harte Leben der Bewohner dort eingefangen. Zweimal habe ich den Film gesehen und nun möchte ich mir wenigstens einen flüchtigen Eindruck von diesen Inseln machen. Einzig die Hauptinsel Inishmore , bzw. auf Gälisch Inis Mór, des aus drei größeren und einigen kleineren Inseln bestehenden Archipels hat eine brauchbare Ankerbucht und einen kleinen, bei Ebbe trocken fallenden Hafen. In der Killeany Bay werfe ich neben dem örtlichen Seenotkreuzer den Anker. Kurz darauf erinnert mich Mutter Röttgering über die Grußsendung der Deutschen Welle daran, dass ich wieder einmal Geburtstag habe. »Hoch soll er leben!«, summe ich mir selbst ein Ständchen, bevor ich todmüde in der Koje verschwinde.

Als ich am nächsten Tag vom Dingi aus das Unterwasserschiff abtaste, klärt sich, warum FANFAN! selbst bei viel Wind nicht mehr über sechs Knoten kommt. Es fühlt sich an, als ob man einem nassen Bernhardiner durchs Fell streicht. Einem Bernhardiner allerdings, auf dem zusätzlich noch büschelweise Entenmuscheln wuchern. »Bewuchs kontrollierender Unterwasseranstrich« für 120 Euro die Dose – schlichtweg eine Frechheit. Wie soll ich das Zeug loswerden? Mein Boot trocken fallen lassen? Mit einem Kurzkiel wie FANFAN! ihn hat, ist so etwas kein ganz einfaches Unterfangen. Wenn der Kiel nicht auf gleichmäßig festem Untergrund zu stehen kommt, kann die Yacht leicht auf den Bug oder das Heck kippen. Nach generalstabsmäßiger Planung gehe ich im Hafen an einem Kutter längsseits, bringe ein Gewirr von Leinen aus und warte auf die Ebbe. Während das Wasser fällt, droht FANFAN! wie befürchtet nach hinten zu kippen, da der Kiel im achteren Bereich offensichtlich keinen Halt findet. Die unter dem Heck geführte Leine knarrt bedrohlich unter der Last des Bootes, während der Bug immer höher in die Luft schaut. Banges Warten. Als das Wasser weg ist, hängt das Boot ziemlich schief, aber stabil in den Leinen. Mit dem Schaber kratze ich Hunderte von Entenmuscheln und kiloweise Seetang vom Rumpf. Die größten Exemplare meiner ungebetenen Passagiere sind länger und dicker als meine Zeigefinger. Fast ein Wunder, dass FANFAN! überhaupt noch vorwärts gekommen ist.

Während ich auf das Hochwasser warte, komme ich mit einem Fischer ins Gespräch. Auch hier seien die Robben ein Problem, erzählt er mir. Dass die Tiere unter Schutz stehen, stört ihn wenig. »Ich habe eine Schrotflinte an Bord. Immer wenn eines dieser Viecher aus dem Wasser schaut, puste ich ihm den Kopf weg«, erzählt er mir.

Später gesellt sich ein kleiner Junge zu mir. Mit seinen roten Haaren und den Sommersprossen sieht er aus wie aus einem Irland-Bilderbuch. Was »shit« und »fuck« auf deutsch heißen würden, möchte er wissen. Nachdem ich diese Wissenslücke bei ihm geschlossen habe, mache ich den Vorschlag, ihm auch noch »Guten Tag«, »Bitte« und »Danke« beizubringen.

»No thanks, shit and fuck in german is enough«, ist seine entwaffnende Antwort. Tröstlich ist, dass auch meine Englischkenntnisse ein ähnliches Fundament haben.

Nach der Abkratzaktion habe ich Zeit, mir etwas von der Insel anzuschauen.

Inishmore ist im wesentlichen ein acht Meilen langer grasbewachsener Felsen, der mit hüfthohen Steinmauern parzelliert ist. Bäume wachsen nur in windgeschützten Lagen zwischen den Häusern. Die Insel macht nicht gerade einen einladenden Eindruck, was Menschen aber nicht gehindert hat, sie schon vor einigen Tausend Jahren zu besiedeln. Die Reste von Festungsbauwerken zeugen von den frühen Siedlern, doch gibt es keine schriftlichen Quellen, die etwas Licht in das Dunkel dieser Zeit bringen könnten. In der Vergangenheit lebte man von Fischfang, Viehzucht, Wollverarbeitung, der Seetangernte und von der im 17. Jahrhundert eingeführten Kartoffel. Heute rücken den 900 Einwohnern jährlich 250 000 Touristen auf den Leib und sorgen für ein vergleichsweise bequemes Einkommen. In einer Touristenbroschüre ist zu lesen, dass die Insel ein idealer Ort ist, die Hektik des Alltags hinter sich zu lassen und die Ruhe zu genießen. Mit anderen Worten: Dort ist der Hund begraben. Dies dürfte für die meisten Touristen der Grund sein, der Insel nur einen kurzen Besuch abzustatten und abends mit der Fähre zurück nach Irland zu fahren.

Charakteristisch für Irlands Westküste und die Aran-Inseln sind die traditionellen, »currach« genannten Fischerboote. Dabei handelt es sich um Ruderfahrzeuge, die aus einem Holzgerüst bestehen, das mit geteertem Leinen überzogen ist. Benutzt werden sie heutzutage nicht mehr, aber einige Exemplare kann man sich auf der Insel noch anschauen. Mit ähnlich fragil wirkenden Booten haben irische Mönche vor über 1000 Jahren den Nordatlantik bereist. Statt mit geteertem Leinen waren diese Boote mit Tierhäuten bespannt und mit einer einfachen Besegelung versehen. Die Erstbesiedlung Islands durch diese Männer ist verbürgt, Reisen nach Jan Mayen und Nordamerika werden von manchen für möglich gehalten.

Nach einer Woche geht es weiter Richtung Norden. FANFAN! bedankt sich für das abgekratzte Unterwasserschiff mit guter Fahrt, die Sonne scheint ausnahmsweise und die Deutsche Welle lässt »Junge komm' bald wieder« von Freddy Quinn aus dem Radio scheppern. Wenn ich nicht inzwischen einigermaßen urlaubsreif wäre, könnte ich ewig weitersegeln.

Mein Ziel ist St. Kilda, eine kleine Inselgruppe westlich von Schottland. Aufgrund von Werkzeugfunden vermutet man, dass diese Inseln schon seit prähistorischen Zeiten bewohnt waren. In manchen Quellen ist von bis zu 5000 Jahren die Rede. Was hat Menschen damals bewogen, diesen Außenposten Europas zu besuchen? Waren es abgetriebene Fischer? Haben die Menschen sich aus Abenteuerlust aufs Meer gewagt? Gab es überhaupt so etwas wie Abenteuerlust, wo der Alltag wahrscheinlich vom Kampf ums nackte Überleben geprägt war? In den vergangenen Jahrhunderten lebten nie mehr als 200 Menschen auf der Hauptinsel. Da die Insulaner nur selten Kontakt mit der Außenwelt hatten, fehlten ihnen Abwehrstoffe gegen Infektionskrankheiten. So dezimierte eine Pockenepidemie im Jahr 1725 die Bevölkerungszahl bis auf 30 Menschen. Auf den nur mit Gras bewachsenen Inseln waren die Lebensbedingungen überaus hart. Schafe, Fisch- und Vogelfang bildeten die Lebensgrundlage. In den Jahren zwischen 1830 und 1880 betrug die Säuglingssterblichkeit aufgrund unsäglicher hygienischer Verhältnisse 80 %. Zusätzlich führte der im 19. Jahrhundert einsetzende Tourismus den Insulanern schmerzlich den Kontrast zwischen dem eigenen Leben und dem ihrer Gäste vor Augen. Ein Besucher der Insel bemerkte dazu im Jahr 1886:

»Man braucht nicht lange auf der Insel zu sein, um zu bemerken, welch zersetzenden Einfluss Touristen, Romantiker und Yachtleute mit Taschen voller Geld auf die Moral der freundlichen und einfachen Insulaner haben.«

Krankheiten, fehlender Nachwuchs und Auswanderung entzogen der kleinen Gemeinde schließlich jede Lebensgrundlage. Auf eigenen Wunsch wurden die letzten 36 Einwohner 1930 aufs »Festland« evakuiert. Ab dem Zweiten Weltkrieg diente St. Kilda als Militärposten, und heute ist die Inselgruppe wegen ihrer einzigartigen Fauna und Flora sowie ihrer Geschichte als Weltkulturerbe der Menschheit anerkannt.

Auf der englischen Seekarte Nummer 2524 findet sich neben St. Kilda eine Sammlung interessanter Inseln, Inselchen und Felsen. Einige der Vermessungen auf der Karte reichen bis in die Mitte des 19. Jahrhunderts zurück. Es ist extra angeben, dass die Tiefenangaben noch auf Messungen mit dem Lotblei beruhen. So eine Seekarte ist etwas Handfestes, Spannendes, etwas, was die Fantasie anregt. Wenn ich den Tag erleben sollte, an dem die letzte Seekarte gedruckt wird und nur noch mit Computern navigiert wird, werde ich wohl ins Lager der Nostalgiker überwechseln. Ich werde dann wehmütig von den Zeiten reden, als man noch ab und zu ein Kreuz in die Karte kritzelte, sich über Kakaoflecken auf der Missweisungsrose ärgerte oder nachschauen musste, ob die Tiefenangaben in Meter, Fuß oder Faden angegeben sind. Und wahrscheinlich werde ich dann von der nächsten Seglergeneration genauso belächelt, wie ich jene belächele, die meinen, die einzig wahre Seefahrt sei die mit Sextant und Peilkompass gewesen.

Am 23. Juli steuere ich die von steilen Hängen eingefasste Village Bay der Hauptinsel Hirta an. Das Meer ist voller Papageientaucher und ab und zu sehe ich, wie eine Skua versucht mit halsbrecherischen Attacken einem Tölpel die Beute abzujagen. Die Insel hat keinen Hafen und der Ankerplatz ist nach Osten völlig offen. Neben einer kleinen Betonpier werfe ich den Anker und rudere mit dem Dingi an Land. Nachdem ich vom Vogelwart der Insel eine Einweisung bekommen habe, schaue ich mir die Umgebung meiner Ankerbucht an. Dabei lerne ich eine nicht unattraktive Biologin kennen, die die verwilderte Schafspopulation der Insel erforscht. Ich lasse es mir nicht nehmen, sie ausführlich zu ihrem hoch interessanten Forschungsgebiet zu befragen und nebenbei dezent durchblicken zu lassen, dass sie gerade die Bekanntschaft eines ziemlich verwegenen Weltumseglers gemacht hat. Als sich unsere Wege wieder trennen, komme ich leider nicht umhin festzustellen, dass mein Rezept beim anderen Geschlecht zu punkten noch etwas verfeinert werden muss. Freundin L. hätte jedenfalls ihre Freude an diesem fehlgeschlagenen Balzversuch gehabt.

Neben einer Gruppe von Gebäuden, die vom Militär errichtet worden sind und heute von Radartechnikern genutzt werden, ist die ehemalige Siedlung noch deutlich zu erkennen. Einige der Steingebäude sind sogar renoviert. Eines beherbergt ein kleines Museum zur Inselgeschichte. Am Nordende der Siedlung kann ich einige Archäologen bei Ausgrabungsarbeiten an einem Hausfundament beobachten. Meine Frage, wie viele Goldmünzen sie heute schon gefunden haben, wird von den Wissenschaftlern nur mit einem süßsaueren Lächeln beantwortet, während sie mit kleinen Schabern auf den Knien hockend im Dreck herumkratzen. Eine Tonscherbe habe man heute gefunden, erfahre ich von einem Archäologen, der mir ganz stolz einen unscheinbaren Splitter präsentiert. Sicher würde man diesen Menschen eine große Freude bereiten, wenn man über Nacht einige römische Münzen oder gar altes chinesisches Porzellan in einem der mit Bindfäden markierten Planquadrate deponieren würde.

Zwei Tage später stehe ich vor der Südspitze der Färöer. Die Färöer sind eine autonome Inselgruppe des Königreichs Dänemark mit eigener Sprache und Flagge. Die 48 000 Einwohner verteilen sich auf 17 Inseln.

Auch hier handelt es sich im Wesentlichen um grasbewachsene Felsen. Nur in geschützten Lagen wachsen ein paar Bäume. Die Menschen leben von Fischfang und Schafzucht. Nach Öl wird seit einigen Jahren gesucht, fündig ist man jedoch bislang nicht geworden.

Um eine Felsgruppe Namens Munken mache ich diesmal einen großen Bogen. Denn bei meinem letzten Besuch vor fünf Jahren bin ich diesen Klippen etwas zu nahe gekommen. Mein Tagebuch von damals vermerkt dazu:

»Dummerweise hatte ich beschlossen zwischen der Insel Syderö und einer Klippe namens Munken durchzusegeln. Dieser Entschluss kam trotz der Warnung im Seehandbuch (Zitat: »Durch den starken, in verschiedene Richtungen laufenden Strom wird mit den durch die Untiefe hervorgerufenen Grundseen das Wasser derart kabbelig, dass man die Durchfahrt möglichst meiden sollte.«) zustande, weil es a) der kürzeste Weg war, b) nur schwacher Wind wehte, c) die Gefahren in Seehandbüchern manchmal übertrieben werden und d) mir die Passage ausreichend breit erschien.

Zunächst sah auch alles ganz friedlich aus, doch kurz vor der Passage verschwand die Insel innerhalb von zwei Minuten im Nebel und der Wind schlief fast ganz ein. Mit Entsetzen musste ich feststellen, dass mich der Strom mit drei Knoten genau auf die Klippe setzte. In einer solchen Situation hätte die Mannschaft eines Windjammers wohl schon verstohlen nach den Rettungsbooten geschaut, und auch ich hätte mir den Seetang auf der Klippe wohl aus allernächster Nähe anschauen können, wenn meine 33 Pferde nicht auf Knopfdruck in die Gänge gekommen wären. Mit 2000 Umdrehungen hielt ich nach Norden, um von den Klippen freizukommen, mal mit 2, dann mit 9 Knoten, mal 330 Grad, mal 40 Grad über Grund. Noch ehe ich mich über die Stärke der Stromwirbel so recht wundern konnte, war ich mitten drin in einem Hexenkessel, wie ich ihn noch nicht erlebt habe. Brandung wie am Strand und ein Brecher nach dem anderen. FANFAN! *hat wie wild gebockt, Wasser an Deck, die Segel schlugen hin und her, der elektrische Autopilot jaulte unter der Last und ich habe Blut und Wasser geschwitzt. Untermalt wurde das ganze vom Heulen des Nebelhorns, das auf der Südspitze der Insel installiert ist. Nach fünf, vielleicht auch zehn Minuten hatte mich der Strom auf der anderen Seite der Passage wieder ausgespuckt und mir schien, als ob das alles nur ein schlimmer Traum gewesen war, da der Blick nach achtern nicht mehr vermuten ließ, dass dort buchstäblich der Teufel los ist. Wie muss es dort erst zugehen, wenn richtig Wind weht!«*

Mit dem letzten Licht laufe ich in den kleinen Hafen des Örtchens Porkeri ein. Bis auf die Lachsfarmen, die jetzt im Fjord vor dem Ort schwimmen, hat sich seit meinem letzten Besuch nichts verändert. Sogar ein paar alte Bekannte kann ich im an der Pier versammelten Begrüßungskomitee ausmachen.

Ich erkundige mich am nächsten Tag, ob, wann und wo die Möglichkeit besteht eine Waljagd zu beobachten. Die Färinger machen nämlich noch Jagd auf Grind- bzw. Pilotwale. Von Naturfreunden wird das ganze als große Barbarei gebrandmarkt, wobei oft behauptet wird, dass die getöteten Tiere kaum verwertet würden. Jeder Färinger, den ich frage, versichert mir dagegen, dass die Wale so weit wie möglich auf ihren Tellern landen würden. Wenn ein Fischer ein Rudel Wale ausgemacht hat, wird über Funk eine kleine Flotte von Booten zusammengetrommelt, mit denen sie die Wale dann in flaches Wasser treiben, wo die Tiere in einem einzigartigen Blutbad abgemetzelt werden. Wer nicht in dieses Kommunikationssystem eingebunden ist, kann nur durch Zufall Zeuge einer Waljagd werden. Zudem werden manchmal über Monate hinweg überhaupt keine Wale gefangen. Schlechte Aussichten für mich also.

Nach zwei Tagen hat sich mein Interesse an Porkeri erschöpft, was umgekehrt genauso für die Neugierde der Ortsbewohner an mir gilt. Weitersegeln also. Bei strahlendem Sonnenschein geht es in die 36 Meilen entfernte Hauptstadt der Färöer, Tórshavn. Dort liegt eine Hand voll ausländischer Gastyachten. Am interessantesten finde ich den Niederländer Jan Wit, der mit seiner Frau Paula gerade auf seiner 19. Nordmeerreise ist. Alleine dreizehnmal war er auf Spitzbergen. Zweimal hat er solo die Welt umrundet. Mit seiner Stahlketch BASTAERT VAN CAMPEN ist er 1991-92 mit nur einem Stopp auf Tasmanien von Plymouth nach Plymouth gesegelt. Segelzeit 225 Tage. 1995-96 hat er das Ganze dann noch einmal nonstop wiederholt. Diesmal in 263 Tagen. Als ich ihm sage, dass er an den interessantesten Flecken des Planeten gleich zweimal vorbeigesegelt ist, zuckt er nur mit den Schultern. »Man kann halt nicht alles haben im Leben.« Jan hat seine Reisen ungesponsort und ohne große Publicity aus Freude am Segeln unternommen. Ein Amateur im besten Sinne also.

Ich komme gerade rechtzeitig nach Tórshavn, um das St. Olavs-Festival mitzuerleben. Es geht zurück auf den Tod des norwegischen Königs Olav im Jahr 1030, dem Schutzheiligen der Färöer. Viele Männer und Frauen haben zu diesem Anlass ihre historischen Trachten angezogen und selbst Kleinkinder laufen in der Tracht herum. Das größte Spektakel ist ein Rennen mit aus den traditionellen Fischerbooten der Färöer abgeleiteten Ruderbooten im Hafen, das unter großer Anteilnahme der Bevölkerung stattfindet. Das Festival wird mit skandinavischer Unbekümmertheit begangen. Tagsüber feiert die ganze Familie und von Einbruch der Dunkelheit bis zum Morgen betrinkt man sich bis zum Umfallen. Ich nehme die Gelegenheit war und versuche einen Beitrag zur Völkerverständigung zu leisten, indem ich zur Kontaktaufnahme mit einer überaus aparten Insulanerin schreite. Die Resonanz ist mäßig. Umso frustrierender ist, dass ich mit ansehen muss, wie ein neandertalerähnlicher Trunkenbold, dem noch Reste seines Erbrochenem vom Kinn tropfen, bei der gleichen Übung einiges erfolgreicher ist. Es wird höchste Zeit, dass ich zurück in die Arme von Freundin L. komme.

Am zweiten Tag des Festivals begehen geistliche und weltliche Macht der Inseln unter öffentlicher Anteilnahme einen Gottesdienst. Anschließend singt ein Chor vor dem Parlament. Den Tag über werden im Zentrum religiöse Lieder dargeboten und einige Auserwählte geben wortreich zum Besten, wie sie zu Jesus gefunden haben. Was in den meisten Ländern der Tod jeden Volksfestes wäre, findet hier aufmerksame Zuhörer. Die Färinger sind halt gottesfürchtige Leute. So gottesfürchtig, dass ich einen Bekehrungsversuch über mich ergehen lassen muss. »Willst du denn in der Hölle enden?«, muss ich mich fragen lassen, als ich mich als wenig Bekehrungswillig oute. Um Mitternacht findet als Abschluss der Veranstaltung ein gemeinsames Singen unter freiem Himmel statt. Ganz gleich ob groß oder klein, nüchtern oder volltrunken, aus einigen Tausend Kehlen klingen inbrünstig vorgetragene färingische Weisen durch die Straßen. Obwohl ich kein Wort verstehe, bin ich ganz ergriffen. Mir scheint dieses Festival ein wichtiges identitäts- und gemeinschaftsbildendes Ereignis zu sein, das dazu beträgt, diese kleine Nation zusammenzuhalten, zumal es von Menschen aus allen Kreisen getragen wird. Interessant ist sicher die Frage, warum eine Gemeinschaft wie die auf den Färöer seit gut 1000 Jahren augenscheinlich gut funktioniert. Lägen die Färöer vor der Küste Afrikas, würde es wohl niemanden wundern, wenn sich die Bewohner der verschiedenen Inseln gegenseitig nach dem Leben trachten würden und die Stammesführer in dicken Limousinen herumfahren, während das Volk hungert.

Vorbei das beschauliche, freie Segeln: Das Bohrinselgewirr der Nordsee macht die letzten Meilen zur nervlichen Zerreißprobe.

Ein Tief südlich von Island bringt schlechte Sicht, Regen und Starkwind aus Südost. Als der Wind abgeflaut ist, setze ich am 31. Juli die Segel. In einem Rutsch soll es zurück nach Hooksiel gehen. Tanker, Fischer, Frachter und auch Bohrinseln sorgen in der Nordsee dafür, dass mein Radarwarner praktisch Daueralarm gibt. Ständig ist irgendetwas in Sicht, mit dem ich kollidieren könnte. Wenn ich schlafe, dann nur mit eingeschaltetem Radar und einer rund um das Boot gelegten Alarmzone.

Auf halben Weg liege ich wieder einmal in einer bleiernden Flaute. Ein Schwarm Eissturmvögel hat sich gackernd um FANFAN! versammelt. Ein ganz übermütiges Exemplar verbeißt sich dabei im Pendelruder der Aries. Ein Hai würde ein besseres Bild dabei abgeben, denke ich mir, als ich versuche eine Aufnahme von dem Schauspiel zu machen. Unter reger Anteilnahme meiner Besucher fange ich an, meine Proviantvorräte von einigen Altbeständen, die mir seit Monaten gründlich zum Hals heraushängen, zu befreien. Kiloweise Reis, Müsli und Konserven gehen über Bord. Nachts funkeln zwei Bohrinseln wie Weihnachtsbäume in der

Ferne, und die Positionslichter von Frachtern und Trawlern ziehen durch die Dunkelheit.

Einhundertzwanzig Meilen vor der deutschen Küste passiere ich das bislang größte Bohrinselfeld. Neun dieser feuerspeienden Stahlungetüme habe ich gleichzeitig im Blick. Nicht alle sind in meiner drei Jahre alten Seekarte verzeichnet. In absehbarer Zeit werden die Öl- und Gasvorkommen erschöpft sein, und dann werden die Plattformen wieder von der Nordsee verschwinden. Sollte ich das Ende dieser Epoche noch erleben, werde ich meinen Enkeln die Geschichte »Wie euer Opa tagelang wach bleiben musste, weil die Nordsee voller Bohrinseln stand« auftischen. Die Bohrinsel Mærsk Guardian will ich mir aus der Nähe anschauen. Als ich nur noch einige Hundert Meter von der Plattform entfernt bin, kommt ein feuerrotes, ca. 25 Meter langes Schiff, das die ganze Zeit in Nähe der Plattform lag, mit lautem Tuten des Horns auf mich zugedampft. Wild gestikulierende Gestalten geben mir zu verstehen, dass meine Anwesenheit unerwünscht ist. Angst vor Terroristen? Industriespionage? Umweltaktivisten? Als uns nur noch eine Schiffslänge trennt, sehen sie, dass ich einen Fotoapparat in der Hand halte. Crewmitglieder brüllen »No pictures! No pictures!«, zu mir herüber. Einer fängt an, Fotos von mir zu machen. »Gleiches Recht für alle«, denke ich mir und rufe »No Pictures!« zurück. Trotz des Gebrülls macht jeder die Fotos, die er machen will. Kurz darauf liegen die Mærsk Guardian und das kleine rote Wachhundschiff achteraus.

Zwei Tage später streift der Lichtkegel des helgoländer Leuchtturms alle fünf Sekunden über die Deutsche Bucht. Überall blitzen, blinken, funkeln und gleichtakten grüne, rote und weiße Lichter. Ständig sind Fischer und Frachter um mich herum. Der Schiffsverkehr kostet Nerven. An Schlaf ist nicht zu denken – nicht einmal für 15 Minuten.

Im Morgengrauen des 8. August taucht ein dünner Strich Land vor mir am Horizont auf. In ein paar Stunden wird meine Reise Vergangenheit sein. Fernab der ausgetretenen Pfade der Weltumsegler habe ich einhand die Welt umsegelt. Mein Kielwasser zieht sich über mehr als 50 000 Meilen durch alle Weltmeere und führt an Inseln vorbei, die man auf der Weltkarte mit der Lupe suchen muss. Hinter mir liegen die 26 schönsten, freiesten, spannendsten, aber auch anstrengendsten Monate meines Lebens.

Boot & Reise

Kurzbeschreibung: Alurundspanter mit Kurzkiel und Spatenruder (Pinnensteuerung), Rumpflänge: 12,18 m; Länge der Wasserlinie: 11,00 m; Breite: 3,40 m; Tiefgang: 2,40 m (ursprünglich 2,15 m); Gewicht: ca. 8,5 Tonnen; Baujahr: 1985, Design von Dick Zaal; Werft: Atlantic/ Harlingen, Holland.

Motor: 24 KW / 33 PS, 11 Winschen, 180 Liter Diesel, ca. 150 Liter Wasser in zwei flexiblen Tanks unter den Salonkojen (Förderung mit Fußpumpe), Ausbau in Esche mit 5 Kojen, Rundumsicht von innen durch 2 Plexiglaskuppeln und durchsichtiges Niedergangsschott. Kuttertakelung (85 m² Segelfläche, Groß, Klüver, Fock, Sturmfock, Spi/ Blister) mit durchgestecktem Mast, 3 Spibäume an Deck. Selbststeuerung: »Aries Lift-Up« (mechanisch), »Autohelm 4000« Pinnenpilot (3x / elektrisch).

Stromerzeugung: zwei Solarpaneele mit zusammen 75 Watt Nennleistung (Ø Ausbeute pro Tag ca. 10 Ah), »Aquair« Schlepp- bzw. Windgenerator (Hauptstromquelle während der Fahrt), tragbarer Benzingenerator für 220 Volt. Batterien: 3 x 66 Ah + 55 Ah Starterbatterie.

Navigationsausrüstung: Radar, UKW-Funk (2x), Radarwarner bzw. Transponder »Ocean Sentry«, Kurzwellenempfänger, Wetterfaxempfang

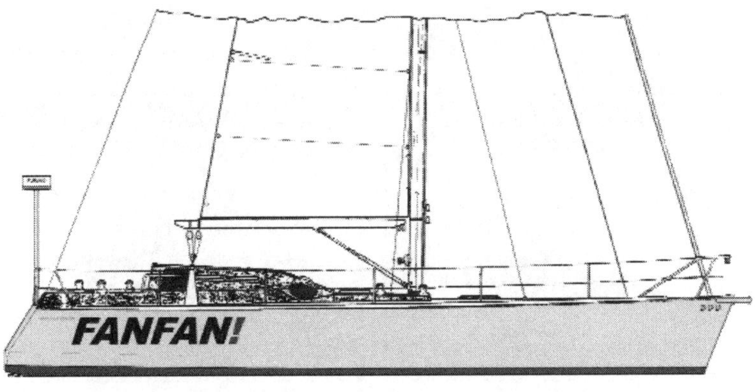

mit Notebook Computer, GPS (2x), Echolot, Logge, Kompass (3x), Fernglas, Barometer, Halbsichtsextant, ca. 200 Seekarten, Seehandbücher.

Notfallausrüstung: Rettungsinsel, EPIRP, Überlebensanzug, pyrotechnische Signalmittel und zwei Signalpistolen, drei wasserdichte Container mit Proviant und Wasser, Leckstopfen aus Holz, mobile elektrische 12-Volt-Wasserpumpe.

Ankergeschirr: Bügelanker 20 kg, Plattenanker 20 kg (2x), 10 Meter 8-mm-Kette, 10 Meter 6-mm-Kette, 120 Meter Leine, keine Ankerwinsch.

Wetterkleidung: Skiunterwäsche, Faserpelzhose und Shirt (z.T. doppelt), Daunenjacke, Ölzeug aus normalem, d.h. nicht atmungsaktivem Material, Wanderschuhe oder filzgefütterte Gummistiefel, Wollsocken, Faserpelzmütze und Handschuhe.

Kosten: Während der Reise habe ich 15 244 Euro für das Boot ausgegeben. Größter Posten waren die Segel (Reparatur und neu) mit 4880 Euro. Die Ausgaben für Verpflegung und Kommunikation (Telefon, Internet, Post) und Fotomaterial sind nicht erfasst. Als »Neu« gilt alles, was vorher noch nicht auf dem Boot war. »Ersatz« ist alles, was etwas an Bord Vorhandenes ersetzt und nicht unter »Verbrauch« fällt (so z.B. neben dem bloßen Materialersatz auch Reparaturkosten). Als »Verbrauch« habe ich alles definiert, was mindestens einmal pro Jahr neu gekauft wird (z.B. Diesel, Gas, Motoröl, Filter usw.). »Liegeplatz« (+ Haftpflichtversicherung, + Slipkosten) ist eine eigene Rubrik, weil hier den Kosten kein unmittelbarer stofflicher Gegenwert entgegensteht. Kaskoversichert war das Boot nicht.

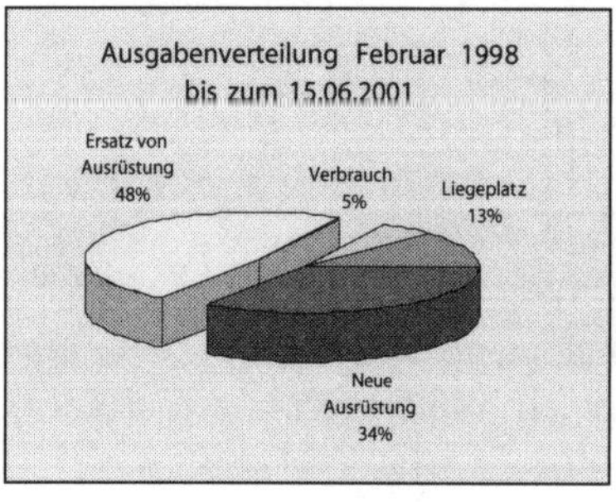

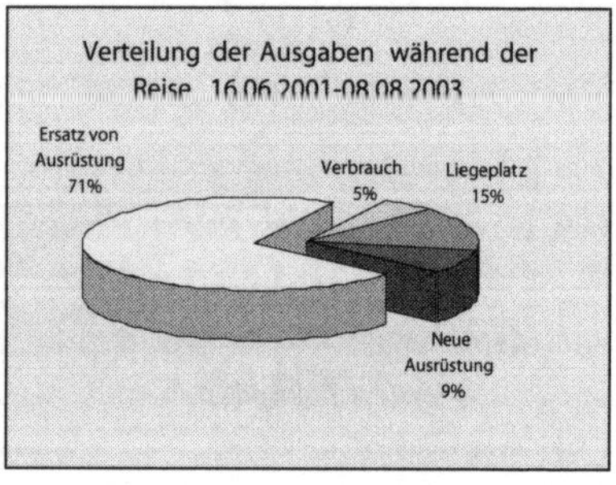

Zahlenwerk: Zurückgelegte Meilen vom 16. Juni 2001 bis 08. August 2003: 50 213 sm einhand, 306 sm mit Gästen, 1853 sm als Crew auf dem Toppsegelschoner OOSTERSCHELDE (Falklandinseln – Südgeorgien – Falklandinseln). Die einhand gesegelten Meilen ergeben eine ununterbrochene Kurslinie von Hocksiel nach Hooksiel.

Motorlaufzeit: 216 h (Motoranteil ca. 2 %), Radarlaufzeit: 1236 h (entspricht ca. 11,5 % der Strecke mit Radarunterstützung zur Kollisionsverhütung), Dieselverbrauch (Motor + Heizen): ca. 670 Liter, Benzinverbrauch (Außenborder + Generator): ca. 50 Liter, Gasverbrauch (Kochen): ca. 15 kg, Petroleum (Lampe): ca. 35 Liter.

Das beste Etmal betrug 196 sm (Ø 8,17 kn, Indischer Ozean), die besten sieben Tage 1119 sm (Ø 6,66 kn, Südatlantik) und die besten zehn Tage 1539 sm (Ø 6,41 kn, Südwestpazifik). Alle Strecken ohne Motoreinsatz. Basis war die zu einem Wegpunkt gut gemachte Strecke.

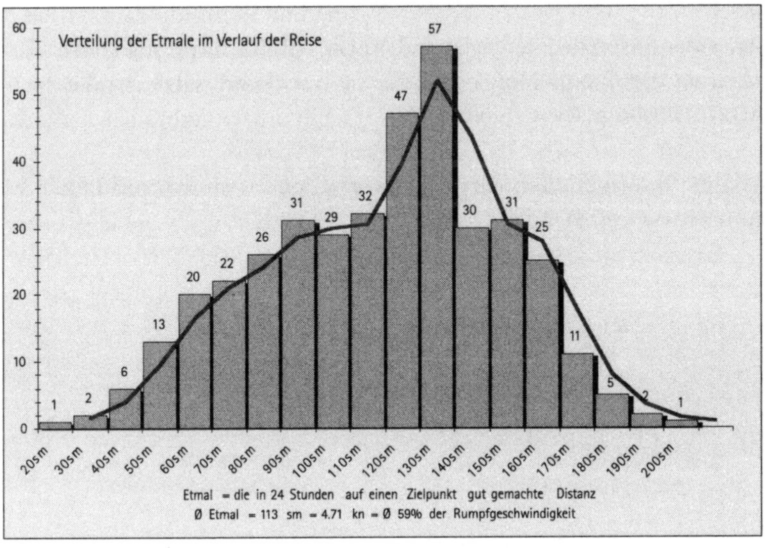

Der starke Abfall der Kurve nach 130 sm erklärt sich dadurch, dass ich vielfach jeden Versuch unterlassen habe das Boot schneller zu machen, sobald die Logge dauerhaft mehr als 5 bis 6 Knoten angezeigt hat. Vor allem am Wind eine Geschwindigkeit, bei der das Segeln noch vergleichsweise komfortabel ist.

Danksagung

Einige Firmen, deren Dienstleistungen bzw. Produkte ich bei meiner Weltumsegelung genutzt habe, kann ich guten Gewissens weiterempfehlen:

Werft Hooksiel, An der Werft 1, 26434 Hooksiel, Tel.: 04425-9585-0

Furlex Rollreffanlagen (auf 75 000 Meilen bewährt), im Vertrieb der Hermann Gotthardt GmbH, Leunastraße 50, 22761 Hamburg, www.gotthardt-yacht.de

Dick Zaal Yachtdesign, Oude doelenkade 9, 1621 BH Hoorn, Holland, www.dickzaalyachtdesign.nl

Aries Windselbststeueranlagen und Aquair Wind/Schleppgeneratoren. Im Vertrieb von Schulz-Hohenstein Söhne Nachfolger, Geibelstraße 9-11, 47057 Duisburg, www.shipshop.de

Weitere Informationen zur Yacht FANFAN! und Uwe Röttgering gibt es unter www.seefieber.de

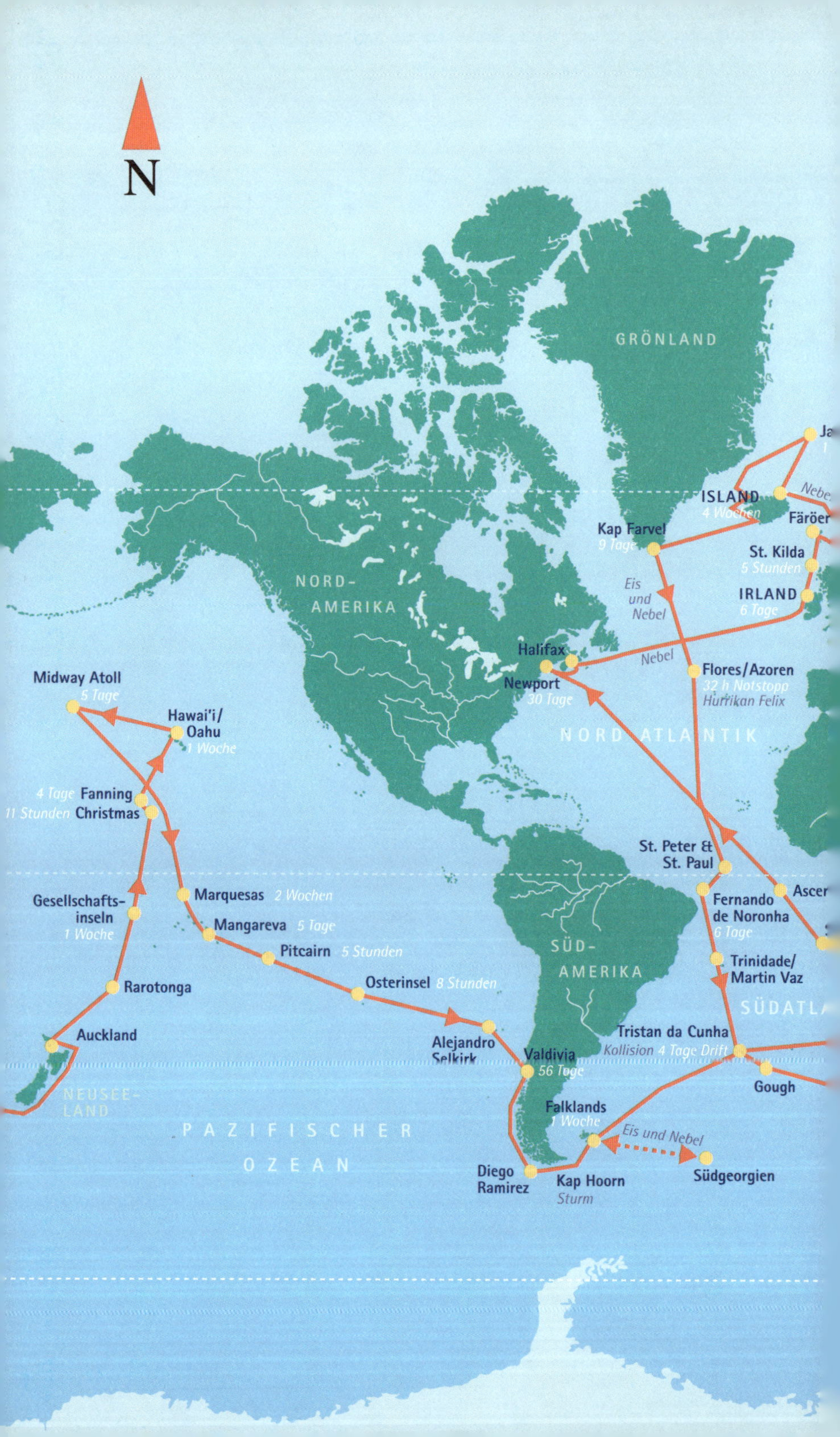
N
GRÖNLAND
ISLAND
4 Wochen
Nebel
Färöer
St. Kilda
5 Stunden
IRLAND
6 Tage
Kap Farvel
9 Tage
Eis und Nebel
NORD-AMERIKA
Halifax
Newport
30 Tage
Nebel
Flores/Azoren
32 h Notstopp
Hurrikan Felix
NORD ATLANTIK
Midway Atoll
5 Tage
Hawai'i/Oahu
1 Woche
4 Tage Fanning
11 Stunden Christmas
Gesellschafts-inseln
1 Woche
Marquesas 2 Wochen
Mangareva 5 Tage
Pitcairn 5 Stunden
Osterinsel 8 Stunden
Rarotonga
Auckland
NEUSEE-LAND
Alejandro Selkirk
Valdivia
56 Tage
SÜD-AMERIKA
St. Peter & St. Paul
Fernando de Noronha
6 Tage
Trinidade/Martin Vaz
Tristan da Cunha
Kollision 4 Tage Drift
Gough
Falklands
1 Woche
Eis und Nebel
Südgeorgien
Diego Ramirez
Kap Hoorn
Sturm
PAZIFISCHER OZEAN